Der Europäische Gerichtshof als Rechtsmittelgericht

Europäische Hochschulschriften
Publications Universitaires Européennes
European University Studies

Reihe II
Rechtswissenschaft

Série II Series II
Droit
Law

Bd./Vol. 3725

PETER LANG
Frankfurt am Main · Berlin · Bern · Bruxelles · New York · Oxford · Wien

Olaf Langner

Der Europäische Gerichtshof als Rechtsmittelgericht

Der Prüfungsumfang im europäischen Rechtsmittelverfahren

PETER LANG
Europäischer Verlag der Wissenschaften

Bibliografische Information Der Deutschen Bibliothek
Die Deutsche Bibliothek verzeichnet diese Publikation in der Deutschen Nationalbibliografie; detaillierte bibliografische Daten sind im Internet über <http://dnb.ddb.de> abrufbar.

Zugl.: Bielefeld, Univ., Diss., 2002

D 361
ISSN 0531-7312
ISBN 3-631-50956-1

www.peterlang.de

Vorwort

Die vorliegende Arbeit wurde im Wintersemester 2002/2003 von der Juristischen Fakultät der Universität Bielefeld als Dissertation angenommen. Sie ist hinsichtlich der eingearbeiteten Rechtsprechung und Literatur auf dem Stand Januar 2001, insbesondere ist den Änderungen durch den Vertrag von Nizza ein gesonderter Teil der Arbeit gewidmet.

An dieser Stelle möchte ich allen danken, die zum Gelingen der Arbeit beigetragen haben. Mein herzlicher Dank gilt zunächst meinem Doktorvater Herrn Prof. Dr. Armin Hatje, der mich sowohl bei der Wahl des Themas als auch während der Arbeit stets wohlwollend unterstützt und gefördert hat. Zu Dank verpflichtet bin ich ferner Herrn Prof. Dr. Hans Schulte-Nölke für die zügige Erstellung des Zweitgutachtens.

Für vielerlei Hilfe und Nachsicht während der vergangenen Jahre möchte ich mich schließlich bei meinen Freunden bedanken, wobei mein besonderer Dank Dr. Amalie Weidner, Dr. Hedda Weber und Elisabeth von Foerster gilt. Vor allem danke ich meinen Eltern, die das Entstehen dieser Arbeit in jeder Hinsicht stets aufgeschlossen und liebevoll unterstützt haben.

Berlin, im Frühjahr 2003 *Olaf Langner*

Erster Teil: Grundlagen des europäischen Rechtsmittelverfahrens

Zweiter Teil: Die Nachprüfung der erstinstanzlichen Entscheidung durch den Gerichtshof

Dritter Teil: Vorschläge zur Reform des europäischen Rechtsmittelverfahrens

Vierter Teil: Das europäische Rechtsmittelverfahren nach dem Vertrag von Nizza

Abkürzungsverzeichnis:

a.A.	Andere Ansicht
ABl. der EG	Amtsblatt der Europäischen Gemeinschaften
Abs.	Absatz
a.F.	alte Fassung
AnwBl	Anwaltsblatt
Art.	Artikel
Aufl.	Auflage
BB	Betriebsberater
Bd.	Band
BGBl.	Bundesgesetzblatt
BGH	Bundesgerichtshof
BR-Drs.	Bundesratsdrucksache
BT-Drs.	Bundestagsdrucksache
BullEG	Bulletin der Europäischen Gemeinschaften
BVerfGE	Entscheidung des Bundesverfassungsgerichts
BVerfGG	Bundesverfassungsgerichtsgesetz
CMLRev.	Common Market Law Review
DB	Der Betrieb
DJT	Deutscher Juristentag
DÖV	Die Öffentliche Verwaltung
DRiZ	Deutsche Richterzeitung
DVBl.	Deutsches Verwaltungsblatt
DVP	Deutsche Verwaltungspraxis
EAG(V)	(Vertrag über die Gründung der) Europäische Atomgemeinschaft
ebd.	ebenda
EEA	Einheitliche Europäische Akte
EG(V)	(Vertrag über die Gründung der) Europäische Gemeinschaft
EG-Satzung	Protokoll über die Satzung des Gerichtshofs der Europäischen Gemeinschaft
EGKS(V)	(Vertrag über die Gründung der) Europäische Gemeinschaft für Kohle und Stahl
eig. Ent.	Entscheidung durch den Gerichtshof
ELRev.	European Law Review
EMRK	Europäische Menschenrechtskonvention
EP	Europäisches Parlament
EU(V)	(Vertrag über die) Europäische Union
EuG	Gericht erster Instanz der Europäischen Gemeinschaften

EuGH	Gerichtshof der Europäischen Gemeinschaften
EuGRZ	Europäische Grundrechte-Zeitschrift
EuGVÜ	Europäisches Übereinkommen über die gerichtliche Zuständigkeit und die Vollstreckung gerichtlicher Entscheidungen in Zivil- und Handelssachen
EuR	Europarecht
EuZW	Europäische Zeitschrift für Wirtschaftsrecht
EWG(V)	(Vertrag über die Gründung der) Europäische Wirtschaftsgemeinschaft
EWS	Europäisches Wirtschafts- und Steuerrecht
f.	folgende
F.A.Z.	Frankfurter Allgemeine Zeitung
FCE	Forum Constitutionis Europae
ff.	fortfolgende
FS	Festschrift
GA	Goltdammer's Archiv für Strafrecht
GD	Gedächtnisschrift
Hrsg.	Herausgeber
i.V.m.	in Verbindung mit
JA	Juristische Arbeitsblätter
Jura	Juristische Ausbildung
JuS	Juristische Schulung
JR	Juristische Rundschau
JZ	Juristen Zeitung
KOM	Kommissionsdokumente
KSE	Kölner Schriften zum Europarecht
MDR	Monatsschrift für Deutsches Recht
MS	Mitgliedstaat
m.w.N.	mit weiteren Nachweisen
Nizza-Vertrag	Vertrag, der während der Regierungskonferenz in Nizza am 11. Dezember 2000 im Hinblick auf die zukünftige Erweiterung der EU geschlossen worden ist.
NJW	Neue Juristische Wochenschrift
NVwZ	Neue Zeitschrift für Verwaltungsrecht
RabelsZ	Rabels Zeitschrift für ausländisches und internationales Privatrecht
RatsB	Ratsbeschluß zur Errichtung des Gerichts erster Instanz
Rd.	Randnummer
RIW	Recht der internationalen Wirtschaft

RMC	Revue du Marché Commun
Rn.	Randnummer
Rs.	Rechtssache
Rspr.	Rechtsprechung
S.	Seite
Slg.	Sammlung der Entscheidungen des Europäischen Gerichtshofs
Slg. ÖD	Sammlung der Rechtsprechung öffentlicher Dienst
u.a.	unter anderem
Urt.	Urteil
u.U.	unter Umständen
VerfO EuG	Verfahrensordnung des Gerichts erster Instanz
VerfO EuGH	Verfahrensordnung des EuGH
vgl.	vergleiche
WuW	Wirtschaft und Wettbewerb
WSA	Wirtschafts- und Sozialausschuß
YEL	Yearbook of European Law
ZeuP	Zeitschrift für europäisches Zivilrecht
ZfRS	Zeitschrift für Rechtssoziologie
ZRP	Zeitschrift für Rechtspolitik
ZRR	Zentralblatt für Reichsversicherung und Reichsversorgung
ZStW	Zeitschrift für die gesamte Strafrechtswissenschaft
ZSR	Zeitschrift für Schweizerisches Recht
z.T.	zum Teil
zurückv.	Zurückverweisung der Rechtssache an das EuG
ZVerfO	zusätzliche Verfahrensordnung
ZZP	Zeitschrift für Zivilprozeß

Einleitung

Am 24. Oktober 1988 wurde durch Beschluß des Rates das Gericht erster Instanz der Europäischen Gemeinschaften (EuG) errichtet.[1] Folge war eine grundlegende institutionelle und verfahrensrechtliche Umgestaltung des europäischen Rechtsschutzsystems.[2] Die bisherige Stellung des Europäischen Gerichtshofs (EuGH) als Einheitsgericht wurde beendet. An dessen Stelle trat nun - zumindest für solche Streitigkeiten, für die das EuG zuständig war - ein zweigliedriger Instanzenzug. Seitdem besteht gemäß Art. 225 EGV die Möglichkeit, gegen Entscheidungen des Gerichts erster Instanz ein Rechtsmittel zum Gerichtshof einzulegen. Das europäische Prozeßrecht wurde um ein neues „Kernstück", die Möglichkeit der Rechtsmitteleinlegung, erweitert.[3]

Von dieser zusätzlichen Rechtsschutzmöglichkeit wurde innerhalb der letzten zehn Jahre in zunehmendem Maße Gebrauch gemacht. Während der Gerichtshof zu Beginn seiner Tätigkeit als Rechtsmittelgericht im Jahr 1991 nur über neun Rechtsmittelverfahren zu entscheiden hatte, waren es im Jahr 1999 bereits siebenundfünfzig Verfahren. Damit hat sich die Anzahl der Rechtsmittelentscheidungen in kürzester Zeit versechsfacht. Nahezu jede zehnte Entscheidung des EuGH ergeht im Rechtsmittelverfahren und gut ein Viertel der Entscheidungen des Gerichts erster Instanz werden von den Parteien angefochten. Bereits diese Zahlen verdeutlichen die wachsende Bedeutung des Rechtsmittelverfahrens als maßgebliches Instrument des europäischen Rechtsschutzsystems. Nicht zuletzt durch die im Vertrag von Nizza vom 11. Dezember 2000 erfolgten neuerlichen Änderungen der europäischen Gerichtsstruktur wird das Rechtsmittelverfahren als Bindeglied zwischen den Instanzenzügen weiter an Ausmaß und Gewicht zunehmen.

---

1 ABl. EG Nr. L 319/1 vom 25.11.1988.

2 *Jung*, in: Groeben/Thiesing/Ehlermann, Art. 168a EGV, Rn. 1; *Schweitzer/Hummer*, Europarecht, S. 169, Rn. 558; *Niedermühlbichler*, Verfahren vor dem EuG und EuGH, S. 113, Rn. 310.

3 *Neye*, Das neue europäische Gericht erster Instanz, DB 1988, S. 2394; *Müller-Huschke* spricht von einer „wesentlichen Neuerung" (Verbesserung des Individualrechtsschutzes durch das neue Europäische Gericht Erster Instanz, EuGRZ 1989, S. 216); *Lenaerts* nennt die Weiterentwicklung einen „qualitativen Sprung" der Rechtsgemeinschaft (Das Gericht erster Instanz der EG, EuR 1990, S. 247).

Aufgabe des Rechtsmittelverfahrens ist es, die Entscheidungen des Gerichts erster Instanz auf ihre Richtigkeit hin zu kontrollieren. Übt der Gerichtshof diese Kontrollfunktion aus, stellt sich zwangsläufig die Frage, in welchem Umfang die erstinstanzliche Entscheidung nachgeprüft wird. Bei Auswertung der bisher ergangenen Rechtsmittelentscheidungen wird deutlich, daß über diese Frage bei den Rechtsmittelparteien Unklarheit besteht. Zahlreiche Rechtsmittel werden vom Gerichtshof zurückgewiesen, da mit ihnen Feststellungen oder Maßnahmen des Gerichts erster Instanz gerügt werden, die einer Kontrolle im Rechtsmittelverfahren entzogen sind. Über 30 Prozent der Rechtsmittel sind offensichtlich unzulässig oder unbegründet; fast 90 Prozent der eingelegten Rechtsmittel haben keinen Erfolg.

Ziel der vorliegenden Arbeit ist es, diese Unklarheiten über die Reichweite der Prüfungskompetenz des Gerichtshofs im Rechtsmittelverfahren zu beseitigen, also eine exakte Bestimmung des Prüfungsumfangs vorzunehmen. Damit soll zum einen die Feststellung ermöglicht werden, inwieweit durch das „neu" geschaffene Rechtsmittelverfahren der Rechtsschutz auf europäischer Ebene tatsächlich verbessert wird. Denn der Umfang der Prüfungsbefugnis des Rechtsmittelgerichts bestimmt maßgeblich die Leistungsfähigkeit und Effektivität des Rechtsmittelverfahrens. Zum anderen soll die Arbeit dazu dienen, die praktische Handhabbarkeit des europäischen Rechtsmittelverfahrens zu erhöhen und dessen Funktionsweise genauer darzustellen. Den Rechtsschutzsuchenden soll veranschaulicht werden, in welchem Umfang eine Kontrolle der erstinstanzlichen Entscheidung stattfindet und welche Fragen einer Kontrolle entzogen sind.

Schließlich ermöglicht die vorliegende Untersuchung auch Rückschlüsse auf andere Probleme im Bereich des Rechtsmittelverfahrens, des europäischen Gerichtssystems und der Rechtsmethodik.[4] So soll verdeutlicht werden, auf welche Art und Weise eine Aufgabenverteilung zwischen dem Gericht erster Instanz und dem Gerichtshof stattfindet, inwieweit dem Gericht erster Instanz also noch originäre - einer Kontrolle durch den Gerichtshof entzogene - Befugnisse verbleiben. Auch ist eine erstmalige Klärung der Reichweite des Rechtsschutzes im Rechtsmittelverfahren unerläßliche Voraussetzung für eine weiterführende Diskussion über die zukünftige Ausgestaltung des Rechtsmittelverfahrens, die vor allem angesichts der

[4] Vgl. *Gilles*, Ziviljustiz und Rechtsmittelproblematik, S. 21. Die Untersuchung des Rechtsmittelrechts ist ein vielseitiges und facettenreiches Thema und wirft insoweit Fragen auf, zu deren Beantwortung unterschiedliche juristische Fachdisziplinen herangezogen werden müssen.

insgesamt steigenden Arbeitsbelastung des Gerichtshofs nötig werden wird. Das Ergebnis der Untersuchung soll schließlich Aufschluß darüber geben, in welcher Art und Weise der Gerichtshof die Trennung von rechtsmittelfähiger Rechtsfrage und nicht rechtsmittelfähiger Tatfrage vornimmt und damit Einblick in die rechtsmethodischen Grundlagen der europäischen Rechtsanwendung geben.

Gang der Untersuchung

In einem ersten Teil der Untersuchung werden vorab grundlegende Fragen zum europäischen Rechtsschutzsystem und dem europäischen Rechtsmittelverfahren erörtert; insbesondere werden Zweck und Funktion des Rechtsmittelverfahrens dargestellt, der Ablauf des Verfahrens skizziert und die Praxisrelevanz des Rechtsmittels im heutigen Rechtsschutzsystem der Europäischen Gemeinschaft aufgezeigt. Der zweite Teil der Untersuchung behandelt die Frage nach dem Umfang der Kontrollbefugnis des Gerichtshof im Rechtsmittelverfahren. Dieser Teil gliedert sich in drei Themenkomplexe: Zunächst stellt sich die Frage, was überhaupt tauglicher Streitgegenstand im Rechtsmittelverfahren ist und wer den Umfang des Kontrollgegenstandes im einzelnen festlegen kann (Erster Abschnitt: Der Streitgegenstand im Rechtsmittelverfahren). Daran schließt sich die Frage nach dem Prüfungsmaßstab im Rechtsmittelverfahren an. Dabei ist zu klären, anhand welcher Rechtsvorschriften die erstinstanzlichen Entscheidungen durch den Gerichtshof überprüft werden können (Zweiter Abschnitt: Prüfungsmaßstab im Rechtsmittelverfahren). Schließlich stellt sich die Frage nach der Kontrolldichte im Rechtsmittelverfahren. Ausgangspunkt ist dabei die Beschränkung der Kontrolle auf Rechtsfragen (Dritter Abschnitt: Kontrolldichte im Rechtsmittelverfahren). Der dritte Teil der Untersuchung widmet sich der Frage, ob und inwieweit eine Reform des Rechtsmittelverfahrens sinnvoll und geboten ist. Ausgangspunkt dafür ist die zuvor erstellte Analyse des Kontrollumfangs. Vor diesem Hintergrund werden Vorschläge zur Beschleunigung des Verfahrensablaufs, die Beschränkung des Kontrollumfangs und die Einführung eines Rechtsmittels im Interesse des Rechts diskutiert. Zuletzt wird im vierten Teil der Untersuchung auf die durch den Vertrag von Nizza zu erwartenden Änderungen des europäischen Gerichtssystems und der sich daraus ergebenden Konsequenzen für das bestehende Rechtsmittelverfahren eingegangen.

Erster Teil: Grundlagen des europäischen Rechtsmittelverfahrens

I. Geschichtliche Grundlagen

Schon bald nach der Errichtung des Europäischen Gerichtshofs im Jahre 1952 wurden Forderungen laut, den Rechtsschutz gegen Maßnahmen der Gemeinschaftsorgane durch die Errichtung einer speziellen Tatsacheninstanz zu verbessern.[5] Es zeichnete sich ab, daß der EuGH zur Behandlung konkreter Einzelfälle mit umfangreichem Tatsachenstoff (insbesondere im Wettbewerbsrecht und im Dienstrecht) nicht besonders geeignet war.[6] Auch die stetig zunehmende Anzahl an Verfahren vor dem Gerichtshof führte zu der Forderung nach der Errichtung eines Instanzenzuges.[7] Der Gerichtshof stieß zusehends an die Grenzen seiner Möglichkeiten; die bestehende Überbelastung konnte allein durch organisatorische und verfah-

5 *Zweigert*, Empfiehlt es sich, Bestimmungen über den Rechtsschutz zu ändern?, in: Zehn Jahre Rechtsprechung des Gerichtshofs der Europäischen Gemeinschaften, S. 584 f.; *Geisseler*, ebd., S. 602; *Nicolaysen*, Der Gerichtshof. Funktion und Bewährung der Judikative, EuR 1972, S. 375 f.; *Everling*, Die Errichtung eines Gerichts erster Instanz der Europäischen Gemeinschaften, in: Fortentwicklung des Rechtsschutzes, S. 39; *Rabe*, Das Gericht erster Instanz der Europäischen Gemeinschaft, NJW 1989, S. 3041.

6 *Everling*, Die Errichtung eines Gerichts erster Instanz der Europäischen Gemeinschaften, in: Fortentwicklung des Rechtsschutzes, S. 39; *ders.*, Zur richterlichen Kontrolle der Tatsachenfeststellungen und der Beweiswürdigung durch die Kommission in Wettbewerbssachen, WuW 1989, S. 884; *Deringer*, Das Gericht I. Instanz der Europäischen Gemeinschaften, RIW 1989, S. 122; *ders.*, Statement zu einer Verfahrensreform beim Europäischen Gerichtshof, in: Fortentwicklung des Rechtsschutzes, S. 216 ff. Zur Tatsachenermittlung des Gerichtshofs allgemein: *König*, Die Tatsachenermittlung im Verfahren vor dem Gerichtshof der Europäischen Gemeinschaften, 1972.

7 *Bülow*, Überlegungen für eine Weiterentwicklung des Rechts der Gemeinschaftsgerichtsbarkeit, EuR 1980, S. 307; *Everling*, Die Errichtung eines Gerichts erster Instanz der Europäischen Gemeinschaften, in: Fortentwicklung des Rechtsschutzes, S. 40. Die Zahl der eingegangenen Verfahren beim EuGH hat sich von 130 Verfahren im Jahr 1975 auf 433 Verfahren im Jahr 1985 mehr als verdreifacht. Die Ursachen dieser Überlastung waren vielfältig: Die Erweiterung der Gemeinschaft von ursprünglich sechs auf damals zwölf Staaten; der steigende Umfang der Regelungsdichte durch das Gemeinschaftsrecht und die fortlaufende Erweiterung der Zuständigkeit des Gerichtshofs waren maßgebliche Faktoren.

rensmäßige Maßnahmen nicht mehr behoben werden.[8] Die Funktionsfähigkeit des Gerichtshofs war bedroht und damit zugleich die Qualität der Rechtsprechung des EuGH gefährdet.[9] Um dieser Entwicklung entgegenzuwirken, schlug der Präsident des Gerichtshofs bereits am 21. Juni 1978 der Kommission die Schaffung eines Gerichts erster Instanz vor.[10] Dieser Vorschlag wurde während der Regierungskonferenz zur Änderung der Gemeinschaftsverträge durch die Einheitliche Europäische Akte wieder aufgenommen.[11] Folge war, daß die zur Schaffung eines Gerichts erster Instanz erforderlichen Artikel in die Gründungsverträge eingefügt wurden (Art. 168a EWGV, Art. 32d EGKSV, Art. 140a EAGV). Der Rat der Europäischen Gemeinschaft war damit ermächtigt, auf Antrag des Gerichtshofs sowie nach Anhörung der Kommission und des Europäischen Parlaments durch einstimmigen Beschluß dem EuGH ein Gericht erster Instanz beizuordnen. Am 29. September 1987 unterbreitete der Gerichtshof dem Rat den Antrag auf Errichtung des Gerichts erster Instanz.[12] Ein Jahr später, am 24.

---

8 Zusätzlich zu den Kammern mit drei Richtern wurden Kammern mit fünf Richtern gebildet. Die mündliche Verhandlung wurde gestrafft. *Vgl. Wägenbaur*, Zur Erhaltung der Funktionsfähigkeit des Gerichtshofs der Europäischen Gemeinschaften, in: FS Bauer, S. 680 ff.; *Herrmann*, Die Entwicklung des Rechtsschutzes, RabelsZ 45 (1981), S. 422 ff.

9 *Rabe*, Das Gericht erster Instanz der Europäischen Gemeinschaften, NJW 1989, S. 3041; *Müller-Huschke*, Verbesserung des Individualrechtsschutzes durch das neue Europäische Gericht erster Instanz, EuGRZ 1989, S. 213; *Everling*, Die Errichtung eines Gerichts erster Instanz der EG, in: Fortentwicklung des Rechtsschutz, S. 41; *Bülow*, Überlegungen für eine Weiterentwicklung des Rechts der Gemeinschaftsgerichtsbarkeit, EuR 1980, S. 311.

10 Bulletin der „Agence Europe" vom 20.12.1978, Nr.7/8, 2.3.3. Vgl. auch *Jung*, Änderung der Verfahrensordnung des Gerichtshofs der Europäischen Gemeinschaften, EuR 1980, S. 372; *Everling*, Stand und Zukunftsperspektiven in der Europäischen Gerichtsbarkeit, in: FS Deringer, S. 46; *Goose*, Neuere Entwicklungen im Verfahrensrecht des Gerichtshofs, EuR 1975, S. 237 f.

11 *Lenaerts*, Das Gericht erster Instanz der Europäischen Gemeinschaften, EuR 1990, S. 230; *Neye*, Der Ausbau der europäischen Gerichtsbarkeit aufgrund der Einheitlichen Europäischen Akte, DVBl. 1986, S. 1260. Zur Einheitlichen Europäischen Akte: *Glaesner*, Die einheitlich Europäische Akte, EuR 1986, S. 119 ff.; *Pescatore*, Die Einheitliche Europäische Akte - Eine ernste Gefahr für den Gemeinsamen Markt, EuR 1986, S. 153 ff.

12 Bereits am 26. November 1986 legte der Gerichtshof dem Rat eine vorläufige Arbeitsunterlage mit Entwürfen für einen Beschluß des Rates zur Errichtung eines Gerichts erster Instanz vor (Ratsdokument 8770/87 bzw. BR-Drs. 11/2090). Bei den folgenden Beratungen über diesen Vorschlag wurde schnell deutlich, daß vor allem hinsichtlich der Zuständigkeit und der Zusammensetzung des neuen Gerichts unterschiedliche Vorstellungen bei den Mitgliedstaaten herrschten. Die politisch heiklen Fragen der Kompetenzen und der Zusammensetzung konnten im Rat erst

Oktober 1988, faßte der Rat den Beschluß zu Errichtung des Gerichts.[13] Wiederum fast ein Jahr später, am 11. Oktober 1989, stellte der Präsident des Gerichtshofes die ordnungsgemäße Konstituierung des Gerichts fest. Seit der Veröffentlichung dieses Beschlusses übt das Gericht seine Zuständigkeit aus. Es begann seine Rechtsprechungstätigkeit im November 1989.[14] Die erste Rechtsmittelentscheidung gegen ein Urteil des Gerichts erster Instanz erging am 31. Januar 1991.

Ursprünglich war das Gericht nach Art. 3 Absatz 1 RatsB 1988 lediglich für Streitigkeiten zwischen der Gemeinschaft und ihren Bediensteten sowie für Nichtigkeits- und Untätigkeitsklagen aus dem Bericht des EGKS-Vertrages und der Wettbewerbsregeln des EWG-Vertrages berufen.[15] Das

nach mehreren Anläufen gelöst werden (*Neye*, Das neue europäische Gericht erster Instanz, DB 1988, S. 2393). Der deutsche Gesetzgeber hat dieses Vorhaben als wichtige Maßnahme zur Entlastung und Verbesserung des Rechtsschutzes in der Gemeinschaft nachhaltig begrüßt (BR-Drs. 23/87; Empfehlung des Bundestags-Rechtsausschusses in BT-Drs. 11/2479 die in der Plenarsitzung am 27. Oktober 1988 mit großer Mehrheit angenommen wurde). Das Europäische Parlament hat zu diesem Antrag mit legislativer Entschließung vom 17. Juni 1988 Stellung genommen (ABl. EG Nr. C vom 18.7.1988, S. 227). Die Kommission hat am 19. Juli 1988 ihre endgültige Stellungnahme abgegeben (Dokument SEK (88) 1121).

13 ABl. EG Nr. L 319/1 vom 25.11.1988. Der Beschluß legte unter anderem die Zuständigkeit, den Sitz und die Zusammensetzung des Gerichts fest. Das Gericht erster Instanz wurde dem Gerichtshof beigeordnet. Dies ergibt sich sowohl aus Art. 1 des Ratsbeschlusses zur Errichtung des Gerichts erster Instanz als auch aus Art. 225 EGV. Das Gericht ist also kein weiteres Gemeinschaftsorgan. Es ist ein organisatorisch selbständiger Teil innerhalb des Gemeinschaftsorgans „Europäischer Gerichtshof". Zum Teil wird das Gericht auch als eigenständiger Spruchkörper bezeichnet. Diese Bezeichnung ist zumindest mißverständlich, wird mit diesem Begriff doch allgemein die Abteilung eines Gerichts - Plenum oder Kammer - bezeichnet (vgl. *Rabe*, Das Gericht erster Instanz der Europäischen Gemeinschaften, NJW 1989, S. 3042; *Brandt*, Der Europäische Gerichtshof und das Europäische Gericht erster Instanz, JuS 1994, S. 301; *Jung*, Das Gericht erster Instanz der Europäischen Gemeinschaften, EuR 1992, S. 249). Der Begriff „Gerichtshof" kann also in zweifacher Weise verwendet werden. Im weiteren Sinne umfaßt der Begriff das einheitliche Organ, in dem zwei Spruchkörper verbunden sind. Im engeren Sinne ist nur die Rechtsprechungsinstanz des Gerichtshofs gemeint. Vgl. *Thiele*, Der Gerichtshof der Europäischen Gemeinschaften und das Europäische Gericht Erster Instanz, DVP 1990, S. 319; *Kirschner/Klüpfel*, Das Gericht erster Instanz der Europäischen Gemeinschaften, S. 16, Rn. 16.

14 *Jung*, in: Groeben/Thiesing/Ehlermann, Art. 168 a EGV, Rn. 18.

15 Gemäß Art. 3 Absatz 2 RatsB konnte das Gericht auch über eine parallel von demselben Kläger eingereichte Schadensersatzklage mitentscheiden, soweit der Schaden durch die angefochtene Handlung verursacht wurde, sog. quasi Annexkompetenz. Vgl. *Neye*, Das neue europäische Gericht erster Instanz, DB 1988, S. 2393.

Gericht sollte zunächst nur mit Streitsachen von geringer Bedeutung befaßt werden, bei denen einerseits eine umfassende Tatsachenermittlung nötig war, andererseits aber die Hauptprobleme bereits als vom EuGH grundsätzlich geklärt galten.[16] Jedoch schon zwei Jahre nach Aufnahme der Rechtsprechungstätigkeit des EuG ersuchte der Gerichtshof den Rat, die Zuständigkeit des Gerichts erster Instanz zu erweitern. Ursache war wiederum die fortbestehende Überlastung des Gerichtshofs.[17] Mit Beschluß vom 8. Juni 1993[18] und Beschluß vom 7. März 1994[19] wurde die Zuständigkeit des EuG auf alle Klagen von natürlichen und juristischen Personen ausgedehnt. Die Beschränkung auf das Dienst- und das Wettbewerbsrecht wurde aufgehoben. Seither obliegt der erstinstanzliche Verwaltungsrechtsschutz für den Unionsbürger ausschließlich dem Gericht erster Instanz. Nicht zuletzt durch diese Zuständigkeitserweiterung ist die Anzahl der Entscheidungen des Gerichts erster Instanz und damit gleichzeitig die Anzahl der eingelegten Rechtsmittel erheblich gestiegen.

II. Der Zweck des europäischen Rechtsmittelverfahrens

Die Untersuchung der Prüfungskompetenz des EuGH als Rechtsmittelgericht erfordert zunächst ein näheres Eingehen auf die dem europäischen Rechtsmittelverfahren zugrunde liegenden Zwecke. Durch eine solche Analyse werden zum einen die Ziele und Schwerpunkte offengelegt, die für eine spätere Auslegung und Anwendung der Rechtsmittelvorschriften bedeutsam sein können.[20] Zum anderen sind die unterschiedlichen Zielrichtungen und Gewichtungen der Rechtsmittelzwecke für die bisherige Ausgestaltung des Rechtsmittelverfahrens mitverantwortlich, so daß die Zweckbestimmung ein besseres Verständnis für die im Rechtsmittelverfahren auftretenden Probleme ermöglicht.

---

16 *Müller-Huschke*, Verbesserung des Individualrechtsschutzes durch das neue Europäische Gericht erster Instanz, EuGRZ 1989, S. 214.

17 *Niemeyer*, Erweiterte Zuständigkeit für das Gericht erster Instanz der EG, EuZW 1993, S. 529.

18 ABl. EG Nr.L 144, S. 21 vom 8. Juni 1993. Diese Änderung trat am 1. August 1993 in Kraft.

19 ABl. EG Nr.L 66, S. 29 vom 7. März 1994. Diese Änderung wurde am 15. März 1994 wirksam.

20 *Gottwald*, Die Revisionsinstanz als Tatsacheninstanz, S. 83; siehe zum Beispiel BVerfGE 49, 148 (159).

Vorab ist festzustellen, daß die Zweckbestimmung eines Rechtsmittels nicht allgemein abstrakt, das heißt ohne Bezugnahme auf die konkrete Ausgestaltung des in Frage stehenden Verfahrens, erfolgen kann.[21] Ein Rechtsmittelverfahren erfüllt keinen apriorischen Selbstzweck, von dem aus eine Untersuchung möglich wäre. Vielmehr handelt es sich um eine nach gesetzgeberischen Zweckmäßigkeitsvorstellungen geformte prozessuale Einrichtung. Dementsprechend ist der Zweck des europäischen Rechtsmittelverfahrens allein anhand der Ausgestaltung durch den europäischen Gesetzgeber und die Rechtsprechung des Gerichtshofs zu bestimmen. Ausgangspunkt ist hierbei die ursprüngliche Intention des Gemeinschaftsgesetzgebers bei der Errichtung und Gestaltung des Rechtsmittelverfahrens.[22]

1. Verbesserung des Rechtsschutzes

Der Ratsbeschluß vom 24. Oktober 1988 erwähnt als ein Ziel der Einführung eines zweigliedrigen Instanzenzuges die Verbesserung des Rechtsschutzes. Dort heißt es: „Für Klagen, deren Entscheidung eine eingehende Prüfung komplexer Sachverhalte erfordert, ist die Einführung zweier Rechtszüge geeignet, den Rechtsschutz des Einzelnen zu verbessern."[23] Dementsprechend dient das Rechtsmittelverfahren dem Ziel, eine bessere, gerechtere Fallentscheidung für die am Rechtsstreit beteiligten Parteien zu gewährleisten. Insoweit orientiert sich das Rechtsmittelverfahren an den Individualinteressen der Rechtschutzsuchenden.

2. Einheit des Rechts

Als weiteres Ziel des Rechtsmittelverfahrens wird in dem Begründungsbeschluß die Sicherung der Einheit des Gemeinschaftsrechts genannt: „Zur Aufrechterhaltung der Qualität und Effizienz des Rechtsschutzes in der Rechtsprechung der Gemeinschaft muß es dem Gerichtshof ermöglicht werden, seine Tätigkeit auf seine eigentliche Aufgabe - die Gewährleistung der einheitlichen Auslegung des Gemeinschaftsrechts - zu konzentrieren."[24]

---

[21] *Prütting*, Die Zulassung der Revision, S. 88; *Henke*, Die Tatfrage, S. 195; *Duske*, Die Aufgaben der Revision, S. 73; *Mannheim*, Beitrag zur Lehre von der Revision, S. 31; *Gottwald*, Die Revisionsinstanz als Tatsacheninstanz, S. 90.

[22] *May*, Die Revision, S. 21, Rn. 52; *Prütting*, Die Zulassung der Revision, S. 88. Vgl. auch BVerfGE 49, 148 (160).

[23] Abl. 1988 Nr.L 319, S.1 Ratsbeschluß vom 24. Oktober 1988.

[24] Abl. 1988 Nr.L 319, S.1 Ratsbeschluß vom 24. Oktober 1988.

Damit wird das Interesse der Allgemeinheit an einer einheitlichen Anwendung und Durchsetzung des Gemeinschaftsrechts hervorgehoben.

3. Exkurs: Der Begriff der Einheit des Rechts

Bevor im Nachfolgenden näher auf die Wertigkeit der beiden Rechtsmittelzwecke eingegangen wird, ist zunächst der Begriff der Einheit des Rechts näher zu erläutern. Das ist notwendig, da dem Prinzip der Einheitlichkeit des Rechts in der Europäischen Gemeinschaft unterschiedliche Bedeutungen zukommen.[25] Im Hinblick auf das Rechtsmittelverfahren ist vor allem eine Unterscheidung zwischen den unmittelbaren Adressaten dieses Prinzips notwendig: Zum einen kann die Einheit der Rechtsordnung in dem Sinn verstanden werden, daß die einheitliche Anwendung des Gemeinschaftsrechts in den verschiedenen Mitgliedstaaten im Vordergrund steht (sogenannte vertikale Wirkung).[26] Es soll sichergestellt werden, daß das Gemeinschaftsrecht in allen Ländern der Europäischen Gemeinschaft gleich angewendet wird. Diesem Ziel dient das Vorabentscheidungsverfahren, in dem es den mitgliedstaatlichen Gerichten erlaubt, Fragen über die Auslegung des Gemeinschaftsrecht dem EuGH vorzulegen. Zum anderen kann der Begriff im Sinne einer widerspruchsfreien und geschlossenen Auslegung innerhalb der europäischen Gerichtsbarkeit begriffen werden (sogenannte horizontale Wirkung). Adressat ist dann allein das Gemeinschaftsorgan Gerichtshof.[27] Vor allem im zuletzt genannten Sinn ist der Begriff

---

[25] *Bleckmann*, Die Grundrechte im Europäischen Gemeinschaftsrecht, EuGRZ 1981, S. 262; *Bernhardt*, Verfassungsprinzipien - Verfassungsgerichtsfunktionen - Verfassungsprozeß-recht im EWG-Vertrag, S. 77; *Hatje*, Europäische Rechtseinheit durch einheitliche Rechtsdurchsetzung, EuR 1998, Beiheft 1, S. 9. Allgemein zum Begriff der Einheit der Rechtsordnung: *Felix*, Einheit der Rechtsordnung, 1998; *Baldus*, Die Einheit der Rechtsordnung. 1995.

[26] So zum Beispiel *Magiera*, Die Durchsetzung des Gemeinschaftsrechts im europäischen Integrationsprozeß, S. 173 ff., der für eine bessere Rechtsdurchsetzung vorschlägt, daß die Qualität des Gemeinschaftsrechts verbessert werden müßte (einfacher und klarer), bessere Sanktionsmechanismen zu schaffen sind und eine wirksamere Kontrolle durch die Gerichte und die Verwaltung stattfinden müsse. Siehe zur Schaffung der vertikalen Rechtseinheit auch Vierter Teil, II., 2., b.: Die Bedeutung des Vorabentscheidungs-verfahrens.

[27] Das Erfordernis der einheitlichen Anwendung des Gemeinschaftsrechts bezieht sich zum einen auf das Verhältnis zwischen erstinstanzlichem Gericht und EuGH. Zum anderen bezieht es sich aber auch auf die einzelnen Kammern untereinander. Ein Überwachungssystem ähnlich dem Rechtsmittelverfahren ist hierfür allerdings nicht vorgesehen. Die Kammern haben aber die Möglichkeit, eine Entscheidung des

der Einheit der Rechtsordnung im Zusammenhang mit dem Rechtsmittelverfahren zu verstehen. Denn durch die Errichtung eines europäischen Instanzenzuges ist es notwendig geworden, Fehlentwicklungen in der Rechtsprechung des Gerichts erster Instanz kontrollieren zu können. Andernfalls besteht die Gefahr, daß sich die erstinstanzliche Rechtsprechungspraxis von der Rechtsprechung des Gerichtshofs abkoppelt. Folge wäre eine uneinheitliche Auslegung und Anwendung des Gemeinschaftsrechts innerhalb der Gemeinschaftsgerichtsbarkeit. Die Möglichkeit einer Überprüfung der erstinstanzlichen Rechtsprechung wirkt einer solchen Entwicklung entgegen und sichert damit in erster Linie die (horizontale) Einheit des Gemeinschaftsrechts. Daneben wird auf diese Weise - zumindest mittelbar - auch die einheitliche Rechtsanwendung in den Mitgliedstaaten gesichert. Denn sollte bereits die Anwendung innerhalb der europäischen Gerichtsbarkeit uneinheitlich sein, hätte dies zwangsläufig auch eine uneinheitliche Anwendung des Gemeinschaftsrechts in den Mitgliedstaaten zur Folge.

4. Rangverhältnis der Rechtsmittelzwecke

Steht fest, daß dem europäischen Rechtsmittelverfahren zwei unterschiedliche Rechtsmittelzwecke zugrunde liegen (Verbesserung des Rechtsschutzes; Wahrung der Einheitlichkeit des Rechts), stellt sich die Frage, welchem dieser Zwecke im Zweifelsfall der Vorrang einzuräumen ist.[28] Das ist vor allem in solchen Fällen bedeutsam, in denen bei der Auslegung einzelner Vorschriften nicht allein auf den Zweck der Vorschrift, sondern auf den Zweck des Rechtsmittelverfahrens insgesamt zurückgegriffen werden muß. Jedoch ist die Frage nach dem Rangverhältnis der Rechtsmittelzwecke im europäischen Rechtsmittelrecht nicht problemlos zugunsten des einen oder anderen Ziels zu beantworten.[29] Das europäische Rechtsmittelverfahren

Plenums herbeizuführen und so eine einheitliche Auslegung und Anwendung zu garantieren.

[28] Zu beachten ist, daß sich die Rechtsmittelzwecke der Verbesserung des Rechtsschutzes und der Wahrung der Rechtseinheit nicht gegenseitig ausschließen. Die Forderung nach der Herstellung gerechter Einzelfallentscheidungen läuft dem Streben nach Rechtseinheit nicht zuwider, sondern wird von ihm lediglich nicht gefördert. Vgl. *Frisch*, Revisionsrechtliche Probleme der Strafzumessung, S. 247; *Pohle*, Revision und neues Strafrecht, S. 83 ff.; *Warda*, Dogmatische Grundlagen des richterlichen Ermessens im Strafrecht, S. 72.

[29] Die Frage nach dem Vorrang der einzelnen Rechtsmittelzwecke ist im deutschen Revisonsrecht äußerst umstritten: Für den Vorrang der Sicherung der einheitlichen Rechtsanwendung unter anderem *Schwinge*, Grundlagen des Revisionsrechts,

enthält sowohl Elemente, die für den Vorrang des Parteiinteresses an einer gerechten Fallentscheidung, als auch Elemente, die für den Vorrang des Allgemeininteresses an der Wahrung der Rechtseinheit angeführt werden können.

Für eine Ausrichtung des Verfahrens an dem Allgemeininteresse der Wahrung der Rechtseinheit spricht vor allem, daß der Prüfungsmaßstab, anhand dessen die erstinstanzliche Entscheidung kontrolliert wird, auf Rechtsfragen beschränkt ist. Daran wird deutlich, daß es bei der Überprüfung der erstinstanzlichen Entscheidungen durch das Rechtsmittelgericht nicht uneingeschränkt um die gerechte Fallentscheidung geht. Denn dann müßte dem Rechtsmittelgericht auch die vollständige Überprüfung der Tatsachenfeststellungen übertragen sein.[30]

Andererseits entspricht die weitere Ausgestaltung des Rechtsmittelverfahrens eher dem Zweck der Gewährleistung gerechter Fallentscheidungen: So wird die erstinstanzliche Entscheidung nicht von Amts wegen, sondern nur auf Antrag der Parteien überprüft; die Einlegung des Rechtsmittels setzt eine Beschwer der Parteien voraus; die Zulassung des Rechtsmittels ist gerade nicht davon abhängig, ob die Entscheidung des Gerichts erster Instanz von der Rechtsprechung des Gerichtshofs abweicht; allein die Parteien bestimmen darüber, welche Teile der Entscheidung durch den Gerichtshof kontrolliert werden sollen; schließlich entscheidet der Gerichtshof nicht nur über eine abstrakte Rechtsfrage, sondern über den konkreten Rechtsstreit. Insoweit stellt sich das Rechtsmittelverfahren als Fortsetzung des erstinstanzlichen Rechtsstreits mit eingeschränkten Mitteln dar. Das Rechtsmittel wird nur zur Wahrnehmung der Interessen der am Rechtsstreit Beteiligten eingelegt. Ginge es aber allein um die Gewährleistung der Einheitlichkeit des Gemeinschaftsrecht, wären diese Regelungen nicht erforderlich. Trotz der Beschränkung auf Rechtsfragen ist es also Ziel des Rechtsmittelverfahrens, zu einer richtigen Entscheidung des Einzelfalls zu

S. 29 ff.; *Duske*, Die Aufgaben der Revision, S. 64 ff. Für den Vorrang der Herbeiführung einer gerechten Fallentscheidung unter anderem *Mannheim*, Beiträge zur Lehre von der Revision wegen materiellrechtlicher Verstösse im Strafverfahren, S. 21 ff.; *Peters*, Tat-, Rechts- und Ermessensfragen in der Revisionsinstanz, ZStW 57, S. 66; *Hartung*, Die Rechtsmittel nach dem Vorentwurf einer neuen Strafverfahrensordnung, ZStW 57, S. 89. Nach anderer Ansicht sind Rechtseinheit und Parteiinteresse gleichrangige Revisionszwecke, *Pohle*, Revision und neues Strafrecht, S. 80 ff. Für die Untrennbarkeit der beiden Revisionszwecke, *Sarstedt*, Revision, S. 2 ff.

30 *May*, Die Revision, S. 17, Rn. 41.

gelangen. Daran wird deutlich, daß beide Elemente - Individualschutz und Allgemeininteresse - innerhalb des europäischen Rechtsmittelverfahrens stark verankert und miteinander verflochten sind. Eine eindeutige Vorrangregelung besteht nicht.

III. Funktion des Rechtsmittelverfahrens im Gerichtssystem der Europäischen Gemeinschaft

Für eine umfassende Bewertung des europäischen Rechtsmittelverfahrens ist aber nicht allein der Zweck des Rechtsmittelverfahrens von Bedeutung. Auch die weiteren Begleitumstände, auf deren Grundlage das Rechtsmittelverfahren geschaffen wurde, und die sich daraus ergebenden Konsequenzen sind bei einer solchen Beurteilung zu berücksichtigen. Dabei darf nicht übersehen werden, daß sowohl die Schaffung des Rechtsmittelverfahrens als auch die Errichtung des Gerichts Teile einer einheitlichen Maßnahme des Rates sind, die sich gegenseitig bedingen und ergänzen. Dementsprechend kann die Funktion des Rechtsmittelverfahrens nicht losgelöst von der Errichtung des Gerichts erster Instanz beurteilt werden.

1. Entlastung des EuGH

Eines der ursprünglichen Motive und zugleich zwingender Anlaß für die Schaffung eines europäischen Instanzenzuges war die dadurch erhoffte Entlastung des Gerichtshofs. Dem EuGH sollte ein Teil der Rechtsstreitigkeiten abgenommen werden, damit er sich seiner höchstrichterlichen Aufgabe der Wahrung und Fortentwicklung des Gemeinschaftsrechts zuwenden konnte.[31] Die Funktionsfähigkeit des Gerichtshofs sollte gewahrt und die Verfahrensdauer reduziert werden.[32] Zu Anfang wurden jedoch Zweifel geäußert, ob dieses Ziel durch die Errichtung des Gerichts erster Instanz mit der anschließenden Möglichkeit der Rechtsmitteleinlegung verwirk-

---

[31] *Jung*, in: Groeben/Thiesing/Ehlermann, Art.168 a EGV, Rn. 3.

[32] *Rabe*, Das Gericht erster Instanz der Europäischen Gemeinschaften, NJW 1989, S. 3041; *Everling*, Abschied vom Gerichtshof der Europäischen Gemeinschaften, EuR 1988, S. 344; *Schwarze*, Grundzüge und neuere Entwicklung des Rechtsschutzes im Recht der Europäischen Gemeinschaft, NJW 1992, S. 1072; *Everling*, Die Stellung der Judikative im Verfassungssystem der Europäischen Gemeinschaften, ZSR 1993, S. 348.

licht werden könnte.[33] Gegen eine mögliche Entlastung sprach, daß der EuGH letztlich den potentiellen Rechtsmittelverfahren ausgesetzt sei und sich damit die ursprünglich geplante Entlastung in eine neuerliche Belastung mit den Rechtsmittelverfahren verwandle. Es wurde jedoch schnell deutlich, daß die Belastung mit den neuen Rechtsmittelverfahren bei weitem geringer war als die ursprüngliche Beanspruchung des Gerichtshofs mit den Klageverfahren.[34] Dies folgt zum einen aus der Tatsache, daß nicht gegen jede Entscheidung des Gerichts erster Instanz zwangsläufig ein Rechtsmittel eingelegt wird. Der Gerichtshof muß also nur noch über ein Teil der zuvor insgesamt in seine Zuständigkeit fallenden Rechtssachen entscheiden.[35] Zum anderen sorgt der eingeschränkte Prüfungsumfang im Rechtsmittelverfahren für eine merkliche Entlastung des Gerichtshofs gegenüber dem Ausgangsverfahren.[36] Gleichwohl spielt die Frage nach der Entlastung des Gerichtshofs auch bei der zukünftigen Ausgestaltung des Rechtsmittelverfahrens eine gewichtige Rolle.[37]

2. Die EG als Rechtsgemeinschaft

Die Europäische Gemeinschaft ist eine Rechtsgemeinschaft.[38] Zu den Wesensmerkmalen einer solchen Rechtsgemeinschaft gehört ein funktionie-

---

33 *Seidel*, Zur Reform des Europäischen Gerichtshofes aufgrund der Einheitlichen Europäischen Akte, in: Fortentwicklung des Rechtsschutzes, S. 203 ff.

34 *Pirrung*, Die Stellung des Gerichts erster Instanz im Rechtsschutzsystem der EG, S. 23; *Zuleeg*, Die Europäische Gemeinschaft als Rechtsgemeinschaft, JZ 1994, S. 7; *Everling*, Die Zukunft der europäischen Gerichtsbarkeit in einer erweiterten Europäischen Union, EuR 1997, S. 399; *Oppermann*, Die dritte Gewalt in der Europäischen Union, DVBl. 1994, S. 907; *Lipp*, Entwicklung und Zukunft der europäischen Gerichtsbarkeit, JZ 1997, S. 327; *Brown*, The first five Years of the Court of first Instance and Appeals to the Court of Justice, CMLR 1995, S. 743; *Wegener*, in: Calliess/Ruffert, Art. 220 EGV, Rn. 16; *Schwarze*, Grundzüge und neuere Entwicklung des Rechtsschutzes im Recht der Europäischen Gemeinschaft, NJW 1992, S. 1072, der jedoch bemängelt, daß eine durchgreifende Verkürzung der Verfahrensdauer bisher nicht erreicht werden konnte.

35 Siehe dazu Erster Teil, V.: Bedeutung des Rechtsmittelverfahrens in der Praxis. Im Durchschnitt werden ein Viertel der Entscheidungen des Gerichts erster Instanz mit einem Rechtsmittel zum Gerichtshof angefochten.

36 *Jung*, in: Groeben/Thiesing/Ehlermann, Art. 168 a EGV, Rn. 147. Siehe dazu den zweiten Teil der vorliegenden Untersuchung: Die Nachprüfung der erstinstanzlichen Entscheidung durch den Gerichtshof.

37 Siehe dazu Dritter Teil: Vorschläge zur Reform des Rechtsmittelverfahrens.

38 EuGH, *Les Verts/Parlament* - Rs. 294/83, Slg. 1986, S. 1339, 1365, Rn. 23; EuGH, *Parlament/Rat* - Rs. 70/88, Slg. 1990, I-2041, 2073; *Hallstein*, Die europäische

rendes Rechtsschutzsystem, welches die sich aus der Rechtsordnung ergebenden Rechte und Pflichten wirksam kontrolliert.[39] Die effektive und wirkungsvolle Ausgestaltung des europäischen Rechtsschutzes ist damit wesentlicher Bestandteil dieser Rechtsgemeinschaft.[40] Das Gerichtssystem muß die gerechte, einheitliche und effiziente Anwendung des Gemeinschaftsrechts gewährleisten.[41] Auch vor diesem Hintergrund ist das neu geschaffene europäische Rechtsmittelverfahren zu beurteilen.

a. Der Umfang und die Effizienz des Rechtsschutzes

Ziel des Rechtsmittelverfahrens ist es, durch die Möglichkeit Entscheidungen des Gerichts erster Instanz einer weiteren Kontrolle zu unterziehen, den Rechtsschutz zu verbessern. Für die Frage, wie weitreichend diese Verbesserung ist, sind zwei Faktoren maßgebend. Auf der einen Seite ist die Wirksamkeit des vermittelten Rechtsschutzes davon abhängig, wie umfangreich die Kontrolle im Rechtsmittelverfahren ist. Denn je weitreichender eine Kontrolle in der Rechtsmittelinstanz ist, desto größer ist die Wahrscheinlichkeit, daß fehlerhafte Entscheidungen durch den EuGH erkannt und aufgehoben werden. Auf der anderen Seite ist zu berücksichtigen, daß eine allumfassende Nachprüfung durch das Rechtsmittelgericht zu einer enormen Steigerung der Verfahrensdauer und damit zu einer erheblichen Verlängerung der Gesamtverfahrenszeit führt.[42] Darunter leidet wiederum die Effizienz des Rechtsschutzes.[43] Demzufolge besteht innerhalb des

Gemeinschaft, S. 51-77; *ders.*, Europäische Reden, S. 341 ff.; *Zuleeg*, Die europäische Gemeinschaft als Rechtsgemeinschaft, NJW 1994, S. 545; *Lipp*, Entwicklung und Zukunft der europäischen Gerichtsbarkeit, JZ 1997, S. 329; *Koenig/Sander*, Einführung in das EG-Prozeßrecht, S. 1, Rn. 1; *Wägenbaur*, Zur Erhaltung der Funktionsfähigkeit des Gerichtshofs der Europäischen Gemeinschaften, S. 667, in: FS Bauer; *Oppermann*, Die Dritte Gewalt in der Europäischen Union, DVBl. 1994, S. 902. Das Recht stellt der Gemeinschaft die Formen zur Verfügung, in denen sie ihren politischen Willen verbindlich ausdrücken kann (*Everling*, Die Stellung der Judikative im Verfassungsgefüge der EG, ZSR 1993, S. 338).

39 *Rengeling/Middeke/Gellermann*, Rechtsschutz in der Europäischen Union, S. 2, Rn. 5; *Zuleeg*, Die europäische Gemeinschaft als Rechtsgemeinschaft, NJW 1994, S. 548; *Everling*, Die Stellung der Judiktive im Verfassungsgefüge der EG, ZSR 1993, S. 338.

40 *Lipp*, Entwicklung und Zukunft der europäischen Gerichtsbarkeit, JZ 1997, S. 327.

41 *Kommission*, Reform des Gerichtssystems der Gemeinschaft, S. 2.

42 Zur bisherigen Verfahrensdauer siehe Erster Teil, V., 1. Umfang der Rechtsmittelen-scheidungen.

43 *Lenz*, Reform des Europäischen Gerichtshofs im Blick auf die Erweiterung der Europäischen Union, FCE 4/2000, Rn. 3.

Rechtsmittelverfahrens ein Interessengegensatz zwischen einem möglichst weitreichenden Kontrollumfang und einem möglichst schnellen Verfahrensablauf.[44] Der Gemeinschaftsgesetzgeber und der Gerichtshof haben diesen Interessenkonflikt durch eine Beschränkung des Prüfungsumfangs des Rechtsmittelgerichts gelöst. Inwieweit diese Lösung zu Gunsten oder zu Lasten eines wirksamen Rechtsschutzes erfolgt, wird die nachfolgende Untersuchung aufzeigen. An dieser Stelle ist festzuhalten, daß mit der Schaffung des Rechtsmittelverfahrens die Möglichkeit besteht, den Status der Europäischen Gemeinschaft als Rechtsgemeinschaft zu festigen und weiter fortzuschreiben.

b. Die Akzeptanz des europäischen Rechtsschutzes

In diesem Zusammenhang sei noch auf einen weiteren Gesichtspunkt hingewiesen, der eine Verbindung zwischen der Europäischen Gemeinschaft als Rechtsgemeinschaft und dem Rechtsmittelverfahren herstellt. So hängt das Bestehen einer Rechtsgemeinschaft auch von der Akzeptanz und dem Vertrauen[45] der rechtsunterworfenen Bürger in die Wirksamkeit des vermittelten Rechtsschutzes ab.[46] Als Rechtsgemeinschaft ohne eigene Polizei oder Armee bedarf die Europäische Union der Befolgungsbereitschaft ihrer Mitgliedstaaten, der Gemeinschaftsorgane und der Unionsbürger.[47] Diese Bereitschaft hängt wiederum davon ab, wie die Bürger die praktische Bewährung und das Funktionieren des Rechtsschutzes in der Europäischen

---

44 *Lenaerts*, Das Gericht erster Instanz der EG, EuR 1990, S. 247.

45 Vgl. zu den Begriffen Akzeptanz und Vertrauen in der juristischen Diskussion: *Benda*, Zur gesellschaftlichen Akzeptanz verwaltungs- und verfassungsrechtlicher Entscheidungen, DÖV 1983, S. 305 ff.; *Kniffka*, Das Ansehen der Justiz in der Öffentlichkeit, ZfRS 1981, S. 228 ff.; *Sander*, Der Europäische Gerichtshof als Förderer und Hüter der Integration, S. 70 ff.

46 *Everling*, Die Stellung der Judikative im Verfassungssystem der Europäischen Gemeinschaft, ZSR 1993, S. 338; *ders.*, Abschied vom Gerichtshof der Europäischen Gemeinschaften, EuR 1988, S. 344; *Oppermann*, Die dritte Gewalt in der EU, DVBl. 1994, S. 902; *Stern*, Verfassungsgerichtsbarkeit zwischen Recht und Politik, S. 22; *Ukrow*, Richterliche Rechtsfortbildung durch den EuGH, S. 226 ff. Gründe für die breite Akzeptanz der Rechtsprechung des Gerichtshofs zählt *Wolf-Niedermaier* auf, Der Europäische Gerichtshof zwischen Recht und Politik, S. 68 ff., u.a. Respekt vor gerichtlichen Entscheidungen, Interesse der Mitgliedstaaten am europäischen Integrationsprozeß, Kontrolle der politischen Entscheidungen, Unterstützung durch die nationalen Gerichte, Qualität und Autorität der Entscheidungen des EuGH.

47 *Rösler*, Zur Zukunft des Gerichtssystems der EU, ZRP 2000, S. 55; *Everling*, Justiz im Europa von morgen, DRiZ 1993, S. 5; *Oppermann*, Europarecht, S. 152, Rn. 384.

Gemeinschaft einschätzen und beurteilen.[48] Sie ist abhängig von dem Vertrauen in die Richtigkeit der getroffenen Urteile und die Gerechtigkeit des gerichtlichen Verfahrens.[49] Dieses Vertrauen der rechtsunterworfenen Bürger wird mit der Schaffung des Rechtsmittelverfahrens - und der damit verbundenen Möglichkeit der Überprüfung erstinstanzlicher Urteile - gestärkt.[50] Das Bedürfnis, auch auf Gemeinschaftsebene das in den Mitgliedstaaten übliche Prinzip der doppelten gerichtlichen Kontrolle anzuwenden, ist insofern - zumindest in Teilbereichen - erfüllt worden.[51] Das europäische Gerichtssystem nähert sich damit ein Stück weit den mitgliedstaalichen Rechtssystemen an und erhöht auch deshalb das Vertrauen in den europäischen Rechtsschutz.

c. Die Integrationsfunktion des Rechtsmittelverfahrens

Das europäische Recht ist ein wesentlicher Bestandteil der europäischen Integration.[52] Es stellt ein Steuerungsinstrument dar, um der politischen, wirtschaftlichen und sozialen Eingliederung Form und Rahmen zu geben.[53] Insoweit kommt der europäischen Gerichtsbarkeit, als maßgeblichem Organ der Auslegung und Anwendung des europäischen Rechts, eine spezifi-

---

48 *Schwarze*, Grundzüge und neuere Entwicklung des Rechtsschutzes im Recht der Europäischen Gemeinschaft, NJW 1992, S. 1072.

49 *Wolf-Niedermaier*, Der Europäische Gerichtshof zwischen Politik und Recht, S. 71.

50 *Duske*, Die Aufgaben der Revision, S. 60.

51 *Beutler/Bieber/Pipkorn/Streil*, Die Europäische Union, S. 236; *Everling*, Die Errichtung eines Gerichts erster Instanz der EG, in: Fortentwicklung des Rechtschutzes, S. 40; *Gericht erster Instanz*, Arbeitspapier, S. 157, in: Jung, Das Gericht erster Instanz der EG.

52 *Sander*, Der Europäische Gerichtshof als Fördere und Hüter der Integration, S. 81; *Nicolaysen*, Der Gerichtshof. Funktion und Bewährung der Judikative, EuR 1972, S. 379; *Bernhardt*, Verfassungsprinzipien - Verfassungsgerichtsfunktionen, S. 175; *Ipsen*, Die Verfassungsrolle des Europäischen Gerichtshofs für die Integration, in: Der Europäische Gerichtshof, S. 32 f. Integration ist ein Prozeß, in welchem eine Vielheit allmählich zu einer Einheit zusammenschmilzt. Der Integrationsprozeß innerhalb der Europäischen Gemeinschaft läuft sowohl politisch, wirtschaftlich als auch rechtlich ab. Unter rechtlicher Integration versteht man dabei den allmählichen Übergang vom Pluralismus zum Monismus der europäischen Rechtsordnungen (*Bleckmann*, Europarecht, S. 284, Rn. 803).

53 *Schwarze*, Das Recht als Integrationsinstrument, in: Du Droit international au droit de l'intégration, S. 641. Zum Integrationsprozeß allgemein: *Jachtenfuchs/Kohler-Koch* (Hrsg.), Europäische Integration; *Huber* (Hrsg.), Das Ziel der europäischen Integration.

sche Integrationsfunktion zu.[54] Diese integrierende Funktion wird auch anhand des Rechtsmittelverfahrens deutlich. Denn eine wirksame Integration mit Hilfe des Rechts ist nur dann möglich, wenn das Gemeinschaftsrecht einheitlich angewendet wird.[55] Dementsprechend muß die europäische Gerichtsstruktur so ausgerichtet sein, daß eine einheitliche Interpretation des Gemeinschaftsrechts innerhalb der europäischen Gerichtsbarkeit gewährleistet ist. Soweit der EuGH als Einheitsgericht entscheidet, ist das unproblematisch. Sobald jedoch ein zweigliedriger Instanzenzug zur Verfügung steht, ist das Rechtsmittelverfahren das einzige Instrument, um die einheitliche Anwendung des Gemeinschaftsrechts innerhalb der europäischen Gerichtsbarkeit sicherzustellen. Das Rechtsmittelverfahren ist sozusagen das „integrierende Bindeglied“[56] zwischen der Rechtsprechung des Gerichts erster Instanz und dem Gerichtshof und sichert auf diese Weise die einheitliche Anwendung des Gemeinschaftsrechts. Damit endet die Integrationsfunktion des Rechtsmittelverfahrens aber noch nicht. Integration durch Recht bedeutet nicht allein einheitliche Rechtsanwendung, sondern auch Voraussehbarkeit und Berechenbarkeit der Rechtsprechung,[57] da andernfalls die Bereitschaft der rechtsunterworfenen Bürger erschüttert würde, sich an der europäischen Rechtsprechung zu orientieren.[58] Auch diese Aufgabe erfüllt das Rechtsmittelverfahren. Denn erst durch das Rechtsmittelverfahren besteht die Möglichkeit, unter Berufung auf die bisherige Rechtsprechung des EuGH eine Kontrolle der erstinstanzlichen Entscheidung herbeizuführen. Auf diese Weise bleibt sowohl die Rechtssicherheit

---

54 So wurde der EuGH als „Hüter und Promotor“ des Integrationsprinzips (*Ipsen*, Die Verfassungsrolle des Europäischen Gerichtshofs für die Integration, S. 37, in: Der Europäische Gerichtshof), als „Integrationsfaktor erster Ordnung" (Hallstein) oder als „Motor der Integration“ (*Opermann/Hiermaier*, Das Rechtsschutzsystem des EWG-Vertrages, JuS 1980, S. 783) bezeichnet.

55 *Hatje*, Europäische Rechtseinheit durch einheitliche Rechtsdurchsetzung, EuR 1998, Beiheft 1, S. 7.

56 Ähnlich dem Vorabentscheidungsverfahren zwischen europäischer und nationaler Rechtsprechung. Vgl. *Streil*, Das Vorabentscheidungsverfahren als Bindeglied zwischen europäischer und nationaler Rechtsprechung, in: Der Europäische Gerichtshof, S. 69 ff.

57 *Köpernik*, Die Ausweitung der Rechtsetzungsbefugnisse der Europäischen Gemeinschaften durch den Europäischen Gerichtshof, S. 196 f.; *Sander*, Der Europäische Gerichtshof als Förderer und Hüter der Integration, S. 59.

58 Die Vorstellung, das Gericht erster Instanz werde in Zukunft die auftretenden Rechtsfragen stets entgegengesetzt dem EuGH entscheiden, verdeutlicht dies.

als auch die Rechtsklarheit für die Rechtsschutzsuchenden erhalten.[59] Nicht zuletzt bedeutet Integration im hier beschriebenen Sinn, daß die bisher bestehenden Mittel für eine wirksame Kontrolle des EG-Rechts erweitert und verfeinert werden.[60] Auch diesem Ziel dient das Rechtsmittelverfahren, indem es die Rechtsschutzmöglichkeiten ausweitet, zu einer Entlastung des Gerichtssystems beiträgt und die Akzeptanz der Bürger in den europäischen Rechtsschutz fördert.

3. Grundstein für eine Veränderung des Gerichtssystems

Schließlich stellt die Errichtung des Gerichts erster Instanz und die Schaffung des Rechtsmittelverfahrens eine wesentliche Neuerung im gemeinschaftlichen Rechtsschutzsystem dar.[61] Durch diese Maßnahmen wurde der Grundstein für einen weiteren Ausbau des europäischen Gerichtssystems geschaffen. In diesem Zusammenhang wird vor allem an eine weitere Zuständigkeitserweiterung des Gerichts erster Instanz und an die Schaffung einer dritten Instanz gedacht.[62] Für beide Änderungsvorschläge ist es maßgeblich, ob sich das Rechtsmittelverfahren als effektive Stütze des Gerichtssystems herausstellt. Nur wenn das Rechtsmittelverfahren eine wirksame Kontrolle ermöglicht, zugleich aber keine erhebliche Neubelastung des EuGH zur Folge hat, kann es sich auch in Zukunft in einem nochmals erweiterten Rechtsschutzsystem der EG bewähren. Die Effektivität und Wirksamkeit des Rechtsmittelverfahrens ist notwendige Bedingung für den weiteren Ausbau des europäischen Gerichtssystems.

---

59 Von der Möglichkeit, sich auf die bisherige Rechtsprechung des EuGH zu berufen, machen die Rechtsmittelparteien auch regen Gebrauch: EuGH, *Dimitiadis/ Rechnungshof*, Rs. C-140/96, Slg. 1997, I-5650, Rn. 30, 31; EuGH, *Antillean Rice Mills u.a./Kommission*, Rs. C-390/95, Slg. 1999, I-808, Rn. 17; EuGH, *FFSA u.a./ Kommission*, Rs. C-174/97, Slg. 1998, I-1325, Rn. 26; EuGH, *Bayer/ Kommission*, Rs. C-195/91, Slg. 1994, I-5637, Rn. 25; EuGH, *Finsider/Kommission*, Rs. C-320/92, Slg. 1994, I-5715, Rn. 8.

60 *Gündisch*, Rechtsschutz in der Europäischen Gemeinschaft, S. 57; *Rengeling/ Middeke/Gellermann*, Rechtsschutz in der Europäischen Union, S. 20, Rn. 42.

61 *Müller-Huschke*, Verbesserung des Individualrechtsschutzes durch das neue Europäische Gericht erster Instanz EuGRZ 1989, S. 216; *Schweitzer/Hummer*, Europarecht, S. 169, Rn. 558; *Niedermühlbichler*, Verfahren vor dem EuG und EuGH, S. 113, Rn. 310.

62 Siehe dazu Vierter Teil: Die veränderte Gerichtsstruktur nach dem Vertrag von Nizza.

IV. Überblick über das europäische Rechtsmittelverfahren

1. Regelungsquellen des Rechtsmittelverfahrens

Grundlage des Rechtsmittelverfahrens sind die drei Gründungsverträge, in denen gleichlautend festgestellt wird, daß gegen Entscheidungen des Gerichts erster Instanz „ein auf Rechtsfragen beschränktes Rechtsmittel beim Gerichtshof nach Maßgabe der Satzung eingelegt werden kann."[63] Weitergehende inhaltliche Regelungen enthalten die Gemeinschaftsverträge nicht. Ergänzende Vorschriften finden sich zunächst in der Satzung des Europäischen Gerichtshofs (EG-Satzung),[64] auf die in den Gemeinschaftsverträgen Bezug genommen wird. Zum anderen finden sich Regelungen über das Rechtsmittelverfahren in der Verfahrensordnung des Gerichtshofs (VerfO EuGH)[65] und in der Verfahrensordnung des Gerichts erster Instanz (VerfO EuG).[66] Im übrigen sind die Voraussetzungen des Rechtsmittelverfahrens durch die Rechtsprechung des Gerichtshofs konkretisiert und fortentwickelt worden. Dies gilt insbesondere für den Bereich der Kontrolldichte, also der Frage nach der Abgrenzung zwischen Rechts- und Tatfrage.[67]

2. Wirkung der Rechtsmitteleinlegung

Gemäß Art. 53 Absatz 1 EG-Satzung hat ein Rechtsmittel gegen die Entscheidungen des Gerichts erster Instanz keine aufschiebende Wirkung. Die Rechtsmitteleinlegung schließt also weder Vollziehungs- noch Vollstreckungsmaßnahmen aus. Die Gemeinschaftsorgane sind nicht daran gehindert, sich im Rahmen ihres hoheitlichen Verhaltens auf die erstinstanzliche

63 Vgl. Art. 225 Absatz 1 EGV, Art. 140 a Absatz 1 EAGV, Art. 32 d Absatz 1 EGKSV. Im folgenden wird nur noch von Art. 225 EGV als Ausgangspunkt des Rechtsmittelverfahrens gesprochen.

64 Art. 49 - 54 EG-Satzung. Ebenso Art. 45 - 47 EAG-Satzung und Art. 44 - 46 EGKS-Satzung, die mit den Regelungen in der EG-Satzung übereinstimmen. Diese Regelungen sind gemäß Art. 311 EGV Bestandteil des EG-Vertrages. Sie können daher nur durch eine Vertragsänderung modifiziert werden.

65 Art. 110 - Art. 123 VerfO EuGH.

66 Art. 117 - Art. 121 VerfO EuG.

67 In den Entwürfen des Gerichtshofs zur Einfügung des Art. 48 EG-Satzung heißt es, daß „die - häufig schwierige - Unterscheidung zwischen Tatsachen- und Rechtsfrage ... in der Rechtssprechung des Gerichtshofes herausgearbeitet werden (wird)." *Gerichtshof*, Entwurf der EG-Satzung, in: Fortentwicklung des Rechtsschutzes, S. 247.

Entscheidung des Gerichts zu stützen.[68] Ziel dieser Regelung ist es, die Einlegung von Rechtsmitteln mit Verzögerungsabsicht zu verhindern.[69] Von diesem Grundsatz enthält Art. 53 Absatz 2 EG-Satzung allerdings eine Ausnahme: Erklärt das Gericht eine Verordnung für nichtig und wird gegen diese Entscheidung ein Rechtsmittel eingelegt, so wird die Entscheidung des Gerichts erst nach der Zurückweisung des Rechtsmittels wirksam.[70] Damit sollen Rechtsunsicherheiten vermieden werden, die auftreten können, falls das Gericht erster Instanz eine Verordnung aufheben sollte, der EuGH im Rechtsmittelverfahren die Gültigkeit der Verordnung rückwirkend aber wieder herstellt.[71] Im übrigen bleibt es den Rechtsmittelparteien gemäß Art. 53 Absatz 1 EG-Satzung unbenommen, gemäß Art. 242 und 243 EGV Anträge auf Aussetzung des angefochtenen Urteils beziehungsweise Anträge auf sonstige einstweilige Anordnungen zu stellen.[72]

3. Der Ablauf des Rechtsmittelverfahrens

Das Rechtsmittelverfahren gliedert sich in einen schriftlichen und einen mündlichen Verfahrensteil.[73] Das schriftliche Verfahren beginnt mit der Einreichung des Rechtsmittelantrages beim Gerichtshof.[74] Da kein bestimmter Spruchkörper für Rechtsmittelsachen beim Gerichtshof existiert, ist gemäß Art. 221 Absatz 1 EGV grundsätzlich das Plenum zuständig.[75] Es

---

[68] *Koenig/Sander*, Einführung in das EG-Prozeßrecht, Rn. 156; *Jung*, in: Groeben/Thiesing/Ehlermann, Art. 168 a EGV, Rn. 2, 4.

[69] *Gerichtshof*, Entwurf der EG-Satzung, S. 250, in: Fortentwicklung des Rechtsschutzes; *Glaesner/Wegen/Metzlaff*, Die anwaltliche Praxis im Gemeinschaftsrecht, Rn. 263; *Müller-Huschke*, Verbesserung des Individualrechtsschutzes durch das neue Europäische Gericht erster Instnz, EuGRZ 1989, S. 217.

[70] Vgl. EuGH, *Kommission/Albani*, Rs. C-242/90, Slg. 1990, I-4329, 4332; EuGH, *Parlament/Hannig*, Rs. C-345/90, Slg. 1991, I-231, 237.

[71] *Jung*, in: Groeben/Thiesing/Ehlermann, Art. 168 a EGV, Rn. 194.

[72] Zu diesem Verfahren: *Regeling/Middeke/Gellermann*, Rechtsschutz in der Europäischen Union, S. 401, Rn. 756; *Jung*, in: Groeben/Thiesing/Ehlermann, Art. 168 a EGV, Rn. 193.

[73] Art. 52 S. 1 EG-Satzung.

[74] Wird der Rechtsmittelantrag beim Gericht erster Intanz eingereicht, wird die Rechtsmittelschrift gemäß Art. 111 VerfO EuGH unverzüglich der Kanzlei des Gerichtshofes übermittelt.

[75] Der Gerichtshof entscheidet in unterschiedlicher Besetzung, entweder als Plenum (Vollsitzung) oder als Kammer. Das Plenum ist gemäß Art. 15 Satz 2 EG-Satzung beschlußfähig, wenn mindestens neun Richter anwesend sind. Aus dieser Regelung ergibt sich die in der Praxis des EuGH üblich gewordene Unterscheidung zwischen dem sog. großen Plenum (alle fünfzehn Richter) und dem sog. kleinen Plenum (neun

besteht jedoch gemäß Art. 221 Absatz 2 EGV in Verbindung mit Art. 95 § 1 VerfO EuGH die Möglichkeit, die Rechtssachen an die Kammern zu verweisen.[76]

Die Rechtsmittelschrift muß gemäß Art. 112 VerfO EuGH gewisse Formalien erfüllen, insbesondere müssen die Rechtsmittelgründe genau bezeichnet sein. Der Gerichtshof hat dazu festgestellt, daß ein Rechtsmittel „die beanstandeten Teile des Urteils, dessen Aufhebung beantragt wird, sowie die rechtlichen Argumente, die diesen Antrag speziell stützen, genau bezeichnen muß."[77] Verstoßen die Rechtsmittelanträge gegen dieses Gebot, werden sie als offensichtlich unzulässig zurückgewiesen. Das ist unter anderem der Fall, wenn überhaupt keine Rechtsmittelgründe angeführt werden[78], lediglich beispielhafte Angaben einiger Randnummern des erstinstanzlichen Urteils gemacht werden[79] oder die Rüge erhoben wird, das Gericht hätte ein bestimmtes Urteil[80] oder eine bestimmte Norm[81] anders auslegen müssen, ohne für diese Ansicht ein rechtliches Argument anzuführen. Andererseits muß ein Rechtsmittelgrund nicht ausdrücklich vorgetragen werden, solange er hinreichend bestimmt ist.[82]

Die Frist zur Einreichung der Rechtsmittelschrift beträgt zwei Monate und beginnt mit der Zustellung der angefochtenen Entscheidung.[83] Beson-

---

Richter). Neben diesen beiden Formen des Plenums bestehen weitere Kammern beim Gerichtshof. Gemäß Art. 221 Absatz 2 EGV können diese aus drei, fünf oder sieben Richtern bestehen (vgl. dazu *Wegener*, in: Calliess/Ruffert, Art. 221 EGV, Rn. 1 ff.; *Hackspiel*, in: Groeben/Thiesing/Ehlermann, Art. 15 EG-Satzung, Rn. 1 ff.).

76 Zu Beginn wurden die Rechtsmittelsachen hauptsächlich vom Plenum entschieden. Diese Entwicklung hat sich in neuerer Zeit umgekehrt, so daß nunmehr die meisten Entscheidungen von den einzelnen Kammern des Gerichtshofs getroffen werden.

77 Vgl. EuGH, *CPL Imperial und Unifrigo/Kommission*, Rs. C-299/98, Slg. 1999, I-8700, Rn. 43; EuGH, *De Rijk/Kommission*, Rs. C-153/96, Slg. 1997, I-2921, Rn. 15; EuGH, *V/Parlament*, Rs. C-18/91, Slg. 1992, I-3997, Rn. 15; EuGH, *San Marco/Kommission*, Rs. C-19/95, Slg. 1996, I-4435, Rn. 37; EuGH, *Kuchlenz-Winter /Kommission*, Rs. C-228/97, Slg. 1998, I-6047, Rn. 26; EuGH, *TWD/Kommission*, Rs. C-89/95, Slg. 1997, I-2577, Rn. 32. Insoweit werden an die Rechtsmittelanträge höhere Anforderungen als an die Klageschrift gestellt. Dort wird lediglich eine kurze Darstellung der Klagegründe gefordert (*Kirschner/Klüpfel*, Das Gericht erster Instanz der Europäischen Gemeinschaften, S. 165, Rn. 151).

78 EuGH, *Moat/Kommission*, Rs. C-318/92, Slg. 1993, I-485, Rn. 13.

79 EuGH, *New Holland Ford/Kommission*, Rs. C-89/95, Slg. 1998, I-3175, Rn. 37.

80 EuGH, *De Hoe/Kommission*, Rs. C-338/93, Slg. 1994, I-829, Rn. 26.

81 EuGH, *Moat/Kommission*, Rs. C-318/92, Slg. 1993, I-485, Rn. 14.

82 EuGH, *Kommission/Brazzelli Lualdi u.a.*, Rs. C-136/92, Slg. 1994, I-1981, Rn. 34.

83 Art. 49 Absatz 1 EG-Satzung.

dere Zulassungsbeschränkungen bestehen für die Rechtsmitteleinlegung nicht; es ist weder ein bestimmter Streitwert noch eine Zulassung durch das Gericht erforderlich.[84] Innerhalb von zwei Monaten nach Zustellung des Rechtsmittelantrages muß der Rechtsmittelgegner eine Rechtsmittelbeantwortung einreichen.[85] Weitere Anträge in Form von Erwiderung und Gegenerwiderung sind nur zulässig, wenn der Präsident des EuGH dies auf Antrag gestattet.[86] Dritte können sich als Streithelfer an dem Rechtsmittelverfahren beteiligen. Dies ist nicht nur möglich, wenn sie bereits als Streithelfer in der ersten Instanz mitgewirkt haben, sondern auch dann, wenn sie am erstinstanzlichen Verfahren in keiner Weise beteiligt waren.[87]

Nach Eingang der Rechtsmittelschriften gibt der Berichterstatter seinen Vorbericht ab.[88] Der EuGH hat daraufhin die Möglichkeit, entweder einen Termin für die Eröffnung der mündlichen Verhandlung zu bestimmen[89] oder durch Beschluß auf die mündliche Verhandlung insgesamt zu verzichten. Letzteres ist nur möglich, wenn einem solchen Beschluß nicht von einer Partei mit der Begründung widersprochen wird, sie habe im schriftlichen Verfahren nicht ausreichend Gelegenheit gehabt, ihren Standpunkt zu Gehör zu bringen.[90] Darüber hinaus können offensichtlich unzulässige oder offensichtlich unbegründete Rechtsmittel jederzeit nach Anhörung des Generalanwalts durch Beschluß zurückgewiesen werden.[91] Kommt es zu einer mündlichen Verhandlung, können der Präsident, die Richter und der Generalanwalt Fragen an die Anwälte der Parteien stel-

---

84 Auf die Einführung eines Annahmeverfahrens wurde verzichtet, da die Entwicklung einer neuen Gerichtsbarkeit - wie die der Gemeinschaft - sich zunächst durchsetzen und im Bewußtsein der Betroffenen Akzeptanz finden muß, ehe an eine solche Maßnahme gedacht werden kann. Vgl. *Everling*, Die Errichtung eines Gerichts erster Instanz der EG, in: Fortentwicklung des Rechtsschutzes, S. 54.

85 Art. 115 § 1 VerfO EuGH.

86 Art. 117 § 1 VerfO EuGH. Das Verfahren ist gegenüber dem erstinstanzlichen Verfahren gestrafft, da Duplik und Replik nicht mehr der Disposition der Parteien unterliegen. Nur im Fall des Anschlußrechtsmittels gemäß Art. 117 § 2 VerfO EuGH besteht noch eine Dispositionsbefugnis der Betroffenen. Vgl. *Kirschner/ Klüpfel*, Das Gericht erster Instanz der Europäischen Gemeinschaften, S. 166, Rn. 155.

87 Art. 123 VerfO EuGH; vgl. dazu auch *Rengeling/Middeke/Gellerman*, Rechtsschutz in der Europäischen Gemeinschaft, S. 398, Rn. 751; *Jung*, in: Groeben/Thiesing/ Ehlermann, Art. 168 a EGV, Rn. 190.

88 Art. 44 § 1 i.V.m. Art. 118 VerfO EuGH.

89 Art. 44 § 2 VerfO EuGH.

90 Art. 120 VerfO EuGH.

91 Art. 119 VerfO EuGH.

len;[92] der EuGH hört die Vertreter der Parteien an. Im Anschluß daran hält der Generalanwalt seinen Schlußantrag. Der Präsident schließt die mündliche Verhandlung,[93] wobei eine Wiedereröffnung nach Anhörung des Generalanwalts möglich ist.[94] An die mündliche Verhandlung schließt sich die geheime Beratung an. Die Entscheidung wird in öffentlicher Sitzung verkündet.[95]

4. Die Rechtsmittelentscheidung des EuGH

In den Rechtsordnungen der Mitgliedstaaten finden sich im wesentlichen zwei Arten von Rechtsmittelverfahren: Das Kassationsverfahren, welches im Falle des Erfolgs mit einer Aufhebung des angefochtenen Urteils und der Rückverweisung der Sache an die Vorinstanz endet, und das Revisionsverfahren, in dem das Rechtsmittelgericht gegebenenfalls auch selbst eine abschließende Entscheidung treffen kann, sofern der im vorinstanzlichen Urteil festgestellte Sachverhalt eine solche ermöglicht.[96] Das europäische Rechtsmittelverfahren folgt dem Vorbild des Revisionsverfahrens, da es unter bestimmten Voraussetzungen auch eine Entscheidung durch den EuGH selbst zuläßt.[97]

a. Die Begründetheit des Rechtsmittels

Gemäß Art. 54 Absatz 1 EG-Satzung hebt der EuGH die Entscheidung des Gerichts erster Instanz auf, wenn das Rechtsmittel begründet ist. Die Begründetheit des Rechtsmittels setzt zweierlei voraus: Zum einen muß das Gericht gemäß Art. 225 EGV eine Rechtsfrage falsch beurteilt haben. Zum anderen muß die Entscheidung des Gerichts im Ergebnis falsch sein.[98] Ist

---

92 Art. 57 i.V.m. Art. 118 VerfO EuGH.

93 Art. 59 i.V.m. Art. 118 VerfO EuGH.

94 Art. 61 i.V.m. Art. 118 VerfO EuGH.

95 Art. 64 § 1 i.V.m. Art. 118 VerfO EuGH.

96 *Everling*, Die Errichtung eines Gerichts erster Instanz der EG, S. 55, in: Fortentwicklung des Rechtsschutzes.

97 *Jung*, in: Groeben/Thiesing/Ehlermann, Art.168 a EGV, Rn. 200. Diese Möglichkeit wurde im Interesse der Prozeßökonomie eingeführt. Vgl. *Gerichtshof*, Entwurf der EG-Satzung, in: Fortentwicklung des Rechtsschutzes in der Europäischen Gemeinschaft, S. 251; *Müller-Huschke*, Verbesserung des Individualrechtsschutzes durch das neue europäische Gericht erster Instanz, EuGRZ 1989, S. 217.

98 EuGH, *Lestelle/Kommission*, Rs. C-30/91, Slg. 1992, I-3755, Rn. 28; EuGH, *Kommission/Peine Salzgitter*, Rs. C-220/91, Slg. 1993, I-2445; EuGH, *Boessen/WSA*,

lediglich die Begründung durch das Gericht fehlerhaft, der Tenor der Entscheidung aber aus anderen Gründen richtig, wird das Rechtsmittel als unbegründet zurückgewiesen.[99] Liegen beide Voraussetzungen vor, ist das Rechtsmittel begründet und der Gerichtshof hebt die Entscheidung auf.

b. Entscheidung durch den EuGH

Ist das Rechtsmittel begründet, bestimmt sich der weitere Verlauf nach Art. 54 Absatz 1 S. 2 EG-Satzung. Danach kann der EuGH über den Rechtsstreit endgültig selbst entscheiden, soweit dieser entscheidungsreif ist.[100] Andernfalls wird die Rechtssache an das Gericht zurückverwiesen. Die Rechtssache ist zur Entscheidung reif, wenn keine weiteren Tatsachenfeststellungen notwendig sind, um über die Rechtssache endgültig befinden zu können.[101] Ist hingegen eine erneute Sachverhaltswürdigung erforder-

---

Rs. C-275/93, Slg. 1994, I-169; EuGH, *SEP/Kommisson*, Slg. 1994, I-1932 f., Rn. 32, 33 ,42; EuGH, *Finsider/Kommission*, Rs. C-320/92, Slg. 1994, I-5697, Rn. 37; EuGH, *Zunis/Kommission*, Rs. C-480/93, Slg. 1996, I-1, Rn. 15; EuGH, *Wirtschafts- und Sozialausschuß/E*, Rs. C-150/98, Slg. 1999, I-8900, Rn. 17.

99 *Kirschner/Klüpfel*, Das Gericht erster Instanz der Europäischen Gemeinschaften, S. 167, Rn. 157. Es handelt sich dann um einen bloßen Austausch der Begründung des angefochtenen Urteils. Dies kann sogar ohne nähere Prüfung der geltend gemachten Rechtsmittelgründe erfolgen, wenn sich die angefochtene Entscheidung als im Ergebnis offensichtlich richtig herausstellt (*Jung*, in: Groeben/Thiesing/Ehlermann, Art. 168 a EGV, Rn. 198; EuGH, *Moat/Kommission*, Rs. C-318/92, Slg. 1992, I-6379, Rn. 11).

100 Ist eine Rechtssache zur Entscheidung reif, steht es im Ermessen des Gerichtshofs, ob er selbst endgültig über die ursprüngliche Klage entscheidet. Dieses Ermessen bruht auf prozeßökonomischen Gesichtspunkten. Der EuGH soll nach dem jeweiligen Stand des ursprünglichen Verfahrens und des Ergebnisses des Rechtsmittelverfahrens entscheiden können, ob eine eigene Entscheidung oder eine Zurückverweisung im Interesse der Prozeßökonomie sinnvoller ist. Maßgebliche Kriterien dafür sind unter anderem die Sachnähe und die bisherige Verfahrensdauer (GA Darmon, *Parlament/Hannig*, Rs. C-345/90, Slg. 1992, I-977, Rn. 52). Zu einer zwingenden Entscheidung durch den EuGH kommt es, wenn die Entscheidung wegen fehlender Zuständigkeit der Gemeinschaftsgerichtsbarkeit insgesamt oder wegen mangelnder Zuständigkeit des Gerichts aufgehoben wird. Vgl. *Jung*, in: Groeben/Thiesing/Ehermann, Art. 168 a EGV, Rn. 202.

101 EuGH, *Parlament/Hannig*, Rs. C-345/90, Slg. 1992, I-989, Rn. 36-38; EuGH, *Kommission/Albani*, Rs. C-242/90, Slg. 1993, I-3870, Rn. 16, 17; EuGH, *Kommission/BASF*, Rs. C-137/92, Slg. 1994, I-2629, Rn. 55; EuGH, *Publishers Association/Kommission*, Rs. C-360/92, Slg. 1995, I-54 f.; EuGH, *Geotronis/Kommission*, Rs. C-395/95, Slg. 1997, I-2271. Bisweilen sind sich EuGH und Generalanwälte über die Entscheidungsreife nicht einig: GA Tesauro, *Rendo/Kommission*, Rs. C-19/93, Slg. 1995, I-3323; GA Darmon, *Parlament/Hannig*,

lich, muß der Gerichtshof die Rechtssache an das Gericht erster Instanz zurückverweisen, da der EuGH im Rechtsmittelverfahren nicht dazu befugt ist, selbst Tatsachen festzustellen.[102] An der Entscheidungsreife fehlt es auch dann, wenn zwar alle entscheidungserheblichen Tatsachen feststehen, aber maßgebliche rechtliche Gesichtspunkte noch nicht hinreichend von den Parteien erörtert worden sind.[103]

Entscheidet der EuGH endgültig über die ursprüngliche Klage, erwächst das Urteil mit seiner Verkündung in Rechtskraft.[104] Als letztinstanzliches Urteil kann es nicht mehr mit einem weiteren Rechtsmittel angefochten werden. Die Parteien oder Dritte haben lediglich noch die Möglichkeit ein Wiederaufnahme- oder Drittwiderspruchsverfahren einzuleiten.[105] Sollten auch diese Verfahren nicht erfolgsversprechend sein, käme schließlich noch die Anrufung des europäischen Gerichtshofs für Menschenrechte in Betracht. Ob eine Kontrolle der Rechtsmittelentscheidungen durch den europäischen Gerichtshof für Menschenrechte möglich ist, muß allerdings bezweifelt werden. Denn die Europäische Gemeinschaft unterfällt nicht der rechtsprechenden Gewalt des Gerichtshofs für Menschenrechte.[106] Dazu müßte die EG der Europäischen Menschenrechtskon-

---

Rs. C-345/90, Slg.1992, I-977, Rn. 56; GA Jacobs, *Kommission/Gill*, Rs. C-185/90, Slg. 1991, I-4806, Rn. 39, 31, 32.

[102] EuGH, *Moritz/Kommission*, Rs. C-68/91, Slg. 1992, I-6849, Rn. 25; EuGH, *Kommission/V*, Rs. C-188/96, Slg. 1997, I-6587, Rn. 33; GA Van Gerven, *Moritz/Kommission*, Rs. C-68/91, Slg. 1992, I-6849, Rn. 25; GA Jacobs, *Kommission/Gill*, Rs. C-185/90, Slg. 1991, I-4804, Rn. 33. Das ist insbesondere der Fall bei Entscheidungen des Gerichts, bei denen nicht über alle Klagegründe entschieden wurde, da bereits die ersten Klagegründe erfolgreich waren. In solchen Fällen kann der Rechtsstreit nur dann zur Entscheidung reif sein, wenn die Prüfung der in der ersten Instanz nicht untersuchten Klagegründe keine Tatsachenüberprüfung durch den Gerichtshof erfordert. Vgl. GA Darmon, *Parlament/Hannig*, Rs. C-345/90, Slg. 1992, I-977, Rn. 54; EuGH, *Kommission und Frankreich/Ladbroke Racing*, Rs. C-359 und 379/95, Slg. 1997, I-6313, Rn. 39; EuGH, Parament/Gaspari, Rs. C-316/97, Slg. 1998, I-7620, Rn. 37; EuGH, *Kommission/V*, Rs. C-188/96, Slg. 1997, I-6587, Rn. 33.

[103] *Jung*, in: Groeben/Thiesing/Ehlermann, Art. 168 a EGV, Rn. 201; *Rengeling/Middeke/Gellerman*, Rechtsschutz in der Europäischen Union, S. 400, Rn. 755; EuGH, *Moritz/Kommission*, Rs. C-68/91, Slg. 1992, I-6849, Rn. 37.

[104] *Rengeling/Middeke/Gellermann*, Rechtschutz in der Europäischen Union, Rn. 755.

[105] Das Drittwiderspruchsverfahren ist in Art. 39 EG-Satzung i.V.m. Art. 97 VerfO EuGH geregelt. Das Wiederaufnahmeverfahren ist in Art. 41 EG-Satzung i.V.m. Art. 98 - 100 VerfO EuGH geregelt.

[106] *Schmidt-Aßmann*, Empfiehlt es sich, Rechtsschutz und Gerichtsbarkeit in der EG weiterzuentwickeln?, JZ 1994, S. 839; *Alber/Widmaier*, Die EU-Charta der Grundrechte und ihre Auswirkungen auf die Rechtsprechung, S. 501, Fn. 24.

vention beitreten. Das ist aber bisher nicht geschehen und wäre in Zukunft auch nur durch eine Vertragsänderung möglich.[107] Gleichwohl liegt dem Europäischen Gerichtshof für Menschenrechte eine Beschwerde vor, in der eine Rechtsmittelentscheidung des EuGH angefochten wird.[108] Dieses Beschwerde hat der Gerichtshof zumindest nicht von vornherein als offensichtlich unzulässig zurückgewiesen, sondern zunächst den fünfzehn Regierungen zugestellt. Ob der EGMR insoweit seine Zuständigkeit bejaht, bleibt abzuwarten.

c. Zurückverweisung an das Gericht

Ist das Rechtsmittel begründet, die Rechtssache aber noch nicht entscheidungsreif oder aus anderen Gründen nicht durch den EuGH selbst zu entscheiden, wird die Rechtssache an das Gericht erster Instanz zurückverwiesen.[109] Es handelt sich dann um eine bloße Kassationsentscheidung des Gerichtshofs.[110] Im Fall der Zurückverweisung benennt der EuGH die rechtlichen Gesichtspunkte, über die das Gericht erster Instanz zu befinden hat.[111] Das Gericht ist insoweit an die rechtliche Beurteilung der Entscheidung des Gerichtshofs gebunden.[112]

d. Das Rechtsmittel ist unzulässig oder unbegründet

Stellt sich das Rechtsmittel als offensichtlich unzulässig beziehungsweise offensichtlich unbegründet dar, kann es vom Gerichtshof gemäß Art. 119

---

107 EuGH, Gutachten 2/94, Slg. 1996, I-1759; *Borchardt*, in: Lenz, Art. 220 EGV, Rn. 31. Insoweit stellt sich auch die Frage, ob die Diskussion über einen Beitritt zur EMRK nicht durch den Beschluß über die EU-Grundrechtscharta hinfällig geworden ist. Denn damit ist zumindest der Grundstein für einen der EMRK vergleichbaren Grundrechtsschutz gelegt. Sollte die Grundrechtscharta in absehbarer Zeit volle Wirksamkeit erlangen, wäre ein Rückgriff auf die EMRK nicht mehr erforderlich.

108 EGMR, BeschwerdeNr. 56672/00, *Senator Lines GmbH*, EuGRZ 2000, S. 334 ff.

109 *Rengeling/Middeke/Gellermann*, Rechtschutz in der Europäischen Union, Rn. 755.

110 *Wohlfahrt*, in: Grabitz/Hilf, Art.168 a EGV, Rn. 31.

111 EuGH, *Moritz/Kommission*, Rs. C-68/91, Slg. 1992, I-6849.

112 Art. 54 Absatz 2 EG-Satzung. Diese Bindungswirkung beschränkt sich auf das konkrete Verfahren und bedeutet keine generelle Bindung an die Entscheidung des Gerichtshofs. Sie hindert das Gericht nicht, in einer anderen Rechtssache erneut eine andere Rechtsauffassung zugrunde zulegen. Vgl. dazu Dritter Teil, V., 2. Ebenso *Jung*, in: Groeben/Thiesing/Ehlermann, Art. 168a EGV, Rn. 203; *Everling*, Die Errichtung eines Gerichts erster Instanz der EG, S. 55, in: Fortentwicklung des Rechtschutzes.

VerfO EuGH jederzeit durch Beschluß ganz oder teilweise zurückgewiesen werden. Die mündliche Verhandlung muß in einem solchen Fall nicht eröffnet werden.[113] In allen übrigen Fällen, in denen das eingelegte Rechtsmittel keinen Erfolg hat, kommt es zu einer Zurückweisung durch ein Urteil des Gerichtshofs. Die erleichterten Voraussetzungen des Art. 119 VerfO EuGH sind nicht anwendbar. Mit der Zurückweisung des Rechtsmittels erwächst die Entscheidung des Gerichts in Rechtskraft, so daß eine erneute Rechtmitteleinlegung nicht mehr möglich ist.[114]

V. Bedeutung des Rechtsmittelverfahrens in der Praxis

Seit nunmehr zehn Jahren besteht die Möglichkeit, gegen Entscheidungen des Gerichts erster Instanz ein Rechtsmittel einzulegen. Die nachstehenden Tabellen sollen verdeutlichen, in welchem Umfang und mit welchem Erfolg von der Möglichkeit der Rechtsmitteleinlegung Gebrauch gemacht worden ist und welche Belastungen sich daraus für das europäische Gerichtssystem ergeben.

1. Zahl der Rechtsmittelentscheidungen

Zahl der Entscheidungen des EuG die mit einem Rechtsmittel angefochten wurden:

	1990	1991	1992	1993	1994	1995	1996	1997	1998	1999	Σ
Angefochtene Entscheidungen des EuG	16 von 46	13 von 62	24 von 86	16 von 66	12 von 101	47 von 152	27 von 122	35 von 139	67 von 214	60 von 177	317 von 1165
In Prozent	34 %	21 %	28%	24 %	12 %	31 %	22 %	25 %	31%	34%	27%

Während im Jahr 1991 nur gegen sechzehn Entscheidungen des Gerichts erster Instanz ein Rechtsmittel eingelegt wurde, waren es im Jahr 1999 be-

---

[113] EuGH, *Aiuffass und Akt/Kommission*, Rs. C-55/97, Slg. 1997, I-5359, Rn. 12. Da es sich bei Art. 119 VerfO EuGH um eine Kann-Vorschrift handelt, ist im Fall der offensichtlichen Unzulässigkeit oder Unbegründetheit eine Entscheidung durch Urteil jedoch nicht ausgeschlossen. Vgl. *Rengeling/Middeke/Gellermann*, Rechtsschutz in der Europäischen Union, S. 400, Rn. 754.

[114] EuGH, *Coussios/Kommission*, Rs. C-397/95, Slg. 1996, I-3881, Rn. 25; *Koenig/Sander*, Einführung in das EG-Prozeßrecht, Rn. 165; *Jung*, in: Groeben/Thiesing/Ehlermann, Art. 168 a EGV, Rn. 196.

reits sechzig Entscheidungen. Damit hat sich der Anteil der angefochtenen Entscheidungen im Lauf von neun Jahren in absoluten Zahlen mehr als verdreifacht. Gleichwohl liegt der prozentuale Anteil der angefochtenen Entscheidungen gemessen an den insgesamt anfechtbaren Entscheidungen des Gerichts - bei nur geringen Schwankungen - durchschnittlich bei 27 Prozent im Jahr.[115] Die Steigerung der Rechtsmittel ergibt sich also maßgeblich aus der gleichfalls gestiegenen Anzahl der Entscheidungen des Gerichts; sie ist nicht die unmittelbare Folge eines größeren Renommees des Rechtsmittelverfahrens oder eines gesteigerten Bedürfnisses nach einer weiteren Kontrolle durch den EuGH. Sollte allerdings das europäische Rechtsmittelverfahren in Zukunft weiter an Anerkennung und Durchsetzungskraft gewinnen und gleichzeitig die Zahl der (anfechtbaren) Entscheidungen des Gerichts kontinuierlich ansteigen, wird dementsprechend auch die Zahl der Rechtsmittelverfahren nochmals in erheblichem Umfang anwachsen.

Rechtsmittelentscheidungen des Gerichtshofs:

	1991	1992	1993	1994	1995	1996	1997	1998	1999	Σ
Rechtsmittel (RM)	9	13	11	20	20	26	32	36	57	224
Sonstige Verfahren	271	331	781	272	267	422	424	384	339	3491
Summe	288	344	792	292	287	348	456	420	395	3622
Prozent der RM-Entscheidungen zu der Gesamtzahl	3,1%	3,8%	1,3%	6,8%	7,0%	7,5%	7,0%	8,6%	14,4%	6,2%

Die Zahlen über die Rechtsmittelentscheidungen des Gerichtshofs verdeutlichen in besonderer Weise die stetig wachsende Bedeutung des Rechtsmittelverfahrens innerhalb des europäischen Gerichtssystems. Die Anzahl der erledigten Rechtsmittelentscheidungen hat sich von anfänglich neun im Jahr 1991 auf siebenundfünfzig im Jahr 1999 mehr als versechsfacht. Dieser kontinuierliche Zuwachs ist die erkennbare Folge aus der eben dargestellten gesteigerten Rechtsmitteleinlegung. Zugleich hat sich aber der Anteil der Rechtsmittelentscheidungen an der Gesamtzahl der Entscheidungen des Gerichtshofs erheblich gesteigert. Während anfänglich nur drei Prozent der Entscheidungen des Gerichtshofs Rechtsmittelverfahren betrafen, ist dieser Anteil bis zum Jahr 1999 auf vierzehn Prozent angewachsen. Im Jahr 1999

---

[115] Die Bandbreite liegt zwischen 34% und 21%. Einzige Ausnahme ist das Jahr 1994, in dem lediglich 12% der anfechtbaren Entscheidungen des Gerichts auch angefochten wurden.

erging dementsprechend fast jede siebte Entscheidung des Gerichtshofs im Rechtsmittelverfahren. Damit stellt das Rechtsmittelverfahren bereits jetzt einen wesentlichen Schwerpunkt der Rechtsprechungsaufgaben des Gerichtshofs dar.

Neue anhängige Rechtssachen beim Gerichtshof:

	1991	1992	1993	1994	1995	1996	1997	1998	1999	Σ
Rechtsmittel	16	14	25	17	13	48	28	35	70	266
Sonstige Verfahren	368	329	415	473	338	367	395	410	415	3510
Summe	384	343	440	490	351	415	423	445	485	3776
Prozent der RM	4,2%	4,1%	5,7%	3,5%	3,7%	11,6	6,6%	7,9%	14,4	7,0%

Des weiteren macht ein Vergleich der neu anhängigen Rechtsmittelverfahren mit den erledigten Rechtsmitteln deutlich, daß der Gerichtshof die anstehende Arbeitslast in diesem Bereich nur unzureichend erfüllen kann. Während in den letzten neun Jahren 224 Rechtsmittelentscheidungen ergingen, sind in dem gleichen Zeitraum 266 Rechtsmittel neu anhängig gemacht worden. Es besteht ein Überhang von 42 Entscheidungen, das heißt, insgesamt blieben die erledigten Verfahren hinter den Eingängen zurück. Dem Gerichtshof ist es nicht mehr möglich, die anfallende Entscheidungslast aus eigener Kraft zu bewältigen. Auch dieser Befund macht deutlich, daß eine Entlastung des Gerichtshof im Hinblick auf die Rechtsmittelverfahren geboten ist.[116] Es steht nämlich zu Befürchten, daß sich diese Tendenz noch weiter verschärft.[117]

Dauer der Rechtsmittelverfahren:

	1991	1992	1993	1994	1995	1996	1997	1998	1999	Ø
Rechtsmittel	15,4	17,5	19,2	21,2	18,5	14,0	17,4	20,3		17,9
VorabEnt.	18,2	18,8	20,4	18,0	20,5	20,8	21,4	21,4		19,9
Direktklagen	24,2	25,8	22,9	20,8	17,1	19,6	19,7	21,0		21,4

Während bei den Direktklagen zum EuGH sogar eine Reduzierung der Verfahrensdauer zu verzeichnen ist, hat sich die Verfahrensdauer bei den Rechtsmittelverfahren im Laufe von 8 Jahren um fast 25 Prozent erhöht. Sie beträgt im Durchschnitt 17,9 Monate. Da es sich bei dieser Zahl um einen Mittelwert handelt, ist davon auszugehen, daß schwierigere Verfahren

---

116 Vgl. dazu *Reflexionsgruppe*, Die Zukunft des Gerichtssystems der EG, S. 5.

117 Siehe dazu Dritter Teil: Reform des europäischen Rechtsmittelverfahrens.

erheblich länger dauern. Berücksichtigt man, daß diese Verfahrenszeit den erstinstanzlichen Verfahren noch hinzuzurechnen ist, dauert ein europäisches Gerichtsverfahren über zwei Instanzen im Durchschnitt länger als dreieinhalb Jahre.[118] Dies mag im Vergleich zu der Verfahrensdauer vor nationalen Gerichten noch zügig erscheinen, aber insbesondere bei Entscheidungen im europäischen Wettbewerbsrecht (Fusionsentscheidungen, Geldbußen in Millionenhöhe) ist eine solche Verfahrensdauer für die beteiligten Parteien kaum akzeptabel.[119] Der Rechtsschutz wird erheblich beeinträchtigt. Vor allem Unternehmen haben in komplexen Wirtschaftssachen wenig Aussicht, ein Urteil in absehbarer Zeit zu erhalten.[120] Das europäische Rechtsmittelverfahren könnte also im Hinblick auf die daraus resultierende Verfahrensverlängerung nicht nur als Verbesserung des Rechtsschutzes, sondern auch als zusätzliche Belastung angesehen werden.

2. Ausgang der Rechtsmittelverfahren

	1991	1992	1993	1994	1995	1996	1997	1998	1999	Σ
Rechtsmittelentscheidungen	9	13	11	20	20	26	32	36	57	224
Ganz oder teilweise erfolgreich	0	3	1	4	2	2	6	7	6	31 (14%)
Offensichtlich unzulässig oder unbegründet	2	2	2	2	7	15	11	11	24	76 (33%)
Prozent der erfolglosen Rechtsmittel	100	77%	91%	80%	90%	92%	81%	81%	86%	86%

Aus dieser Tabelle wird zunächst deutlich, daß im Durchschnitt 86 Prozent der eingelegten Rechtsmittel ohne Erfolg sind. Dabei ist die Anzahl der offensichtlich unzulässigen oder unbegründeten Rechtsmittel mit durchschnittlich 33 Prozent sehr hoch. Berücksichtigt man die Anzahl der Entscheidungen des Gerichts erster Instanz, die überhaupt mit einem Rechtsmittel angefochten werden, so ergibt sich daraus, daß im Durchschnitt von hundert Entscheidungen des EuG lediglich drei Entscheidungen durch den

[118] *Brown*, The first five Years of the Court of first Instance and Appeals to the Court of Justice, CMLRev. 1995, S. 750.

[119] Vgl. dazu *Huff*, Nachdenken über das Gerichtssystem beim Europäischen Gerichtshof und beim Europäischen Gericht erster Instanz, EuZW 2000, S. 97.

[120] *Everling*, Stand und Zukunftsperspektive der Europäischen Gerichtsbarkeit, S. 43, in: FS Deringer.

EuGH aufgehoben werden. Diese sehr geringe Zahl kann in zwei Richtungen gedeutet werden: Sie könnte darauf schließen lassen, daß das Gericht erster Instanz seine Rechtsprechungsaufgabe in hervorragender Weise erfüllt.[121] Diese Zahlen könnten aber auch als Indiz dafür angesehen werden, daß eine Kontrolle der erstinstanzlichen Entscheidungen im Rechtsmittelverfahren nur sehr eingeschränkt stattfindet und aus diesem Grund nicht alle möglichen Fehler des Gerichts erster Instanz aufgedeckt werden können. Letztlich entscheidet also der Umfang der Kontrolle im Rechtsmittelverfahren nicht allein über den damit gewonnenen Zuwachs an Rechtsschutz, sondern auch über die Frage, wie erfolgreich und wirksam das Gericht erster Instanz seine Rechtsprechungsaufgaben erfüllt.

[121] *Brown*, The first five Years of the Court of first Instance and Appeals to the Court of Justice, CMLRev. 1995, S. 746.

Zweiter Teil: Die Nachprüfung der erstinstanzlichen Entscheidung durch den Gerichtshof

Der Europäische Gerichtshof kann als Rechtsmittelgericht nicht in dem gleichen Umfang über den Streitgegenstand entscheiden wie das Gericht erster Instanz.[122] Seine Prüfungsbefugnis ist im Vergleich zur erstinstanzlichen Prüfungskompetenz eingeschränkt, so daß nur ein begrenzter Bereich der Entscheidung des Vordergerichts der Kontrolle in der Rechtsmittelinstanz unterliegt.[123] Ziel der nachfolgenden Untersuchung ist es, diejenigen Regelungen aufzuzeigen und näher zu erläutern, die für die Beschränkung des Prüfungsumfangs im europäischen Rechtsmittelverfahren verantwortlich sind. Dafür bestehen drei Anknüpfungspunkte:

Eine erste Beschränkung des Prüfungsumfangs erfolgt bei der Festlegung des Streitgegenstandes in der Rechtsmittelinstanz (Erster Abschnitt: Der Streitgegenstand im Rechtsmittelverfahren). Hier stellen sich insbesondere die Fragen, gegen welche Maßnahmen des Gerichts erster Instanz ein Rechtsmittel eingelegt werden kann, wer über den Umfang der Nachprüfung bestimmt und innerhalb welcher Grenzen neues Vorbringen in der Rechtsmittelinstanz möglich ist.

Eine zweite Beschränkung erfolgt durch die Festlegung, daß im Rechtsmittelverfahren allein Verstöße gegen das rechtsmittelfähige Recht kontrolliert werden können (Zweiter Abschnitt: Prüfungsmaßstab im Rechtsmittelverfahren). Es stellt sich die Frage, welche rechtlichen Regelungen innerhalb des europäischen Rechtsmittelverfahrens als Prüfungsmaßstab zugelassen sind.

Schließlich erfolgt eine Einschränkung des Prüfungsumfangs aufgrund der Begrenzung auf die Nachprüfung von Rechtsfragen (Dritter Abschnitt: Die Kontrolldichte im Rechtsmittelverfahren). Hier ist zu klären, welche Bereiche der erstinstanzlichen Entscheidung als Rechtsfragen einer Kontrolle unterliegen und welche Bereiche als Tatfrage einer Nachprüfung durch den Gerichtshof entzogen sind.

---

[122] Vgl. May, Die Revision, S. 470, Rn. 395.

[123] Wägenbaur, Die Prüfungskompetenz des EuGH im Rechtsmittelverfahren, EuZW 1995, S. 199.

Erster Abschnitt: Der Streitgegenstand im Rechtsmittelverfahren

Die Ermittlung des Streitgegenstandes, über den der Gerichtshof im Rechtsmittelverfahren zu befinden hat, vollzieht sich in drei aufeinanderfolgenden Schritten. Zunächst ist zu klären, welche Akte des Gerichts erster Instanz überhaupt einer Kontrolle unterliegen. Denn abhängig davon, wie eng oder weit der Kreis der rechtsmittelfähigen Maßnahmen des Gerichts gezogen ist, erfolgt eine erste Festlegung des Prüfungsumfangs in gegenständlicher Hinsicht (unter I.: Die rechtsmittelfähigen Akte des Gerichts). Eine zweite Beschränkung des Streitgegenstandes ergibt sich aus der Tatsache, daß es sich bei dem Rechtsmittelverfahren nicht um einen originären Rechtsbehelf handelt. Die Kontrolle in der Rechtsmittelinstanz ist damit grundsätzlich auf den Gegenstand beschränkt, über den das Vordergericht entschieden hat (unter II.: Begrenzung auf den erstinstanzlichen Prozeßstoff). Innerhalb des so vorgegebenen Rahmens stellt sich schließlich die Frage, wer über die genaue Festlegung des Streitgegenstandes in der Rechtsmittelinstanz bestimmt (unter III.: Die Verfügungsbefugnis der Parteien).

I. Die rechtsmittelfähigen Akte des Gerichts

Art. 225 EGV spricht von „Entscheidungen" des Gerichts erster Instanz, gegen die ein Rechtsmittel eingelegt werden kann.[124] Diese Vorgabe wird in Art. 49 und Art. 50 der Satzung des Gerichtshofs näher konkretisiert, wobei auch diese Vorschriften nur von Entscheidungen des Gerichts sprechen. Das europäische Rechtsmittelrecht differenziert also nicht zwischen Urteilen und Beschlüssen. Es werden lediglich inhaltliche Anforderungen an die anzufechtende Maßnahme gestellt, so daß die Rechtsmittelfähigkeit der einzelnen Maßnahme nicht von ihrer äußeren Form, sondern allein von

[124] Aus dieser Formulierung wird auch deutlich, daß ein Sprungrechtsmittel zum EuGH unmittelbar gegen Entscheidungen der Gemeinschaftsbehörden nicht möglich ist. Allein Entscheidungen des Gerichts erster Instanz können mit dem Rechtsmittel angefochten werden. *Everling* ist der Ansicht, die Möglichkeit eines Sprungrechtsmitels würde zu einem Zeitpunkt, in dem sich das Gericht erster Instanz noch nicht endgültig etabliert hat, zu der Gefahr führen, daß das EuG von den Beteiligten Parteien bewußt ausgeschlossen wird, um auf diesem Weg sofort eine endgültige Entscheidung des Gerichtshofs zu erhalten (Die Errichtung eines Gerichts erster Instanz, S. 56, in: Fortentwicklung des Rechtsschutzes).

ihrer inhaltlichen Einordnung abhängt.[125] Dabei differenziert die Satzung des Gerichtshofes zwischen sogenannten Endentscheidungen (dazu unter 1.) und sonstigen Entscheidungen (dazu unter 2.).

1. Endentscheidungen des Gerichts

Gemäß Art. 49 EG-Satzung kann ein Rechtsmittel gegen „Endentscheidungen" des Gerichts eingelegt werden. Darunter sind alle Entscheidungen zu verstehen, die das Verfahren vor dem Gericht erster Instanz vollständig abschließen, unabhängig davon, ob sie zur Zulässigkeit oder zur Begründetheit ergehen.[126] Es kommt nicht auf die der Klage zugrundeliegende Verfahrensart an.[127] Unter diese Definition fallen unproblematisch alle Urteile und Beschlüsse des Gerichts, die ein normales Klageverfahren in der Hauptsache beenden. Aber auch solche Entscheidungen des Gerichts, die einen eingelegten außerordentlichen Rechtsbehelf (Drittwiderspruchsklage,[128] Wiederaufnahmeverfahren[129] und Urteilsauslegung[130]) endgültig ablehnen, sind als rechtsmittelfähige Endentscheidung in diesem Sinn anzusehen.[131] Schwieriger ist die Einordnung bei Streichungsbeschlüssen durch das Ge-

---

[125] *Jung*, in: Groeben/Thiesing/Ehlermann, Art.168a EGV, Rn. 149.

[126] *Gerichtshof*, Entwurf der EG-Satzung, S. 246, in: Fortentwicklung des Rechtsschutzes. Vgl. EuGH, *Moat/Kommission*, Rs. C-318/92, Slg. 1992, I-6379; EuGH, *De Hoe/Kommission*, Rs. C-338/93, Slg. 1994, I-819 ff.; EuGH, *National Power*, Rs. C-151 und 157/97, Slg. 1997, I-3491.

[127] *Jung*, in: Groeben/Thiesing/Ehlermann, Art.168a EGV, Rn. 150.

[128] Art. 39 EG-Satzung, Art. 123, 124 VerfO EuG. Einen Drittwiderspruch können Mitgliedstaaten, Organe der Gemeinschaft und alle sonstigen natürlichen und juristischen Personen gegen ein Urteil erheben, wenn dieses Urteil ihre Rechte beeinträchtigt und in einem Rechtsstreit erlassen worden ist, an dem sie nicht teilgenommen haben.

[129] Art. 41 EG-Satzung, Art. 125 bis Art. 128 VerfO EuG. Eine Wiederaufnahme kann beantragt werden, wenn eine Tatsache von entscheidender Bedeutung bekannt wird, die vor Verkündung des Urteils dem Gerichtshof und der die Wiederaufnahme beantragenden Partei unbekannt war.

[130] Art. 40 EG-Satzung, Art. 129 VerfO EuG. Eine Urteilsauslegung durch das Gericht ist möglich, soweit Zweifel über Sinn und Tragweite eines Urteils bestehen und eine Auslegung des Urteils durch eine Partei oder ein Organ der Gemeinschaft beantragt wird.

[131] EuGH, *De Compte/Parlament*, Rs. C-2/98, Slg. 1999, I-1816, Rn. 19-23; EuGH, *DSM/Kommission*, Rs. C-5/93, Slg. 1999, I-4727, Rn. 30; *Kirschner/Klüpfel*, Das Gericht erster Instanz der Europäischen Gemeinschaften, S. 159, Rn. 147; *Rengeling/Middeke /Gellermann*, Rechtsschutz in der Europäischen Union, Rn. 740; *Koenig/Sander*, Einführung in das EG-Prozeßrecht, Rn. 159.

richt (unter a.), bei Entscheidungen im Versäumnisverfahren (unter b.) und bei Kostenentscheidungen des Gerichts (unter c.).

a. Streichungsbeschluß durch das Gericht erster Instanz

Kommt es zwischen den Parteien zu einer außergerichtlichen Einigung[132] oder nimmt der Kläger seine Klage zurück,[133] ordnet der Präsident des Gerichts durch Beschluß die Streichung der Rechtssache im Register an. Gleiches gilt, wenn das Gericht die Klage für gegenstandslos erklärt.[134] Folge der Streichung ist die Beseitigung der Rechtshängigkeit der ursprünglichen Klage.[135] In einer solchen Situation stehen der beschwerten Partei grundsätzlich zwei Möglichkeiten zur Verfügung. Einerseits könnte sie ein neues Verfahren mit gleichem Inhalt anstrengen, soweit dies nach der Streichung der Rechtssache noch möglich ist. Andererseits könnte die Partei gegen den Streichungsbeschluß vorgehen, um damit eine Rückversetzung des Verfahrens zu erzielen. Ob letzteres möglich ist - also der Streichungsbeschluß als rechtsmittelfähiger Akt einzustufen ist - hängt maßgeblich davon ab, ob die Parteien trotz der Streichung der Rechtssache erneut Klage erheben können. Ist nämlich eine Weiterführung des ursprünglichen Verfahrens möglich, kann nicht von einer endgültigen Beendigung des Rechtsstreits im Sinne des Art. 49 EG-Satzung gesprochen werden. Die Einlegung eines Rechtsmittels wäre auch nicht sinnvoll, da selbst ein erfolgreiches Rechtsmittelverfahren nur zur Rückversetzung des Verfahrens führen würde. Der Kläger ist also durch die Möglichkeit, erneut Klage zu erheben, ausreichend geschützt. Für die Einstufung der Rechtsmittelfähigkeit der Streichungsbeschlüsse kommt es demzufolge darauf an, ob und unter welchen Umstän-

---

132 Gemäß Art. 98 § 1 VerfO EuG ordnet der Präsident die Streichung der Rechtssache an, wenn sich die Parteien über die streitigen Fragen einigen und erklären, daß sie auf die Geltendmachung ihrer Ansprüche verzichten. Eine außergerichtliche Einigung ist gemäß Art. 98 § 2 VerfO EuG jedoch bei Nichtigkeits- und Untätigkeitsklagen nicht möglich, da hoheitliche Handlungen der Gemeinschaftsorgane nicht der Disposition der Parteien unterliegen sollen.

133 Gemäß Art. 99 VerfO EuG ordnet der Präsident die Streichung der Rechtssache aus dem Register an, wenn der Kläger durch schriftliche Erklärung gegenüber dem Gericht die Klage zurücknimmt.

134 Erledigung tritt unter anderem ein, wenn bei einer Nichtigkeitsklage die angefochtene Entscheidung zurückgenommen wird oder nach einer Untätigkeitsklage die begehrte Handlung vorgenommen wird. Vgl. EuGH, Slg. 1988, I-4017, 4048; EuGH, Slg. 1993, I-3153, 3175.

135 *Kirschner/Klüpfel*, Das Gericht erster Instanz der Europäischen Gemeinschaften, S. 149, Rn. 136, 137.

den das ursprüngliche Verfahren fortgesetzt werden kann. Das ist für die einzelnen Streichungsbeschlüsse gesondert festzustellen.

aa. Streichung in Folge einer Klagerücknahme

Die Klagerücknahme führt nicht zu einer Entscheidung in der Sache; sie beseitigt lediglich die Rechtshängigkeit der Klage, beinhaltet jedoch keinen materiell-rechtlichen Anspruchsverzicht.[136] Demgemäß steht der Streichungsbeschluß einer erneuten Klageerhebung nicht entgegen.[137] Gegen einen Streichungsbeschluß, der im Zuge einer Klagerücknahme erfolgt, ist die Rechtsmitteleinlegung also nicht möglich.[138]

bb. Streichung in Folge einer außergerichtlichen Einigung

Bei der Streichung der Rechtssache in Folge einer außergerichtlichen Einigung der Parteien kommt es ebenfalls zu keiner Entscheidung in der Sache.[139] Folglich kann ein Klage mit gleichem Inhalt erneut eingelegt werden. Dem steht auch nicht die zuvor erzielte Einigung der Parteien entgegen.[140] Denn den Parteien muß es auch nach einer außergerichtlichen Einigung möglich sein, die Wirksamkeit dieser Einigung überprüfen zu können. Diese Möglichkeit erhalten sie, wenn sie einen Antrag auf Weiterführung des ursprünglichen Prozesses stellen, in Folge dessen die Wirksamkeit der zuvor erzielten außergerichtlichen Einigung nachgeprüft wird. Demnach ist das Verfahren vor dem Gericht erster Instanz noch nicht endgültig beendet. Es besteht kein Bedürfnis für die Einlegung eines Rechtsmittels, so daß auch der Streichungsbeschluß in Folge einer außergerichtlichen Einigung nicht rechtsmittelfähig ist.

Wird allerdings bei der Weiterführung des erstinstanzlichen Prozesses vom Gericht festgestellt, die außergerichtliche Einigung sei wirksam und daher fehle den Parteien das Rechtsschutzbedürfnis für eine erneute Klage,

---

136 *Koenig/Sander*, Einführung in das EG-Prozeßrecht, S. 72, Rn. 150.

137 *Ehle*, Klage- und Prozeßrecht des EWG-Vertrages, Art. 77 VerfO EuGH, Rn. 15; *Kirschner/Klüpfel*, Das Gericht erster Instanz der Europäischen Gemeinschaften, S. 150, Rn. 137; *Koenig/Sander*, Einführung in das EG-Prozeßrecht, S. 72, Rn. 150.

138 So auch *Kirschner/Klüpfel*, Das Gericht erster Instanz der Europäischen Gemeinschaften, S. 161, Rn. 147; anderer Ansicht ist *Jung*, in: Groeben/Thiesing/Ehlermann, Art. 168 EGV, Rn. 152.

139 *Kirschner/Klüpfel*, Das Gericht erster Instanz der Europäischen Gemeinschaften, S. 149, Rn. 136.

140 So wohl *Kirschner/Klüpfel*, Das Gericht erster Instanz der Europäischen Gemeinschaften, S. 149, Rn. 136.

kann diese Feststellung mit einem Rechtsmittel angefochten werden. Denn durch die Feststellung der Wirksamkeit der außergerichtlichen Einigung ist ein weiteres Verfahren in der ersten Instanz ausgeschlossen. Insoweit liegt eine Endentscheidung im Sinne des Art. 49 EG-Satzung vor. In der Rechtsmittelinstanz kann dann kontrolliert werden, ob die außergerichtliche Einigung - so wie vom EuG festgestellt - wirksam war und ob aus diesem Grund das Rechtsschutzbedürfnis für eine erneute Klage entfallen ist. Eine neuerliche Überprüfung der Hauptsache kommt hingegen nicht in Betracht.

cc. Streichung auf Grund der Erledigung der Hauptsache

Art. 113 VerfO EuG ermächtigt das Gericht, von Amts zu prüfen, ob die Klage gegenstandslos geworden ist. Eine Klage wird unter anderem dann gegenstandslos, wenn bei einer Nichtigkeitsklage die angefochtene Entscheidung zurückgenommen wird oder nach einer Untätigkeitsklage die begehrte Handlung vorgenommen wird.[141] Liegen diese Voraussetzungen vor, stellt das Gericht nach Anhörung der Parteien durch begründeten Beschluß die Erledigung der Hauptsache fest.[142] Problematisch wird eine solche Feststellung, wenn nach Ansicht einer Partei die Klage nicht gegenstandslos geworden ist. In einem solchen Fall muß es der Partei möglich sein die Feststellung des Gerichts einer Kontrolle im Rechtsmittelverfahren zu unterwerfen.[143] Denn mit der Erledigungserklärung des Gerichts geht der prozessuale Anspruch unter.[144] Eine erneute Klage ist nicht mehr möglich[145], so daß das erstinstanzliche Verfahren endgültig beendet ist und allein der Weg zum EuGH bleibt.

---

[141] *Kirschner/Klüpfel*, Das Gericht erster Instanz der Europäischen Gemeinschaften, S. 143, Rn. 130.

[142] *Kirschner/Klüpfel*, Das Gericht erster Instanz der Europäischen Gemeinschaften, S. 143, Rn. 130.

[143] *Gerichtshof*, Entwurf der EG-Satzung, in: Fortentwicklung des Rechtsschutzes, S. 246; *Jung*, in: Groeben/Thiesing/Ehlermann, Art. 168a EGV, Rn. 152; *Kirschner/Klüpfel*, Das Gericht erster Instanz der Europäischen Gemeinschften, S. 144.

[144] *Koenig/Sander*, Einführung in das EG-Prozeßrecht, S. 71, Rn. 147.

[145] *Koenig/Sander*, Einführung in das EG-Prozeßrecht, S. 71, Rn. 147; *Klinke*, Der Gerichtshof der Europäischen Gemeinschaften, S. 73, Rn. 222.

b. Versäumnisurteil des Gerichts

Das europäische Rechtsschutzsystem kennt nur ein Versäumnisverfahren gegen den Beklagten, nicht aber gegen den Kläger.[146] Ergeht ein Versäumnisurteil, hat der Beklagte die Möglichkeit, binnen eines Monats nach Zustellung der Entscheidung Einspruch einzulegen, über den das Gericht entscheidet.[147] Dementsprechend gibt es innerhalb des europäischen Versäumnisverfahrens zwei Anknüpfungspunkte für die Einlegung eines Rechtsmittels. Die unterlegene Partei kann sich zum einen gegen das Versäumnisurteil des Gerichts (unter bb.) und zum anderen gegen die Entscheidung des Gerichts über einen erhobenen Einspruch wenden (unter aa.).

aa. Entscheidung des Gerichts über den Einspruch

Gibt das Gericht dem Einspruch statt, wird das erstinstanzliche Verfahren fortgesetzt. Für das nun folgende Einspruchsverfahren finden die allgemeinen Vorschriften Anwendung.[148] In einem solchen Fall besteht kein Bedürfnis an einer Rechtsmitteleinlegung; sie wäre auch mangels Beschwer nicht zulässig. Wird hingegen der Einspruch verworfen, führt das zur endgültigen Beendigung des Verfahrens vor dem Gericht erster Instanz. Ein weiterer Einspruch gegen die ablehnende Entscheidung des EuG ist gemäß Art. 122 § 6 VerfO EuG nicht möglich. Demzufolge ist die Entscheidung des Gerichts über die Ablehnung des Einspruchs als Endentscheidung im Sinne des Art. 49 EG-Satzung zu qualifizieren, gegen die ein Rechtsmittel eingelegt werden kann.[149] Dadurch wird der von dem Versäumnisurteil begünstigte Kläger auch nicht benachteiligt. Denn im Rechtsmittelverfahren wird lediglich geprüft, ob das Versäumnisurteil rechtmäßig ergangen ist.

---

[146] Art. 122 § 1 VerfO EuG. Ist der Beklagte ordnungsgemäß geladen, reicht aber seinerseits keine form- und fristgerechte Klageerwiderung ein und erscheint die Klage nach summarischer Prüfung mit hinreichender Wahrscheinlichkeit als begründet, erläßt das Gericht ein Versäumnisurteil.

[147] Art. 122 § 4 VerfO EuG.

[148] Siehe dazu Art. 122 § 5 VerfO EuG. Nach richtiger Ansicht wird das Verfahren in das „Einspruchsverfahren" und nicht in das „ordentliche Verfahren" übergeleitet. Vgl. dazu EuG, *Tetra Pak Rausing SA/Kommission*, Rs. T-51/89, Slg. 1990, II-309 ff.; *Rengeling/Middeke/Gellermann*, Rechtsschutz in der Europäischen Union, S. 347, Rn. 648, Fn. 21; *Ule*, Gutachten für den DJT, S. 72.

[149] *Rengeling/Middeke/Gellermann*, Rechtsschutz in der Europäischen Union, S. 394, Rn. 740; *Kirschner/Klüpfel*, Das Gericht erster Instanz der Europäischen Gemeinschaften, Rn. 147.

Der Beklagte erhält also nicht die Möglichkeit, neu zur Hauptsache zu verhandeln; er kann lediglich geltend machen, aus welchen Gründen die Voraussetzungen für den Erlaß eines Versäumnisurteils nicht vorlagen (z.B. keine ordnungsgemäße Ladung, kein schlüssiges Vorbringen des Klägers etc.).

bb. Rechtsmittel gegen das Versäumnisurteil

Ob auch gegen das Versäumnisurteil des Gerichts erster Instanz ein Rechtsmittel eingelegt werden kann, erscheint zweifelhaft. Die einschlägigen Vorschriften enthalten dazu keine Regelung. Gegen die Rechtsmittefähigkeit spricht, daß der Beklagte nach Erlaß des Versäumnisurteils Einspruch einlegen kann, über den das Gericht erster Instanz entscheidet. Das Versäumnisurteil führt also nicht unmittelbar zur Beendigung des Verfahrens vor dem Gericht. Insoweit liegt keine Endentscheidung im Sinne des Art. 49 EG-Satzung vor.

Es ist jedoch zu bedenken, daß der Einspruch ein anderes Ziel als das Rechtsmittel verfolgt. Durch den Einspruch soll das erstinstanzliche Verfahren fortgesetzt werden. Dementsprechend geht das Verfahren nach zulässigem Einspruch in das Einspruchsverfahren über. Das Rechtsmittel dient hingegen der rechtlichen Überprüfung des Versäumnisurteils. In einem solchen Verfahren kann dementsprechend nur geprüft werden, ob das Gericht erster Instanz die Voraussetzungen für ein Versäumnisurteil ordnungsgemäß angewendet hat.[150] Entsprechend diesen divergierend Regelungszielen sind auch die einzelnen Voraussetzungen für die Einlegung des Einspruchs und des Rechtsmittels unterschiedlich geregelt. Dies wird besonders bei der Fristenregelung deutlich: Zwar beginnt die Frist in beiden Fällen mit der Zustellung der Entscheidung; die Einspruchsfrist beträgt jedoch nur einen Monat, während die Rechtsmittelfrist zwei Monate beträgt. Liegt also bis zum Ablauf der einmonatigen Einspruchsfrist noch keine Endentscheidung vor (aufgrund der Möglichkeit das erstinstanzliche Verfahren durch einen Einspruch weiterzuführen), ist nach Ablauf der Einspruchsfrist das erstinstanzliche Verfahren endgültig beendet. Spätestens ab diesem Zeitpunkt muß die Rechtsmitteleinlegung möglich sein. Andernfalls würde die zweimonatige Rechtsmittelfrist des Art. 49 EG-Satzung um ei-

[150] Die Voraussetzungen für den Erlaß eines Versäumnisurteils sind in Art. 122 VerfO EuG geregelt. Erforderlich ist: 1. Klage wurde ordnungsgemäß erhoben, 2. Klagebeantwortung erfolgte nicht form- und fristgerecht, 3. Die Klage ist zulässig und erscheint begründet.

nen Monat verkürzt und damit dem Beklagten eine vom EG-Vertrag vorgesehene Rechtsschutzmöglichkeit genommen werden. Grundsätzlich sollte es daher den Parteien erlaubt sein, sowohl einen Einspruch als auch ein Rechtsmittel gegen das Versäumnisurteil einzulegen. Einer möglichen Doppelbelastung - des Gerichts mit dem Einspruch und des EuGH mit dem Rechtsmittel - kann dadurch begegnet werden, daß der Gerichtshof das Verfahren über das Rechtsmittel bis zur Einspruchsentscheidung des Gerichts erster Instanz aussetzt. Diese Möglichkeit der Verfahrensaussetzung ist ausdrücklich für die Fälle vorgesehen, in denen eine Entscheidung des Gerichts sowohl mit einem Rechtsmittel zum Gerichtshof, als auch mit einem außerordentlichen Rechtsbehelf zum Gericht angegriffen wird.[151] Im Fall der Konkurrenz zwischen Einspruch und Rechtsmittel sollte gleiches gelten, lediglich mit der Besonderheit, daß jetzt der EuGH sein Verfahren aussetzt und auf die Einspruchsentscheidung des Gerichts wartet. Auf diese Weise wird eine Doppelbelastung verhindert, den Parteien aber nicht der durch Art. 49 EG-Satzung vorgesehene Rechtsschutz verkürzt. Folglich ist trotz bestehender Einspruchsmöglichkeit gegen das Versäumnisurteil auch die Einlegung eines Rechtsmittels möglich. Dabei ist jedoch stets zu beachten, daß bei der Kontrolle des erstinstanzlichen Versäumnisurteils im Rechtsmittelverfahren nur geprüft wird, ob die Voraussetzungen für dessen Erlaß vorlagen (z.B. ordnungsgemäße Klageerhebung, schlüssiges Vorbringen etc.). Nur wenn diese Voraussetzungen nicht vorlagen, wird das Versäumnisurteil aufgehoben und die Rechtssache erneut vor dem EuG verhandelt. Möchte der Beklagte hingegen unmittelbar die Fortsetzung des erstinstanzlichen Verfahrens erreichen - ohne die Hürde der Kontrolle der Rechtmäßigkeit des Versäumnisurteils - muß er fristgemäß Einspruch einlegen.

c. Die Kostenentscheidungen des Gerichts

Grundsätzlich kann mit dem Rechtsmittel auch die Kostenentscheidung des Gerichts angegriffen werden. Jedoch ist ein Rechtsmittel allein gegen die Kostenentscheidung oder gegen die Kostenfestsetzung gemäß Art. 51 Ab-

151 Art. 123 § 3 VerfO EuG für den Fall der Drittwiderspruchsklage; Art. 129 § 4 VerfO EuG für den Fall der Urteilsauslegung und Art. 128 VerfO EuG für den Fall des Wiederaufnahmeantrags.

satz 2 EG-Satzung unzulässig.[152] Mit dieser Regelung soll sichergestellt werden, daß nicht über den Umweg der isolierten Anfechtung der Kostenentscheidung eine erneute Kontrolle der gesamten Klage stattfindet, ohne das spezifische Fehler der Hauptsachenentscheidung gerügt werden. Könnte nämlich allein die Kostenentscheidung angefochten werden, müßte der EuGH zunächst die Rechtmäßigkeit der Hauptsachenentscheidung als notwendige Vorfrage prüfen. Denn die Entscheidung über die Kosten hängt von der Entscheidung in der Hauptsache ab.[153] Zu einer Kontrolle der Hauptsachenentscheidung soll es aber nur in solchen Fällen kommen, in denen der Rechtsmittelführer spezifische Rechtsverletzungen des Gerichts erster Instanz rügt[154]; eine umfassende Neuentscheidung des gesamten Rechtsstreites durch den EuGH soll gerade nicht stattfinden.[155] Nur wenn der EuGH aufgrund der einzelnen Rügen gegen die Hauptsachenentscheidung zu dem Ergebnis gelangt, das Gericht habe einen Rechtsfehler begangen, soll es im Anschluß auch zu einer Kontrolle der Kostenentscheidung kommen.

Die Regelung des Art. 51 Absatz 2 EG-Satzung hat der Gerichtshof gleichfalls auf solche Fälle angewendet, in denen nicht allein die Kostenentscheidung angegriffen wird. Auch wenn alle zuvor gegen die Hauptsachenentscheidung geltend gemachten Rechtsmittelgründe zurückgewiesen werden, so daß nur noch der die Kostenentscheidung betreffende Rechtsmittelgrund übrig bleibt, wird das Rechtsmittel als unzulässig zurückgewiesen.[156] Die Ausdehnung des Anwendungsbereichs des Art. 51 Absatz 2 EG-Satzung läßt sich mit dem bereits erwähnten Umgehungsgedanken rechtfertigen. Sind nämlich alle eingelegten Rechtsmittelgründe unzulässig, wäre

---

[152] EuGH, *Roujansky/Rat*, Rs. C-253/94, Slg. 1995, I-7, Rn. 12, 13; EuGH, *Bonnmay/Rat*, Rs. C-264/94, Slg. 1995, I-15, Rn. 12, 13; EuGH, *Henrichs/Kommission*, Rs. C-396/93, Slg. 1995, I-2611, Rn. 64-66.

[153] *Rengeling/Middeke/Gellermann*, Rechtsschutz in der Europäischen Union, S. 414, Rn. 793.

[154] Siehe dazu unter Erster Teil, IV., 3. Der Ablauf des Rechtsmittelverfahrens.

[155] Siehe dazu unter Zweiter Teil, 1. Abschnitt, II., 1. Erneute Einreichung der Klageschrift.

[156] EuGH, *Dimitriadis/Rechnungshof*, Rs. C-140/96, Slg. 1997, I-5657, Rn. 56; EuGH, *Henrichs/Kommission*, Rs. C-396/93, Slg. 1995, I-2611; EuGH, *De Compte/Parlament*, Rs. C-2/98, Slg. 1999, I-1819, Rn. 37; EuGH, *Obst/Kommission*, Rs. C-403/95, Slg. 1998, I-45, Rn. 53; EuGH, *Roujansky/Rat*, Rs. C-253/94, Slg. 1995, I-7, Rn. 14; EuGH, *Progoulis/Kommission*, Rs. C-49/96, Slg. 1996, I-6815, Rn. 35.

bei der Prüfung der Kostenentscheidung wiederum eine komplette Überprüfung der Hauptsachenentscheidung erforderlich.

2. Sonstige rechtsmittelfähige Akte

Neben den Endentscheidungen des Gerichts erster Instanz werden in der Satzung des Gerichtshofs noch weitere Entscheidungen aufgezählt, gegen die ein Rechtsmittel zum Gerichtshof eingelegt werden kann. Bei diesen rechtsmittelfähigen Akten besteht die Besonderheit, daß es sich um Entscheidungen des Gerichts handelt, die bereits im Laufe des erstinstanzlichen Klageverfahrens getroffen werden. Den Klageparteien wird also die Möglichkeit eröffnet, noch vor einer endgültigen Entscheidung in der Hauptsache einzelne Maßnahmen des Gerichts isoliert anzufechten und so durch den Gerichtshof vorab überprüfen zu lassen.

a. Entscheidung über einen Teil des Streitgegenstandes

Gemäß Art. 49 Absatz 1 EG-Satzung sind Entscheidungen mit einem Rechtsmittel angreifbar, die über einen Teil des Streitgegenstandes ergehen.[157] Der Streitgegenstand setzt sich im europäischen Prozeßrecht aus Klagegrund und Klageantrag zusammen.[158] Folglich können Entscheidungen über einen von mehreren Klageanträgen, über einen abtrennbaren Teil eines Antrags oder über einzeln abtrennbare Klagegründe angefochten werden.[159] Erforderlich ist, daß es sich um ein quantitativ begrenzten Teil des Streitgegenstandes handelt.

---

[157] Zweck der Vorschrift ist es, im Interesse der Prozeßökonomie zunächst die Richtigkeit der Entscheidung des Gerichts über einen Teilaspekt der Hauptsache im Rechtsmittelverfahren zu überprüfen, bevor das Verfahren vor dem Gericht erster Instanz fortgesetzt wird. Wird lediglich ein Teil des Streitgegenstandes angefochten, bleibt der übrige Rechtsstreit beim EuG anhängig. Vgl. *Jung*, in: Groeben/Thiesing/Ehlermann, Art. 168a EGV, Rn. 155.

[158] *Koenig/Sanders*, Einführung in das EG-Prozeßrecht, S. 49,Rn. 94; *Rengeling/Middeke/ Gellermann*, Rechtsschutz in der Europäischen Union, S. 350, Rn. 657. Nach anderer Ansicht ist der Begriff des Streitgegenstandes im europäischen Prozeßrecht gleichbedeutend mit dem Klageantrag im Sinne des Ziels der Klage. Vgl. *Kirschner/Klüpfel*, Das Gericht erster Instanz der Europäischen Gemeinschaften, S. 106, Rn. 94.

[159] *Jung*, in: Groeben/Thiesing/Ehlermann, Art. 168a EGV, Rn. 155; *Kirschner/Klüpfel*, Das Gericht erster Instanz der Europäischen Gemeinschaften, S. 140, Rn. 127. Die Verfahrensordnung des Gerichtshofs enthält keinerlei Bestimmungen darüber, ob das Verfahren vor dem Gericht erster Instanz während der Überprüfung durch den EuGH ausgesetzt wird. Im Interesse der Prozeßkonomie ist eine solche Aussetzung

Neben den ausdrücklich erwähnten Teilurteilen fallen aber auch sogenannte Zwischenurteile unter Art. 49 EG-Satzung. Das ist für einen Spezialfall, der Entscheidung über die Unzuständigkeit beziehungsweise Unzulässigkeit der Klage, ausdrücklich in Art. 49 EG-Satzung geregelt.[160] Erfaßt sind darüber hinaus auch Zwischenurteile über das Bestehen eines Anspruchs dem Grunde nach.[161] Insoweit handelt es sich ebenfalls um einen quantitativ beschränkten Teil des Rechtsstreits. Es besteht die einem Teilurteil vergleichbare Situation, daß der bereits entschiedene Teil ohne Schwierigkeiten von dem weiteren Verfahren abgetrennt werden kann. Auch in diesem Fall ist die Möglichkeit einer isolierten Anfechtung des bereits entschiedenen Teils sinnvoll, um zunächst eine endgültige Klärung über den Anspruchsgrund zu erhalten, bevor im Anschluß daran über die Höhe des Anspruchs verhandelt wird.

Folge der Anfechtung eines Teil- oder Zwischenurteils ist es, daß sich der Prozeß in zwei voneinander unabhängige Teile aufspaltet. Während der EuGH über den angefochtene Teil der Entscheidung befindet, bleibt der Rechtsstreit im übrigen beim Gericht erster Instanz anhängig.[162] Dabei ist es aus Gründen der Prozeßökonomie zweckmäßig, zunächst die Entscheidung des EuGH im Rechtsmittelverfahren abzuwarten, bevor das erstinstanzliche Verfahren fortgesetzt wird.[163] Demgemäß eröffnet Art. 77 Nr.a VerfO EuG dem Gericht die Möglichkeit in diesen Fällen sein Verfahren auszusetzen.

b. Einrede der Unzuständigkeit oder Unzulässigkeit

Gemäß Art. 49 Absatz 1 EG-Satzung ist ein Rechtsmittel auch gegen Entscheidungen möglich, die einen Zwischenstreit über eine Einrede der Unzuständigkeit oder Unzulässigkeit beenden. Diese Regelung ist bezüglich

---

jedenfalls geboten, um auf diese Weise zunächst die Entscheidung des Gerichtshofs über das eingelegte Rechtsmittel abzuwarten, bevor das Verfahren in der ersten Instanz fortgesetzt wird.

160 Dazu sogleich unter b. Einrede der Unzuständigkeit oder Unzulässigkeit.

161 EuGH, *Kommission/Peine Salzgitter*, Rs. C-220/91, Slg. 1993, I-2393 ff.; *Rengeling/Middeke/Gellermann*, Rechtsschutz in der Europäischen Union, S. 134, Rn. 253; *Jung*, in: Groeben/Thiesing/Ehlermann, Ar. 168a EGV, Rn. 155; *Kirschner/Klüpfel*, Das Gericht erster Instanz der Europäischen Gemeinschaften, S. 140, Rn. 127.

162 *Rengeling/Middeke/Gellermann*, Rechtsschutz in der Europäischen Union, S.393, Rn. 740; *Jung*, in: Groeben/Thiesing/Ehlermann, Ar. 168a EGV, Rn. 154.

163 *Jung*, in: Groeben/Thiesing/Ehlermann, Ar. 168a EGV, Rn. 155.

des hier ausdrücklich genannten Rechtsmittelgegenstandes unproblematisch. Ob das Gericht über eine Einrede der Unzuständigkeit oder der Unzulässigkeit entschieden hat, bedarf keiner besonderen Ermittlung. Wird einer solchen Einrede stattgegeben, liegt ohnehin eine Endentscheidung des Gerichts vor, die als solche anfechtbar ist. Wird die Einrede hingegen durch Beschluß verworfen - und damit die Zuständigkeit beziehungsweise Zulässigkeit festgestellt -, ist eine Überprüfung zweckmäßig, da so die Frage der Zulässigkeit oder Zuständigkeit im Rechtsmittelverfahren abschließend geklärt werden kann, bevor der Rechtsstreit in der Hauptsache entschieden wird.[164]

c. Entscheidungen über sonstige Zwischenstreite

Gemäß Art. 114 VerfO EuG können die Parteien eine Entscheidung des Gerichts nicht nur über Fragen der Zulässigkeit oder Zuständigkeit, sondern auch über andere Zwischenstreite herbeiführen.[165] Sonstige Zwischenstreite sind zum Beispiel Entscheidungen über Anträge auf Entfernung von Urkunden aus den Akten,[166] Entscheidungen über den Antrag auf Wahrung des Geschäftsgeheimnisses[167] oder über den Antrag auf Wiedereröffnung der mündlichen Verhandlung.[168]

Diese Entscheidungen des Gerichts können nicht isoliert mit einem Rechtsmittel zum Gerichtshof angegriffen werden. Dafür spricht zunächst der eindeutige Wortlaut des Art. 49 EG-Satzung, der ausschließlich Zwischenstreite über die Zuständigkeit und Zulässigkeit der Klage nennt. Angesichts der ansonsten bestehenden Gefahr erheblicher Verfahrensverzögerungen hätte sich der Gesetzgeber aber auch nicht anders entscheiden können. Andernfalls wäre die Möglichkeit gegeben, noch während des erstinstanzlichen Gerichtsverfahrens unbeschränkt alle Entscheidungen über Zwischenstreite durch den EuGH kontrollieren zu lassen. Das Rechts-

---

164 *Jung*, in: Groeben/Thiesing/Ehlermann, Ar. 168a EGV, Rn. 156.

165 Der Unterschied zwischen Teilurteil und der Entscheidung über einen Zwischenstreit liegt darin, daß das Gericht lezterem lediglich über eine im Prozeß auftretende Streitfrage endgültig entschiedet, während über den gesamten Streitgegenstand weiterverhandelt wird. Bei einem Teilurteil wird hingegen ein Teil des Streitgegenstandes erledigt.

166 EuG, *Marcato/Kommission*, Rs. T-5/90, Slg. 1991, II-731, 734.

167 EuG, *Rhône-Poulenc u.a./Kommission*, Rs. T-1 bis 4 und 6 bis 15/89, Slg. 1990, II-637, 645.

168 EuGH, *Rheinmühlen/Einfuhr- und Vorratstelle Getreide*, Rs. 6/71, Slg. 1971, S. 719 (720).

mittelverfahren würde damit seiner eigentlichen Funktion zur Rechtskontrolle beraubt und in ein Instrument zur Verfahrensverzögerung umgewandelt. Schließlich wird dieses Ergebnis durch einen Vergleich der unterschiedlichen Folgen bei den hier in Frage stehenden Entscheidung über Zwischenstreite untermauert. Während nämlich Entscheidungen über die Zuständigkeit oder die Zulässigkeit der Klage den Ausgang des Rechtsstreits unmittelbar betreffen, beeinflussen Entscheidungen über sonstige Zwischenstreite die Endentscheidung des Gerichts nur mittelbar. Bei ihnen ist es auf Grund der geringen direkten Folgen für den Prozeßausgang ausreichend, wenn sie einer Kontrolle im Zuge der Überprüfung der Endentscheidung unterliegen. Aus diesen Gründen können einzelne Entscheidungen über Zwischenstreite genauso wenig wie einzelne verfahrensleitende Verfügungen[169] selbständig mit dem Rechtsmittel angefochten werden.[170]

d. Rechtsmittelgegenstand im Sinne des Art. 50 EG-Satzung

Gemäß Art. 50 EG-Satzung kann ein Rechtsmittel auch gegen die Ablehnung des Antrages auf Zulassung als Streithelfer[171] und gegen Entscheidungen des Gerichts im vorläufigen Rechtsschutz[172] ergehen. An sich wäre eine

[169] EuGH, *Kommission/ADT Projekt*, Rs. C-349/99, Slg. 1999, I-6472, Rn. 10. Dazu zählen zum Beispiel Fristsetzungen, Terminbestimmungen, Anordnungen der Beweiserhebung und Beschlüsse über prozeßleitende Maßnahmen.

[170] So auch *Jung*, in: Groeben/Thiesing/Ehlermann, Art. 168a EGV, Rn. 157; *Strivens*, in: European Courts Practice and Precedents, Rn. 35-03; *Rengeling/Middeke/Gellermann*, Rechtsschutz in der Europäischen Union, Rn. 740. Vgl. EuGH, *Hüls/Kommission*, Rs. C-199/92, Slg. 1999, I-4379, Rn. 135.

[171] Der Antrag auf Zulassung als Streithelfer richtet sich nach Art. 37 EG-Satzung und Art. 115 VerfO EuG. Danach ist es Dritten möglich, einem Verfahren vor dem Gerichtshof als Streithelfer beizutreten. Art. 37 EG-Satzung unterscheidet dabei zwischen der Streithilfe durch Mitgliedstaaten und Organe (privilegierte Streithelfer) und der durch andere Personen. Bei Letzteren hängt das Interventionsrecht vom Vorliegen eines berechtigten Interesses ab. In der bisherigen Rechtsprechung des europäischen Gerichtshofes ist nur ein einziges mal ein Rechtsmittel gegen die ablehnende Entscheidung eines Antrags auf Streithilfe eingelegt worden (EuGH, *National Power und Powergen*, Rs. C-151 und 157/97, Slg. 1997, I-3494, Rn. 1). Zweck der Rechtsmittelfähigkeit solche ablehnender Entscheidungen ist es, den Antragsteller davor zu schützen, daß sein Anspruch auf rechtliches Gehör verletzt wird. Vgl. *Jung*, in: Groeben/Thiesing/Ehlermann, Art. 168a EGV, Rn. 213.

[172] Zu den Entscheidungen des Gerichts erster Instanz im vorläufigen Rechtsschutzes zählen die einstweilige Anordnung, die Aussetzung des Vollzugs und die Aussetzung der Zwangsvollstreckung. Besipiele dafür sind die Entscheidungen: EuGH, *HFB u.a./Kommission*, Rs. C-335/99, Slg. 1999, I-8709, Rn. 1; EuGH, *DSR-Senator Lines/Kommission*, Rs. C-364/99, Slg. 1999, I-8737, Rn. 1; EuGH, *Moccia Irme*

gesonderte Aufführung in Art. 50 EG-Satzung nicht notwendig, da beide Entscheidungen des Gerichts auch als Endentscheidungen im Sinne des Art. 49 EG-Satzung einzustufen sind. Schließlich haben sie die endgültige Beendigung des beantragten Verfahrens zur Folge. Der Grund für die gesonderte Aufführung besteht darin, daß für Rechtsmittel gegen die in Art. 50 EG-Satzung aufgezählten Entscheidungen weitere, besondere Bedingungen vorgesehen sind. Sowohl die Rechtsmittelbefugnis als auch die Rechtsmittelfrist und das Rechtsmittelverfahren sind für diese Fälle gesondert geregelt.[173]

II. Begrenzung auf den erstinstanzlichen Prozeßstoff

Da es Aufgabe des Rechtsmittelverfahrens ist, die Rechtmäßigkeit der erstinstanzlichen Entscheidung zu kontrollieren, ist die Überprüfung im Rechtsmittelverfahren grundsätzlich auf den Gegenstand begrenzt, über den das Vordergericht entschieden hat.[174] Eine weitergehende Kontrolle - durch Änderung oder Erweiterung der ursprünglichen Klage - ist im Rechtsmittelverfahren nicht möglich. Art. 113 § 2 VerfO und Art. 116 § 2 der Verfahrensverordnung des Gerichtshofs bestimmen daher ausdrücklich, daß der vor dem Gericht verhandelte Streitgegenstand nicht verändert werden darf. Dementsprechend prüft der Gerichtshof innerhalb des Rechtsmittelverfahrens nur nach, ob die Beurteilung der bei dem Gericht erster Instanz gestellten Anträge ordnungsgemäß erfolgte.[175] Dabei sind ausschließlich die tatsächlichen und rechtlichen Umstände zu Grunde zu legen, die dem Gericht bekannt waren und aufgrund derer es entschieden hat.[176] Die Überprüfung der Entscheidung ist also auf das Vorbringen im ersten Rechtszug beschränkt.[177] Auf diese Weise wird der äußere Rahmen des

Spa/Kommission, Rs. C-89/97, Slg. 1997, I-2327; EuGH, *Antonissen/Rat*, Rs. C-393/96, Slg. 1997, I-441; EuGH, *Chaves Fonseca Ferrao/Harmonisierungsamt*, Rs. C-248/97, Slg. 1997, I-4729.

[173] Gemäß Art. 50 Absatz 1 EG-Satzung kann ein Rechtsmittel gegen die Ablehnung des Streithelfers nur binnen zwei Wochen nach Zustellung der Entscheidung eingelegt werden. Art. 50 Absatz 3 EG-Satzung verweist darüber hinaus auf Art. 36 EG-Satzung. Dementsprechend entscheidet der Gerichtshof in den vorliegenden Fällen im summarischen Verfahren.

[174] *Lenaerts*, Das Gericht erster Instanz der EG, Eur 1990, S. 245.

[175] GA Lenz, *Vidranyi/Kommission*, Rs. C-283/90, Slg. 1991, I-4359, Rn. 32.

[176] GA Cosmas, *Chemie Linz/Kommission*, Rs. C-245/92, Slg. 1999, I-4656, Rn. 20.

[177] EuGH, *Kommission/Anic Partezipazioni*, Rs. C-49/92, Slg. 1999, I-4189, Rn. 68; EuGH, *Kommission/Brazzelli Lualdi u.a.*, Rs. C-136/92,, Slg. 1994, I-2032, Rn. 59;

Streitgegenstandes in der Rechtsmittelinstanz markiert; ein weiterreichender Prozeßstoff ist nicht zulässig.

Der Grund für die Begrenzung auf den erstinstanzlichen Prozeßstoff liegt zum einen in der Beschränkung des Rechtsmittels auf Rechtsfragen. Die Veränderung des Streitgegenstandes würde nämlich in aller Regel neue Ermittlungen (also Tatsachenfeststellungen) notwendig machen, die in einer auf Rechtsfragen beschränkten Rechtsmittelinstanz gerade nicht möglich sind. Zum anderen ist die Beschränkung auf den erstinstanzlichen Streitgegenstand Folge der Überleitung des Verfahrens zum Gerichtshof. Aufgrund des Devolutiveffekts erreicht nur der Streitgegenstand die Rechtsmittelinstanz, der auch Gegenstand der Klage vor dem Gericht war. Dieser Gegenstand kann nicht ergänzt werden. Schließlich wäre die Geltendmachung eines anderen als vor dem Gericht erster Instanz verhandelten Streitgegenstandes auch mangels Beschwer in diesen Punkten nicht zulässig.[178]

Ziel der Beschränkung auf die bloße Überprüfung der erstinstanzlichen Entscheidung ist es, eine klare Abgrenzung zwischen den Aufgabenbereichen des Gerichts erster Instanz als Eingangsgericht und dem Gerichtshof als Rechtsmittelgericht vorzunehmen. Allein im erstinstanzlichen Verfahren wird der Umfang des Rechtsstreits festgelegt. Dem EuGH kommt im Rechtsmittelverfahren nur eine Kontrollfunktion zu. Könnte der Streitgegenstand in der Rechtsmittelinstanz gegenüber dem ursprünglichen Streitgegenstand verändert werden, würde diese Aufgabenverteilung zwischen den Instanzgerichten in Frage gestellt. Mit dieser Regelung wird also gewährleistet, daß der Gerichtshof nicht die Aufgabe des Gerichts erster Instanz übernimmt. Zugleich wird damit die Funktion des Rechtsmittelverfahrens als Kontrollbehelf herausgestellt. Der Grundsatz der Unveränderbarkeit des Streitgegenstandes macht deutlich, daß der EuGH nicht primär über den geltend gemachten Anspruch entscheidet, sondern über die Richtigkeit der angegriffenen Entscheidung des zugrundeliegenden Verfahrens.[179]

Folge der Begrenzung auf den vor dem Gericht geltend gemachten Prozeßstoff ist, daß die Parteien nicht beliebig über den Umfang des Rechtsstreits im Rechtsmittelverfahren verfügen können. Rechtsmittelan-

EuGH, *H/Kommission*, Rs. C-291/97, Slg. 1998, I-3599, Rn. 25; EuGH, *San Marco Impex/Kommission*, Rs. C-404/92, Rs. C-19/95, Slg. 1996, I-4450, Rn. 49.

[178] *May*, Die Revision, S. 254, Rn. 82.

[179] Vgl. *Schiller*, Die Klageänderung in der Revisionsinstanz in Zivilsachen, S. 123.

träge, die die eben beschriebenen äußeren Grenze des zulässigen Streitgegenstandes mißachten, sind unzulässig. Das soll im Folgenden anhand der vier am häufigsten vorkommenden Überschreitungen dargestellt werden.

1. Erneute Einreichung der Klageschrift

Rechtsmittel, mit denen lediglich eine erneute Überprüfung der bereits beim Gericht eingereichten Klage verfolgt wird - ohne das spezifische Fehler der Entscheidung gerügt werden - sind unzulässig.[180] Eine solche generelle Überprüfungsmöglichkeit steht dem EuGH im Rechtsmittelverfahren nicht zu.[181] Vielmehr beschränkt sich der Gerichtshof auf die Nachprüfung der von den Parteien genau bezeichneten Rechtsmittelgründe. Demgemäß dürfen sich Rechtsmittel nicht darauf beschränken, die bereits vor dem Gericht dargelegten Klagegründe und Argumente zu wiederholen oder wörtlich wiederzugeben.[182] Ebenso ist die bloße Erklärung, daß alle erstinstanzlichen Rechtsausführungen und Argumente aufrechterhalten werden, unzulässig.[183]

2. Bereits erstinstanzlich unzulässiges Vorbringen

Der Streitgegenstand wird auch dann unzulässig verändert, wenn sich die Rechtsmittelparteien auf Vorbringen stützen, welches bereits in dem erstinstanzliche Verfahren nicht zulässiger Gegenstand der Verhandlung war. So können sich die Parteien nicht auf Vorbringen berufen, wenn das Gericht dieses Vorbringen als unzulässig zurückgewiesen hat und die Zurückweisung nicht in dem erstinstanzlichen Verfahren gerügt wurde.[184] Ferner ist die Berufung auf Vorbringen ausgeschlossen, wenn schon im Verfahren vor dem Gericht ausdrücklich auf dessen Geltendmachung verzichtet wurde.[185]

---

[180] EuGH, *De Hoe/Kommission,* Rs. C-338/93, Slg. 1994, I-819, Rn. 19; EuGH, *Kupka-Floridi/WSA,* Rs. C-244/92, Slg. 1994, I-2045, Rn. 11.

[181] EuGH, *Kupka-Floridi/WSA,* Rs. C-244/92, Slg. 1993, I-2045, Rn. 10.

[182] EuGH, *Kupka-Floridi/WSA,* Rs. C-244/92, Slg. 1993, I-2045, Rn. 10.

[183] EuGH, *Kupka-Floridi/WSA,* Rs. C-244/92, Slg. 1993, I-2045, Rn. 11.

[184] EuGH, *Eppe/Kommission,* Rs. C-354/92, Slg. 1993, I-7049, Rn. 13; EuGH, *Kupka-Floridi/WSA,* Rs. C-244/92, Slg. 1993, I-2045, Rn. 10.

[185] EuGH, *Eppe/Kommission,* Rs. C-354/92, Slg. 1993, I-7049, Rn. 13.

3. Die Stellung neuer Anträge

Ebenfalls können neue Anträge, die über die in erster Instanz gestellten Anträge hinausgehen, im Rechtsmittelverfahren nicht mehr gestellt werden.[186] Der Gerichtshof prüft innerhalb des Rechtsmittelverfahrens nur nach, ob die Beurteilung der bei dem Gericht erster Instanz gestellten Anträge in Ordnung war.[187] Eine darüber hinaus gehende Prüfungskompetenz steht dem Gerichtshof nicht zu. Folglich wird ein Rechtsmittelantrag als unzulässig zurückgewiesen, soweit sich die Parteien bei der Antragstellung nicht im Rahmen der ursprünglichen Anträge bewegen.[188] So hat der EuGH unter anderem einen erstmals mit der Rechtsmittelschrift gestellten Anspruch auf Schadensersatz als unzulässig abgewiesen.[189] Auch der in dem Rechtsmittelverfahren erstmals gestellte Antrag des Rechtsmittelgegners auf Erhöhung der festgesetzten Geldbuße wurde aus den oben stehenden Erwägungen abgelehnt.[190]

4. Neue Angriffs- und Verteidigungsmittel

Innerhalb des Rechtsmittelverfahrens sind insbesondere solche Anträge problematisch, mit denen versucht wird, neue tatsächliche oder rechtliche Gesichtspunkte vorzubringen, die nicht bereits vor dem Gericht erster Instanz geltend gemacht worden sind. Auf diesem Weg soll der Umfang des Rechtsstreits nachträglich erweitert werden. Entweder weil die Parteien vergessen haben, bestimmte Tatsachen beziehungsweise Rechtsaspekte in der ersten Instanz vorzutragen oder weil solche Tatsachen erst nach dem erstinstanzlichen Urteil eingetreten sind.

a. Verbot neuer Angriffs- und Verteidigungsmittel

Der EuGH hat festgestellt, daß „neue Angriffs- und Verteidigungsmittel im Laufe des Verfahrens nicht mehr vorgebracht werden (können)".[191] An-

[186] Art. §113 § 1 und Art. 116 § 1 VerfO EuGH.

[187] GA Lenz, *Vidranyi/Kommission*, Rs. C-283/90, Slg. 1991, I-4359, Rn. 32.

[188] EuGH, *Parlament/Frederiksen*, Rs. C-35/92, Slg. 1993, I-1032, Rn. 33-36; EuGH, *Hilti/Kommission*, Rs. C-53/92, Slg. 1994, I-693, Rn. 48-50.

[189] EuGH, *Vidranyi/Kommission*, Rs. C-283/90, Slg. 1991, I-4339, 4364; EuGH, *Parlament/Frederiksen*, Rs. C-35/92, Slg. 1994, I-1032, Rn. 33.

[190] EuGH, *Hilti/Kommission*, Rs. C-53/92, Slg. 1994, I-709, Rn. 49.

[191] EuGH, *San Marco Impex/Kommission*, Rs. C-404/92, Rs. C-19/95, Slg. 1996, I-4450, Rn. 49; EuGH, *Langnese-Iglo/Kommission*, Rs. C-279/5, Slg. 1998, I-5645, Rn. 55;

griffs- und Verteidigungsmittel sind die vorgetragenen tatsächlichen Behauptungen und rechtlichen Gesichtspunkte die eine Rechtsverletzung begründen sollen.[192] Gleichbedeutend spricht die Verfahrensordnung von Klagegründen.[193] Mit anderen Worten dürfen die Parteien also im Rechtsmittelverfahren keine neuen Klagegründe mehr vorbringen.

Dieses Verbot ergibt sich unmittelbar aus dem zuvor dargestellten Grundsatz der Unveränderbarkeit des Streitgegenstand im Rechtsmittelverfahren.[194] Könnten die Parteien nämlich noch während des Rechtsmittelverfahrens neue Angriffs- und Verteidigungsmittel vorbringen, müßte sich der EuGH mit einem Rechtsstreit befassen, dessen Gegenstand umfassender wäre, als der erstinstanzliche Rechtsstreit, über den das Gericht entscheiden hatte. Außerdem müßte der EuGH gegebenenfalls auch auf Tatsachenfragen eingehen, soweit diese mit den neuen Angriffs- oder Verteidigungsmitteln aufgeworfen werden. Beides würde die Prüfungsbefugnis des EuGH im Rechtsmittelverfahren übersteigen.[195]

EuGH, *Deere/Kommission,* Rs. C-7/95, Slg. 1998, I-3156, Rn. 62; EuGH, *Kommission/Brazzelli Lualdi u.a.*, Rs. C-136/92, Slg. 1994, I-1981, Rn. 59; EuGH, *Progoulis/Kommission*, Rs. C-49/96, Slg. 1996, I-6815, Rn. 32.

192 *Fasselt-Rommé*, Parteiherrschaft im Verfahren vor dem EuGH, S. 55; *Kirschner/ Klüpfel*, Das Gericht erster Instanz, S. 107, Rn. 94. Bei dieser Begriffsbestimmung orientirt sich der EuGH an dem französischen Begriff der „moyens".

193 Art. 44 §1 Nr.c VerfOEuG. Vgl. *Kirschner/Klüpfel*, Das Gericht erster Instanz, S. 107, Rn. 94; *Bleckmann*, Europarecht, S. 340, Rn. 985.

194 Der EuGH begründet diese Ansicht teilweise mit Art. 113 § 2 VerfO EuGH, zum Teil aber auch mit Art. 48 § 2 VerfO EuG, nachdem vor dem Gericht erster Instanz Klagegründe grundsätzlich nur in der Klageschrift vorgebracht werden können. Für eine Ableitung aus Art. 113 §2 VerfO: EuGH, *V./Parlament*, Rs. C-18/91, Slg. 1992, I-4014, Rn. 21; EuGH, *De Rijk/Kommission*, Rs. C-153/96, Slg. 1997, I-2922, Rn. 18. Für eine Ableitung aus Art. 48 § 2 VErfO EuG: EuGH, *Kommission/Brazzelli Lualdi u.a.*, Rs. C-136/92, Rs. C-136/92, Slg. 1994, I-2031, Rn. 58. In der Rechtssache *San Marco Impex/Kommission*, Rs. C-404/92, Rs. C-19/95, Slg. 1996, I-4449, Rn. 47, 48 führt der EuGH beide Vorschriften an.

195 EuGH, *San Marco Impex/Kommission*, Rs. C-404/92, Rs. C-19/95, Slg. 1996, I-4450, Rn. 49; EuGH, *Langnese-Iglo/Kommission*, Rs. C-279/5, Slg. 1998, I-5645, Rn. 55; EuGH, *Deere/Kommission,* Rs. C-7/95, Slg. 1998, I-3156, Rn. 62; EuGH, *Kommission/Brazzelli Lualdi u.a.*, Rs. C-136/92, Slg. 1994, I-1981, Rn. 59; EuGH, *Progoulis/Kommission*, Rs. C-49/96, Slg. 1996, I-6815, Rn. 32; EuGH, *Alexopoulou/ Kommission*, Rs. C-155/98, Slg. 1999, I-4096, Rn. 41. Wird allerdings mit einem Rechtsmittelantrag ein zulässiger Rechtsmittelgrund gerügt, der Antrag enthält jedoch auch neue Tatsachen, muß der EuGH die Rüge prüfen, er darf aber die neu vorgebrachten Tatsachen bei seiner Prüfung nicht berücksichtigen. Vgl. GA van Gerven, *Kommission/BASF*, Rs. C-137/92, Slg. 1994, I-2579, Rn. 24.

b. Flucht in das Rechtsmittelverfahren

Das Verbot neuer Angriffs- und Verteidigungsmittel hat gleichfalls prozeßtaktische Konsequenzen. Den Parteien ist es damit unmöglich geworden, bereits erstinstanzlich verspätetes Vorbringen in der Rechtsmittelinstanz erneut geltend zu machen. Das europäische Prozeßrecht kennt keine „Flucht in das Rechtsmittelverfahren", um den verschiedenen Verspätungsvorschriften zu entgehen.[196] Das Verbot neuer Klagegründe stellt sich damit als konsequente Fortsetzung der erstinstanzlichen Präklusionsvorschriften dar. Denn gemäß Art. 48 § 2 VerfO EuG dürfen neue Angriffs- und Verteidigungsmittel im Laufe des erstinstanzlichen Verfahrens, also nach Einreichung der Klageschrift und der Klageerwiderung, nicht mehr vorgebracht werden.[197] Dieser Wertung würde es widersprechen, wenn die Parteien ihr Vorbringen in der Rechtsmittelinstanz nachholen könnten.

c. Abgrenzung zum Vorbringen neuer Argumente

Die Anwendung des Verbots neuer Angriffs- und Verteidigungsmittel in der Rechtsmittelinstanz ist jedoch nicht unproblematisch. Der EuGH unterscheidet nämlich zwischen dem Vorbringen neuer Angriffs- und Verteidigungsmittel und dem Vorbringen neuer Argumente.[198] Dabei wird das Heranziehen von neuen Argumenten beziehungsweise die Weiterentwicklung der bereits vorgetragenen Argumente als zulässiges Vorbringen in der Rechtsmittelinstanz eingestuft.[199] Insofern entstehen im Rechtsmittelverfahren schwierige Abgrenzungsfragen zwischen unzulässigen neuen Gründen und zulässigen neuen Argumenten.

---

[196] Vgl. dazu die Möglichkeit im deutschen Zivilprozeß dem Verspätungseinwand durch eine „Flucht in die Berufung" zu entgehen. *Grunsky*, Taktik im Zivilprozeß, S. 146 ff; *Gounalakis*, Die Flucht vor Präklusion bei verspätetem Vorbringen im Zivilprozeß, S. 103 ff.

[197] Vgl. *Kirschner/Klüpfel*, Das Gericht erster Instanz, S. 115, Rn. 102.

[198] GA Léger, *De Rijk/Kommission*, Rs. C-153/96, Slg. 1997, I-2908, Rn. 21.

[199] EuGH, *Scaramuzza/Kommission*, Rs. C-76/93, Slg. 1994, I-5190, Rn. 18; GA Fennelly, *Parlament/Innamorati*, Rs. C-254/95, Slg. 1996, I-3431, Rn. 23; GA van Gerven, *X/Kommission*, Rs. C-404/92, Slg. 1994, I-4751, Rn. 13, Fn. 10. Außerhalb des Rechtsmittelverfahrens wird eine solche Trennung ebenfalls vorgenommen: EuGH, *Compagnie des Hauts fourneaux de Chasse/Hohe Behörde*, Rs. 2/57, Slg. 1958, S. 131, 150; EuGH, *Italien/Hohe Behörde*, Slg. 1954-55, S. 79, 107; *Kirschner/Klüpfel*, Das Gericht erster Instanz der Europäischen Gemeinschaften, S. 115, Rn.102; in Art. 116 § 4 Buchstabe b VerfO EuG wird ebenfalls zwischen Angriffsmitteln und Argumenten unterschieden.

aa. Exkurs: Bisherige Unterscheidung in anderen Verfahren

Dabei ist zunächst darauf hinzuweisen, daß die Unterscheidung zwischen neuen Angriffs- und Verteidigungsmitteln und neuen Argumenten nicht allein im Rechtsmittelverfahren stattfindet. Ausdrücklich wird eine solche Unterscheidung in Art. 116 § 4 VerfO EuG erwähnt. Dort ist geregelt, welchen Inhalt der Schriftsatz des Streithelfers haben muß.[200] Darüber hinaus ist die Unterscheidung bei der Frage der Präklusion von Vorbringen sowohl bei Verfahren vor dem EuG[201] als auch bei Verfahren vor dem EuGH[202] bedeutsam. In der dazu bisher ergangene Rechtsprechung wird ein Vorbringen als unzulässiges neues Angriffsmittel eingestuft, das - unabhängig ob tatsächlicher oder rechtlicher Natur - in sich selbständig und weder unmittelbar noch mittelbar in einem früheren Vorbringen enthalten ist.[203] Hingegen liegt ein zulässiges Argument vor, wenn das Vorbringen lediglich eine Erweiterung eines bereits vorgetragenen Angriffsmittels darstellt und mit diesem in engem Zusammenhang steht.[204]

bb. Abgrenzung im Rechtsmittelverfahren

Im Gegensatz zu der eben angeführten Abgrenzung besteht im Rechtsmittelverfahren die Besonderheit, daß der EuGH nicht nachprüft, ob das fragliche Vorbringen bereits in dem jetzigen (Rechtsmittel) Verfahren angeführt wurde.[205] Ausgangspunkt ist allein die Frage, ob und inwieweit das

---

200 Unter anderem muß der Schriftsatz enthalten: „die Angriffs- und Verteidigungsmittel sowie die Argumente des Streithelfers".

201 Gemäß Art. 48 §2 VerfO EuG dürfen neue Angriffs- und Verteidigungsmittel im Laufe des Verfahrens nicht mehr vorgebracht werden. Dementsprechend ist auch hier eine Trenung zwischen neuen Angriffsmitteln und neuen Argumenten notwendig. Vgl. *Kirschner/Klüpfel*, Das Gericht erster Instanz, S. 115, Rn. 102; EuG, *Generlich/Kommission*, Rs. T-21/90, Slg. 1991, II-1323.

202 Vgl. Art. 42 §2 VerfO EuGH. *Rengeling/Middeke/Gellermann*, Rechtsschutz in der Europäischen Union, S. 334, Rn. 623; *Hackspiel*, in: Groeben/Thiesing/Ehlermann, Art. 19 EG-Satzung, Rn. 22.

203 *Bleckmann*, Europarecht, S. 340, Rn. 985; *Günther*, Die Präklusion neuer Angriffs-, Verteidigungs- und Beweismittel im Verfahren vor dem Europäischen Gerichtshof, S. 4 ff.; *Ehle*, Klage- und Prozeßrecht des EWG-Vertrages, Art. 37-44 VerfO EuGH; *Kirschner/Klüpfel*, Das Gericht erster Instanz der Europäischen Gemeinschaften, S. 115, Rn. 102.

204 EuGH, *Verros/Parlament*, Slg. 1983, S. 1755; *Kirschner/Klüpfel*, Das Gericht erster Instanz der Europäischen Gemeinschaften, S. 116, Rn. 102.

205 Eine solche Abgrenung führt der EuGH bei der Frage durch, ob Vorbringen in der Rechtsmittelinstanz verspätet ist. Siehe dazu unter Zweiter Teil, Erster Abschnitt, III., 1. Festlegung durch die Parteien.

jetzige Vorbringen mit dem erstinstanzlichen Vorbringen übereinstimmt. Bezugspunkt ist also das Verfahren vor dem Gericht. Folglich hat der EuGH keinen unmittelbaren Eindruck davon, ob das fragliche Vorbringen als neu oder lediglich als Weiterentwicklung einzustufen ist. Er muß daher zunächst feststellen, welche Angriffs- und Verteidigungsmittel in der ersten Instanz vorgebracht worden sind. Das überprüft der Gerichtshof anhand der Prozeßakten des Gerichts, insbesondere anhand der Anträge der Parteien und der erstinstanzlichen Entscheidung.[206] Erst dann prüft der EuGH, in welcher Verbindung das in der Rechtsmittelinstanz geltend gemachte Vorbringen mit den in erster Instanz geltend gemachten Angriffsmitteln steht. Die Haltung, die der EuGH bei dieser Abgrenzung zwischen unzulässigen neuen Angriffsmitteln oder zulässigen neuen Argumenten in der Rechtsmittelinstanz einnimmt, soll im Folgenden anhand einiger Beispiele aus der Rechtsprechungspraxis des Gerichtshofs verdeutlicht werden:[207]

In der Rechtssache *San Marco Impex/Kommission*[208] hatte die Rechtsmittelführerin sowohl vor dem Gericht als auch vor dem EuGH geltend gemacht, daß die Kommission gegen ihre berechtigten Erwartungen verstoßen habe. Der EuGH stufte die Rüge als neues Vorbringen in der Rechtsmittelinstanz ein, da die Rechtsmittelführerin in der ersten Instanz lediglich ausgeführt hatte, daß sich die berechtigten Erwartungen aus der Art und Weise ergaben, mit der die Kommission eine zusätzliche Finanzierung genehmigt hatte. Im Rechtsmittelverfahren wurde das berechtigte Vertrauen hingegen auf die Tatsache gestützt, daß die Kommission von sechs Rechnungen der Klägerin bereits vier vorbehaltlos bezahlt habe. Da die Rüge in dieser Form nicht vor dem Gericht geltend gemacht worden war, wies sie der Gerichtshof als unzulässig zurück.

206 EuGH, *Deere/Kommission*, Rs. C-7/95, Slg. 1998, I-3157, Rn. 63; EuGH, *Rat/Leite Mateus*, Rs. C-218/97, Slg. 1997, I-6953, Rn. 23; EuGH, *Alexopoulou/Kommission*, Rs. C-155/98, Slg. 1999, I-4096, Rn. 40.

207 Weitere Entscheidungen des Gerichtshofs in diesem Sinn. Als neues Vorbringen eingestuft: EuGH, *H/Kommission*, Rs. C-291/97, Slg. 1998, I-3599, Rn. 24; EuGH, *Sateba/Kommission*, Rs. C-422/97, Slg. 1998, I-4928, Rn. 28; EuGH, *Langnese-Iglo/Kommission*, Rs. C-279/5, Slg. 1998, I-5645, Rn. 53; EuGH, *Rat/Leite Mateus*, Rs. C-218/97, Slg. 1997, I-6953, Rn. 23. Als altes Vorbringen eingestuft: EuGH, *Baustahlgewebe/Kommission*, Rs. C-185/95, Slg. 1998, I-8510, Rn. 82.

208 EuGH, *San Marco Impex/Kommission*, Rs. C-404/92, Rs. C-19/95, Slg. 1996, I-4451, Rn. 54, 55.

In der Rechtssache *Associazione Agricoltori u.a./Kommission*[209] wurde im Rechtsmittelverfahren vorgebracht, die Kommission sei verpflichtet gewesen, die Klägerin vor Erlaß der streitigen Entscheidung hinzuzuziehen. Die Kommission war der Ansicht, daß die Rechtsmittelführerin ihre ursprüngliche Klage nicht auf die jetzt geltend gemachte Rüge gestützt habe. Der EuGH stellte hingegen fest, daß sich die Rechtsmittelführerin zwar in ihrer ursprünglichen Nichtigkeitsklage nicht auf die Verletzung einer Aufklärungspflicht gestützt habe. Jedoch habe sie sich im Rahmen einer Unzulässigkeitseinrede der Kommission gegen die Klage darauf berufen, daß sie vor Erlaß der strittigen Entscheidung hätte angehört werden müssen. Dementsprechend sei das Vorbringen bereits vor Gericht geltend gemacht worden.

In der Rechtssache *Scaramuzza/Kommission*[210] hatte die Rechtsmittelführerin vor dem Gericht einen Verstoß gegen den Grundsatz der Achtung des Privatlebens aus Art. 12 der Allgemeinen Erklärung der Menschenrechte geltend gemacht. In der Rechtsmittelinstanz machte sie dann geltend, es läge ein Verstoß gegen den allgemeinen Rechtsgrundsatz der Achtung des Privatlebens aus Art. 8 der Europäischen Menschenrechtskonvention vor. Der Gerichtshof stellte fest, daß sich die Rechtsmittelführerin vor dem Gericht nicht ausdrücklich auf Art. 8 EMRK berufen habe. Da die Rechtsmittelführerin aber die Verletzung ihres Rechts auf Achtung des Privatlebens geltend gemacht habe und dieser Grundsatz auch von Art. 8 EMRK umfaßt werde, liege in der besonderen Bezugnahme auf Art. 8 EMRK „nur die Weiterentwicklung eines bereits vor dem Gericht vorgetragenen Arguments."

In der Rechtssache *De Rijk/Kommission*[211] wurde in der Rechtsmittelinstanz gerügt, es liege ein Verstoß gegen Artikel 24 des Anhangs X des Beamtenstatuts vor, der sich aus einem Umkehrschluß aus den Artikeln 10 und 20 des Anhangs X des Statuts ergebe. Der EuGH stellte fest, daß das Argument des Umkehrschlusses aus Art. 10 und 20 des Anhangs X des Statuts zwar nicht vor dem Gericht vorgebracht wurde, es sich dabei aber auch nur um ein neues Argument für den bereits vor dem Gericht vorgetragenen Grund einer fehlerhaften Anwendung des Art. 24 des Anhangs X des Beamtenstatuts handele.

---

209 EuGH, *Associazione Agricoltori u.a./Kommission u.a.*, Rs. C-142/95, Slg. 1996, I-6693, Rn. 23, 24, 25.

210 EuGH, *Scaramuzza/Kommission*, Rs. C-76/93, Slg. 1994, I-5190, Rn. 18.

211 EuGH, *De Rijk/Kommission*, Rs. C-153/96, Slg. 1997, I-2922, Rn. 19.

cc. Bewertung

Aus den vorstehenden Entscheidungen wird deutlich, daß es für die Frage der Einstufung der Rechtsmittelrügen maßgeblich darauf ankommt, ob zwischen dem Vorbringen in der Rechtsmittelinstanz und den erstinstanzlichen Angriffs- und Verteidigungsmitteln ein Zusammenhang besteht. Liegt ein Zusammenhang vor, ist das Vorbringen zulässig, andernfalls wird es als neues Angriffsmittel zurückgewiesen. Nach der Rechtsprechung des EuGH liegt ein Zusammenhang vor, wenn zwischen dem bereits erstinstanzlich geltend gemachten Angriffsmittel und dem neuen Argument eine zumindest mittelbare inhaltliche Beziehung besteht und das Argument zur Stützung des ursprünglichen Angriffsmittels geltend gemacht wird. Hierbei ist es nicht erforderlich, daß das Vorbringen in der Rechtsmittelinstanz ausdrücklich auf das erstinstanzliche Verfahren Bezug nimmt. Zudem muß sich der Zusammenhang nicht allein aus der Klageschrift ergeben.[212] Auch sonstige schriftliche oder mündliche Äußerungen der Parteien sind zu berücksichtigen. Entscheidend ist allein der inhaltliche Zusammenhang zum erstinstanzlichen Vorbringen.[213] Liegt das Vorbringen indes außerhalb des ursprünglichen Vortrages und ist es als wesentlich andere Argumentation anzusehen, liegt keine bloße Weiterentwicklung vor.[214] Das Vorbringen ist dann als Geltendmachung eines neuen Angriffsmittels einzustufen und damit unzulässig. Die damit erfolgte Abgrenzung gewährleistet, daß sich das Rechtsmittelgericht nur mit solchem Vorbringen auseinandersetzen muß, daß bereits in der ersten Instanz vorgebracht wurde und folgt damit dem Grundsatz der Unveränderbarkeit des Streitgegenstandes in der Rechtsmittelinstanz. Gleichzeitig werden die Parteien in ihrer Prozeßführung nicht zu weitreichend eingeschränkt, da es ist ihnen auch weiterhin möglich ist, ihren ursprünglichen Vortrag durch neue Argumente zu ergänzen.

Die auf diese Weise vom EuGH vorgenommene Grenzziehung stellt eine Richtschnur dar, an der sich die Rechtsmittelparteien auch in Zukunft gut orientieren können. Die aufgestellten Kriterien ermöglichen - jedenfalls für das Gros der Abgrenzungsfälle - eine voraussehbare und nachprüfbare Entscheidung. Dabei darf jedoch nicht übersehen werden, daß die genann-

---

212 EuGH, *Associazione Agricoltori u.a./Kommission u.a.*, Rs. C-142/95, Slg. 1996, I-6693, Rn. 24.

213 EuGH, *Scaramuzza/Kommission*, Rs. C-76/93, Slg. 1996, I-5190, Rn. 16.

214 *Möller*, Die Klageänderung im Verfahren vor dem Gerichtshof der EG, S. 65; *Günther*, Die Präklusion neuer Agriffs-, Verteidigungs- und Beweismittel im Verfahren vor dem Euopäischen Gerichtshof, S.37.

ten Kriterien („zumindest mittelbare inhaltliche Beziehung"; „zur Stützung des Angriffsmittels geltend gemacht") im Einzelfall dem EuGH einen gewissen Beurteilungsspielraum einräumen.[215] Insoweit kann der EuGH bei der Qualifizierung des Vorbringens erheblichen Einfluß auf den Umfang des Rechtsstreits nehmen. Denn je nachdem, ob er das Vorbringen in der Rechtsmittelinstanz als neues Angriffsmittel oder bloße Weiterentwicklung einstuft, ändert sich der Streitgegenstand - und damit möglicherweise auch der Ausgang - des Rechtsmittelverfahrens. Durch diese Abgrenzungsbefugnis übt der Gerichtshof einen Einfluß aus, der prozeßentscheidend sein kann.

d. Ausnahme bei der Prüfung von Amts wegen

Eine Ausnahme von den oben dargestellten Grundsätzen der Unveränderbarkeit des Streitgegenstandes besteht aber nicht allein bezüglich der Geltendmachung neuer Argumente, sondern auch in solchen Fällen, in denen sich eine Partei erstmalig im Rechtsmittelverfahren auf einen Gesichtspunkt beruft, den der Gerichtshof von Amts wegen berücksichtigen muß.[216] Zwar enthält auch ein solches Vorbringen ein neues Angriffsmittel und wäre damit nach den eben dargestellten Grundsätzen unzulässig. Jedoch wird mit einer solchen - im Lichte des Rechtsmittelverfahrens ausgelegten - Rüge der erstinstanzliche Streitgegenstand nicht wirklich erweitert. Das wird anhand eines Beispieles deutlich:

Von der Rechtsmittelführerin wird erstmals vor dem EuGH geltend gemacht, die Kommission habe bei dem Erlaß der fraglichen Entscheidung die Begründungspflicht verletzt. Sie rechtfertigt ihr neues Vorbringen damit, daß es sich bei der Frage der ordnungsgemäßen Begründung um einen von Amts wegen zu berücksichtigenden Gesichtspunkt handele, den das Gericht ohnehin hätte prüfen müssen.

Aus der Sicht des Rechtsmittelgerichts ist in einem solchen Fall zunächst zu beachten, daß das Vorbringen der Rechtsmittelführerin zwei verschiedene Angriffsrichtungen verfolgt: Einerseits soll der EuGH dazu an-

[215] Ebenso *Günther*, Die Präklusion neuer Angriffs-, Verteidigungs- und Beweismittel im Verfahren vor dem Gerichtshof der Europäischen Gemeinschaften, S. 37.

[216] *Lenaerts*, Das Gericht erster Instanz der EG, EuR 1990, S. 245; *Rengeling/Middeke/Gellermann*, Rechtsschutz in der Europäischen Union, S. 399, Rn. 751; *Kirschner/Klüpfel*, Das Gericht erster Instanz der Europäischen Gemeinschaften S. 164, Rn. 151; *Wägenbaur*, Die Prüfungskompetenz des EuGH im Rechtsmittelverfahren, EuZW 1995, S. 202.

gehalten werden, die Frage der Begründungspflicht erstmals im Rechtsmittelverfahren nachzuprüfen. Die Rechtsmittelführerin macht insoweit einen materiellen Fehler des Urteils geltend (dazu unter aa.). Andererseits soll der EuGH überprüfen, ob das Gericht erster Instanz es möglicherweise pflichtwidrig unterlassen hat, einen von Amts wegen zu berücksichtigenden Gesichtspunkt zu prüfen. In diesem Sinn wird ein formeller Fehler des erstinstanzlichen Urteils gerügt (dazu unter bb.).

aa. Materiell-rechtliche Prüfung

Bezogen auf die im Beispielsfall angesprochene Frage, ob die Begründungspflicht verletzt wurde, handelt es sich bei dem Vorbringen der Rechtsmittelführerin um ein unzulässiges neues Angriffsmittel. Das ergibt sich aus der folgenden Überlegung: Mit der Rüge verfolgt die Rechtsmittelpartei das Ziel, die vom Gericht erster Instanz nicht vorgenommene Prüfung durch den EuGH nachholen zu lassen. Der EuGH soll erstmalig in der Rechtsmittelinstanz über einen neuen Klagegrund entscheiden. Damit verstößt eine solche Rüge aber gegen den zuvor dargestellten Grundsatz der Unveränderbarkeit des Streitgegenstandes. Die Zulassung eines solchen Vorbringens hätte nämlich zur Folge, daß die Funktion des Rechtsmittelverfahrens - allein eine Kontrolle der erstinstanzlichen Entscheidung herbeizuführen - in ihr Gegenteil verkehrt würde. Der EuGH wäre nicht mehr nur Kontrollinstanz, sondern auch Eingangsinstanz für alle neu vorgebrachten Angriffs- und Verteidigungsmittel. Das hätte wiederum zur Folge, daß sich das Rechtsmittelverfahren bezogen auf die neu vorgebrachten Angriffs- und Verteidigungsmittel in eine Tatsacheninstanz umwandeln würde. Der EuGH wäre in einem solchen Fall dazu verpflichtet, der Frage der Einhaltung der Begründungspflicht nachzugehen und demgemäß möglicherweise weitere Tatsachen zur Beantwortung dieser Frage zu ermitteln. Dafür ist aber in dem auf Rechtsfragen beschränkten Rechtsmittelverfahren kein Raum.[217] Das Rechtsmittelverfahren kann auch für von Amts wegen zu prüfende Fragen nicht in eine Tatsacheninstanz umgewandelt werden.[218]

bb. Einhaltung der Verfahrenspflicht des Gerichts

Hingegen handelt es sich bei der Rüge, das Gericht habe eine von Amts wegen zu berücksichtigende Frage nicht geprüft, um ein zulässiges Vor-

[217] EuGH, *Hüls/Kommission*, Rs. C-199/92, Slg. 1999, I-4368, Rn.90.
[218] GA Cosmas, *Hüls/Kommission*, Rs. C-199/92, Slg. 1999, I-4310, Rn. 30.

bringen in der Rechtsmittelinstanz. Insoweit kann der EuGH - ohne Veränderung des ursprünglichen Streitgegenstandes - nachprüfen, ob das Gericht tatsächlich einen Umstand unberücksichtigt gelassen hat, der von Amts wegen zu berücksichtigen war. Damit wird die im Rechtsmittelverfahren zulässige Rechtsfrage aufgeworfen, ob das Gericht erster Instanz gegen eine ihm obliegende Prüfungspflicht verstoßen hat. Demgemäß untersucht der Gerichtshof im Rechtsmittelverfahren, ob das Gericht seine Pflicht, bestimmte Voraussetzungen von Amts wegen zu prüfen, verletzt hat.[219] Er hat jedoch festgestellt, daß eine Prüfungspflicht des Gerichts nur dann besteht, wenn tatsächliche Anhaltspunkte für das Vorliegen der betreffenden Rüge bestehen.[220] Sind solche Anhaltspunkte nicht gegeben, liegt in der Nichtprüfung einer von Amts wegen zu berücksichtigenden Voraussetzung kein rechtsmittelrelevanter Fehler des Gerichts.

cc. Exkurs: Von Amts wegen zu berücksichtigende Fragen

Welche Aspekte zu dem Kreis der von Amts wegen zu berücksichtigenden Gesichtspunkte gehören, ist noch nicht abschließend geklärt.[221] Eine eindeutige Zuordnung findet sich in den Verfahrensordnungen nur für die Frage des Vorliegens unverzichtbarer Prozeßvoraussetzungen gemäß Art. 113 VerfO EuG und Art. 92 § 2 VerfO EuGH. Dazu zählen die Regeln über die Klagefrist, die ordnungsgemäße Durchführung eines vertraglich vorgesehenen Vorverfahrens, die Zuständigkeit des Gerichtshofs, das Vorliegen einer anfechtbaren Entscheidung bei der Nichtigkeitsklage, die ordnungsgemäße Klageerhebung und die Zulässigkeit neuer Angriffsmittel. Zu dem Kreis der von Amts wegen zu berücksichtigenden Punkte gehört aber auch die Frage, ob die betreffende Klage gegenstandslos geworden ist, ob die einzelnen Gemeinschaftsorgane zuständig sind oder ob die Gemeinschaft überhaupt für eine bestimmte Regelung zuständig ist. Auch die Ver-

---

219 EuGH, *Chemie Linz/Kommission*, Rs. C-245/92, Slg. 1999, I-4689, Rn. 90; ebenso GA Cosmas, *Chemie Linz/Kommission*, Rs. C-245/92, Slg. 1999, I-4657, Rn. 22, Fn. 20 m.w.N.

220 EuGH, *Ici/Kommission*, Rs. C-200/92, Slg. 1999, I-4497, Rn. 112; EuGH, *Chemie Linz/Kommission*, Rs. C-245/92, Slg. 1999, I-4689, Rn. 90; EuGH, *Hüls/Kommission*, Rs. C-199/92, Slg. 1999, I-4379, Rn. 134.

221 *Fasselt-Rommé*, Parteiherrschaft im Verfahren vor dem EuGH und dem Europäischen Gerichtshof für Menschenrechte, S. 75; *Günther*, Die Präklusion neuer Angriffs-, Verteidigungs- und Beweismittel im Verfahren vor dem Gerichtshof der Europäischen Gemeinschaften, S. 65; *Koenig/Sander*, Einführung in das EG-Prozeßrecht, S. 158, Rn. 315; *Behr*, Prozeßmaxime, S. 84.

letzung von wesentlichen Formvorschriften prüft der Gerichtshof von Amts wegen. Dazu gehören die Mißachtung vertraglich vorgesehener Anhörungs- und Konsultationsrechte sowie die Frage, ob ein Gemeinschaftsorgan gegen die Begründungspflicht verstoßen hat. Darüber hinaus kann der EuGH innerhalb des Rechtsmittelverfahrens von Amts wegen prüfen, ob der Rechtsmittelführer noch ein Interesse an der Einlegung oder Aufrechterhaltung des Rechtsmittels hat.[222]

III. Die Verfügungsbefugnis der Rechtsmittelparteien

1. Die Festlegung durch die Parteien

Innerhalb des durch Rechtsmittelgegenstand und Grenzen des Streitgegenstandes vorgegebenen Rahmens können die Parteien durch ihre Rechtsmittelanträge über den Umfang des Rechtsstreits in der Rechtsmittelinstanz bestimmen.[223] Die Angabe der Rechtsmittelgründe legt fest, auf welche Fehler die beanstandeten Teile der Entscheidung des Gerichts überprüft werden sollen. Dabei ist es erforderlich, daß die gerügten Teile des Urteils sowie die rechtlichen Argumente genau bezeichnet werden.[224] Nur innerhalb dieser Grenzen und nur soweit es für die Beantwortung der Rechtsmittelanträge notwendig ist, überprüft der Gerichtshof die Entscheidung. Eine weitergehende Überprüfung der erstinstanzlichen Entscheidung findet nicht statt. Selbst wenn der Gerichtshof einen Rechtsfehler des Gerichts erkennt, führt dies nicht zur Aufhebung der Entscheidung des Gerichts, soweit der erkannte Fehler nicht mit der Rechtsmittelschrift gerügt worden ist.[225] Es obliegt also allein den Rechtsmittelparteien, den Streitgegenstand in der Rechtsmittelinstanz festzulegen und damit über den Umfang der richterlichen Kontrolle zu bestimmen. Für die Festlegung ist allerdings allein der ursprüngliche Rechtsmittelantrag und die Rechtsmittelbeantwortung maßgeblich. Eine spätere Erweiterung durch Rechtsmittelreplik oder Rechtsmittelduplik ist nur dann möglich, wenn das Vorbringen auf rechtliche o-

222 EuGH, *Rendo/Kommission*, Rs. C-19/93, Slg.1995, I-3336, Rn. 13.
223 *Kirschner/Klüpfel*, Das Gericht erster Instanz der Europäischen Gemeinschaften, S. 163, Rn. 151.
224 Siehe dazu Erster Teil, IV., 3.: Überblick über das europäische Rechtsmittelverfahren.
225 EuGH, *Kommission/Brazzelli Lualdi u.a.*, Rs. C-136/92, Slg. 1994, I-2030, Rn. 52.

der tatsächliche Gründe gestützt wird, die erst während des Rechtsmittelverfahrens zutage getreten sind.[226]

2. Die Auslegungskompetenz des EuGH

Zwar können die Parteien den Umfang des Rechtsmittelverfahrens durch ihre Anträge bestimmen. Zu beachten ist jedoch, daß in Zweifelsfällen dem Gerichtshof die Auslegungskompetenz über den Inhalt der Rechtsmittelanträge zusteht. So muß zum Beispiel bei nicht eindeutig formulierten Rechtsmittelanträgen das Vorbringen der Parteien zunächst gewürdigt werden, um die wirklich geltend gemachten Angriffs- und Verteidigungsmittel festzustellen.[227] Auf diesem Weg übt auch der EuGH Einfluß auf die Festlegung des Rechtsmittelgegenstandes aus. Um den eindeutigen Inhalt der Rechtsmittelanträge zu ermitteln, stellt der Gerichtshof unter anderem schriftliche Fragen an die Rechtsmittelparteien bezüglich des Umfangs der Rechtsmittelanträge.[228] Zum Teil prüft der EuGH bei nicht eindeutig formulierten Rechtsmittelrügen auch zwei verschiedene Auslegungsmöglichkeiten[229] oder er legt die Rüge ihrer „praktischen Wirksamkeit willen" so aus, daß sie nicht unzulässig ist (entgegen der Einstufung durch den Generalanwalt).[230] Insoweit benutzt der EuGH seine Auslegungskompetenz zum Vorteil der Rechtsschutzsuchenden.

Andererseits kann die Auslegung der Rechtsmittelanträge durch den Gerichtshof und die damit verbundene Einflußnahme auf den Prüfungsstoff auch negative Konsequenzen für die Parteien haben. Dies wird anhand der Entscheidung in der Rechtssache *Kommission/Brazzelli Lualdi u.a.* besonders deutlich. Dort verstand Generalanwalt Lenz einen Antrag der Rechtsmittelführerin dahingehend, daß die mangelnde Begründung des Ur-

226 EuGH, *CPL Imperial und Unifrigo/Kommission*, Rs. C-299/98, Slg. 1999, I-8703, Rn. 53; EuGH, *Atlanta/Europäische Gemeinschaft*, Rs. C-104/97, Slg. 1999, I-7024, Rn. 21, 22. Dieses Ergebnis ergibt sich auch aus der Anwendung des Art. 188 i.V.m. Art. 42 § 2 VerfO EuGH.

227 GA Lenz, *Publishers Association/Kommission*, Rs. C-360/92, Slg. 1995, I-30, Rn. 14; *Günther*, Die Präklusion neuer Angriffs-, Verteidigungs- und Beweismittel im Verfahren vor dem Gerichtshof der Europäischen Gemeinschaften, S. 22 m.w.N.; *Kirschner/Klüpfel*, Das Gericht erster Instanz der Europäischen Gemeinschaften, S. 123, Rn. 110.

228 GA Lenz, *Publishers Association/Kommission*, Rs. C-360/92, Slg. 1995, I-31, Rn. 15.

229 EuGH, *V./Parlament*, Rs. C-18/91, Slg. 1992, I-4020, Rn. 47, 48.

230 EuGH, *Lucaccioni/Kommission*, Rs. C-257/98, Slg. 1999, I-5286, Rn. 36; EuGH, *Scaramuzza/Kommission*, Rs. C-76/93, Slg. 1996, I-5190, Rn. 16, 17.

teils des Gerichts gerügt wurde und kam daraufhin zu dem Ergebnis, daß die Entscheidung aus diesem Grund aufzuheben sei.[231] Der Gerichtshof war hingegen der Ansicht, daß die mangelhafte Begründung nicht durch die Parteien gerügt worden sei und prüfte daher nicht nach, ob die Entscheidung des Gericht womöglich wegen mangelhafter Begründung aufzuheben sei.[232] Es wird deutlich, daß die Auslegung durch den EuGH auch nachteilige Folgen für die Rechtsmittelparteien haben kann, gegen die eine weitere Beschwerde nicht mehr möglich ist.

IV. Ergebnis zum Streitgegenstand in der Rechtsmittelinstanz

Die Analyse der Regelungen hinsichtlich des Umfangs des Streitgegenstandes in der Rechtsmittelinstanz ergibt folgendes Bild: Eine erste Begrenzung des Streitgegenstandes erfolgt zwangsläufig mit der Auswahl der anzufechtenden Maßnahmen des Vordergerichts. Dabei ist der Kreis der anfechtbaren Handlungen weit gezogen. Das Rechtsmittel kann gegen alle Entscheidungen des Gerichts erster Instanz eingelegt werden, die das erstinstanzliche Verfahren abschließen. Insoweit wird ein lückenloser Rechtsschutz gewährleistet. Darüber hinaus können in beschränktem Umfang auch einzelne Entscheidungen des Gerichts während des Verfahrens isoliert angefochten werden, soweit dies im Interesse der Prozeßökonomie geboten ist. Steht die anzufechtende Entscheidung des Gerichts fest, wird der Umfang des Streitgegenstandes in der Rechtsmittelinstanz von zwei Faktoren bestimmt: Zunächst ist der für das Rechtsmittelverfahren geltende Grundsatz der Unveränderbarkeit des erstinstanzlichen Streitgegenstandes maßgeblich. Danach kontrolliert der Gerichtshof im Rechtsmittelverfahren allein die Beurteilung der Rechtssache durch das Gericht erster Instanz. Die Rechtsmittelparteien können keine über die ursprünglichen Klageanträge hinausgehenden Anträge stellen. Sie können grundsätzlich auch keine neuen Angriffs- und Verteidigungsmittel vorbringen. Innerhalb des so vorgegebenen Rahmens wird der genaue Prüfungsumfang durch die Rechtsmittelanträge der Parteien bestimmt, wobei dem Gerichtshof durch seine Aus-

---

[231] GA Lenz, *Kommission/Brazzelli Lualdi u.a.*, Rs. C-136/92, Slg. 1994, I-1990, Rn. 28 f.

[232] EuGH, *Kommission/Brazzelli Lualdi u.a.*, Rs. C-136/92, Slg. 1994, I-2030, Rn. 52.

legungskompetenz bei nicht eindeutig formulierten Anträgen eine mitbestimmende Rolle zukommt.

Zweiter Abschnitt: Der Prüfungsmaßstab im Rechtsmittelverfahren

In seiner Funktion als Rechtsmittelgericht unterliegt der Gerichtshof bei der Überprüfung des zuvor festgelegten Streitgegenstandes einer weiteren Beschränkung. Der EuGH kann nur die Verletzung des rechtsmittelfähigen Rechts überprüfen; allein dieses ist tauglicher Prüfungsmaßstab im Rechtsmittelverfahren. Wendet das Gericht erster Instanz andere Rechtsvorschriften fehlerhaft an oder verstößt die Entscheidung gegen sonstiges Recht, kann dies in der Rechtsmittelinstanz nicht geltend gemacht werden.

I. Beschränkung auf das Gemeinschaftsrecht

Art. 51 EG-Satzung bestimmt ausdrücklich, daß ein Rechtsmittel nur auf die Verletzung des Gemeinschaftsrechts gestützt werden kann.[233] Diese Beschränkung ist eine zwangsläufige Konsequenz aus der Aufgabenzuweisung des Art. 220 EGV, wonach der Gerichtshofs die Wahrung des Gemeinschaftsrechts sichert. Eine weiterreichende Befugnis steht dem Gerichtshof grundsätzlich nicht zu, so daß auch im Rechtsmittelverfahren nichts anderes gelten kann.

1. Geschriebenes und ungeschriebenes Gemeinschaftsrecht

Zu dem rechtsmittelfähigen Gemeinschaftsrecht gehört sowohl das geschriebene als auch das ungeschriebene Recht.[234] Der EuGH überprüft unter anderem, ob die Entscheidungen des Gerichts gegen Regelungen aus den drei Gemeinschaftsverträgen,[235] gegen das sekundäre Gemeinschaftsrecht[236]

[233] EuGH, *Finsider/Kommmission*, Rs. C-320/92, Slg. 1994, I-5723, Rn. 37; *Jung*, in: Groeben/Thiesing/Ehlermann, Art. 168a EGV, Rn. 185; *Smit/Herzog*, The Law of the European Community, Bd IV., Art. 164.07.

[234] *Schermers/Waelbroeck*, Judical Protection in the EC, S. 515, § 893; GA van Gerven, *Kommission/BASF*, Rs. C-137/92 *u.a.*, Slg. 1994, I-2566, Rn. 9; *Jung*, in: Groeben/Thiesing/Ehlermann, Art. 168a EGV, Rn. 184; *Dauses*, Gutachten für den DJT, S. 16.

[235] Insbesondere die Vorschriften über Wettbewerbsregeln sind häufiger Kontrollmaßstab: EuGH, *Viho/Kommission*, Rs. C-73/95, Slg. 1996, I-5495, Rn. 14, 18; EuGH, *New Holland Ford/Kommission*, Rs. C-89/95, Slg. 1998, I-3222, Rn. 89, 90; EuGH, *Publishers Association/Kommission*, Rs. C-360/92, Slg. 1995, I-68, Rn. 29; EuGH, *RTE und ITP/Kommission*, Rs. C-241 und 242/91, Slg. 1995, I-825, Rn. 57,

oder gegen völkerrechtliche Verträge der EG verstoßen.[237] Der Gerichtshof kontrolliert auch, ob das Gericht erster Instanz mit seiner Entscheidung gegen allgemeine Rechtsgrundsätze des Gemeinschaftsrechts, insbesondere gegen Grundrechte verstößt.[238] Rechtsmittelrelevant sind in diesem Zusammenhang zwei Fragen: Zum einen prüft der EuGH, ob der geltend gemachte allgemeine Rechtsgrundsatz überhaupt besteht.[239] Zum anderen

58. Aber auch sonstige Vorschriften der Verträge werden im Rechtsmittelverfahren überprüft: Art. 226 EGV in EuGH, *An Taisce und WWF UK/Kommission*, Rs. C-325/94, Slg. 1996, I-3738, Rn. 22-26; Art. 28, 70 EEA in EuGH, *Campo Erbo Industrial u.a./Rat*, Rs. C-138/95, Slg. 1997, I-2045, Rn. 29, 31, 39; Art. 34 EGKS in EuGH, *Finsider/Kommission*, Rs. C-320/92, Slg. 1994, I-5718, Rn. 18; Art. 233 EGV in EuGH, *Parlament/Meskens*, Rs. C-412/92, Slg. 1994, I-3775, Rn. 24; Art. 41 EG-Satzung in EuGH, *De Compte/Parlament*, Rs. C-2/98, Slg. 1999, I-18116, Rn. 24 ff.

236 Eingelegte Rechtsmittel wurden unter anderem anhand des Beamtenstatuts (EuGH, *Kommission,/Lozano Palacios*, Rs. C-62/97, Slg. 1998, I-3287, Rn. 22; EuGH, *Parlament/Vienne*, Rs. C-43/94, Slg. 1995, I-2458, Rn. 10; EuGH, *Klinke/ Kommission*, Rs. C-298/93, Slg. 1994, I-3027, Rn. 16), anhand verschiedener Verordnungen (EuGH, *Kommission/NTN und Koyo Seiko*, Rs. C-245/95, Slg. 1998, I-428, Rn. 1, 29; EuGH, *Campo Erbo Industrial u.a./Rat*, Rs. C-138/95, Slg. 1997, I-2046, Rn. 33, 37; EuGH, *Kommission/UIC*, Rs. C-264/95, Slg. 1997, I-1320, Rn. 22; EuGH, *Nutral/Kommission*, Rs. C-476/93, Slg. 1995, I-4142, Rn. 13, 18; EuGH, *SPO u.a./Komission*, Rs. C-137/95, Slg. 1996, I-1627, Rn. 53), anhand eines Leitfadens für die Beurteilung der Kommission (EuGH, *Turner/Kommisson*, Rs. C-62/94, Slg. 1991, I-1431, Rn. 12), anhand von Beschäftigungsbedingungen (EuGH, *Rasmussen/Kommission*, Rs. C-398/93, Slg. 1994, I-4057, Rn. 23), anhand von Finanzregelungen des fünften Europäischen Entwicklungsfonds (EuGH, *San Marco Impex/Kommission*, Rs. C-404/92, Rs. C-19/95, Slg. 1996, I-4456, Rn. 79), anhand einer Empfehlung der Kommission (EuGH, *D/Kommission*, Rs. C-89/95, Slg. 1996, I-60, Rn. 8, 9) oder anhand eines Beschlusses der Verwaltungschefs (EuGH, *Echauz Brigaldi u.a./Kommission*, Rs. C-315/97, Slg. 1999, I-1297, Rn. 27) überprüft.

237 So hat der EuGH geprüft, ob das Rahmenabkommen über Zusammenarbeit zwischen der EG und Chile ein berechtigtes Vertrauen hervorgerufen hat (EuGH, *Unifruit Hellas/Kommission*, Rs. C-51/95, Slg. 1997, I-741, Rn. 28, 30). Allgemein werden die von der Gemeinschaft allein oder mit den Mitgliedstaaten zusammen abgeschlossenen völkerrechtlichen Verträge zum Gemeinschaftsrecht gezählt (*Bleckmann*, Die Rechtsquellen des Europäischen Gemeinschaftsrechts, NVwZ 1993, S. 825; *Bernhardt*, Quellen des Gemeinschaftsrechts, S. 82). Dazu zählen zum Beispiel die Abkommen mit den EFTA-Staaten (EuGH, *EWR I*, Gutachten 1/91, Slg. 1991, S. 1-6079, 6099 f.) oder Assoziierungsabkommen mit Drittstaaten (EuGH, *Kazim Kus*, EuZW 1993, S. 96 ff.).

238 EuGH, *X/Kommission*, Rs. C-404/92, Slg. 1994, I-4789, Rn. 17; EuGH, *Scaramuzza/Kommission*, Rs. C-76/93, Slg. 1994, I-5193, Rn. 31; EuGH, *Baustahlgewebe/Kommission*, Rs. C-185/95, Slg. 1998, I-8497, Rn. 22.

239 EuGH, *Baustahlgewebe/Kommission*, Rs. C-185/95, Slg. 1998, I-8503, Rn. 52; GA Darmon, *Pincherle/Kommission*, Rs. C-244/91, Slg. 1993, I-6988, Rn. 55.

prüft er, ob ein solcher allgemeiner Rechtsgrundsatz vom Gericht richtig angewendet worden ist.[240]

Das Gemeinschaftsrecht besteht jedoch nicht nur aus den bereits angesprochenen Verträgen, allgemeinen Rechtsgrundsätzen, Verordnungen und Richtlinien, sondern auch aus der sie konkretisierenden Rechtsprechung des Gerichtshofs.[241] Auch sie ist Prüfungsmaßstab innerhalb des Rechtsmittelverfahrens.[242] Dementsprechend kontrolliert der EuGH, ob das Gericht erster Instanz in seiner Entscheidung die vorangegangene Rechtsprechung des Gerichtshofs richtig wiedergegeben und angewendet hat. In diesem Sinn prüft er unter anderem, ob die Entscheidung des Gerichts im Widerspruch zu einer früheren Entscheidung des EuGH steht,[243] ob das Gericht gegen die Grundsätze aus einem vorherigen Urteil verstoßen hat[244] oder ob das Gericht die Auslegung einer Norm durch ein vorhergehendes Urteil des EuGH verkannt hat.[245]

---

240 So hat der EuGH unter anderem überprüft, ob ein Verstoß gegen den Anspruch auf wirksamen gerichtlichen Rechtsschutz (EuGH, *Guerin Automobiles/Kommission*, Rs. C-282/95, Slg. 1997, I-1542, Rn. 3; EuGH, *Transacciones Maritimas u.a./Kommission*, Rs. C-12/95, Slg. 1995, I-475, Rn. 16), gegen den Grundsatz der Beachtung der Verteidigungsrechte (EuGH, *Kommission/Lisrestal u.a.*, Rs. C-32/95, Slg. 1996, I-5396, Rn. 21; EuGH, *Vidranyi/Kommission*, Rs. C-283/90, Slg. 1991, I-4365, Rn. 19, 27), gegen das Recht auf einen fairen Prozeß (EuGH, *Baustahlgewebe/Kommission*, Rs. C-185/95, Slg. 1998, I-8497, Rn. 22), gegen das Recht auf Achtung des Privatlebens (EuGH, *X/Kommission*, Rs. C-404/92, Slg. 1994, I-4789, Rn. 17) oder gegen den Grundsatz der Verhältnismäßigkeit (EuGH, *Transacciones Maritimas u.a./Kommission*, Rs. C-12/95, Slg. 1995, I-477, Rn. 24) vorlag.

241 *Everling*, Die Stellung der Judikative im Verfassungssystem der Europäischen Gemeinschaft, ZSR 1993, S. 347: Sowohl das primäre als auch das sekundäre Gemeinschftsrecht stellen in der Regel einen politischen Kompromiß dar und sind deshalb nur rudimentär und lückenhaft geregelt. Der Gerichtshof muß daher das Gemeinschaftsrecht nicht nur ständig interpretieren und präzisieren; er muß es auch ergänzen und vervollständigen. Das EG-Recht besteht dementsprechend zu einem Großteil aus Richterrecht. Zu den daraus resultierenden Problemen des Richterrechts in der Europäischen Gemeinschaft vgl. *Dänzer-Vanotti*, Unzulässige Rechtsfortbildung des Europäischen Gerichtshofs, RIW 1992, S. 733 ff.

242 EuGH, *Parlament/Innamorati*, Rs. C-254/95, Slg. 1996, I-3448, Rn. 18, 19; *Bleckmann*, Die Rechtsquellen des Europäischen Gemeinschaftsrechts, NVwZ 1993, S. 828; GA Ruiz-Jarabo stellt die Frage, ob rechtliche Kriterien, „die das Gericht in einem bestimmten Fall aufgestellt hat, ohne weiteres als „Rechtsnormen" angesehen werden müßten, die das Gericht zwangsläufig einzuhalten hätte." (*Ufex u.a./ Kommission*,Rs. C-119/97, Slg. 1999, I-1358, Rn. 56).

243 EuGH, *Dimitiadis/Rechnungshof*, Rs. C-140/96, Slg. 1997, I-5650, Rn. 30, 31.

244 EuGH, *Antillean Rice Mills u.a./Kommission*, Rs. C-390/95, Slg. 1999, I-808, Rn. 17.

245 EuGH, *FFSA u.a./Kommission*, Rs. C-174/97, Slg. 1998, I-1325, Rn. 26.

2. Sonstige Maßnahmen der Gemeinschaft

Nicht zum rechtsmittelfähigen Gemeinschaftsrecht zählen hingegen solche Maßnahmen der Gemeinschaftsorgane, denen keinerlei rechtliche Verbindlichkeit zukommt. So haben sich im Laufe der Zeit neben den Handlungsformen des Art. 249 EGV weitere Formen der Zusammenarbeit herausgebildet. Dazu gehören zum Beispiel Aktionsprogramme, Kommuniqués, Übereinkommen, Feststellungen, „Gentlemen's agreements" oder Entschließungen.[246] Zum Teil bedient man sich dieser Instrumente gerade um eine rechtliche Fixierung zu vermeiden, während ihnen eine gewisse politische Verbindlichkeit zukommt.[247] Es handelt sich also um politische, nicht rechtliche Regelungen. Sie sind jeglicher gerichtlicher Kontrolle entzogen. Damit steht zugleich fest, daß sie nicht Prüfungsgegenstand innerhalb des Rechtsmittelverfahrens sein können.

Davon zu unterscheiden ist die Frage, ob solche Maßnahmen zur Auslegung des Gemeinschaftsrecht herangezogen werden können, ob also beispielsweise bei der Auslegung einer Verordnung durch das Gericht erster Instanz auch eine entsprechende Erklärung des Rates oder der Kommission berücksichtigt wurde. Das ist ohne weiteres auch innerhalb des Rechtsmittelverfahrens zu bejahen, da in einem solchen Fall nicht die sonstige Maßnahme (also das Aktionsprogramm, die Feststellung etc.) überprüft wird, sondern ob die Auslegung einer Norm des Gemeinschaftsrechts ordnungsgemäß erfolgte. Prüfungsmaßstab ist in solchen Fällen allein das Gemeinschaftsrecht.

3. Das Recht der Mitgliedstaaten

Die Beschränkung des Prüfungsmaßstabes auf Vorschriften des Gemeinschaftsrechts hat zur Folge, daß Verstöße gegen das Recht der Mitgliedstaaten nicht durch den Gerichtshof kontrolliert werden können.[248] Der EuGH

---

246 Solche Maßnahmen werden in Anlehnung an den völkerrechtlichen Begriff zum Teil als „soft law" bezeichnet. Vgl. *Oppermann*, Europarecht, S. 185, Rn. 481; *Bothe*, "Soft Law" in der Europäischen Gemeinschaft?, S. 765, 768, in: FS Schlochauer.

247 *Bothe*, "Soft Law" in der Europäischen Gemeinschaft?, S. 765, 768, in: FS Schlochauer.

248 *Wegener*, in: Calliess/Ruffert, Art. 220 EGV, Rn. 13; *Jung*, in: Groeben/Thiesing/Ehlermann Art. 168a EGV, Rn. 185; *Kirschner/Klüpfel*, Das Gericht erster Instanz der Europäischen Gemeinschaften, S. 162, Rn. 149; *Rengeling/Middeke/Gellermann*, Rechtsschutz in der Europäischen Union, S. 396, Rn. 746.

prüft nicht nach, ob die Entscheidung des Gerichts gegen nationale Vorschriften verstößt.[249] Folglich ist die Rüge, die Entscheidung des Gerichts erster Instanz verstoße gegen Grundrechte der Mitgliedstaaten, in der Rechtsmittelinstanz unzulässig. In diesem Zusammenhang kann allerdings geltend gemacht werden, es liege ein Verstoß gegen einen allgemeinen Rechtsgrundsatz des Gemeinschaftsrechts vor, indem das ursprünglich geltend gemachte Grundrechte enthalten sei. Dann muß der EuGH nachprüfen, ob der allgemeine Rechtsgrundsatz besteht und ob er durch das Gericht richtig angewendet wurde.[250]

Der EuGH prüft ebenfalls nicht nach, ob das Gericht erster Instanz nationales Recht richtig angewendet hat. Zu einer solchen Anwendung durch das Gericht kommt es entweder, wenn das Gemeinschaftsrecht auf nationale Vorschriften verweist[251] oder wenn die Anwendung des nationalen Rechts durch ein EG-Organ in Frage steht. In beiden Fällen darf der Gerichtshof die nationalen Vorschriften nicht selbst auslegen.[252] Vielmehr muß der Gerichtshof die in dem Mitgliedstaat geltende Inhaltsbestimmung als Rechtstatsache hinnehmen.[253]

Sollte das Gericht jedoch nationales Recht aufgrund einer Verweisung des Gemeinschaftsrechts anwenden, bestehen zwei Ansatzpunkte für eine Kontrolle durch den Gerichtshof. Zum einen unterliegt es einer Überprüfung im Rechtsmittelverfahren, ob wirklich eine Verweisung auf nationales Recht vorliegt und ob die Anwendung des nationalen Rechts für den strei-

---

249 *Schwarze*, EU-Kommentar, Art. 225 EGV, Rn. 32.

250 Siehe dazu bereits unter Zweiter Teil, Zweiter Abschnitt, I., 1. Geschriebens und ungeschriebens Gemeinschaftsrecht.

251 z.B. Art. 256 EGV bezüglich der Zwangsvollstreckung von Entscheidungen des Rates oder der Kommission; gemäß Art. 48 EGV müssen Gesellschaften nach den Rechtsvorschriften eines Mitgliedstaates gegründet sein, Art. 17 Absatz 2 EG-Satzung bestimm, daß sich die Vertretungsbefugnis von Rechtsanwälten nach den innerstaatlichen Vorschriften richtet

252 Vgl. *Brandt*, Der Europäische Gerichtshof und das Europäische Gericht erster Instanz, JuS 1994, S. 303; *Krück*, in: Groeben/Thiesing/Ehlermann, Art.164 EGV, Rn. 48.

253 Die Feststellung des Inhalts der nationalen Rechtsnorm ist dementsprechend eine dem Beweis zugängliche Tatsache. Insoweit ist der Grundsatz „jura novit curia“ auf das Gemeinschaftsrecht beschränkt, da die Kenntnis aller Rechtsordnungen der Mitgliedstaaten von den Gemeinschaftsrichtern nicht verlangt werden kann. Vgl. *André*, Beweisführung und Beweislast vor dem Europäischen Gerichtshof, S. 100; *Beutler/Bieber/Pipkorn/Streil*, Die Europäische Union, S. 240; *Koenig/Sander*, Einführung in das EG-Prozeßrecht, S. 11, Rn. 15.

tigen Fall nötig ist.[254] Kommt es beispielsweise auf die Frage der ordnungsgemäßen Gründung einer Gesellschaft an, muß das Gericht Art. 48 EGV berücksichtigt, der für die Frage der Gründung einer Gesellschaft auf die Rechtsvorschriften der Mitgliedstaaten verweist. In einem solchen Fall könnte der EuGH nachprüfen, ob und in welchem Umfang eine Verweisung gemäß Art. 48 EGV vorgesehen ist und ob diese Frage für den Rechtsstreit entscheidungserheblich ist. Insoweit geht es um die Bestimmung des Anwendungsbereichs des Gemeinschaftsrechts. Zum anderen kann der EuGH prüfen, ob die anzuwendende nationale Vorschrift gegen Gemeinschaftsrecht verstößt, denn auch in diesem Fall ist das Gemeinschaftsrecht Prüfungsmaßstab.

II. Denkgesetze als Kontrollmaßstab im Rechtsmittelverfahren

Bei der Kontrolle von Gerichtsentscheidungen in der Rechtsmittelinstanz stellt sich außerdem die Frage, ob auch Verstöße gegen Denkgesetze oder Naturgesetze kontrolliert werden können, ob es sich bei diesen Regeln also um einen tauglichen Kontrollmaßstab im europäischen Rechtsmittelverfahren handelt.[255] So wurde in den Rechtssachen *Hüls/Kommission*[256] und *Hilti/Kommission*[257] von den Rechtsmittelparteien ein Verstoß gegen die Denkgesetze geltend gemacht. Generalanwalt Lenz stellte in der Rechtssache *Sfei u.a./Kommission* die Frage, ob auch ein Verstoß gegen die Gesetze der Logik rechtsmittelfähig ist.[258] Die Beantwortung dieser Frage ist notwendig, denn es besteht ein praktisches Bedürfnis, widersprüchliche Feststellungen des Gerichts oder Feststellungen, die aufgrund von Naturgesetzen unmöglich sind, einer Kontrolle im Rechtsmittelverfahren zu unter-

---

254 Vgl. dazu *May*, Die Revision, S. 345, Rn. 65; *Sommerland/Schrey*, Die Ermittlung ausländischen Rechts im Zivilprozeß und die Folgen der Nichtermittlung, NJW 1991, S. 1383.

255 Vgl. *Wägenbaur*, Die Prüfungskompetenz des EuGH im Rechtsmittelverfahren, EuZW 1995, S. 201). Von den letztinstanzlichen nationalen Gerichten der Mitgliedstaaten wird in der Regel geprüft, ob ein Verstoß gegen die Gesetze der Logik vorliegt (vgl. Louis/Vandersanden/Waelbroeck/Waelbroeck, Commentaire Megret, 1993, Bd.10, Nr.14). Das gilt auch für das deutsche Zivilrecht (BGH NJW 1991, S. 1894) und das Verwaltungsrecht (BVerwG NJW-RR 1993, S. 653; *Schmidt*, in: Eyermann, Verwaltungsgerichtsordnung, § 137, Rn. 18; *Kopp*, § 137, Rn. 19, 25; *Redeker/v.Oertzen*, § 137, Rn. 12).

256 EuGH, *Hüls/Kommission* , Rs. C-199/92, Slg. 1999, I-4361, Rn. 61.

257 EuGH, *Hilti/Kommission*, Rs. C-53/92, Slg. 1994, I-700, Rn. 9.

258 GA Lenz, *Sfei u.a./Kommission*, Rs. C-39/93, Slg. 1994, I-2693, Rn. 31.

werfen. Zum einen führt ein solcher Verstoß - wenn es sich um eine für das Urteil erhebliche Frage handelt - stets zu einem Fehlurteil. Der Zweck des Rechtsmittelverfahrens, eine gerechtere Fallentscheidung zu gewährleisten, spricht insofern zwingend für eine Kontrolle in der Rechtsmittelinstanz. Zum anderen wird ein Verstoß gegen die Denkgesetze als besonders ungerecht empfunden.[259] Denn bei einem solchen Verstoß handelt es sich nicht um eine Auslegungsfrage die verschiedene Lösungsmöglichkeiten zuläßt; es ist nicht möglich, den Fehler durch andere Argumente abzuschwächen oder zu relativieren.

Andererseits ist bei der Beantwortung der Frage nach der Kontrolle von Denk- und Naturgesetzen in der Rechtsmittelinstanz zu beachten, daß Denkgesetze und Naturgesetze zumindest nicht auf den ersten Blick dem Gemeinschaftsrecht angehören. Insoweit scheiden sie als unmittelbarer Kontrollmaßstab aus. Es besteht auch kein geschriebener Rechtssatz im Gemeinschaftsrecht, der bestimmt, daß die Verletzung von Denkgesetzen in der Rechtsmittelinstanz gerügt werden kann. Auch der Gerichtshof hat zu diesem Problem bisher keine Ausführungen gemacht. Er ist weder ausdrücklich auf die Frage eingegangen, ob die Gesetze der Logik tauglicher Prüfungsmaßstab sind, noch darauf, inwieweit die Rüge, eine Feststellung verstoße gegen Denkgesetze, im Rechtsmittelverfahren zulässig ist. Vor diesem Hintergrund stellen sich zwei Fragen: Zunächst ist zu klären, was unter einem Verstoß gegen die Denkgesetze überhaupt zu verstehen ist (dazu unter 1.). Danach stellt sich die Frage, wie ein solcher Verstoß in das System des auf Rechtsfragen beschränkten europäischen Rechtsmittelverfahrens eingeordnet werden kann (dazu unter 2.).

1. Das Wesen der Denkgesetze

Logik befaßt sich mit dem Folgern, dem Beweisen und Begründen, mit der Struktur der Gedanken sowie der Form der sprachlichen Ausdrücke, mittels derer Gedanken dargestellt werden, sowie mit dem Aufbau von Gedankensystemen.[260] Um die Einhaltung dieser Regeln zu prüfen, ist es erforderlich, daß die Denkprozesse und Folgerungen des Gerichts im Urteil niedergelegt sind. Nur unter dieser Voraussetzung ist es möglich, die ein-

---

259 *Grave/Mühle*, Denkgesetze und Erfahrungssätze als Prüfungsmaßstab in der Revisionsinstanz, MDR 1975, S. 276.

260 *Weinberger*, Rechtslogik, S. 29; Nach *Schoppe* sind Denkgesetze allgemein anerkannte Regeln für die Bildung von Begriffen und Urteilen (Revision und Kassation, S. 29).

zelnen Rechtsanwendungsschritte des Richters auf potentielle logische Fehler zu überprüfen. Dabei sind die möglichen Verstöße gegen die Gesetze der Logik vielgestaltig.[261] Im folgenden sollen daher nur die wichtigsten Arten solcher Fehler dargestellt werden. Ausgangspunkt ist der Begriff des Fehlschlusses.[262] Ein solcher Fehlschluß kann aus mehreren Gründen bestehen: Ein logischer Schluß ist dann fehlerhaft, wenn sich die Ausgangsprämissen widersprechen oder ein Prämissenmangel herrscht, wenn also die ausgewählten Prämissen für die Ableitung der zu beweisenden Behauptung nicht hinreichend sind.[263] Eine Ableitung ist auch dann fehlerhaft, wenn sie sich einer ungültigen Schlußform bedient.[264] Das ist zum Beispiel der Fall, wenn ein Zirkelschluß vorliegt oder einzelne Schlußmodi falsch angewendet werden. Zu einem Fehlschluß zählt schließlich auch der Rechenfehler.[265]

2. Einordnung eines Verstoßes in das Rechtsmittelsystem

Im europäischen Rechtsmittelverfahren ist alleiniger Kontrollmaßstab das Gemeinschaftsrecht. Die Denkgesetze könnten also nur dann „unmittelbarer" Kontrollmaßstab sein, wenn sie dem Gemeinschaftsrecht angehören. Dafür gibt es zunächst zwei mögliche Anknüpfungspunkte.

a. Denkgesetze als eigenständige Rechtsnormen

Sollten Denkgesetze als Rechtsnormen anzusehen sein, könnten sie tauglicher Prüfungsmaßstab im Rechtsmittelverfahren sein. Dafür spricht, daß Denkgesetze und Naturgesetze bezüglich ihrer Allgemeingültigkeit mit Rechtsnormen vergleichbar sind.[266] Im Gegensatz zu Rechtsnormen folgen

261 *Selke*, Die Revisibilität der Denkgesetze, S. 10 f.; *Schneider*, Logik für Juristen, S. 76 f.

262 Ein unabsichtlicher Fehlschluß wird paralogismus genannt, ein absichtlicher Fehlschluß sophisma oder Trugschluß. Diese Unterscheidung nach der Absicht des Erklärenden ist hier jedoch nicht weiter von Bedeutung, da sie für eine logische Analys unerheblich ist.

263 *Klug*, Die Verletzung von Denkgesetzen, S. 371, in: FS Möhring; *Hohnel*, Die Abgrenzung der Tatfrage und Rechtsfrage in der Rechtsprechung der Strafsenate des Bundesgerichtshofs, S. 60.

264 *Klug*, Die Verletzung von Denkgesetzen, S. 375, in: FS Möhring.

265 *Selke*, Die Revisibilität von Denkgesetzen, S. 12; *Hohnel*, Die Abgrenzung der Tatfrage und Rechtsfrage in der Rechtsprechung der Strafsenate des Bundesgerichtshofs, S. 60.

266 Aus diesem Grund wird eine Gleichsetzung mit Rechtsnormen für richtig empfunden. Vgl. *Esser*, Grundsatz und Norm in der richterlichen Fortbildung des

aus ihnen aber keine Rechte und Pflichten. Die Logik gibt nur an, auf welche Weise aus bestimmten Prämissen Schlußfolgerungen gezogen werden können. Welchem Sachbereich diese Behauptungen angehören ist unerheblich. Daß sich die Gesetze der Logik auch auf Behauptungen mit rechtlichem Inhalt anwenden lassen, macht sie nicht zu Rechtsnormen.[267] Zudem werden die Denkgesetze nicht von einer mit Staatsmacht ausgestatteten Institution erlassen. Ihr Inhalt ist nicht vom Willen eines bestimmten Rechtsetzungsorgans abhängig; sie unterliegen nicht der gesetzgeberischen Disposition.[268] Dementsprechend können die Gesetze der Logik nicht mit den geschriebenen Normen des Gemeinschaftsrechts gleichgesetzt werden.

b. Denkgesetze als allgemeine Rechtsgrundsätze

Möglicherweise stellen Denkgesetze und Naturgesetze aber allgemeine Rechtsgrundsätze dar und sind damit Teil des Gemeinschaftsrechts. Allgemeine Rechtsgrundsätze sind Regelungen, die den Rechtsordnungen der Mitgliedstaaten gemeinsam sind.[269] Denkbar wäre zum Beispiel ein allgemeiner Rechtsgrundsatz mit dem Inhalt: „Die Entscheidung eines Gerichts darf nicht gegen die Gesetze der Logik verstoßen".

Erforderlich für die Auffindung eines solchen allgemeinen Rechtsgrundsätzen ist, das eine wesentliche Lücke im geschriebenen Gemeinschaftsrecht besteht, das ohne den Rückgriff auf einen allgemeinen Rechtsgrundsatz die Anwendbarkeit des Gemeinschaftsrechts empfindlich gestört wäre und ein solcher Grundsatz in den nationalen Rechtsordnungen tatsächlich besteht.[270] Für die Schaffung eines allgemeinen Rechtsgrundsatzes spricht, daß eine Kontrolle gerichtlicher Entscheidungen anhand der Denkgesetze in den meisten Mitgliedstaaten durchgeführt wird, ein solcher Grundsatz also zumindest auffindbar ist. Auf den ersten Blick könnte man

Privatrechts, S. 110 f.; *Schuler*, Tatfragen und Rechtsfragen im zivilen Revisionsverfahren, NJW 1961, S. 4.

[267] *Klug*, Die Verletzung von Denkgesetzen, S. 365, in: FS Möhring.

[268] *Neufert*, Die Revisibilität der Auslegung individueller Vertragserklärungen, S. 41.

[269] Diese Rechtsquelle wird ausdrücklich in Art. 288 Absatz 2 EGV erwähnt. Es ist jedoch allgemein anerkannt, daß solche allgemeinen Rechtsgrundsätze überall im Gemeinschafstrecht entstehen können. Vgl. *Oppermann*, Europarecht, S. 186, Rn. 482.

[270] *Oppermann*, Europarecht, S. 186, Rn. 483. Erforderlich ist ebenfalls eine enge Verbundenheit mit den erkennbaren Strukturprinzipien der Europäischen Gemeinschaft wie Freiheit, Demokratie, Achtung der Menschenrechte und Grundfreiheiten und Rechtsstaatlichkeit.

auch von einer Lücke im geschriebenen Recht sprechen, da das Schweigen des Gesetzgebers nicht notwendigerweise in dem Sinn zu verstehen ist, daß eine Kontrolle anhand der Denkgesetzen ausgeschlossen sein soll. Auch steht der Schaffung eines allgemeinen Rechtsgrundsatzes nicht im Weg, daß es sich im vorliegenden Fall um ein prozessuales Recht handeln würde, denn in der bisherigen Rechtsprechung des Gerichtshofs wurden bereits zweimal allgemeine Prozeßgrundsätze geschaffen.[271]

Die Auffindung eines entsprechenden allgemeinen Rechtsgrundsatzes scheitert jedoch an anderer Stelle. Ein Rückgriff auf einen allgemeinen Rechtsgrundsatz ist nämlich weder erforderlich noch sinnvoll, um das vorliegende Problem zu lösen. Denn auch ohne das Denkgesetze als eigenständiger Kontrollmaßstab im Rechtsmittelverfahren angesehen werden, sind Verstöße gegen die Gesetze der Logik im Rechtsmittelverfahren nachprüfbar (dazu sogleich unter d.: Denkgesetze als inhaltliche Ausgestaltung von Verfahrenspflichten).[272] Besteht aber bereits eine Kontrollmöglichkeit, fehlt es sowohl an der Notwendigkeit eines solchen Rückgriffs als auch an der erforderlichen Lücke im Gemeinschaftsrecht, die für die Bildung eines allgemeinen Rechtsgrundsatz nötige ist.

c. Denkgesetze als inhaltliche Ausgestaltung von Verfahrenspflichten

Zunächst ist festzustellen, daß Verstöße gegen Denkgesetze auf unterschiedlichen Ebenen einer Gerichtsentscheidung auftreten können.[273] Die Beweiswürdigung kann in sich widersprüchlich sein, verschiedene Tatsachenfeststellungen können sich gegenseitig ausschließen, die Begründung der Entscheidung ist unschlüssig oder die Auslegung von Willenserklärungen verstößt gegen die Denkgesetze. Für jeden dieser Rechtsanwendungsakte muß gesondert die Frage gestellt werden, ob die Pflicht besteht, nicht gegen Denkgesetze zu verstoßen. Prüfungsmaßstab sind also nicht unmittelbar die Gesetze der Logik, sondern die sich für einen be-

[271] Das Recht auf einen fairen Prozeß (EuGH, *Pecastaing*, Rs. 98/79, Slg. 1980, S. 691) und das Recht auf effektiven Rechtsschutz (EuGH, *Unectef/Heylens*, Rs. 222/86, Slg. 1987, S. 4097, Rn. 14; EuGH, *Johnston/Chief Constable*, Rs. 222/84, Slg. 1986, S. 1651, Rn. 18).

[272] *Blomeyer*, Zivilprozessrecht, S. 592; *Klug*, Die Verletzung von Denkgesetzen, S. 365, in: FS Möhring; *Grave/Mühle*, Denkgesetze und Erfahrungssätze als Prüfungsmaßstab im Revisionsverfahren, MDR 1975, S. 276.

[273] So bereits *Mannheim*, Beiträge zur Lehre von der Revision wegen materiellrechtlicher Verstösse im Strafverfahren, S. 75. Dieser kommt allerdings zu anderen Schlußfolgerungen. Ebenfalls *Schoppe*, Revision und Kassation, S. 29.

stimmten Rechtsanwendungsschritt ergebende Verfahrenspflicht des Gerichts, nicht gegen die Denkgesetze zu verstoßen.[274] Ob eine widersprüchliche Beweiswürdigung oder eine folgewidrige Auslegung von Willenserklärungen zulässig ist, hängt demgemäß von der Frage ab, inwieweit die freie Beweiswürdigung oder die Auslegung von Willenserklärungen durch gesetzliche Regelungen eingeschränkt sind.[275] Nur in diesem Zusammenhang kann die Frage gestellt werden, ob die Beweiswürdigung oder die Auslegung gegen Denkgesetze verstoßen darf oder nicht. Kontrollmaßstab sind also nicht unmittelbar die Gesetze der Logik oder die Naturgesetze, sondern allein die dem Richter bei dem jeweiligen Rechtsanwendungsschritt auferlegten Prüfungspflichten (Verfahrenspflichten). Die Frage nach den Denkgesetzen stellt sich also bei der Prüfung des Umfangs der einzelnen Verfahrenspflicht des Richters. Das Problem, ob die Gesetze der Logik innerhalb des europäischen Rechtsmittelverfahrens geprüft werden können, ist dementsprechend bei der Kontrolle des betreffenden Rechtsanwendungsschritts zu behandeln (z.B. bei der Begründungspflicht, der Beweiswürdigung, der Auslegung).[276] Auch erst dort läßt sich die Frage beantworten, ob aus der möglichen Kontrolle der erstinstanzlichen Entscheidung anhand der Denkgesetze einen Mindeststandard für die Abfassung der Urteilsgründe folgt.

III. Ergebnis zum Prüfungsmaßstab

Es bleibt festzuhalten, daß Prüfungsmaßstab im Rechtsmittelverfahren allein das geschriebene und ungeschriebene Gemeinschaftsrecht ist. Der Gerichtshof kontrolliert innerhalb des Rechtsmittelverfahrens nicht, ob das Gericht erster Instanz nationales Recht richtig angewendet hat oder ob die

---

274 So ist zum Beispiel für den Vorgang der Auslegung von Rechtsnormen oder der Subsumtion unbestritten, daß diese nicht gegen Denkgesetze verstoßen dürfen. Vgl. *Röhl*, Allgemeine Rechtslehre, S. 151; *Grave/Mühle*, Denkgesetze und Erfahrungssätze als Prüfungsmaßstab im Revisionsverfahren, MDR 1975, S. 275; *Schwinge*, Grundlagen des Revisionsrechts, S. 189. Dies gilt gleichfalls für die Frage der widersprüchlichen Begründung. Vgl. *Klug*, Die Verletzung von Denkgesetzen, S. 365, in: FS Möhring.

275 *Röhl*, Allgemeine Rechtslehre, S. 150, der ausdrücklich feststellt, daß ein Verstoß gegen Denkgesetze bei der Tatsachenfeststellung einen Verstoß gegen die Regeln über die Beweiswürdigung darstellt. So auch *Klug*, Die Verletzung von Denkgesetzen, S. 365, in: FS Möhring.

276 Siehe dazu Zweiter Teil, Dritter Abschnitt: Die Kontrolldichte im Rechtsmittelverfahren.

Entscheidung des Gerichts gegen sonstiges nationales Recht verstößt. Ob die einzelnen Rechtsanwendungsschritte anhand von Denkgesetzen kontrolliert werden können, ist nicht generell zu beantworten. Maßgeblich dafür ist, ob bezüglich der einzelnen Anwendungsschritte eine entsprechende Berücksichtigungspflicht besteht.

Dritter Abschnitt: Die Kontrolldichte im Rechtsmittelverfahren

Der Europäische Gerichtshof ist als Rechtsmittelgericht nicht allein hinsichtlich des Streitgegenstandes und des anzuwendenden Prüfungsmaßstabs beschränkt. Eine wesentliche Begrenzung seiner Prüfungsbefugnis erfolgt aufgrund der eingeschränkten Kontrolldichte im Rechtsmittelverfahren. Artikel 225 EGV bestimmt, daß gegen die Entscheidungen des Gerichts „ein auf Rechtsfragen beschränktes Rechtsmittel" beim Gerichtshof eingelegt werden kann. Folge dieser Regelung ist, daß der Gerichtshof bei der Kontrolle der erstinstanzlichen Entscheidung zwischen Rechtsfragen und Tatfragen unterscheiden muß, wobei Tatfragen einer Nachprüfung in der Rechtsmittelinstanz entzogen sind. Die Beschränkung des Kontrollumfangs auf Rechtsfragen hatte in der bisherigen Rechtsmittelpraxis des EuGH zur Folge, daß ein Großteil der Rechtsmittelrügen zurückgewiesen wurde, da sie in unzulässiger Weise auf ein Kontrolle von „Tatsachenfragen" hinausliefen. Die Einschränkung der Kontrolldichte hat also erhebliche praktische Bedeutung für die Reichweite des Rechtsschutzes im Rechtsmittelverfahren. Aus diesem Grund ist im folgenden zu klären, wo der Europäische Gerichtshof die Grenze zwischen der nachprüfbaren Rechtsfrage und der nicht nachprüfbaren Tatfrage zieht.

I. Die Beschränkung auf Rechtsfragen

1. Allgemeines zur Abgrenzungsfrage

Herkömmlicherweise wird zwischen der Frage „Was ist geschehen?" als der Tatfrage und der Frage „Wie ist das Geschehene zu beurteilen?" als Rechtsfrage unterschieden.[277] Ob und wie sich eine solche Abgrenzung durchführen läßt, ist seit langem umstritten.[278]

---

[277] *Larenz*, Methodenlehre, S. 243. Das Problem der Abgrenzung der Tat- von der Rechtsfrage ist nicht nur für das Rechtsmittelverfahren von Bedeutung. Die Unterscheidung Tat- und Rechtsfrage durchzieht vielmehr das gesamte Prozeßrecht. Insbesondere der Verhandlungsgrundsatz setzt eine Unterscheidung voraus. Über Tatfragen urteilt der Richter aufgrund des Vorbringens der Parteien. Über Rechtsfragen urteilt er hingegen aufgrund seiner eigenen Rechtskenntnis nach dem Grundsatz „iura novit curia". Dementsprechend sind auch nur Tatsachen beweisfähig, nicht jedoch Rechtsansichten. Neben dieser praktischen Bedeutung

a. Theorien zur Abgrenzungsfrage

In der wissenschaftlichen Literatur stehen sich vor allem vier Abgrenzungsmodelle gegenüber:[279]

Nach der sprachlich-logischen Abgrenzungsmethode ist für die Unterscheidung von Rechts- und Tatfrage maßgebend, welche Natur der jeweils vom Richter angewendete Begriff hat.[280] Dabei wird zwischen Rechtsbegriffen und natürlichen Begriffen unterschieden. Während natürliche Begriffe der Rechtsordnung vorgegeben sind (sie werden in dem Sinn angewandt, der ihrer außerrechtlichen Bedeutung entspricht), werden Rechtsbegriffe zwar auf der Grundlage der entsprechenden natürlichen Begriffe gebildet; sie können jedoch einen vom natürlichen Begriff abweichenden Inhalt erhalten, wenn es der Zweck einer Rechtsnorm fordert. Im Hinblick auf die Möglichkeit dieser Umformung geben sie zur Prüfung ihrer jeweiligen Bedeutung Anlaß und sind daher primär keine präsenten, sondern durch Aus-

---

kommt dem Trennungsproblem eine nicht minder geringe theoretische Bedeutung zu. Das Problem der Abgrenzung von Rechts- und Tatfrage ist eng mit dem erkenntnistheoretischen Problem der Unterscheidung zwischen „Sein" und „Sollen" verbunden (*Mitsopoulos*, Die Unterscheidung zwischen Tat- und Rechtsfrage, ZZP 81, S. 252). Während die Norm auf der Ebene des begrifflich formulierten Sollens liegt, ist der Sachverhalt auf der Ebene der empirischen Faktizität angesiedelt. Beide Ebenen werden bei der Rechtsanwendung miteinander verbunden, es kommt zu einer „Assimilation von Lebenssachverhalt und Norm" (*Kaufmann*, Analogie und "Natur der Sache", S. 37, 39). Anhand der Trennungsfrage wird offenbar, wie das Recht den Fakten gegenübertritt und wie der Rechtsanwendungsakt aufgebaut ist. Der Gegensatz zwischen Rechts- und Tatfrage stellt insoweit ein die Gesetzgebung und Rechtslehre beherrschendes allgemeines Prinzip dar. Vgl. *Mannheim*, Beiträge zur Lehre von der Revision wegen materiellrechtlicher Verstösse im Strafverfahren, S. 34; *Scheuerle*, Beiträge zum Problem der Trennung von Tat- und Rechtsfrage, AcP 157, S. 1, 7.

278 So wurde das Trennungsproblem als Knoten bezeichnet, „dessen Lösung allen Menschenwitz übersteigen würde." (*Dohns*, Das Strafprozeßrecht, S. 199). Für die Unlösbarkeit dieses Problems auch: *Radbruch*, Rechtsidee und Rechtstoff, in: Kantfestschrift des Archivs für Rechtsphilosophie, S.189; *Wehli*, Beiträge zur Analyse der Urteilsfindung, in: FS Wach, S. 415. Für eine nur bedingte Trennbarkeit von Rechts- und Tatfrage: *Engisch*, Logische Studien zur Gesetzesanwendung, S. 113.

279 Eine Übersicht enthält: *Henke*, Die Tatfrage, S. 20 ff; *Hohnel*, Die Abgrenzung von Tatfrage und Rechtsfrage in der Rechtsprechung der Strafsenate des Bundesgerichtshofs, S. 1 ff.; *Gottwald*, Die Revisionsinstanz als Tatsacheninstanz, S. 175 ff.; *Frisch*, Revisionsrchtliche Probleme der Strafzumessung, S. 230 ff.

280 *Mannheim*, Beiträge zur Lehre von der Revision wegen materiellrechtlicher Verstösse im Strafverfahren, S. 33 ff.; *Henke*, Die Tatfrage, S. 139 ff.; *Röhl*, Allgemeine Rechtslehre, S. 149; *Roxin*, Strafverfahrensrecht, S. 307.

legung zu erschließende Begriffe. Der natürliche Begriff ist also gegenüber dem Gesetz eigenständig, während der Rechtsbegriff zur Disposition des Gesetzgebers und des Richters steht. Aus dieser Unterscheidung folgt nach Ansicht der sprachlich-logischen Abgrenzungstheorie, daß eine Rechtsfrage vorliegt, wenn unter einen Rechtsbegriff subsumiert wird, eine Tatfrage vorliegt, wenn unter einen natürlichen Begriff subsumiert wird.

Nach der sogenannten Leistungsmethode wird die Abgrenzungsfrage anhand praktisch-prozessualer Kriterien vorgenommen.[281] Maßgebend ist allein die Leistungsfähigkeit der Rechtsmittelinstanz. Nur soweit das Rechtsmittelgericht in der Lage ist, eine bessere, daß heißt rechtlich angemessenere Entscheidung herbeizuführen, liegt eine nachprüfbare Rechtsfrage vor. Ausgangspunkt ist dabei die Erkenntnis, daß das Vordergericht aufgrund einer unmittelbaren, mündlichen Verhandlung entscheidet, während dem Rechtsmittelgericht nur eine zusammengedrängte, schriftliche Urteilsgrundlage zur Verfügung steht. Dementsprechend sind nach dieser Ansicht alle Entscheidungen, Wertungen und Feststellungen, die nach den Grundsätzen der Unmittelbarkeit und Mündlichkeit gewonnen werden, einer Nachprüfung entzogen. Nachprüfbar sind hingegen solche Fragen, hinsichtlich derer die Fehler des Vordergerichts auch ohne unmittelbare mündliche Verhandlung festgestellt werden können.

Nach der teleologischen Abgrenzungsmethode ist allein der Rechtsmittelzweck der Wahrung der Einheitlichkeit des Rechts geeignetes Abgrenzungskriterium.[282] Nur solche Fragen, denen Richtliniencharakter innewohnt, die gleichsam als Muster für zukünftige Entscheidungen dienen können, unterliegen danach der Kontrolle in der Rechtsmittelinstanz. Fragen des Einzelfalls sind nach dieser Ansicht einer Kontrolle durch das Rechtsmittelgericht entzogen.

Schließlich stellt eine neuere Ansicht in der Literatur darauf ab, welche logische Struktur die zu überprüfende erstinstanzliche Feststellung

---

[281] *Sarstedt/Hamm*, Die Revision in Strafsachen, S. 257, Rn.236; *Peters*, Tat-, Rechts- und Ermessensfragen in der Revisionsinstanz, ZStW 57, S. 66 ff.; *ders.*, Strafprozeß, S. 638 ff.; *Warda*, Dogmatische Grundlagen des richterlichen Ermessens im Strafrecht, S. 178 ff.: Die Leistungsmethode wurde von Peters auf der Grundlage des Strafprozesses entwicklet. Es ist umstritten, ob sie auch auf den Zivilprozeß übertragbar ist (*Henke*, Rechtsfrage oder Tatfrage, ZZP 81, S. 211). Im Ergebnis spricht jedoch nichts gegen eine allgemeine Anwendung dieser Theorie auf alle Verfahrensarten. Vgl. *Gottwald*, Die Revisionsinstanz als Tatsacheninstanz, S. 181 ff.

[282] *Schwinge*, Grundlagen des Revisionsrechts, S. 50 ff.; *Duske*, Die Aufgaben der Revision, S. 159; *Bötticher*, Die Gleichheit vor dem Richter, S. 27 ff; *Hanack*, Der Ausgleich divergierender Entscheidungen in der oberen Gerichtsbarkeit, S. 141 ff.

hat.[283] Ausgangspunkt für diese Prüfung ist der Justizsyllogismus. Danach besteht die Rechtsanwendung vor allem in der Aufstellung von Konditionalen, daß heißt in der Verknüpfung einzelner Aussagen durch eine Wenn-dann-Beziehung.[284] Eine solches Konditional ist zunächst der eigentliche Rechtssatz. Aber auch die folgenden Auslegungsschritte bestehen im Aufstellen weiterer Konditionale. An einem bestimmten Punkt im Rechtsanwendungsvorgang wird diese Verfeinerung jedoch abgebrochen. Dem letzten Konditional wird eine singuläre Feststellung gegenübergestellt, die entweder mit dem Hintersatz des letzen Konditionals übereinstimmt oder nicht (Frage der Subsumtion). An dieser Stelle verläuft die Trennungslinie zwischen Rechtsfrage und Tatfrage. Die singuläre Feststellung ist Tatfrage, während die Aufstellung des Konditionals Rechtsfrage ist.

b. Bewertung des Theorienstreits für die vorliegende Untersuchung

Zunächst ist festzustellen, daß innerhalb der wissenschaftlichen Auseinandersetzung über die Frage der richtigen Abgrenzung zwischen Tat- und Rechtsfrage keine einheitliche Linie zu erkennen ist. Die dargestellten Theorien stehen sich vielmehr in ihren Kernaussagen unvereinbar gegenüber. Zwar ist eine Kombination der einzelnen Theorien durchaus möglich. Beispielsweise könnte man den teleologischen Ansatz mit dem funktionalen oder dem logischen Ansatz verbinden. Damit würde aber zugleich das den einzelnen Theorien zugrundeliegende dogmatische Konzept zerstört beziehungsweise stark eingeschränkt. Denn die Abgrenzung würde dann nicht mehr allein an dem Telos, der Leistungsfähigkeit, der Begrifflichkeit oder der logischen Struktur vorgenommen. Auf theoretischer Ebene kann das Problem der Abgrenzung zwischen Tat- und Rechtsfrage also nur als ungelöst bezeichnet werden.

Festzuhalten bleibt aber, daß das europäische Prozeßrecht eine Trennung zwischen Tat- und Rechtsfragen fordert. Der rechtsprechenden Gewalt ist es demzufolge nicht möglich, die Trennungsfrage zu ignorieren, nur weil es an einer schlüssigen theoretischen Grundlage fehlt. Denn es ob-

---

283 *Rüssmann*, Zur Abgrenzung von Rechts- und Tatfrage, in: Juristische Methodenlehre und analytische Philosophie, S. 250 ff; *Kuhlen*, Die Unterscheidung von Rechts- und Tatfrage und ihre Bedeutsamkeit für das Strafprozeßrecht, S. 99 ff.; *Neumann*, Die Abgrenzung von Rechtsfrage und Tatfrage und das Problem des revisionsgerichtlichen Augenscheinsbeweises, GA 1988, S. 387 ff.

284 *Koch/Rüßmann*, Juristische Begründungslehre, S. 34; *Weinberger*, Rechtslogik, S. 115.

liegt ihr in der Praxis, eine nachvollziehbare, für den Rechtsschutzsuchenden voraussehbare Grenzziehung vorzunehmen. Damit verschiebt sich zugleich die Problematik der Abgrenzungsfrage: An die Stelle des Versuches, eine theoretische Abgrenzungsformel zu entwickeln, tritt die Frage, ob und wie die Trennung von Tat- und Rechtsfrage erfolgen kann, wenn eine eindeutige theoretische Grundlage dafür fehlt.

Dabei ist zunächst zu beachten, daß nicht allein die theoretische Abgrenzungsfrage maßgebend für die tatsächliche Handhabung des Abgrenzungsproblems ist. Die Grenzlinie zwischen der Domäne des Tatrichters und dem rechtsmittelfähigen Bereich fällt nicht notwendigerweise mit der Grenzlinie zwischen Tatfrage und Rechtsfrage zusammen. Dem Gesetzgeber beziehungsweise der Rechtsprechung bleibt es unbenommen, Bereiche der Rechtsfragen für unüberprüfbar und Tatfragen für nachprüfbar zu erklären. Es ist also zu unterscheiden zwischen der rechtstheoretischen Abgrenzungsfrage und der tatsächlich durch Gesetzgebung und Rechtsprechung gezogenen Trennungslinie.[285] Gegenstand der folgenden Untersuchung ist demzufolge nicht die Frage, ob und in welcher Weise eine theoretische Abgrenzung zwischen Rechtsfragen und Tatfragen überhaupt möglich ist. Vielmehr ist Ausgangspunkt die Frage, wie der Gerichtshof diese Abgrenzung im Einzelfall in der Praxis vornimmt und ob sich die gewählte Trennungsmethode schlüssig begründen und durchführen läßt.

c. Exkurs: Der Vorgang der Rechtsanwendung

Bevor im Folgenden näher auf die Abgrenzung der Rechts- von der Tatfrage durch den Gerichtshof eingegangen wird, soll zunächst der Vorgang der Rechtsanwendung näher dargestellt werden. Dies ermöglicht einen besseren Blick auf die Probleme, die sich bei der Frage nach der Abgrenzung zwischen Tat- und Rechtsfrage stellen.

---

[285] Es ist nicht notwendig, daß das positive Recht die Ergebnisse einer theoretischen Analyse zur Norm erhebt. Allerdings kann die Rechtspraxis an solchen Ergebnissen auch nicht vorbeigehen. Folge wäre nämlich, daß sich die von der Praxis vorgenommene Trennung nicht schlüssig rechtfertigen läßt beziehungsweise keine dogmatischen Grundlagen hat. Vgl. *Schünemann*, Zum Verhältnis von Norm und Sachverhalt bei der Rechtsanwendung, von Ober- und Untersatz im Justizsyllogismus und von Rechts- und Tatfrage im Prozeßrecht, S. 315, in: FS Kaufmann; *Larenz*, Methodenlehre der Rechtswissenschaft, S. 310, 311 (6.Aufl.); *Scheuerle*, Beiträge zum Problem der Trennung von Tat- und Rechtsfrage, S. 5; *Röhl*, Allgemeine Rechtslehre, S. 149.

aa. Einteilung der Rechtsanwendungsschritte

Üblicherweise wird der Prozeß der Rechtsanwendung in drei Einzelabschnitte unterteilt und zwar in die Tatsachenfeststellung, die Gesetzesauslegung und die Subsumtion.[286] Unter der Auslegung ist die Erklärung oder Deutung des Gesetzes zu verstehen. Der Inhalt des Gesetzes soll damit näher konkretisiert und festgestellt werden.[287] Ziel der Auslegung ist es, die Subsumtion zu ermöglichen.[288] Subsumtion ist die Kongruenzprüfung zwischen dem durch Auslegung ermittelten Norminhalt und den festgestellten Tatsachen.[289] Dabei wird geprüft, ob der ausgelegte Gesetzesbegriff gerade auch einen solchen Sachverhalt umfaßt, wie er festgestellt wurde.[290] Die Tatsachenfeststellung bildet schließlich die eigentliche Grundlage jeder gerichtlichen Entscheidung, denn erst das Vorliegen eines bestimmten Sachverhaltes erfordert eine rechtliche Entscheidung.[291] Tatsachen werden definiert als konkrete, nach Raum und Zeit bestimmte, vergangene oder gegenwärtige Geschehnisse und Zustände der Außenwelt und des menschlichen Seelenlebens.[292]

---

286 *Larenz*, Methodenlehre der Rechtswissenschaft, S. 298.

287 *May*, Die Revision, S. 378, Rn. 174, 179. Die Notwendigkeit der Auslegung ergibt sich daraus, daß der Wortlaut der Gesetze meist nicht so eindeutig ist, daß der Geltungsanspruch der Norm für den zu beurteilenden Sachverhalt auch ohne den Zwischenschritt der Interpretation festgestellt werden könnte.

288 *May*, Die Revision, S. 378, Rn. 174.

289 *May*, Die Revision, S. 411, Rn. 265.

290 Diese Kongruenzprüfung kann unterschiedliche Formen annehmen. Es ist möglich, daß der Subsumtionsvorgang nur noch in einem bloßen Abgleich des ausgelegten Tatbestandes mit den festgestellten Tatsachen besteht. Andererseits kann der Vorgang der Subsumtion auch einen Wertungsvorgang enthalten, wenn nämlich ausgelegter Tatbestand und Tatsachen nicht ohne weiteres übereinstimmen.

291 *Larenz*, Methodenlehre der Rechtswissenschaft, S. 192; *Scheuerle*, Beiträge zum Problem der Trennung von Tat- und Rechtsfrage, AcP 157, S. 20.

292 *Zippelius*, Juristische Methodenlehre, S. 84 ff.; *Scheuerle*, Beiträge zum Problem der Trennung von Tat- und Rechtsfrage, AcP 157, S. 9 ff.; *Engisch*, Logische Studien, S. 81. Dabei stellt sich vor allem die Frage, auf welchem Weg Tatsachen in einem Prozeß festgestellt werden können. Ausgangspunkt und Prüfstein für das Erkennen von Tatsachen ist die menschliche Wahrnehmung. Entweder sind Tatsachen selbst Gegenstand der Wahrnehmung des Urteilenden (hier des Richters), nämlich beim richterlichen Augenschein, oder sie werden aus Indizien erschlossen, die ihrerseits stets Gegenstand der Wahrnehmung sind. Aus erkenntnistheorethischer Perspektive ist die Feststellungen von Tatsachen daher durchaus problematisch. Ein vertieftes Eingehen auf die philosophischen Probleme des Tatsachenbegriffs ist an dieser Stelle jedoch nicht notwendig, da sowohl die Existenz als auch die Erkennbarkeit von Tatsachen durch das Prozeßrecht vorausgesetzt werden.

bb. Verflechtung der einzelnen Anwendungsschritte

Die drei Elemente der Rechtsanwendung (Tatsachenfeststellung, Auslegung und Subsumtion) werden im Rechtsanwendungsvorgang mit dem Ziel verbunden, über einen Streitgegenstand zu entscheiden.[293] Folglich bestehen sie nicht unabhängig voneinander, sondern stehen in einer wechselseitigen Beziehung. Ausgangspunkt ist in der Regel ein Rohsachverhalt, der erst im Hinblick auf die rechtliche Beurteilung sondiert werden muß. So werden nur solche Tatsachen festgestellt, die im Hinblick auf die Rechtsnorm entscheidungserheblich sind. Die Auswahl der Rechtsnormen ist wiederum durch den Sachverhalt bestimmt. Das Ziel der Auslegung ist ebenfalls durch den Sachverhalt vorgegeben, da nur bezüglich der in Frage stehenden Tatsachen eine Inhaltsbestimmung der Rechtsnorm notwendig ist.[294] Sachverhaltsfeststellung und rechtliche Würdigung scheinen mithin bei der Stoffsammlung, der Auswahl der anzuwenden Rechtsnormen und deren Auslegung untrennbar Hand in Hand zu gehen.[295]

Das Ineinandergreifen dieser drei Elemente der Rechtsfindung hat jedoch nicht zur Folge, daß eine Abgrenzung der einzelnen Anwendungsschritte - und damit möglicherweise auch eine Trennung der Rechts- von der Tatfrage - unmöglich ist. Denn bei den hier beschriebenen Rechtsanwendungsakten handelt es sich gerade nicht um einen einheitlichen, untrennbaren Gesamtvorgang.[296] Zwar sind Auslegung und Subsumtion von dem festgestellten Sachverhalt abhängig. Diese Abhängigkeit äußert sich aber nur in einem „Hin- und Herwandern des Blickes zwischen Obersatz und Lebenssachverhalt."[297] Auf diese Weise wird lediglich das Ziel der einzelnen Rechtsanwendungsschritte bestimmt. Der Vorgang der Auslegung

---

[293] *Enneccerus-Nipperday*, Allg. Teil, S. 311; *Röhl*, Allgemeine Rechtslehre, S. 146; *Larenz* spricht von dem „Syllogismus der Rechtsfolgenbestimmung", der folgende Struktur hat: T→R, S=T, S→R, wobei T=Tatbestand, S=Sachverhalt und R=Rechtsfolge bedeutet (Methodenlehre der Rechtswissenschaft, S. 230, 233 f.); Dieser Rechtsanwendungsvorgang bleibt grundsätzlich gleich, unabhängig davon, ob das Gericht eine materiell-rechtliche Norm, eine Verfahrensvorschrift oder Regelungen über die Zuständigkeit anwendet. Der Unterschied liegt nur in dem verschiedenartigen Regelungsgehalt der anzuwendenden Norm.

[294] *Larenz*, Methodenlehre der Rechtswissenschaft, S. 237.

[295] *Henke*, Die Tatfrage, S. 139.

[296] *May*, Die Revision, S. 378, Rn. 177; *Larenz*, Methodenlehre der Rechtswissenschaft, S. 309.

[297] *Engisch*, Logische Studien, S. 15; *Scheuerle*, Rechtsanwendung, S. 23.; *Larenz*, Methoden-lehre der Rechtswissenschaft, S. 237; *Kaufmann*, Analogie und "Natur der Sache", S. 37, 39.

und der Subsumtion bleibt davon unberührt. Das gleiche gilt für die Tatsachenfeststellung. Es werden zwar lediglich die für die Norm relevanten Tatsachen festgestellt; der eigentliche Prozeß der Tatsachenfeststellung ist aber von der Auslegung und der Subsumtion klar zu trennen.[298] Eine praktische Abgrenzung der Rechts- von der Tatfrage ist also, trotz der bestehenden Verknüpfung der einzelnen Rechtsanwendungsschritte, möglich.

cc. Fehler bei der Rechtsanwendung

Reduziert man den Vorgang der Rechtsanwendung auf die drei eben dargestellten Grundelemente, so wird deutlich, daß bei dem gesamten Vorgang auch nur drei potentielle Fehlerquellen bestehen können, unabhängig davon, ob eine materiell-rechtliche oder eine verfahrensrechtliche Norm angewendet wird. Was die Tatsachenfeststellungen angeht, kann ein Fehler darin bestehen, daß die festgestellte Tatsache nicht der Wirklichkeit entspricht (sog. sachliche Unrichtigkeit). Im Hinblick auf die Auslegung kann ein Fehler nur darin liegen, daß das Gericht bei der Auslegung eines bestimmten Tatbestandsmerkmales dessen Anwendungsbereich zu weit oder zu eng gefaßt hat. Ein Subsumtionsfehler liegt vor, wenn das Gericht die Kongruenz zwischen den festgestellten Tatsachen und der von ihm ausgelegten Norm zu Unrecht angenommen oder verneint hat.[299] Welcher dieser drei Fehler eine der Kontrolle unterliegende Rechtsfrage darstellt und damit in der Rechtsmittelinstanz aufgehoben werden kann, soll die nun folgende Untersuchung verdeutlichen.

2. Abgrenzung im europäischen Rechtsmittelrecht

Art. 225 Absatz 1 EGV bestimmt, daß gegen Entscheidungen des Gerichts erster Instanz „ein auf Rechtsfragen beschränktes Rechtsmittel beim Gerichtshof nach Maßgabe der Satzung eingelegt werden kann." Art. 51 Absatz 1 S. 2 EG-Satzung konkretisiert diese Regelung dahingehend, daß ein Rechtsmittel nur auf die Unzuständigkeit des Gerichts, auf einen Verfahrensfehler, durch den die Interessen des Rechtsmittelführers beeinträchtigt werden oder auf eine Verletzung des Gemeinschaftsrechts gestützt werden

[298] *Röhl*, Allgemeine Rechtslehre, S. 152.

[299] *Schuler*, Tatfragen und Rechtsfragen, NJW 1961, S. 5; *May*, Die Revision, S.412, Rn. 267. Dabei ist für die Frage, ob ein Subsumtionsfehler vorliegt, unerheblich, ob das Vordergericht die maßgebliche Norm richtig ausgelegt hat. Denn auch bei einer vorherigen unrichtigen Auslegung kann die anschließende Subsumtion richtig sein.

kann.[300] Weitergehende Regelungen bezüglich der Trennung von Rechts- und Tatfragen enthalten weder die Satzung noch die Verfahrensordnung des Gerichtshofs. Dementsprechend war und ist es allein dem EuGH überlassen, die Trennungslinie zwischen der überprüfbaren Rechtsanwendung und den nicht überprüfbaren Tatsachenfragen zu ziehen und damit die Reichweite der Kontrolle im Rechtsmittelverfahren zu bestimmen.[301]

a. Grenzziehung durch den Gerichtshof

Der Gerichtshof hat festgestellt, daß ein Rechtsmittel nur zulässig ist, „soweit dem Gericht vorgeworfen wird, unter Verletzung von Rechtsvorschriften entschieden zu haben, die es zu beachten hatte."[302] Das Rechtsmittel darf nicht „auf Fragen des Sachverhaltes gestützt werden."[303] Folglich

---

[300] EuGH, *DSR-Senator Lines/Kommission*, Rs. C-364/99, Slg. 1999, I-8751, Rn. 43; EuGH, *HFB u.a./Kommission*, Rs. C-335/99, Slg. 1999, I-8725, Rn. 50; EuGH, *De Compte/Parlament*, Rs. C-2/98, Slg. 1999, I-1815, Rn. 17. Im europäischen Rechtsmittelverfahren wird also zwischen der Sach-, der Verfahrens- und der Zuständigkeitsrüge unterschieden. Allerdings ist diese Unterscheidung für die Frage nach der Abgrenzung von Rechts- und Tatfrage unerheblich. Denn egal welcher dieser Rechtsmittelgründe geltend gemacht wird, gilt die Beschränkung auf Rechtsfragen. Als Verfahrensrüge hat der EuGH unter anderem eingestuft: Rügen, die sich gegen die Umbenennung des Beklagten durch das Gericht wenden (EuGH, *Hogan/Gerichtshof*, Rs. C-173/95, Slg. 1995, I-4914, Rn. 10, 11), die Frage, ob die Wiedereröffnung der mündlichen Verhandlung fehlerhaft war (EuGH, *Coussios/Kommission*, Rs. C-397/95, Slg. 1995, I-1453, Rn. 20), die Rüge wegen unzureichender Begründung der Entscheidung des Gerichts (EuGH, *Kommission/Brazzelli Lualdi u.a.*, Rs. C-136/92, Slg. 1994, I-2027, Rn. 40; EuGH, *Holland/Kommission*, Rs. C-89/95, Slg. 1998, I-3175, Rn. 17, 39), die Rüge, das Gericht habe Vorbringen des Klägers nicht berücksichtigt (EuGH, *Eppe/Kommission*, Rs. C-354/92, Slg. 1993, I-7049, Rn. 9, 10) oder die Rüge, daß erstinstanzliche Verfahren sei zu lang (EuGH, *Baustahlgewebe/Kommission*, Rs. C-185/95, Slg. 1998, I-8503, Rn. 48.); Erst einmal wurde die Unzuständigkeit des Gerichts erster Instanz gerügt (EuGH, *Bernandi/Parlament*, Rs. C-303/96, Slg. 1997, I-1250, Rn. 24).

[301] *Gerichtshof*, Vorschlag für einen Entwurf der EG-Satzung, S. 274, in: Fortentwicklung des Rechtsschutzes; *Wägenbaur*, Die Prüfungskompetenz des EuGH im Rechtsmittelerfahren, EuZW 1995, S. 199; *Müller-Huschke*, Verbesserung des Individualrechtsschutzes durch das neue Europäische Gericht erster Instanz, EuGRZ 1989, S. 217. Auch nach Ansicht der Generalanwälte handelt es sich dabei um eine schwer vorzunehmende Abgrenzungsfrage. Vgl. GA Darmon, *Pincherle/Kommission*, Rs. C-244/91, Slg. 1993, I-6988, Rn. 55; GA Jacobs, *Hilti/Kommission*, Rs. C-53/92, Slg. 1994, I-667, Rn. 46.

[302] EuGH, *Odigitria/Rat und Kommission*, Rs. C-293/95, Slg. 1996, I-6148, Rn. 44.

[303] EuGH, *Schröder u.a./Kommission*, Rs. C-221/97, Slg. 1998, I-8286, Rn. 26.

sind „sämtliche Einwendungen gegen den Sachverhalt, wie ihn das Gericht unanfechtbar beurteilt hat, ausgeschlossen."[304] Um diese sehr allgemeinen Ausführungen näher auszugestalten, differenziert der Gerichtshof bei der Bestimmung der Kontrolldichte zwischen den einzelnen Anwendungsschritten des Gerichts erster Instanz. Er unterscheidet zwischen der rechtlichen Qualifizierung, der Auslegung von Rechtsnormen, der Tatsachenfeststellung und der Tatsachenwürdigung. Je nachdem, welcher dieser Rechtsanwendungsschritte vorliegt, bejaht oder verneint der Gerichtshof eine Prüfungskompetenz.

b. Die rechtliche Qualifizierung von Tatsachen

Die rechtliche Qualifizierung der Tatsachen durch das Gericht erster Instanz unterliegt der Kontrolle im Rechtsmittelverfahren. Dazu hat der Gerichtshof festgestellt: „Schließlich kann die rechtliche Bewertung der Tatsachen nach ständiger Rechtsprechung im Rahmen eines Rechtsmittels überprüft werden."[305] Mit anderen Worten ist also das Rechtsmittelgericht „zu einer Kontrolle der rechtlichen Qualifizierung und der rechtlichen Folgen befugt," die das Gericht aus den festgestellten Tatsachen abgeleitet hat.[306] Eine fehlerhafte rechtliche Qualifizierung stellt demnach eine Verletzung von Rechtsvorschriften - also eine Rechtsfrage - dar.[307]

Als rechtliche Qualifizierung hat der Gerichtshof unter anderem die Einstufung des Gericht, daß eine bestimmte Handlung keine Rechtswirkung erzeuge[308] oder die Einstufung einer Beihilfe als Betriebsbeihilfe[309] an-

---

304 EuGH, *De Rijk/Kommission*, Rs. C-153/96, Slg. 1997, I-2921, Rn. 15.

305 EuGH, *De Compte/Parlament*, Rs. C-2/98, Slg. 1999, I-1816, Rn. 19; EuGH, *Rat/Brems*, Rs. C-70/91, Slg. 1992, I-2973; EuGH, *Coussios/Kommission*, Rs. C-397/95, Slg. 1995, I-1439.

306 EuGH, *Baustahlgewebe/Kommission*, Rs. C-185/95, Slg. 1998, I-8497, Rn. 23; EuGH, *Deere/Kommission*, Rs. C-7/95, Slg. 1998, I-3147, Rn. 21; EuGH, *San Marco Impex/Kommission*, Rs. C-404/92, Rs. C-19/95, Slg. 1996, I-4435, Rn. 39; EuGH, *Dimitriadis/Rechnungshof*, Rs. C-140/96, Slg. 1997, I-5649, Rn. 26; EuGH, *N/Kommission*, Rs. C-252/97, Slg. 1998, I-4881, Rn. 16; EuGH, *Abello u.a./Kommission*, Rs. 30/96, Slg. 1998, I-397, Rn. 53; EuGH, *Moccia Irme/Kommission*, Rs. C-89/97, Slg. 1997, I-2338, Rn. 39; EuGH, *CPL Imperial und Unifrigo/Kommission*, Rs. C-299/98, Slg. 1999, I-8693, Rn. 16; EuGH, *Wirtschafts- und Sozialausschuß/E*, Rs. C-150/98, Slg. 1999, I-8898, Rn. 10; GA van Gerven, *Costacurta/Kommission*, Rs. C-145/90, Slg. 1991, I-5459, Rn. 3; GA, *Parlament/Innamorati*, Rs. C-254/95, Slg. 1996, I-3433, Rn. 26.

307 GA, *Dreyfus/Kommission*, Rs. C-386/96, Slg. 1998, I-2337, Rn. 58 m.w.N.

308 EuGH, *Rendo/Kommission*, Rs. C-19/93, Slg. 1995, I-3356, Rn. 26; EuGH, *Geotronics/Komission*, Rs. C-395/95, Slg. 1997, I-2297, Rn. 16. Weitere Fälle, in

gesehen. Exemplarisch soll hier auf die Differenzierung in der Rechtssache *Kommission/Brazzelli Lualdi u.a.* eingegangen werden. Dort hatte das Gericht erster Instanz den Klägern einen Schadensersatzanspruch zugesprochen, da der Erlaß einer Verordnung pflichtwidrig verzögert wurde und der Klägerin daraus ein Schaden entstanden war. Das Gericht stellte fest, daß der Rat die fragliche Verordnung spätestens im Jahr 1986 hätte erlassen müssen. Aber auch zuvor sei das Verfahren bereits übermäßig lang gewesen, da die genannte Verordnung bereits im Jahr 1984 hätte beschlossen werden können und müssen. Daraus ergebe sich eine pflichtwidrige Verzögerung die einen Amtsfehler darstelle. Im Rechtsmittelverfahren stufte der EuGH die Feststellung, der Rat hätte die Verordnung bereits im Jahr 1984 beschließen können und müssen, als Tatsachenwürdigung ein, während er die Feststellung, das lange Vorbereitungsverfahren stelle einen Amtsfehler dar, als rechtliche Qualifizierung einordnete und damit seiner Kontrolle unterwarf.[310]

c. Die Auslegung von Rechtsbegriffen

Neben der rechtlichen Qualifizierung der Tatsachen stuft der Gerichtshof auch die Auslegung einzelner Tatbestandsmerkmale des Gemeinschaftsrechts als Rechtsfrage ein.[311] Dementsprechend wird in der Rechtsmittelinstanz die vom Gericht vorgenommene Auslegung des EG-Rechts kontrolliert.[312] Von dieser Überprüfungsmöglichkeit machen die Rechtsmittelparteien regen Gebrauch.[313] In einigen Fällen hat der Gerichtshof die Aus-

denen der Gerichthof ausdrücklich von einer rechtlichen Qualifizierung spricht: EuGH, *Wirtschafts- und Sozialausschuß/E*, Rs. C-150/98, Slg. 1999, I-8900, Rn. 16.

309 EuGH, *Siemens/Kommission*, Rs. C-278/95, Slg. 1997, I-2543, Rn. 45.

310 EuGH, *Kommission/Brazzelli Lualdi u.a.*, Rs. C-136/92, Slg. 1994, I-2029, Rn. 49. Vgl. auch EuGH, *Kommission/Stahlwerk Peine-Salzgitter*, Rs. C-220/91, Slg. 1993, I-2451, Rn. 52.

311 EuGH, *De Compte/Parlament*, Rs. C-2/98, Slg. 1999, I-1816, Rn. 22, 23; EuGH, *CPL Imperial und Unifrigo/Kommission*, Rs. C-299/98, Slg. 1999, I-8695, Rn. 20; GA Lenz, *Sfei u.a./Kommission*, Rs. C-39/93, Slg. 1994, I-2697, Rn. 42; GA Tesauro, *Schwedler/Parlament*, Rs. C-132/90, Slg. 1991, I-5757, Rn. 2.

312 Zu den Auslegungsmethoden des Gerichtshofs: EuGH, *Pharos/Kommission*, Rs. C-151/98, Slg.1999, I-8188, Rn. 19; *Bernhardt*, Zur Auslegung des Eurpäischen Gemeinschafstrechts, S. 17, in: FS Kutscher; *Bleckmann*, Zu den Auslegungsmethoden des Europäischen Gerichtshofs, NJW 1992, S. 1177; *Pernice*, in: Grabitz/Hilf, Art.164 EGV, Rn. 14 ff.

313 Gerügt wurde unter anderem die Auslegung folgender Vorschriften: Art. 41 EG-Satzung (EuGH, *De Compte/Parlament*, Rs. C-2/98, Slg. 1999, I-18116, Rn. 20); Art. 31 Absatz 2 Beamtenstatut (EuGH, *Klinke/Gerichtshof*, Rs. C-298/93, Slg. 1994,

legung durch das Gericht als fehlerhaft bezeichnet und die Entscheidung daraufhin aufgehoben.[314]

d. Die Tatsachenfeststellung und Tatsachenwürdigung

Im Gegensatz zur rechtlichen Qualifizierung und der Auslegung des Gemeinschaftsrechts ist ein Rechtsmittelgrund, der auf die Überprüfung des Sachverhaltes abzielt, unzulässig. Der Gerichtshof ist als Rechtsmittelgericht für die Beurteilung von „Tatsachenfragen" nicht zuständig.[315] Mit der Rüge, eine bestimmte Feststellung des Gerichts stimme mit der Wirklichkeit nicht überein, wird keine Rechtsfrage aufgeworfen.[316] Zu einer solchen Überprüfung ist der Gerichtshof nicht befugt.[317]

I-3028, Rn. 16); Art. 78 Absatz 2 des Beamtenstatuts (EuGH, *Kommission/Gill*, Rs. C-185/90, Slg. 1991, I-4812, Rn. 18); Art. 86 EGV(EuGH, *RTE und ITP/Kommission*, Rs. C-241 und 242/91, Slg. 1995, I-825, Rn.58) und einzelne Bestimmungen in Verordnungen (EuGH, *Campo Erbo Industrial u.a./Rat*, Rs. C-138/95, Slg. 1997, I-2047, Rn. 37; EuGH, *Unifruit Hellas/Kommission*, Rs. C-51/95, Slg. 1997, I-738, Rn. 15).

314 So hat der Gerichtshof die fehlerhafte Auslegung des Art. 24 des Beamtenstatuts (EuGH, *Ojha/Kommission*, Rs. C-294/95, Slg. 1996, I-5917, Rn. 52), die fehlerhafte Auslegung des Art. 31 II des Beamtenstatuts (EuGH, *Klinke/Kommission*, Rs. C-298/93, Slg. 1994, I-3027, Rn. 16) festgestellt. In anderen Fällen wurde zwar eine fehlerhafte Auslegung durch das EuG festgestellt, es kam jedoch aus anderen Gründen nicht zu einer Aufhebung der Entscheidung: So zum Beispiel in der EuGH, *Kommission/Anic Partezipazioni*, Rs. C-49/92, Slg. 1999, I-4203, Rn. 119 wegen fehlerhafter Auslegung des Art. 85 EGV oder in der Rechtsache EuGH, *SEP/Kommission*, Rs. C-36/92, Slg. 1994, I-1941, Rn. 32 wegen fehlerhafter Auslegung des Art. 20 der VO NR. 17.

315 EuGH, *Branco/Kommission*, Rs. C-453/98, Slg. 1999, I-8058, Rn. 72; EuGH, *Schröder u.a./Kommission*, Rs. C-221/97, Slg. 1998, I-8286, Rn. 26; EuGH, *De Rijk/Kommission*, Rs. C-153/96, Slg. 1997, I-2921, Rn. 15; EuGH, *Deutsche Bahn AG/Kommission*, Rs. C-436/97, Slg. 1999, I-2392, Rn. 18; EuGH, *An Taisce und WWF UK/Kommission*, Rs. C-325/94, Slg. 1996, I-3739, Rn. 28; EuGH, *D/Kommission*, Rs. C-89/95, Slg. 1996, I-61, Rn. 13; EuGH, *CPL Imperial und Unifrigo/Kommission*, Rs. C-299/98, Slg.1999, I-8693, Rn. 16.

316 EuGH, *Kernkraftwerk Lippe-Ems/Kommission*, Rs. C-161/97, Slg. 1999, I-2150, Rn. 65.

317 EuGH, *San Marco/Kommission*, Rs. C-19/95, Slg. 1996, I-4447, Rn. 39; EuGH, *Dimitriadis/Rechnungshof*, Rs. C-140/96, Slg. 1997, I-5649, Rn. 26; EuGH, *Abello u.a./Kommission*, Rs. 30/96, Slg. 1998, I-396, Rn. 49; EuGH, *Baustahlgewebe/ Kommission*, Rs. C-185/95, Slg. 1998, I-8497, Rn. 23; EuGH, *Deere/Kommission*, Rs. C-7/95, Slg. 1998, I-3147, Rn. 21.

aa. Materiell-rechtliche Tatsachen und Prozeßtatsachen

Der Gerichtshof stuft nicht nur die materiell-rechtlichen Tatsachen, sondern auch die sogenannten Prozeßtatsachen als der Nachprüfung entzogene Tatsachenfeststellungen ein. Materiell-rechtliche Tatsachen sind solche Tatsachen, aus denen sich die geltend gemachte Rechtsfolge ergibt. Dazu zählen äußere Tatsachen,[318] innere Tatsachen[319] und die sogenannten Prognosetatsachen.[320] Zu den Prozeßtatsachen werden zunächst Tatsachen gerechnet, die den Ablauf des Prozesses beschreiben (zum Beispiel die Besetzung des Gerichts, der Zeitpunkt der Klageerhebung, die Ladung von Zeugen oder der Verfahrensablauf).[321] Dazu zählen aber auch die Feststellungen des Gerichts über das Vorbringen der Parteien während des Prozesses, zum Beispiel, ob der Kläger Beweismittel vorgelegt hat,[322] ob die Parteien zu bestimmten Fragestellungen etwas vorgetragen haben[323] oder ob der Kläger eine bestimmte Behauptung nachgewiesen hat.[324]

bb. Unterscheidung zwischen bloßer Feststellung und Würdigung

Innerhalb dieses Kreises der Tatsachenfragen differenziert der Gerichtshof zwischen der bloßen Tatsachenfeststellung und der weitergehenden Tatsa-

[318] Zum Beispiel die Feststellung, eine Mustervereinbarungen sei bei der Kommission angemeldet worden (EuGH, *Koelmann/Kommission*, Rs. C-59/96, Slg. 1997, I-4809, Rn. 35) oder die Feststellung, eine interne Stellenausschreibung habe über die Art der Voraussetzungen für die zu besetzende Stelle informiert (EuGH, *Ryan-Sheridan/Stiftung*, Rs. C-119/96, Slg. 1996, I-6168, Rn. 48, 49).

[319] Zum Beispiel die Feststellung, der Kläger habe vor Einreichung seiner Beschwerde Kenntnis von einem Verwaltungsschreiben erlangt (EuGH, *Koelmann/Kommission*, Rs. C-59/96*n*, Slg. 1997, I-4809, Rn. 35) oder die Feststellung, daß die Klägerin vom Ende eines Quotensystems nicht überrascht worden sei (EuGH, *Finsider/Kommission*, Rs. C-320/92, Slg. 1994, I-5720, Rn. 26).

[320] Zum Beispiel die Feststellung, daß der Kläger normalerweise in der Lage sein muß, mit dem ihm verbleibenden Bezügen sämtliche Ausgaben bestreiten zu können, die zur Befriedigung seiner eigenen Bedürfnisse und derjenigen seiner Familie erforderlich sind (EuGH, *Willeme/Kommission*, Rs. C-65/99, Slg. 1999, I-1875, Rn. 56) oder die Feststellung, daß den Verbrauchern durch eine Kabelvereinbarung ein größeres Angebot an Fernseh- und Radioprogrammen zur Verfügung gestellt werden könne (EuGH, *Koelmann/Kommission*, Rs. C-59/96, Slg. 1997, I-4809, Rn. 33).

[321] EuGH, *Koelmann/Kommission*, Rs. C-59/96, Slg. 1997, I-4809, Rn. 33.

[322] EuGH, *Koelmann/Kommission*, Rs. C-59/96, Slg. 1997, I-4809, Rn. 33.

[323] EuGH, *Abello u.a./Kommission*, Rs. 30/96, Slg. 1998, I-397, Rn. 51; EuGH, *San Marco Impex/Kommission*, Rs. C-404/92, Rs. C-19/95, Slg. 1996, I-4453, Rn. 68, 81.

[324] EuGH, *V/Kommission*, Rs. C-18/91, Slg. 1992, I-4019, Rn. 44.

chenwürdigung.[325] Eine Abgrenzung ist zwar im Grundsatz nicht erforderlich, da in beiden Fällen nach Ansicht des EuGH eine nicht nachprüfbare Tatfrage vorliegt. Unabhängig von der Einordnung als Tatfrage ist die Unterscheidung jedoch für den Anwendungsbereich des Rechtsmittelgrundes der Aktenwidrigkeit[326] von Bedeutung, so daß bereits an dieser Stelle näher auf die Unterscheidung eingegangen werden soll.

Als Tatsachenfeststellung hat der EuGH beispielsweise folgende Aussage eingestuft:[327] Der Bewerbungsausschuß habe eine Abwägung der Verdienste der Bewerber vorgenommen,[328] eine Mustervereinbarung sei bei der Kommission angemeldet worden[329] oder eine interne Stellenausschreibung habe über die Art der Voraussetzungen für die zu besetzende Stelle informiert.[330] Diese Beispiel zeigen, daß bei der Tatsachenfeststellung die unmittelbar sinnliche Wahrnehmung im Vordergrund steht (Abwägung vorgenommen; Vereinbarung angemeldet; Informationen enthalten). Eine besondere Wertung ist nicht erforderlich. Es handelt sich um Feststellungen, die als wahr oder unwahr bezeichnet werden können.

Demgegenüber hat der Gerichtshof folgende Aussagen als Tatsachenwürdigung eingestuft:[331] Der Ärzteausschuß habe in seiner Stellungnahme

---

325 EuGH, *CPL Imperial und Unifrigo/Kommission,* Rs. C-299/98, Slg.1999, I-8693, Rn. 16.

326 Siehe dazu unter Zweiter Teil, Dritter Abschnitt, II., 2. Kontrolle anhand der Prozeßakten.

327 Weitere Beispiele für Tatsachenfeststellungen des Gerichts im Bereich der materiellen Tatsachen: Der Abschluß einer kollektiven Kabelvereinbarung zwischen den Berechtigten und jeder Kabelgesellschaft ist zur Verbesserung der Wirksamkeit der Übertragung der Fernseh- und Radioprogramme unerläßlich (EuGH, *Koelmann/Kommission*, Rs. C-59/96, Slg. 1997, I-4809, Rn. 33); die Feststellung, daß die Parteien zum Zeitpunkt der Einreichung des Vertrages zumindest implizit die Lieferung von Stoffen aus der GUS vereinbart hätten (EuGH, *Kernkraftwerk Lippe-Ems/Kommission*, Rs. C-161/97, Slg. 1999, I-2150, Rn. 65); die Feststellung, die Klägerin habe beurteilen können, ob eine Bewerbung für sie in Frage komm (EuGH, *Ryan-Sheridan/Stiftung*, Rs. C-119/96, Slg. 1996, I-6168, Rn. 48, 49).

328 EuGH, *X/Kommission*, Rs. C-404/92, Slg. 1994, I-4386, Rn. 14.

329 EuGH, *Koelmann/Kommission*, Rs. C-59/96, Slg. 1997, 4809, Rn. 35.

330 EuGH, *Ryan-Sheridan/Stiftung*, Rs. C-119/96, Slg. 1996, I-6168, Rn. 48, 49.

331 Weitere Beispiele für Tatsachenwürdigungen des Gerichts im Bereich der materiellen Tatsachen: Die Feststellung des Gerichts, daß die jetzige Einzelbeurteilung der Klägerin nicht nachteilig von einer früheren Beurteilung abweicht (EuGH, *Turner/Kommission*, Rs. C-62/94, Slg. 1991, I-1431, Rn. 13); die Feststellung des Gerichts, daß die Anhörung durch den Ärzteausschuß ausreichend war (EuGH, *Vidranyi/Kommission,* Rs. C-283/90, Slg. 1991, I-4363, Rn. 4); die Feststellung des EuG, daß die Äußerungen des Klägers beleidigend sei (EuGH, *Williams/ Rechnungshof,* Rs. C-15696, Slg. 1997, I-251, Rn. 19); die Feststellung, daß die

keine rechtlichen, sondern nur medizinische Wertungen vorgenommen,[332] die Kommission sei ihrer Fürsorgepflicht nachgekommen[333] oder die Klägerin habe über die Errichtung des Invaliditätsausschusses genau Bescheid gewußt.[334] Es wird deutlich, daß bei der Tatsachenwürdigung das wertende Element bestimmend ist. Denn ob eine medizinische oder eine rechtliche Wertung vorliegt oder eine Person Kenntnis von gewissen Umständen hat, kann nicht allein durch unmittelbare Beobachtung festgestellt werden. Bei Tatsachenwürdigungen stellt sich also nicht so sehr die Frage nach der Wahrheit der getroffenen Feststellung, sondern vielmehr, ob das Ergebnis des Würdigungsvorgangs richtig oder unrichtig ist.

Anhand dieser Aufzählung wird zugleich sichtbar, daß der Übergang von der reinen Tatsachenfeststellung zur Tatsachenwürdigung fließend ist. Das folgt unmittelbar daraus, daß jede Wirklichkeitsbetrachtung bereits wertende Elemente enthält.[335] Demzufolge ist eine eindeutige Grenzziehung zwischen den Bereichen der Tatsachenfeststellung und der Tatsachenwürdigung nicht möglich. Ab wann ein Wertungsvorgang eine reine Tatsachenfeststellung zur Tatsachenwürdigung werden läßt, ist daher nicht abstrakt im Voraus feststellbar.

II. Kontrolle der erstinstanzlichen Tatsachenfeststellungen

Aus den obigen Ausführungen ergibt sich, daß die erstinstanzlichen Tatsachenfeststellungen und Tatsachenwürdigungen einer Überprüfung im

Klägerin nicht behaupten könne, vom Ende des Quotensystems überrascht worden zu sein (EuGH, *Finsider/Kommission*, Rs. C-320/92, Slg. 1994, I-5720, Rn. 26.); die Feststellung, daß die zahlreichen Aufenthalte des Sohnes des Klägers außerhalb seiner Kaserne auf eine persönliche Entscheidung zurückzuführen seien (EuGH, *Schwedler/Kommission*, Rs. C-132/90, Slg. 1991, I-5767, Rn. 11); die Feststellung des Gerichts über den Grad der Unabhängigkeit eines Unternehmens zu dessen zertifizierten Unternehmen (EuGH, *SCK und FNK/Kommission*, Rs. C-268/98, Slg. 1996, I-4984, Rn. 41, 45); die Feststellung des Gerichts, daß der Kläger die Entscheidung der Kommission verstehen konnte (EuGH, *Heinrichs/Kommission*, Rs. C-396/93, Slg. 1995, I-2640, Rn. 19); die Feststellung, daß die Anstellungsbehörde das von ihr vorgesehene Verfahren zur Prüfung der Bewerbung nicht eingehalten habe (EuGH, *Parlament/Vogler*, Rs. C-115/92, Slg. 1993, I-6587, Rn. 15).

332 EuGH, *F/Kommission*, Rs. C-346/90, Slg. 1992, I-2712, Rn. 18; EuGH, *Toller/Kommission*, Rs. C-149/98, Slg. 1998, I-7634, Rn. 37.

333 EuGH, *Eppe/Kommission*, Rs. C-354/92, Slg. 1993, I-7053, Rn. 33.

334 EuGH, *H/Kommission*, Rs. C-291/97, Slg. 1998, I-3598, Rn. 20.

335 *Schwinge*, Grundlagen des Revisionsrechts, S. 57; *Rickert*, Grenzen der naturwissenschaftlichen Begriffsbildung, S. 24 ff.

Rechtsmittelverfahren grundsätzlich entzogen sind. Das Rechtsmittelgericht kann nicht nachprüfen, ob die tatsächlichen Feststellungen des Gerichts mit der Wirklichkeit - so wie sie der Gerichtshof wahrnimmt - übereinstimmen. Das bedeutet jedoch nicht, daß eine Nachprüfung der tatsächlichen Feststellungen gänzlich ausgeschlossen ist. Innerhalb des europäischen Rechtsmittelverfahrens bestehen zumindest zwei Anknüpfungspunkte, um die Tatsachenfeststellungen des Vordergerichts anzugreifen und so eine Kontrolle durch den Gerichtshof herbeizuführen:

Die Fehlerhaftigkeit einer Tatsachenfeststellung kann sich zum einen daraus ergeben, daß das Verfahren zu ihrer Gewinnung fehlerhaft war. Liegt ein solcher Verfahrensverstoß vor, ist gleichzeitig auch die daraus hervorgegangene Tatsachenfeststellung fehlerhaft. Im Ergebnis würde also eine Korrektur der tatsächlichen Feststellung des Gerichts erfolgen. Rechtsmittelrelevant ist in diesem Zusammenhang die Frage, inwieweit der Gerichtshof das erstinstanzliche Beweisverfahren überprüfen kann (dazu unter 1. Überprüfung des Beweisverfahrens vor dem Gericht).

Die Fehlerhaftigkeit einer Tatsachenfeststellung kann sich aber auch daraus ergeben, daß die getroffenen Feststellungen nicht mit den erstinstanzlichen Prozeßakten übereinstimmen (sogenannte Aktenwidrigkeit). Damit wird dem Gerichtshof die Möglichkeit eröffnet, neben der eigentlichen Urteilsbegründung auch die Prozeßakten als Kontrollgegenstand zu verwenden; eine Nachprüfung anhand der äußeren Wirklichkeit findet aber auch insoweit nicht statt (dazu unter 2. Kontrolle der Tatsachenfeststellungen anhand der Prozeßakten).

1. Überprüfung des Beweisverfahrens vor dem Gericht

Das europäische Beweisverfahren untergliedert sich in drei Abschnitte. Zunächst erfolgt die Beweiserhebung, an deren Ende die Feststellung des Beweismittelergebnisses steht (also zum Beispiel die Feststellung des Wortlauts einer Zeugenaussage, eines Dokuments etc.).[336] Daran schließt sich die

[336] Das europäische Prozeßrecht sieht fünf Beweismittel vor. Gemäß Art. 65 VerfO EuG zählen dazu das persönliche Erscheinen der Parteien, die Einholung und Vorlegung von Urkunden, die Vernehmung von Zeugen, die Begutachtung durch Sachverständige und die Einnahme des Augenscheins. Aus dem Wortlaut des Art. 65 VErfO EuG wird nicht deutlich, ob es sich dabei um eine abschließende Aufzählung handelt. Für eine Erweiterung der zulässigen Beweismittel *Everling*, Zur richterlichen Kontrolle der Tatsachenfeststellung und der Beweiswürdigung durch die Kommission in Wettbewerbssachen, WuW 1989, S. 884.

Beweiswürdigung an. Ziel der Beweiswürdigung ist es, anhand der Beweismittelergebnisse herauszufinden, ob die zu beweisende Tatsache wirklich besteht. Wenn eine Beweiserhebung nicht möglich ist oder die Beweiswürdigung zu keinem Ergebnis führt, stellt sich schließlich die Frage der Beweislastverteilung.[337] Für alle drei Bereiche ist im folgenden zu klären, inwieweit die vom Gericht getroffenen Maßnahmen und Feststellungen einer Kontrolle im Rechtsmittelverfahren unterliegen.

a. Kontrolle der Beweiserhebung und der Beweislastverteilung

Unproblematisch ist die Kontrolle der Beweiserhebung[338] und die richtige Anwendung der Beweislastregeln.[339] Der Gerichtshof hat festgestellt, daß

---

337 *Rengeling/Middeke/Gellermann*, Rechtsschutz in der Europäischen Union, S. 371, Rn. 697.

338 Kommt es zu einer Beweiserhebung, bezeichnet das Gericht gemäß Art. 66 § 1 VerfO EuG durch Beschluß die Beweismittel und die zu beweisenden Tatsachen. Die Parteien können in der Klageschrift und in der Klageerwiderung Beweismittel benennen. Auch eine spätere Benennung in der Erwiderung oder der Gegenerwiderung ist gemäß Art. 48 § 1 VerfO EuG möglich. Jedoch müssen die Parteien die Verspätung in diesem Fall begründen. Gemäß Art. 52 § 1 VerfO EuG schlägt dann der Berichterstatter in seinem Vorbericht die Beweiserhebung vor, die er für erforderlich hält. Es besteht keine absolute Verpflichtung des Gerichts, einem Beweisantrag stattzugeben. Eine Beweisaufnahme kann gemäß Art. 49 VerfO EuG vom Gericht zu jedem Verfahrenszeitpunkt angeordnet werden. Von der Beweiserhebung durch das Gericht ist der Erlaß von prozeßleitenden Maßnahmen gemäß Art. 64 § 1 VerfO EuG zu unterscheiden. Diese haben zum Ziel, den ordnungsgemäßen Ablauf des schriftlichen Verfahrens oder der mündlichen Verhandlung zu gewährleisten und die Beweiserhebung zu erleichtern sowie die Punkte zu bestimmen, zu denen die Parteien ihr Vorbringen ergänzen sollen oder welche eine Beweisaufnahme erfordern.

339 Zur Verteilung der Beweislast vor dem Europäischen Gerichtshof: „Ganz allgemein wird das Verfahren vor den Gemeinschaftsgerichten bezüglich der Verteilung der Beweislast seit jeher von dem Grundsatz beherrscht, daß die Partei, die bestimmte Tatsachen behauptet, diese zu substantiieren und das erforderliche Beweismaterial beizubringen hat, um den Richter davon zu überzeugen, daß sie tatsächlich vorliegen." (GA Tesauro, *Blackspur/Rat und Kommission*, Rs. C-362/95, Slg. 1997, I-4784, Rn. 26). Der Gerichtshof hat dazu festgestellt: „...im Rahmen einer vor einem Gemeinschaftsgericht erhobenen direkten Klage hat der Kläger die zur Begründung seiner Klage vorgebrachten Argumente darzulegen und zu substantiieren." (EuGH, *Koelmann/Kommission*, Rs. C-59/96, Slg. 1997, I-4840, Rn. 49). In Bezug auf eine Verletzung der Wettbewerbsregeln gilt: Es „ist darauf hinzuweisen, daß die Kommission bei Streitigkeiten über das Vorliegen von Zuwiderhandlungen gegen die Wettbewerbsregeln die von ihr festgestellten Zuwiderhandlungen zu beweisen und die Beweismittel beizubringen hat, die das Vorliegen der eine Zuwiderhandlung darstellenden Tatsachen rechtlich hinreichend

innerhalb des Rechtsmittelverfahrens ohne weiteres kontrolliert werden kann, ob das Gericht erster Instanz das Beweisverfahren eingehalten und die Beweislastverteilung richtig beurteilt hat.[340] Dabei überprüft der EuGH, ob die Vorschriften über die Beweiserhebung oder Beweislastverteilung richtig ausgelegt und subsumiert worden sind; er bewegt sich also innerhalb seiner bereits dargestellten Prüfungskompetenz.

In diesem Zusammenhang ist es bisher erst einmal zu einer Aufhebung der erstinstanzlichen Entscheidung wegen einer fehlerhaften Beweislastverteilung durch das Gericht gekommen. In der Rechtssache *IPK/Kommission*[341] verlangte die Klägerin von der Kommission die weitere Auszahlung eines Projektzuschusses. Das Gericht stellte fest, daß eine solche Auszahlung nur erfolgen müsse, wenn die Bedingungen des Bewilligungsbescheids eingehalten seien. Wenn zum vereinbarten Endtermin die Arbeiten nur zu geringen Teilen dem bewilligten Projekt entsprächen, könne die Kommission eine weitere Auszahlung verweigern. Das Gericht war der Ansicht, daß die Klägerin zwar Hinweise dafür beigebracht habe, daß sich die Kommission in problematischer Weise in das Projekt eingemischt habe. Sie hätte aber nicht aufgezeigt, daß diese Einmischung die Projektdurchführung maßgeblich verhindert habe. Die mangelhafte Durchführung sei daher allein durch die Klägerin zu vertreten. Die Rechtsmittelführerin machte geltend, daß Gericht habe eine Rechtsfehler begangen, da es von ihr den Nachweis gefordert habe, daß durch das Verhalten der Kommission eine wirksame Durchführung der Arbeiten nicht möglich war. Der EuGH stellt zunächst fest, daß die Klägerin unstreitig Hinweise für die Einmischung der Kommission gegeben habe. Dementsprechend sei es Sache der Kommission, nachzuweisen, daß die Klägerin trotz der fraglichen Vorkommnisse das Projekt hätte zufriedenstellend durchführen können. Das Gericht habe daher einen Rechtsfehler begangen, „als es von der Rechtsmittelführerin den Nachweis gefordert hat, daß ihr durch die Vorgehensweise

beweisen." (EuGH, *Baustahlgewebe/Kommission*, Rs. C-185/95, Slg. 1998, I-8505, Rn. 58; EuGH, *Kommission/Anic Partecipazioni*, Rs. C-49/92, Slg. 1999, I-4194, Rn. 86).

340 EuGH, *Dimitriadis/Rechnungshof*, Rs. C-140/96, Slg. 1997, I-5649, Rn. 26, 27; EuGH, *San Marco/Kommission*, Rs. C-19/95, Slg. 1996, I-4435, Rn. 39, 40; EuGH, *D/Kommission*, Rs. C-89/95, Slg. 1996, I-62, Rn. 14; EuGH, *Odigitria/Rat und Kommission*, Rs. C-293/95, Slg. 1996, I-6139, Rn. 15; EuGH, *Koelmann /Kommission*, Rs. C-59/96, Slg. 1997, I-4840, Rn. 49; EuGH, *Kommission/Anic Partecipazioni*, Rs. C-49/92, Slg. 1999, I-4197, Rn. 96; EuGH, *IPK/Kommission*, Rs. C-433/97, Slg. 1999, I-6828, Rn. 16.

341 EuGH, *IPK/Kommission*, Rs. C-433/97, Slg. 1999, I-6828, Rn. 16.

der Beamten der Kommission die Möglichkeit genommen wurde, eine wirksame Zusammenarbeit mit den Projektpartnern in die Wege zu leiten."

b. Kontrolle der Beweiswürdigung

Schwieriger ist die Frage zu beantworten, ob und inwieweit auch der Vorgang der Beweiswürdigung im Rechtsmittelverfahren überprüft werden kann. Die Problematik ergibt sich aus dem vor dem europäischen Gericht geltenden Grundsatz der freien Beweiswürdigung. Das Gericht „beurteilt nach freiem Ermessen," ob die ihm vorgelegten Umstände ausreichende Beweise darstellen.[342] Der Würdigung der Beweismittel sind damit grundsätzlich keine Grenzen gesetzt. Dementsprechend ist auch eine Kontrolle dieses Vorgangs - in Ermangelung eines genau vorgegebenen Kontrollkriteriums - nur schwer möglich.

Der Gerichtshof hat zunächst den Grundsatz aufgestellt, daß innerhalb des Rechtsmittelverfahrens eine Kontrolle der Beweise, auf die das Gericht seine Feststellungen gestützt hat, nicht möglich ist, die Beweiswürdigung also als Tatsachenfrage der Nachprüfung in der Rechtsmittelinstanz entzogen ist.[343] Wörtlich hat der Gerichtshof festgestellt, daß „die Würdigung der vorgebrachten Beweismittel durch das Gericht keine Rechtsfrage ist, die der Überprüfung durch den Gerichtshof im Rechtsmittelverfahren unterliegt."[344] Die Beurteilung des Wertes der dem Gericht vorgelegten Beweismittel sei allein Sache des Gerichts.[345] Dementsprechend sind Rügen,

[342] EuGH, *D/Kommission*, Rs. C-89/95, Slg. 1996, I-60, Rn. 9; GA Versterdorf, *Rhône-Poulenc/Kommission*, Slg. 1991, II-954; *Kirschner/Klüpfel*, Das Gericht erster Instanz der Europäischen Gemeinschaften, S. 136, Rn. 121; *Rengeling/Middeke/Gellermann*, Rechtsschutz in der Europäischen Union, S. 373, Rn. 699; *Lasoke*, The European Court of Justice, S. 431.

[343] EuGH, *Baustahlgewebe/Kommission*, Rs. C-185/95, Slg. 1998, I-8497, Rn. 24; EuGH, *Deere/Kommission*, Rs. C-7/95, Slg. 1998, I-3148, Rn. 22; EuGH, *D/Kommission*, Rs. C-89/95, Slg. 1996, I-62, Rn. 14; EuGH, *San Marco/Kommission*, Rs. C-19/95, Slg. 1996, I-4448, Rn. 40; EuGH, *Blackspur/Rat und Kommission*, Rs. C-362/95, Slg. 1997, I-4803, Rn. 29; EuGH, *Hilti/Kommission*, Rs. C-53/92, Rs. C-53/92, Slg. 1994, I-667, Rn. 42; EuGH, *Deutsche Bahn AG/Kommission*, Rs. C-436/97, Slg. 1999, I-2392, Rn. 19; EuGH, *Pfizer Animal Health/Rat*, Rs. C-329/99, Slg. 1999, I-8366, Rn. 62; EuGH, *Hüls/Kommission*, Rs. C-199/92, Slg. 1999, I-4384, Rn. 152.

[344] EuGH, *Infrisa/Kommission*, Rs. C-437/98, Slg. 1999, I-7157, Rn. 34.

[345] EuGH, *D/Kommission*, Rs. C-89/95, Slg. 1996, I-62, Rn. 14; EuGH, *San Marco/Kommission*, Rs. C-19/95, Slg. 1996, I-4448, Rn. 40; EuGH, *Blackspur/Rat und Kommission*, Rs. C-362/95, Slg. 1997, I-4803, Rn. 29; EuGH, *Kommission/Brazzelli Lualdi u.a.*, Rs. C-136/92, Slg. 1994, I-1981, Rn. 66; EuGH, *HFB u.a./Kommission*, Rs. C-335/99, Slg. 1999, I-8726, Rn. 52.

welche die Beurteilung des Beweiswertes der vorgelegten Beweismittel betreffen, unzulässig.[346] Auch die Rüge, das Gericht erster Instanz hätte aus den ihm vorgelegten Beweisen andere Schlußfolgerungen ziehen müssen (als diejenigen, die es tatsächlich gezogen hat), kann vom Gerichtshof nicht überprüft werden.[347] Insoweit folgt der Gerichtshof der Argumentation, daß eine Kontrolle der Beweiswürdigung mangels einzuhaltender, nachprüfbarer Regeln (insbesondere in bezug auf die Gewichtung einzelner Beweismittel) nicht möglich ist. Es ist allerdings zu beachten, daß der Grundsatz der freien Beweiswürdigung nicht ausnahmslos gelten kann. Durch die freie Beweiswürdigung soll dem Gericht nicht die Befugnis verliehen werden, ohne jegliche Beschränkung alle Umstände auf eine beliebige Art zu würdigen.[348] Auch das Recht, die vorgelegten Beweise frei zu würdigen, unterliegt also gewissen Grenzen

In diese Richtung sind die Ausführungen des Gerichtshofs zu verstehen, wonach eine Kontrolle der Beweiswürdigung nur „grundsätzlich" nicht möglich sei.[349] Der EuGH hat hierzu konstatiert, daß „die vom Gericht vorgenommene Würdigung der ihm vorgelegten Beweise nicht in Frage gestellt werden kann, es sei denn, es wird nachgewiesen, daß das Gericht einen Rechtsfehler begangen hat."[350] Ebenfalls hat er festgestellt, daß innerhalb des Rechtsmittelverfahrens nachgeprüft werden kann, ob das Gericht bei seiner Beweiswürdigung gegen die allgemeinen Rechtsgrundsätze verstoßen hat.[351] Es stellt sich folglich die Frage, in welchen Fällen von ei-

---

346 EuGH, *Kommission/Brazzelli Lualdi u.a.*, Rs. C-136/92, Slg. 1994, I-2033, Rn. 66; EuGH,*Ufex u.a./Kommission*, Rs. C-119/97, Slg. 1999, I-1394, Rn. 74, 75; EuGH, *D/Kommission,* Rs. C-89/95, Slg. 1996, I-60, Rn. 15; EuGH, *Kommission/Socurte u.a.*, Slg. 1997, I-1, 23, Rn. 36, 37.

347 EuGH, *Deutsche Bahn AG/Kommission*, Rs. C-436/97, Slg. 1999, I-2394, Rn. 19.

348 *Walter*, Freie Beweiswürdigung, S. 318. In erster Linie stellt der Grundsatz der freien Beweiswürdigung die Abkehr von gesetzlich vorgegebenen Würdigungsregelungen dar. Vgl. auch *Herdegen*, Grundfragen der Beweiswürdigung, S. 106; *Haueisen*, Die freie Beweiswürdigung im sozialgerichtlichen Verfahren und ihre Grenzen, NJW 1959, S. 1348. Im Hinblick auf das Ermessen *Hatje*, Der Rechtsschutz der Stellenbewerber im Europäischen Beamtenrecht, S. 77.

349 EuGH, *Willeme/Kommission*, Rs. C-65/99, Slg. 1999, I-1873, Rn. 46; EuGH, *Lucaccioni/Kommission*, Rs. C-257/98, Slg. 1999, I-5285, Rn. 32.

350 EuGH, *Kommission/Socurte u.a.*, Slg. 1997, I- 23, Rn. 36.

351 EuGH, *San Marco/Kommission,* Rs. C-19/95, Slg. 1996, I-4435, Rn. 40; EuGH, *Deere/Kommission,* Rs. C-7/95, Slg. 1998, I-3111, Rn. 22; EuGH, *Holland ForD/Kommission,* Rs. C-89/95, Slg. 1998, I-3175, Rn. 26; EuGH, *Baustahlgewebe/ Kommission*, Rs. C-185/95, Slg. 1998, I-8417, Rn. 24; EuGH, *Hüls/Kommission*, Rs. C-199/92, Slg. 1999, I-4362, Rn. 65.

nem Rechtsfehler bei der Beweiswürdigung - und damit von einer Ausnahme von dem Grundsatz der Unüberprüfbarkeit der Beweiswürdigung - gesprochen werden kann.

aa. Verfälschung der Beweismittel

Als Rechtsfehler bei der Beweiswürdigung sieht es der Gerichtshof an, wenn die Beweismittel durch das Gericht verfälscht worden sind. Wörtlich stellt der EuGH fest: Das Gericht unterliegt „bei der Würdigung der ihm vorgelegten Beweismittel keiner Kontrolle, sofern diese Beweismittel nicht verfälscht werden."[352] Demnach handelt es sich bei der Verfälschung von Beweismitteln um eine Rechtsfrage, die einer Nachprüfung im Rechtsmittelverfahren unterliegt.[353] Steht aber fest, daß eine solche Kontrolle durch den Gerichtshof grundsätzlich möglich ist, stellt sich die weitere Frage, unter welchen Voraussetzungen die Rüge der Verfälschung der Beweismittel erfolgreich ist.

(1) Formelle Voraussetzungen

Der Gerichtshof überprüft die Beweiswürdigung des Gerichts nur dann, wenn ausdrücklich eine Verfälschung bestimmter Beweismittel geltend gemacht wird. Es reicht nicht aus, die Beweiswürdigung pauschal anzugreifen.[354] Der Rechtsmittelführer muß die Verfälschung behaupten und nachweisen.[355] Wird nichts für eine Verfälschung der Beweismittel vorgetragen, ist der Rechtsmittelgrund unzulässig; eine Überprüfung der Beweiswürdi-

---

[352] EuGH, *Deere/Kommission,* Rs. C-7/95, Slg. 1998, I-3171, Rn. 118.

[353] EuGH, *Hilti/Kommission,* Rs. C-53/92, Rs. C-53/92, Slg. 1994, I-707, Rn. 42; EuGH, *Blackspur/Rat und Kommission*, Rs. C-362/95, Slg. 1997, I-4803, Rn. 29; EuGH, *H/Kommission*, Rs. C-291/97, Slg. 1998, I-3598, Rn. 19; EuGH, *AIUFFASS und AKT/Kommission*, Slg. 1997, I-5383, Rn. 25; EuGH, *Deutsche Bahn AG/Kommission*, Rs. C-436/97, Slg. 1999, I-2394, Rn. 19; EuGH, *Somaco/ Kommission,* Rs. C-401/96, Slg. 1998, I-2621, Rn. 54; EuGH, *Deere/Kommission,* Rs. C-7/95, Slg. 1998, I-3171, Rn. 118; EuGH, *Dimitriadis/Rechnungshof,* Rs. C-140/96, Slg. 1997, I-5652, Rn. 35; EuGH, *Ici/Kommission*, Rs. C-200/92, Slg.1999, I-4436, Rn. 57.

[354] EuGH, *Deutsche Bahn AG/Kommission*, Rs. C-436/97, Slg. 1999, I-2394, Rn. 19; EuGH,*Ufex u.a./Kommission*, Rs. C-119/97, Slg. 1999, I-1392, Rn. 66; EuGH, *Hilti/Kommission,* Rs. C-53/92, Rs. C-53/92, Slg. 1994, I-708, Rn. 43.

[355] EuGH, *Blackspur Diy u.a./Kommission*, Slg. 1997, I-4804, Rn. 33; EuGH, *Hilti/ Kommission,* Rs. C-53/92, Rs. C-53/92, Slg. 1994, I-708, Rn. 43; EuGH, *Infrisa/Kommission*, Rs. C-437/98, Slg. 1999, I-7157, Rn. 35; EuGH, *Pincherle/ Kommission,* Rs. C-244/91, Slg. I-7005, Rn. 33.

gung findet von vornherein nicht statt.[356] Bereits an diesen formalen Anforderungen scheitern die meisten Rügen der Rechtsmittelparteien.[357]

So wurde zum Beispiel in der Rechtssache *Hilti/Kommission*[358] von der Rechtsmittelführerin behauptet, das Gericht habe die von ihr vorgelegten Beweismittel - eine Untersuchung über den Markt von Bolzenschußgeräten - „falsch gewürdigt". Die Auslegung dieser Untersuchung durch das Gericht sei „offenkundig falsch" und beruhe „auf einem simplen Rechenfehler".[359] Der EuGH stuft das Vorbringen der Rechtsmittelführerin als unzulässig ein, da die Partei allein die Würdigung der Beweismittel angreife, „ohne darzulegen oder auch nur geltend zu machen, daß das Gericht diese Beweismittel verfälscht hätte." In der Rechtssache *Deutsche Bahn/Kommission*[360] macht die Rechtsmittelführerin eine Verstoß gegen den Grundsatz, daß die Beweiswürdigung nicht gegen „die Denkgesetze und die Gesetze der Logik" verstoßen dürfe, geltend. Auch in diesem Fall wird das Vorbringen vom EuGH als unzulässig zurückgewiesen, da eine „Verfälschung der Beweise ... nicht geltend gemacht worden ist". Diese Beispiele verdeutlichen, daß der EuGH die bei der Frage der Bezeichnung des Rechtsmittelgrundes äußerst restriktiv vorgeht. Zu einer Kontrolle kommt es nur dann, wenn die Rechtsmittelparteien ausdrückliche eine Verfälschung von Beweismitteln rügen.

Diese äußerst restriktive Handhabung erfährt jedoch in solchen Fällen eine Ausnahme, in denen die Verfälschung von Beweismitteln Vorfrage für einen anderen Rechtsmittelgrund ist. In der Rechtssache *Lucaccioni/Kommission*[361] wird von dem Rechtsmittelführer gerügt, das Urteil des Gerichts sei im Hinblick auf die Feststellung des dem Rechtsmittelführer entstandenen Schadens unzureichend begründet, da das Urteil nicht die zur Ermittlung des Schadens verwendeten Kriterien nenne. Der Rechtsmittelführer bezieht sich dabei auf eine Stelle des erstinstanzlichen Urteils, in dem festgestellt wird, der Kläger habe „keine Anhaltspunkte dafür vorgetragen", ob der von ihm geforderte Schadensersatz in dieser Höhe auch von

---

356 EuGH, *Deere/Kommission*, Rs. C-7/95, Slg. 1998, I-3171, Rn. 118.

357 EuGH, *Hilti/Kommission*, Rs. C-53/92, Rs. C-53/92, Slg. 1994 I-708, Rn. 43; EuGH, *Ufex u.a./Kommission*, Rs. C-119/97, Slg. 1999, I-1392, Rn. 66; EuGH, *Deere/Kommission*, Rs. C-7/95, Slg. 1998, I-3171, Rn. 118; EuGH, *Infrisa/Kommission*, Rs. C-437/98, Slg. 1999, I-7157, Rn. 35, 36.

358 EuGH, *Hilti/Kommission*, Rs. C-53/92, Rs. C-53/92, Slg. 1994, I-707, Rn. 40, 43.

359 GA Jacobs, *Hilti/Kommission*, Rs. C-53/92, Rs. C-53/92, Slg. 1994, I-689, Rn. 51.

360 EuGH, *Deutsche Bahn/Kommission*, Rs. C-436/97, Slg. 1999, I-2394, Rn. 5, 19.

361 EuGH, *Lucaccioni/Kommission*, Rs. C-257/98, Slg. 199, I-5288, R. 45.

den Gerichten der Mitgliedstaaten gewährt würde. Im Rechtsmittelverfahren macht der Kläger geltend, er habe sehr wohl in einem Schriftsatz auf ein Urteil des französischen Cour de Cassation verwiesen. Der EuGH stellt daraufhin fest: „Vor der Prüfung der vom Gericht zugrunde gelegten Kriterien (bezüglich der Schadensermittlung) ist jedoch zu prüfen, ob das Gericht vom Rechtsmittelführer ordnungsgemäß vorgelegte Beweismittel verfälscht hat, als es ausgeführt hat, der Rechtsmittelführer habe keine Anhaltspunkte dafür vorgetragen", ob und in welcher Höhe die Gerichte der Mitgliedstaaten einen Schadensersatz gewähren. Bevor sich der EuGH dem eigentlichen Rechtsmittelgrund der unzureichenden Begründung widmet, prüft er also als Vorfrage, ob das Gericht erster Instanz das fragliche Schreiben des Rechtsmittelführers richtig verstanden hat. Denn erst dann kann festgestellt werden, ob das EuG alle Kriterien bei der Berechnung der Höhe des Schadensersatzanspruches berücksichtigt hat.

(2) Materielle Voraussetzungen

Der Gerichtshof ist in seiner bisherigen Rechtsprechung nur ganz vereinzelt auf die Frage eingegangen, unter welchen Voraussetzungen eine Verfälschung der Beweismittel vorliegt.[362] Weder wurde eine Entscheidung des Gerichts wegen einer Verfälschung von Beweismitteln aufgehoben noch hat der Gerichtshof den Begriff der Verfälschung genauer definiert. In der Regel wird die Verfälschung von Beweismitteln nur als Ausnahme von dem Grundsatz der Unüberprüfbarkeit der Beweiswürdigung erwähnt. Es liegen lediglich drei Entscheidungen des EuGH vor, in denen näher auf die Frage der Verfälschung eingegangen wird.

In der Rechtssache *Blackspur/Kommission*[363] hat der Gerichtshof festgestellt, daß die Benutzung eines Beweismittels zur Beantwortung einer Frage, die nicht zum ursprünglichen Beweisthema gehört hat, keine Verfälschung des Beweismittels darstellt. Das Gericht sei nicht daran gehindert, den objektiven Inhalt eines Beweismittels zur Beurteilung einer anderen strittigen Frage zu verwenden.

In der Rechtssache *Lucaccioni/Kommission*[364] hat der Gerichtshof festgestellt, daß eine Verfälschung von Beweismitteln nicht in Betracht

[362] GA Tesauro, *Somaco/Kommission,* Rs. C-401/96, Slg. 1998, I-2600, Rn. 29, Fn. 25.
[363] EuGH, *Blackspur Diy u.a./Rat und Kommission,* Rs. C-362/95, Slg. 1997, I- 4803, Rn. 27 ff.
[364] EuGH, *Lucaccioni/Kommission*, Rs. C-257/98, Slg. 1999, I-5288, Rn. 45 ff.

kommt, wenn das Gericht das entsprechende Beweismittel nicht berücksichtigen mußte und dementsprechend auch nicht berücksichtigt hat.

Am anschaulichsten ist die Entscheidung des Gerichtshofs in der Rechtssache *Somaco/Kommission.*[365] Im erstinstanzlichen Verfahren hatte das Gericht die Frage zu beurteilen, ob bestimmte auf der Insel Martinique ansässige Autoimporteure verbotene Absprachen im Sinne des Art. 81 EGV getroffen hatten. Dies wurde von der Firma Somaco, einem Parallelimporteur japanischer Fahrzeuge, geltend gemacht. Das Gericht kam zu dem Ergebnis, daß den betreffenden Importeuren aufgrund staatlicher Regelungen kein Handlungsspielraum bei der Ausgestaltung der Einfuhrregelungen zustand, so daß eine verbotenen Absprache im Sinne des Art.81 EGV nicht vorliege. Gegen diese Feststellung des Gerichts wendete sich die Firma Somaco als Rechtsmittelführerin. Nach ihrer Ansicht hatte das Gericht zwei Schriftstücke verfälscht, aus denen unmißverständlich hervorging, daß die Autoimporteure auf Martinique Absprachen getroffen hatten, ohne daß dieses Verhalten durch die nationalen Behörden aufgezwungen worden war.[366] Der Gerichtshof sieht in den Schlußfolgerungen des Gerichts keine Verfälschung der vorgelegten Schriftstücke. Das Gericht habe die beiden Schriftstücke geprüft und erkannt, daß sie auf eine unlautere Absprache zwischen den Vertragshändlern hindeuteten. Die Bedeutung des Wortlautes der Schriftstücke wurde also richtig erfaßt. Gleichwohl sei das Gericht zu Recht davon ausgegangen, daß sich die beiden Schriftstücke im Lichte der weiteren Beweismittel auch anders erklären ließen, weswegen nicht zwingend auf das Vorliegen einer Absprache geschlossen werden müsse.

(a) Offensichtliche Fehldeutung eines Beweismittels

Bei der Auswertung der vorliegenden Rechtsprechung ist zunächst zu beachten, daß es sich bei der Kontrolle der Verfälschung der Beweiswürdigung um eine Ausnahme von der Regel handelt, daß die Würdigung der Beweise an sich allein dem Gericht obliegt.[367] Das spricht von vornherein

---

365 EuGH, *Somaco/Kommission,* Rs. C-401/96, Slg. 1998, I-2624, Rn. 62 ff.

366 In dem Schriftstück hieß es unter anderem: „Nach einer Aussprache zwischen den Teilnehmern wurde von den anwesenden Vertragshändlern beschlossen ... eine Selbstbeschränkung von 15% des Gesamtmarktes für sämtliche Marken zu akzeptieren, und diese Selbstbeschränkung, falls erforderlich durch Selbstkontrolle unbedingt einzuhalten..."

367 GA Tesauro, *Somaco/Kommission,* Rs. C-401/96, Slg. 1998, I-2600, Rn. 29.

für eine restriktive Handhabung der Kriterien für das Vorliegen einer Verfälschung. Der Rechtsmittelgrund der Verfälschung der Beweismittel darf keinesfalls dazu führen, daß auf diesem Wege doch noch eine umfassende Kontrolle der Beweiswürdigung stattfindet. Demzufolge kann es für die Annahme einer rechtsmittelrelevanten Verfälschung nicht ausreichen, wenn das Gericht den möglichen Gehalt eines Beweismittels auf irgend eine Art und Weise verkannt hat; nicht jedes beliebige Mißverständnis des Gerichts kann eine Verfälschung von Beweismitteln darstellen. Andernfalls würde in jeder Nichtbeachtung einer möglichen Deutungsvariante eine rechtsmittelrelevante Verfälschung liegen. Das hätte zur Folge, daß die erstinstanzliche Beweiswürdigung weitgehend durch den EuGH nachgeprüft werden könnte. Das würde jedoch dem eben dargestellten Ausnahmecharakter des Rechtsmittelgrundes der Beweismittelverfälschung eindeutig widersprechen. Insofern ist eine Einschränkung des Anwendungsbereichs geboten.

Eine rechtsmittelrelevante Verfälschung darf nur dann angenommen werden, wenn das Gericht die Bedeutung eines Beweismittels offensichtlich falsch verstanden hat.[368] Das Mißverständnis des Gerichts muß eindeutig und ohne weiteres bemerkbar sein. Mit einer solchen Einschränkung werden zwei Ziele erreicht: Zum einen wird eine zu weitreichende Ausdehnung des Anwendungsbereichs vermieden. Der Grundsatz, daß allein das Gericht erster Instanz für die Beweiswürdigung verantwortlich ist, bleibt auf diese Weise weitestgehend unberührt. Eine Kontrolle der Ermittlung des Beweisinhaltes durch den EuGH ist zwar möglich; jedoch behält das Gericht erster Instanz die alleinige Kompetenz zur Beweiswürdigung für alle Fälle, in denen bei der Inhaltsermittlung ein Beurteilungsspielraum besteht, ein mögliches Mißverständnis also gerade nicht eindeutig und offensichtlich ist. Zum anderen führt die Einschränkung zu einer vereinfachten Anwendbarkeit des Rechtsmittelgrundes und damit zugleich zu einer wirkungsvollen und effektiven Kontrolle durch den Gerichtshof. Denn die nun zu untersuchenden Fälle von Verfälschungen sind sowohl für die Rechtsmittelparteien als auch für den Gerichtshof leicht aufzufinden und zu beurteilen. Die Kontrolle der Beweisverfälschung beschränkt sich auf eine Evidenzkontrolle. Nur wenn die Verfälschung von vornherein eindeutig und offensichtlich ist, muß sich der EuGH mit der Frage näher auseinandersetzen. Eine solche Kontrolle ist ohne erheblichen Zeitaufwand

---

[368] GA Tesauro, *Blackspur/Rat und Kommission*, Rs. C-362/95, Slg. 1997, I-4788, Rn. 32.

möglich und nachvollziehbar. Die Einschränkung dient damit sowohl der Rechtsmittelklarheit, also der einfachen und nachvollziehbaren Anwendung von Rechtsmittelgründen, als auch der Beschleunigung des Rechtsmittelverfahrens.

(b) Der Gesamtvorgang der Beweiswürdigung

Damit ist jedoch nur der Bereich angesprochen, in dem das Gericht einem einzelnen Beweisstück nicht die richtige Bedeutung beimißt. Es stellt sich die Frage, ob als Verfälschung auch solche Fälle anzusehen sind, in denen der Gesamtvorgang der Beweiswürdigung Fehler aufweist, mit anderen Worten, inwieweit die Beweiswürdigung auch daraufhin überprüft werden kann, ob die vom Gericht vorgenommene Abwägung und die gezogenen Schlußfolgerungen widersprüchlich, unmöglich oder logisch falsch sind.[369]

Gegen eine Überprüfbarkeit könnte sprechen, daß der Gerichtshof seine Kontrollbefugnis ausdrücklich darauf beschränkt hat, nachzuprüfen, ob die einzelnen Beweismittel verfälscht wurden.[370] Demnach wäre eine Kontrolle des Gesamtvorgangs der Beweiswürdigung (Abwägung, Vergleich, Schlußfolgerung) von dem Rechtsmittelgrund der Verfälschung nicht umfaßt. Diese Argumentation, die sich allein an dem Wortlaut der durch den Gerichtshof entwickelten Ausnahmebestimmung anlehnt, ist jedoch zu eng. Besonders deutlich wird dies, wenn man die Folgen einer Erweiterung der Prüfungsbefugnis den Folgen einer Einschränkung gegenüberstellt: Wäre eine Kontrolle des Gesamtvorgangs der Beweiswürdigung anhand der Denkgesetze nicht möglich, könnte das Gericht, solange es die eigentliche Bedeutung der vorgelegten Beweismittel richtig erkennt, zu jeder beliebigen (unmöglichen, widersprüchlichen) Schlußfolgerung kommen, ohne daß ein solches Ergebnis einer Kontrolle in der Rechtsmittelinstanz unterliegen würde. Bereits dieser Gesichtspunkt spricht entscheidend für eine Kontrolle innerhalb des Rechtsmittelverfahrens.[371]

Zudem wird durch eine solche Kontrollbefugnis nicht einschneidend in den Grundsatz der Unüberprüfbarkeit der erstinstanzlichen Beweiswür-

---

369 Eine solche Rüge wurde bereits von einer Rechtsmittelpartei erhoben. vgl. EuGH, *Deutsche Bahn AG/Kommission*, Rs. C-436/97, Slg. 1999, I-2391, Rn. 5.

370 „...soweit diese Beweismittel nicht verfälscht werden." (EuGH, *Deere/Kommission*, Rs. C-7/95, Slg. 1998, I-3171, Rn. 118).

371 Im Ergebnis auch *Rengeling/Middeke/Gellermann*, Rechtsschutz in der Europäischen Union, Rn. 699, der feststellt, daß die Beweisführung weder widersprüchlich sein dürfe noch logische Denkfehler enthalten dürfe; *Wägenbaur*, Die Prüfungskompetenz des EuGH im Rechtsmittelverfahren, EuZW 1995, S. 201.

digung eingegriffen. Der Vorgang der Beweiswürdigung verbleibt überwiegend in der Zuständigkeit des Gerichts, da die Kontrolle auf logische Fehler nur einen eng umgrenzten Teilbereich der Beweiswürdigung betrifft. Keinesfalls wird dadurch Einfluß auf die Gewichtung der einzelnen Beweismittel genommen. Denn unwahrscheinliche Annahmen oder nicht zwingende Schlußfolgerungen stellen keine Denkfehler in diesem Sinn dar. Es liegt gerade in der Natur des Vorgangs der Beweiswürdigung, daß mehrere Alternativen oder Wertungsergebnisse denkmöglich sind. Welche Möglichkeit vorzuziehen ist, entzieht sich den Gesetzen der Logik und macht gerade die Freiheit der Beweiswürdigung aus. Ein Denkfehler liegt nur dann vor, wenn die Schlußfolgerung des Richters logisch überhaupt nicht haltbar ist. Insoweit verbleiben dem Gericht erster Instanz auch weiterhin umfangreiche originäre Befugnisse bei der Beweiswürdigung, insbesondere bei der Gewichtung der Beweismittel.

Darüber hinaus führt eine solche Kontrollbefugnis zu keiner erheblichen Mehrbelastung des EuGH bei der Prüfung der eingelegten Rechtsmittel, da die fehlerhaften Stellen in der angefochtenen Entscheidung von dem Rechtsmittelführer genau gekennzeichnet werden müssen. Der Gerichtshof muß also nicht die gesamte Entscheidung von sich aus auf Verstöße gegen die Gesetze der Logik nachprüfen; es handelt sich vielmehr um eine vergleichsweise einfach durchzuführende, auf (selten auftauchende) Einzelfälle reduzierte Überprüfung. Die Einführung einer Kontrolle der Beweiswürdigung anhand der Denkgesetze hat also nur geringfügige negative Konsequenzen für die Arbeitsbelastung des Gerichtshofs und stellt nur einen minimalen Eingriff in die Zuständigkeit des Gerichts dar. Dem stehen die bereits erwähnten Vorteile gegenüber, die sich im Einzelfall aus einer solchen Prüfungsbefugnis für die Rechtsschutzsuchenden ergeben. Es bleibt also festzuhalten, daß der Begriff der Verfälschung der Beweismittel auch solche Fälle erfaßt, in denen der Gesamtvorgang der Beweiswürdigung offenkundige logische Fehler enthält.[372]

(c) Zwischenergebnis

Im Ergebnis liegt eine Verfälschung von Beweismitteln also nur vor, wenn das Gericht die Bedeutung eines Beweismittels offensichtlich nicht richtig

[372] Ohne nähere Begründung ebenso GA Tesauro, *Somaco/Kommission,* Rs. C-401/96, Slg. 1998, I-2600, Rn. 29; GA Léger, *Baustahlgewebe/Kommission*, Rs. C-185/95, Slg. 1998, I-8449, Rn. 127. Vgl. dazu auch Zweiter Teil, Zweiter Abschnitt, II.: Denkgesetze als Kontrollmaßstab.

erkannt hat oder die Gesamtwürdigung der Beweismittel in sich widersprüchlich ist beziehungsweise gegen Denkgesetze verstößt. Solange das Gericht die möglichen Bedeutungen eines Beweismittels erkennt und eine - denkgesetzlich mögliche - Würdigung vornimmt, liegt keine Verfälschung vor. Das Gericht erster Instanz bleibt also für den Vorgang der Beweiswürdigung weitgehend allein verantwortlich. Gleichwohl wird damit sichergestellt, daß die Freiheit der Tatsacheninstanz bei der Beweiswürdigung den EuGH nicht dazu zwingt, solche Würdigungen hinzunehmen, die ihm unerträglich erscheinen. Insoweit kommt dem Rechtsmittelgrund die Funktion zu, die Befugnis des EuG zur freien Beweiswürdigung einzuschränken. Gleichzeitig garantiert die Nachprüfungsbefugnis den Rechtsmittelparteien, daß auch offensichtliche Fehler im Bereich der Beweiswürdigung einer Kontrolle unterliegen und erweitert damit den Rechtsschutzumfang in der Rechtsmittelinstanz.

bb. Lückenhafte Beweiswürdigung

Neben der Frage der Verfälschung von Beweismitteln durch das Gericht gibt es noch einen zweiten Bereich, in dem der Grundsatz der Unüberprüfbarkeit der Beweiswürdigung durch die Rechtsprechung des Gerichtshofs durchbrochen worden ist. Der EuGH prüft ebenfalls nach, ob die Beweiswürdigung des Gerichts erster Instanz lückenhaft ist.[373] Auch insoweit liegt eine in der Rechtsmittelinstanz überprüfbare Rechtsfrage vor. Dabei ist Ausgangspunkt einer solchen Kontrolle die Rüge der Rechtsmittelparteien, daß sich das Gericht bei seiner Beweiswürdigung nicht mit allen erhobenen Beweismitteln, sondern nur mit einem Teil der Beweisergebnisse auseinandergesetzt hat.[374]

Unter welchen Voraussetzungen eine solche Rüge erfolgreich ist, hat der Gerichtshof bisher nicht ausdrücklich festgestellt. Bisher wurde noch keine Entscheidung des Gerichts wegen lückenhafter Beweiswürdigung aufgehoben. Ähnlich wie zuvor bei der Rüge der Verfälschung der Beweismittel gibt es jedoch vereinzelt Entscheidungen des Gerichtshofs, die Rückschlüsse auf die Voraussetzungen dieses Rechtsmittelgrundes zulassen.

---

373 EuGH, *D/Kommission,* Rs. C-89/95, Slg. 1996, I-62, Rn. 17, 18; EuGH, *Pincherle/ Kommission,* Rs. C-244/91, Slg. 1993, I-7005, Rn. 33; EuGH, *Deere/Kommission,* Rs. C-7/95, Slg. 1998, I-3155, Rn. 53; EuGH, *Blackspur Diy u.a./Rat und Kommission,* Rs. C-362/95, Slg. 1997, I-4803, Rn. 28; EuGH, *Hilti/Kommission,* Rs. C-53/92, Slg. 1994, I-708, Rn. 46.

374 Vgl. *Zillmer*, Lückenhafte Beweiswürdigung, NJW 1961, S. 720.

(1) Formelle Voraussetzungen

Auch bei der Rüge der lückenhaften Beweiswürdigung obliegt es den Rechtsmittelparteien, die Fehlerhaftigkeit der Entscheidung durch das Gericht nachzuweisen.[375] Es reicht demzufolge nicht aus, pauschal die Nichtberücksichtigung von Beweismitteln zu beanstanden. Vielmehr müssen die Rechtsmittelparteien genau benennen, welches Beweismittel an welcher Stelle des Urteils unberücksichtigt geblieben ist.[376]

(2) Materielle Voraussetzungen

Der EuGH prüft nach, ob das Gericht die vorgelegten Beweismittel „angemessen berücksichtigt" hat.[377] Dafür ist es nicht erforderlich, daß das Gericht erster Instanz die einzelnen Beweismittel genau beschreibt[378] oder sich explizit mit ihnen auseinandersetzt[379]. Es ist auch nicht notwendig, daß das Gericht ausdrücklich auf alle Argumente in einem als Beweismittel vorgelegten Gutachten eingeht.[380] Eine angemessene Berücksichtigung liegt bereits dann vor, wenn das Gericht in seiner Urteilsbegründung auf die entsprechenden Beweismittel „verwiesen“ hat. So wurde in der Rechtssache *Blackspur Diy u.a./Rat und Kommission*[381] gerügt, daß Gericht habe „ohne Angaben von Gründen eine Reihe relevanter Beweismittel unberücksichtigt gelassen“, die in Anlage 1 zur Klageschrift und Anlage 26 zur Erwiderung enthalten waren. Der EuGH stellte fest, daß das Gericht auf die Anlage 1 der Klageschrift und auf die Anlage 22 zur Erwiderung Bezug genommen habe. Zudem werde in Randnummer 46 des Urteils auf die „zu den Akten gereichten Unterlagen“ verwiesen. Das genügte dem EuGH für die Annahme einer ausreichenden Berücksichtigung der Beweismittel.

---

375 EuGH, *Pincherle/Kommission,* Rs. C-244/91, Slg. 1993, I-7005, Rn. 33.

376 EuGH, *Blackspur Diy u.a./Rat und Kommission,* Rs. C-362/95, Slg. 1997, I-4803, Rn. 27; EuGH, *Deere/Kommission,* Rs. C-7/95, Slg. 1998, I-3154, Rn. 51; EuGH, *D/Kommission,* Rs. C-89/95, Slg. 1996, I-62, Rn.17; EuGH, *Pincherle/Kommission,* Rs. C-244/91, Slg. 1993, I-7004, Rn. 32.

377 EuGH, *Deere/Kommission,* Rs. C-7/95, Slg. 1998, I-3155, Rn. 53.

378 EuGH, *Deere/Kommission,* Rs. C-7/95, Slg. 1998, I-3155, Rn. 53.

379 EuGH, *D/Kommission,* Rs. C-89/95, Slg. 1996, I-63, Rn. 18.

380 EuGH, *Deere/Kommission,* Rs. C-7/95, Slg. 1998, I-3155, Rn. 53.

381 EuGH, *Blackspur Diy u.a./Rat und Kommission,* Rs. C-362/95, Slg. 1997, I-4803, Rn. 28.

(3) Bewertung

Diese Entscheidungen verdeutlichen, daß eine eingehende Beschreibung der Beweismittel durch das Gericht erster Instanz nicht erforderlich ist, um eine ordnungsgemäße Berücksichtigung anzunehmen. Es reicht aus, wenn sich aus der erstinstanzlichen Entscheidung ergibt, daß das Gericht das entsprechende Beweismittel zur Kenntnis genommen hat. Eine weitergehende Prüfung ist aber unter dem Gesichtspunkt der Lückenhaftigkeit der Beweiswürdigung auch nicht erforderlich. Denn die sich anschließende Frage, ob das Gericht das Beweismittel richtig verstanden hat, kann ohnehin nur im Rahmen der Rüge der Verfälschung der Beweismittel aufgeworfen werden. Demzufolge hat die Rüge der Nichtberücksichtigung von Beweismitteln nur einen sehr eingegrenzten Anwendungsbereich. Dieser erstreckt sich allein auf die Frage, ob das Gericht erster Instanz ein vorgelegtes Beweismittel überhaupt zur Kenntnis genommen hat.

c. Ergebnis zur Kontrolle der Beweiswürdigung

Die voranstehende Analyse hat gezeigt, daß die Beweiswürdigung durch das Gericht erster Instanz keineswegs einer Kontrolle durch das Rechtsmittelgericht vollständig entzogen ist. Auf eine entsprechende Rüge der Rechtsmittelparteien hin ist es dem Gerichtshof möglich, nachzuprüfen, ob das Gericht alle Beweise berücksichtigt und ihre Bedeutung richtig erfaßt hat und die gezogenen Schlußfolgerungen nicht widersprüchlich sind oder gegen Denkgesetze verstoßen. Indes hat diese Prüfungskompetenz des Rechtsmittelgerichts praktisch einen relativ begrenzten Anwendungsbereich, da die Voraussetzungen für das Vorliegen einer Verfälschung oder einer Nichtberücksichtigung sehr eng sind. Die Hauptaufgaben bei der Beweiswürdigung - die Bewertung und Gewichtung der einzelnen Beweismittel - obliegen auch weiterhin allein dem Gericht erster Instanz.

2. Kontrolle der Tatsachenfeststellungen anhand der Prozeßakten

Dem Gerichtshof ist es als Rechtsmittelgericht nicht möglich, die Tatsachenfeststellungen des Gerichts erster Instanz an der Wirklichkeit zu messen. Die sachliche Richtigkeit der Tatsachen kann nicht überprüft werden. Allerdings hat der Gerichtshof erstmals im Jahr 1994 in der Rechtssache *Kommission/Brazzelli Lualdi u.a.* die Möglichkeit erwähnt, innerhalb des Rechtsmittelverfahrens die Tatsachenfeststellungen des Gerichts anhand der erstinstanzlichen Prozeßakten überprüfen zu können. Er stellte fest, daß „allein das Gericht erster Instanz für die Tatsachenfeststellung zuständig (ist), sofern sich nicht aus den Prozeßakten ergibt, daß seine Feststellungen tatsächlich falsch sind."[382] In Folgeentscheidungen hat der Gerichtshof diesen Grundsatz in anderer Form wiederholt und teilweise noch deutlicher erwähnt. So führte er in der Entscheidung *Aiuffass u. Akt/Kommission* aus, daß „nur das Gericht befugt (ist), die Tatsachen festzustellen, außer wenn sich eine sachliche Unrichtigkeit seiner Feststellungen aus dem Inhalt der ihm vorliegenden Akten ergeben würde."[383] In der Rechtssache *New Holland Ford/Kommission* erklärte der EuGH, „daß der Gerichtshof befugt ist, die Tatsachenfeststellungen des Gerichts zu überprüfen, sofern sich aus den Prozeßakten ergibt, daß diese tatsächlich falsch sind."[384] Diese Aussagen hat er schließlich in folgender Grundregel zusammengefaßt: „Für die Feststellung der Tatsachen - sofern sich nicht aus den Prozeßakten ergibt, daß die Feststellungen tatsächlich falsch sind - und für ihre Würdigung ist allein das Gericht zuständig."[385]

a. Das Wesen der Aktenwidrigkeit

Mit der Möglichkeit, die Tatsachenfeststellungen des erstinstanzlichen Gerichts anhand der Prozeßakten zu kontrollieren, wird dem Rechtsmittelgericht ein Blick auf das tatsächliche Geschehen ermöglicht. Zwar ist es ihm nicht erlaubt, dieses selbst zu erforschen und festzustellen. Es ist ihm weiterhin verwehrt, selbst Augenschein einzunehmen und Zeugen oder Sachverständige zu hören.[386] Gleichwohl rückt das Rechtsmittelgericht durch

382 EuGH, *Kommission/Brazzelli Lualdi u.a.*, Rs. C-136/92, Slg. 1994, I-2029, Rn. 49.

383 EuGH, *Aiuffass u. Akt/Kommission*, Rs. C-55/97, Slg. 1997, I-5398, Rn. 24.

384 EuGH, *New Holland Ford/Kommission,* Rs. C-89/95, Slg. 1998, I-3218, Rn. 72.

385 EuGH, *Deere/Kommission*, Slg. 1998, I-3147, Rn.21, 56. Weitere Entscheidungen: EuGH, *CPL Imperial und Unifrigo/Kommission,* Rs. C-299/98, Slg. 1999, I-8693, Rn. 16; EuGH, *HFB u.a./Kommission*, Rs. C-335/99, Slg. 1999, I-8725, Rn. 51; EuGH, *DSR-Senator Lines/Kommission*, Rs. C-364/99, Slg. 1999, I-8754, Rn. 44; EuGH, *Baustahlgewebe/Kommission*, Rs. C-185/95, Slg. 1998, I-8497, Rn. 23; EuGH, *San Marco Impex/Kommission*, Rs. C-404/92, Rs. C-19/95, Slg. 1996, I-4435, Rn. 39. Eine vergleichbare Prüfung nimmt der EuGH auch bei den Vorabentscheidungsverfahren vor. In diesen Verfahren ist der EuGH nicht befugt, die Tatsachenfeststellungen des nationalen Gerichts zu korrigieren oder zu ergänzen. Zur Klarstellung von Tatsachenelementen greift der EuGH jedoch auf die Akten des Ausgangsverfahrens zurück, soweit er dies für erforderlich hält (*Dauses*, Gutachten für den DJT, S. 148).

386 Vgl. *Chapus*, Die Tatsachenkontrolle durch den französischen Conseil d' Etat als Kassationsgericht, S. 95, in: Tatsachenfeststellungen in der Revisionsinstanz.

die Befugnis, den Inhalt der Prozeßakten berücksichtigen zu dürfen, der Wirklichkeit näher. Es handelt sich um eine „eng begrenzte Möglichkeit für Beanstandungen von Tatsachenbewertungen,"[387] ohne daß der Gerichtshof dabei tatrichterliche Befugnisse wahrnimmt. Der Grundsatz, daß das Rechtsmittelgericht keine eigenen Tatsachen feststellen darf, wird nicht durchbrochen.

aa. Schaffung einer Verfahrenspflicht

Indem der Gerichtshof die Rüge der Aktenwidrigkeit für zulässig erklärt, wird deutlich, daß er eine Rechtspflicht des Gerichts erster Instanz annimmt, nach der die erstinstanzlichen Tatsachenfeststellungen nicht im Widerspruch zu den Prozeßakten stehen dürfen. Die Statuierung einer solchen Pflicht ist notwendig, da ein Rechtsmittel nur zulässig ist, soweit dem Gericht vorgeworfen wird, unter Verstoß gegen Rechtsvorschriften gehandelt zu haben, die es zu beachten hat. Die Zulässigkeit der Rüge der Aktenwidrigkeit ist also Korrelat zu einer entsprechenden Verfahrenspflicht des Gerichts.

bb. Zweck einer solchen Kontrolle

Mit der Kontrolle der Tatsachenfeststellungen des Gerichts anhand der Prozeßakten werden vor allem zwei Ziele verfolgt. Zum einen dient dieser Rechtsmittelgrund dem Zweck, eine gerechte Fallentscheidung zu gewährleisten. Die Möglichkeit des Gerichtshofs, eine Entscheidung, die auf sachlich unrichtigen Tatsachenfeststellungen beruht, aufheben zu können, liegt im Interesse der betroffenen Parteien. Neben der Gewährleistung einer gerechten Fallentscheidung dient eine solche Kontrolle aber auch der Überwachung und Anleitung des erstinstanzlichen Gerichts. Ziel ist es, die gewissenhafte Beachtung der Prozeßakten und die ordentliche Durchführung der Tatsachenfeststellungen zu garantieren. Anderenfalls wäre es dem erstinstanzlichen Gericht möglich, Feststellungen zu treffen, die im Widerspruch zu den Prozeßakten stehen, ohne daß in einem solchen Fall ein Rechtsmittel von den Parteien eingelegt werden könnte.

---

[387] GA Ruiz-Jarabo, *Ufex u.a./Kommission*, Rs. C-119/97, Slg. 1999, I-1356, Rn. 42.

cc. Folgen der Kontrollmöglichkeit

Unabhängig davon, an welche Voraussetzungen der Gerichtshof das Vorliegen einer Aktenwidrigkeit knüpft, ergeben sich bereits aus der bloßen Überprüfungsmöglichkeit entscheidende Konsequenzen für das Rechtsmittelverfahren. Aus der Sicht der Rechtsmittelparteien wird es möglich, neben der Auslegung und der rechtlichen Qualifizierung der Tatsachen, unter bestimmten Voraussetzungen auch die sachliche Richtigkeit der tatsächlichen Feststellungen des Gericht anzugreifen. Damit sind alle drei Ebenen der Rechtsanwendung - Tatsachenfeststellung, Auslegung und Subsumtion - als mögliche Ansatzpunkte für eine Rüge im Rechtsmittelverfahren von Bedeutung. Die Rechtsschutzmöglichkeiten innerhalb des Rechtsmittelverfahrens werden damit erheblich erweitert. Aus der Sicht des Gerichtshofs ist bedeutsam, daß nicht mehr nur die Urteilsbegründung zur Kontrolle der erstinstanzlichen Entscheidung herangezogen wird. Das Rechtsmittelgericht ist also nicht mehr allein von der mehr oder weniger glücklichen Fassung der Entscheidungsbegründung abhängig. Der Akteninhalt erhält als weitere Prüfungsgegenstand eine eigenständige Bedeutung im Rechtsmittelverfahren.

b. Voraussetzungen des Rechtsmittelgrundes der Aktenwidrigkeit

Die Möglichkeit des Rechtsmittelgerichts, die erstinstanzlichen Tatsachenfeststellungen anhand der Prozeßakten zu überprüfen, wird weder im EG-Vertrag noch in der Satzung oder der Verfahrensordnung des Gerichtshofs ausdrücklich erwähnt. Es handelt sich um einen vom Gerichtshof selbst entwickelten, eigenständigen Rechtsmittelgrund. Mangels näherer gesetzlicher Regelungen ist daher allein auf die Rechtsprechung des Gerichtshofs abzustellen. Jedoch wurde bisher - trotz zahlreicher Rügen - noch keine Entscheidung des Gerichts aus diesem Grund aufgehoben. Folglich gibt es noch keinen Präzedenzfall, von dem aus eine genauere, positive Bestimmung der einzelnen Voraussetzungen der Rüge der Aktenwidrigkeit möglich wäre. Vielmehr erwähnt der Gerichtshof diese Kontrollmöglichkeit in seinen Entscheidungen nur als allgemeine Regel, ohne sie aber auf den zu beurteilenden Fall anzuwenden. Dessen ungeachtet soll im folgenden anhand der bereits geltend gemachten Rügen und den dazu ergangenen ablehnenden Entscheidung des Gerichtshofs versucht werden, die Voraussetzungen und das System der Aktenwidrigkeit näher darzustellen.

aa. Genaue Bezeichnung

Die allgemeine Rüge, eine Feststellung des Gerichts verstoße gegen den Inhalt der erstinstanzlichen Akten, ist nicht ausreichend.[388] Vielmehr ist es erforderlich, daß „spezifische Argumente" angeführt werden, um die sachliche Unrichtigkeit der Tatsachenfeststellungen des Gerichts geltend zu machen.[389] Die Rechtsmittelparteien müssen wenigstens den Versuch unternehmen, den Nachweis einer Aktenwidrigkeit zu erbringen.[390] Dafür ist es notwendig, daß zum einen die Unterlagen in den Prozeßakten angeführt werden, aus denen sich eine Aktenwidrigkeit ergeben könnte.[391] Zum anderen ist es erforderlich, daß die betreffenden, als aktenwidrig angesehenen Feststellungen des Gerichts genau bezeichnet werden. Wird dieser Anforderung nicht Genüge getan, so wird die Rüge der Aktenwidrigkeit bereits an dieser Stelle als unzulässig zurückgewiesen.

bb. Kontrolle der Tatsachenwürdigungen

Erfüllt die Rüge der Rechtsmittelparteien die Voraussetzungen einer genauen Bezeichnung, stellt sich als weiteres die Frage, gegen welche Art von Feststellungen des Gerichts erster Instanz die Rüge der Aktenwidrigkeit erhoben werden kann. Offensichtlich ist, daß sich eine solche Rüge nicht gegen die rechtliche Qualifizierung von Tatsachen oder die Auslegung von Rechtsnormen richten kann, da das Ergebnis einer rechtlichen Bewertung ohnehin nicht an den tatsächlichen Angaben der Prozeßakten gemessen werden kann. Der Gerichtshof beschreibt seine Prüfungsbefugnis bei der Kontrolle der Aktenwidrigkeit folgendermaßen: „Für die Feststellung der Tatsachen - sofern sich nicht aus den Prozeßakten ergibt, daß die Feststellungen tatsächlich falsch sind - und für ihre Würdigung ist allein das Gericht zuständig."[392] Aus dieser Formulierung wird deutlich, daß allein die Tatsachenfeststellung, nicht aber die Tatsachenwürdigung Gegenstand der Kontrolle in der Rechtsmittelinstanz ist.

Diese unterschiedliche Behandlung ergibt sich aus den jeweiligen Erkenntnisvorgängen, die der Tatsachenfeststellung einerseits und der Tatsa-

---

[388] EuGH, *New Holland Ford/Kommission*, Rs. C-89/95, Slg. 1998, I-3207, Rn. 27.
[389] EuGH, *Deere/Kommission*, Rs. C-7/95, Slg. 1998, I-3155, Rn. 57.
[390] EuGH, *Koelmann/Kommission*, Rs. C-59/96, Slg. 1997, I-4809, Rn. 35.
[391] EuGH, *New Holland Ford/Kommission*, Rs. C-89/95, Slg. 1998, I-3218, Rn. 73.
[392] EuGH, *Deere/Kommission*, Rs. C-7/95, Slg. 1998, I-3147, Rn. 21, 56.

chenwürdigung andererseits zugrunde liegen.[393] Bei der reinen Tatsachenfeststellung kommt es allein auf die unmittelbar von den Sinnesorganen wahrgenommen Ereignisse an; es handelt sich um Feststellungen, die durch bloße Beobachtung gewonnen werden. Dies gilt zum Beispiel für die Feststellung des Gerichts hinsichtlich des Wortlauts des Klagevorbringens, einer Zeugenaussage oder eines Gutachtens. In diesen Fällen ist eine Kontrolle der richtigen Wiedergabe ohne weiteres möglich. Der Gerichtshof überprüft, ob der in den Prozeßakten niedergelegte Wortlaut mit der Wiedergabe durch das Gericht übereinstimmt. Im Gegensatz dazu schließt das Gericht bei der Tatsachenwürdigung aufgrund der vorgebrachten Tatsachenfeststellungen auf eine neue Tatsache, die sich nicht unmittelbar aus den Prozeßakten ergibt (zum Beispiel schließt das Gericht aufgrund des Wortlautes einer Zeugenaussage auf die Kenntnis oder den Willen der Person). Eine vergleichbare Feststellung ist in den Prozeßakten nicht enthalten. Sie muß erst vom Gericht getroffen werden. Da es bei der Rüge der Aktenwidrigkeit aber allein darum geht, Feststellungen aus den Prozeßakten mit den entsprechenden Feststellungen des Gerichts zu vergleichen, ist eine Kontrolle der Tatsachenwürdigung nicht möglich. In diesem Fall wäre es nur denkbar, zu prüfen, ob die zunächst feststehenden Tatsachenfeststellungen den Schluß auf die vom Gericht getroffene Tatsachenwürdigung zulassen. Dabei handelt es sich aber um den Bereich der Beweiswürdigung, der einer Kontrolle grundsätzlich entzogen ist.

Folge der Ausklammerung der Tatsachenwürdigung ist, daß die Zulässigkeit der Rüge der Aktenwidrigkeit entscheidend davon abhängt, wie der Gerichtshof die von dem Rechtsmittelführer gerügte Feststellung des Gerichts einordnet, ob er also der Ansicht ist, daß sich die Rüge gegen eine Tatsachenfeststellung oder gegen eine Tatsachenwürdigung richtet. Da eine genaue Grenzziehung zwischen Tatsachenfeststellung und Tatsachenwürdigung nicht möglich ist, steht die Einordnung also zumindest in Grenzfällen im Ermessen des Rechtsmittelgerichts.[394] Dementsprechend kann der Gerichtshof im Zuge der Beurteilung der tatsächlichen Feststellung des Gerichts erheblichen Einfluß darauf nehmen, ob er die Rüge der Aktenwidrigkeit überhaupt als zulässig erachtet.

393 Siehe dazu unter Zweiter Teil, Dritter Abschnitt, I., 2., d., bb.: Unterscheidung zwischen Feststellung und Würdigung.

394 Siehe dazu unter Zweiter Teil, Dritter Abschnitt, I., 2., d., bb.: Unterscheidung zwischen Feststellung und Würdigung.

cc. Kontrolle der Beweiswürdigung

Genauso wenig wie die Tatsachenwürdigung anhand der Prozeßakten kontrolliert werden kann, ist eine Überprüfung des Ergebnisses der Beweiswürdigung anhand der Akten möglich. Das ergibt sich aus folgender Überlegung: Bestünde die Möglichkeit, das Ergebnis der Beweiswürdigung mit der Rüge der Aktenwidrigkeit anzugreifen, könnte auf diesem Weg der Grundsatz der Unüberprüfbarkeit der Beweiswürdigung umgangen werden. Denn eine Kontrolle des Beweisergebnisses würde letztlich auch zu einer Überprüfung des Vorgangs der Beweiswürdigung führen; die Ergebniskontrolle schließt die Kontrolle des richtigen Erkenntnisvorgangs gerade mit ein. So könnte der Gerichtshof auf diese Weise - zumindest mittelbar - über die Gewichtung der Beweismittel befinden. Diese Möglichkeit wurde vom Gerichtshof ausdrücklich verneint. In der Rechtssache *New Holland Ford/Kommission* hat der EuGH die Rüge der Aktenwidrigkeit zurückgewiesen, da das Vorbringen der Rechtsmittelführerin im Kern dahin gehe, „daß das Gericht aus den ihm vorgelegten Beweismitteln andere Schlußfolgerungen hätte ziehen müssen."[395]

dd. Die Prozeßakten

Steht damit fest, daß alleiniger Prüfungsgegenstand die (reinen) Tatsachenfeststellungen des Gerichts erster Instanz sind, ist der weiteren Frage nachzugehen, anhand welcher Unterlagen die Widersprüchlichkeit der Feststellungen des Gericht überprüft werde kann. Insoweit wird vom EuGH gefordert, daß sich die Fehlerhaftigkeit der Tatsachenfeststellung aus den Prozeßakten,[396] dem Inhalt der dem Gericht vorliegenden Akten[397] oder aus den zu den Akten gereichten Schriftstücken[398] ergeben muß. Damit sind diejenigen Akten gemeint, die dem Gericht eingereicht oder von ihm beigezogen worden sind. Dazu gehören unter anderem die Klageschrift, die Klageerwiderung, die Replik, die Duplik, weitere Erklärungen der Parteien, vorgelegte Belegstücke und Urkunden,[399] sonstige dem Gericht unterbreiteten Schriftsätze, Voruntersuchungen der Kommission, Beurteilungen des

---

395 EuGH, *New Holland Ford/Kommission*, Rs. C-89/95, Slg. 1998, I-3218, Rn. 73.

396 EuGH, *Kommission/Brazzelli Lualdi u.a.*, Rs. C-136/92, Slg. 1994, I-2029, Rn. 49; EuGH, *Deere/Kommission*, Rs. C-7/95, Slg. 1998, I-3147, Rn. 21; EuGH, *New Holland Ford/Kommission*, Rs. C-89/95, Slg. 1998, I-3207, Rn. 25.

397 EuGH, *Aiufass u. Akt/Kommission*, Rs. C-55/97, Slg. 1997, I-5398, Rn. 24.

398 EuGH, *Ufex u.a./Kommission*, Rs. C-119/97, Slg. 1999, I-1391, Rn. 66.

399 Vgl. Art. 18 EG-Satzung. Dazu auch *Hackspiel*, in: Groeben/Thiesing/Ehlermann, Art. 18 EG-Satzung, Rn. 6 ff.

Personalausschusses, aber auch das Protokoll der mündlichen Verhandlung.[400]

Hingegen können sonstige Akten, die vom Gericht für das entsprechende Verfahren nicht hinzugezogen worden sind, nicht Prüfungsmaßstab sein. Solche Akten sind nicht Gegenstand des erstinstanzlichen Prozesses gewesen, so daß eine Bezugnahme auf diese Aktenstücke eine unzulässige Erweiterung des Streitgegenstandes darstellen würde. Sinn der Rüge der Aktenwidrigkeit ist es ja gerade, die fehlerhafte Übernahme von in den Prozeßakten befindlichen Tatsachen zu korrigieren. Vom Gericht selbst nicht berücksichtigte Akten können also nicht angeführt werden, um die Rüge der Aktenwidrigkeit zu erheben. Jedoch kann ein solche Rüge möglicherweise einen anderen Rechtsmittelgrund erfüllen.[401] Insoweit ist zwischen der Funktion des Rechtsmittelgrundes der Aktenwidrigkeit und dem weiteren Problem, ob auch das gesamte Parteivorbringen ausreichend berücksichtigt wurde, zu differenzieren.[402]

ee. Offensichtliche Fehlerhaftigkeit

Der Gerichtshof hat festgestellt, daß sich die Fehlerhaftigkeit der Tatsachenfeststellung „offensichtlich" aus den Prozeßakten ergeben muß.[403] Dafür ist es erforderlich, daß die angefochtene Tatsachenfeststellung des Gerichts „klar und eindeutig" ist. Ist es erst notwendig, die Tatsachenfeststellungen erneut zu würdigen, um einen Widerspruch mit den Prozeßakten herzustellen, liegt keine Aktenwidrigkeit vor.[404]

ff. Beispielsfälle für die Aktenwidrigkeit von Tatsachenfeststellungen

In Ermangelung einer Entscheidung des EuGH über das Vorliegen eines Falles der Aktenwidrigkeit wird im Folgenden versucht, Beispielsfälle zu entwickeln, die unter die bisher dargestellten Voraussetzungen subsumiert werden können. Ziel ist es, anhand dieser Beispielsfälle eine Bewertung des Rechtsmittelgrundes der Aktenwidrigkeit zu ermöglichen. Dabei ist zu-

---

[400] Vgl. Art. 30 EG-Satzung.

[401] Siehe dazu Zweiter Teil, Dritter Abschnitt, III., 2.: Die Nichtberücksichtiung von Parteivorbringen.

[402] *Meseke*, Die Aktenwidrigkeit als Revisionsgrund, S. 116.

[403] EuGH, *New Holland Ford/Kommission*, Rs. C-89/95, Slg. 1998, I-3218, Rn. 72.

[404] EuGH, *Deere/Kommission*, Rs. C-7/95, Slg. 1998, I-3156, Rn. 58; EuGH, *New Holland Ford/Kommission*, Rs. C-89/95, Slg. 1998, I-3218, Rn. 72; GA Mischo, *IPK/Kommission*, Rs. C-433/97, Slg. 1999, I-6803, Rn. 42.

nächst zusammenfassenden festzustellen, daß ein Fall der Aktenwidrigkeit nur vorliegt, sofern

1. eine genau bezeichnete Tatsachenfeststellung des EuG angegriffen wird
2. die im offensichtlichem Widerspruch
3. zu dem Inhalt der Prozeßakten steht.

(1) Übertragungsirrtum

Damit werden zunächst solche Fälle erfaßt, bei denen das Gericht den Inhalt von Prozeßakten wörtlich falsch wiedergibt.[405] Ein solcher Übertragungsirrtum liegt beispielsweise vor, wenn das Gericht ein Sachverständigengutachten mit den Worten zitiert, „eine bestimmte Verhaltensweise von Marktteilnehmern schaffe *keine* vollständige Markttransparenz", obwohl in dem fraglichen Gutachten das Gegenteil festgestellt wird („es wird *eine* vollständige Markttransparenz geschaffen"). Würde das Gericht in diesem Fall allerdings zu dem Ergebnis kommen, daß *keine* vollständige Markttransparenz vorliege, da das Gutachten nicht plausibel sei und daher einem anderem Gutachten mit entgegengesetztem Inhalt gefolgt werde, könnte diese Feststellung nicht angegriffen werden. Denn dann würde es sich um einen Angriff gegen die Beweiswürdigung des Gerichts handeln.

(2) Übertragungsdiskrepanz

Von der Aktenwidrigkeit sind aber auch solche Fälle erfaßt, in denen das Gericht ein Tatsachenfeststellung unter Berufung auf die Prozeßakten trifft, die dort keine Grundlage hat. Bezieht sich das Gericht beispielsweise auf eine Zeugenaussage und zitiert diese mit den Worten, „eine Vereinbarung zwischen den Unternehmen habe seit langem bestanden", obwohl der Zeuge keinerlei Aussagen im Hinblick auf eine mögliche Vereinbarung der Unternehmen getroffen hat, liegt ein Fall der Aktenwidrigkeit vor. Gleiches gilt für den umgekehrten Fall, wenn also das Gericht feststellt, die Prozeßakten enthielten keine Grundlage für eine bestimmte Tatsachenfeststellung, obwohl dies der Fall ist.

---

[405] Vgl. dazu *Fasching*, Zivilprozeßrecht, Rn. 1913 f.; *Kodek*, in: Zivilprozeßordnung, (Hrsg. Rechberger), § 503, Rn. 4 f.

(3) Sonstige Fehlerquellen

Nicht möglich ist hingegen die Rüge, die Tatsachenfeststellungen innerhalb der Prozeßakten seien untereinander widersprüchlich, da in diesem Fall keine Tatsachenfeststellung des erstinstanzlichen Urteils angegriffen wird.[406] Ebensowenig ist es möglich, die Tatsachenfeststellungen innerhalb der Entscheidungen des Gerichts mit der Aktenwidrigkeit anzugreifen, da insoweit kein Widerspruch zu dem Akteninhalt geltend gemacht wird. Ausgeschlossen sind auch alle Rügen, die sich gegen Bewertungen oder Würdigungen des Gerichts wenden. So kann die Auslegung von Beweismitteln nicht mit der Behauptung angegriffen werden, zwar habe das Gericht den richtigen Text der Urkunde zugrunde gelegt, sei aber zu einem unrichtigem Ergebnis gelangt.

c. Bewertung des Rechtsmittelgrundes der Aktenwidrigkeit

Die vorangegangene Analyse der Rechtsprechung des Gerichtshofs und die darauf aufbauenden Beispielsfälle haben ergeben, daß mit der Rüge der Aktenwidrigkeit nur ein Übertragungsfehler in der Form eines Übertragungsirrtums oder einer Übertragungsdiskrepanz gerügt werden kann.[407] Maßgebend ist dabei, daß die Widersprüchlichkeit der Tatsachenfeststellung ihre Ursache allein in dem fehlerhaften Übertragungsvorgang hat; die Widersprüchlichkeit darf also nicht von Schlußfolgerungen des Gerichts abhängen. Zudem muß der Übertragungsfehler offensichtlich und eindeutig sein. Bei einem derart eingeschränkten Anwendungsbereich der Aktenwidrigkeit stellt sich zwangsläufig die Frage, inwieweit es sich bei dem vom Gerichtshof geschaffenen Rechtsmittelgrund um ein taugliches und sinnvolles Instrument zur Kontrolle der erstinstanzlichen Entscheidungen handelt. In diesem Zusammenhang ist es auffallend, daß in der bisherigen Rechtsprechung des Gerichtshofs noch keine Entscheidung wegen Aktenwidrigkeit aufgehoben worden ist. Das könnte als Indiz dafür gewertet werden, daß der vom EuGH gezogene Anwendungsbereich zu eng ist und der Rügemöglichkeit damit jegliche praktische Relevanz genommen wird.

Eine solche Argumentation übersieht zunächst, daß es sehr wohl eng umgrenzte Anwendungsfälle für den Rechtsmittelgrund der Aktenwidrigkeit gibt. Die Tatsache allein, daß in der bisherigen Rechtsprechungspraxis

406 Vgl. *Fezer*, Möglichkeiten einer Reform der Revision in Strafsachen, S. 223 ff.

407 Vgl. dazu *Fasching*, Zivilprozeßrecht, Rn. 1913 f.; *Kodek*, in: Zivilprozeßordnung (Hrsg. Rechberger), § 503, Rn. 4 f.; *Stohanzl*, ZPO-Kommentar, § 503, Rn. 82 f.

der europäischen Gerichte ein Fall der Aktenwidrigkeit nicht aufgetreten ist, macht die Kontrollmöglichkeit nicht sinnlos. Für die Zukunft ist es gerade nicht auszuschließen, daß der europäischen Gerichtsbarkeit angesichts der immer größer werdenden Arbeitsbelastung und steigenden Komplexität der Rechtssachen solche Fehler unterlaufen werden. Aber auch aufgrund des Ausnahmecharakters der Rüge der Aktenwidrigkeit ist die Beschränkung des Anwendungsbereichs notwendig und daher nicht zu beanstanden. Ausgehend von dem Grundsatz, daß die erstinstanzlichen Tatsachenfeststellungen einer Kontrolle im Rechtsmittelverfahren entzogen sind, ist es erforderlich, den Anwendungsbereich der Aktenwidrigkeit restriktiv zu handhaben. Nur dadurch kann sichergestellt werden, daß ein Eingriff in die an sich allein dem Gericht erster Instanz zukommende Tatsachenfeststellung nur in besonderen, schwerwiegenden Fällen erfolgt. Ohne diese Beschränkung würde die Möglichkeit bestehen, auf dem Umweg der Rüge der Aktenwidrigkeit, sämtliche Tatsachenfeststellungen des Gerichts einer Kontrolle in der Rechtsmittelinstanz zu unterziehen. Denn Unstimmigkeiten in einem Urteil gegenüber den Prozeßakten lassen sich - gerade wenn die betreffenden Passagen auch noch einer Auslegung zugänglich sind - mit gutem Willen und einiger Findigkeit aus jedem Aktenstück entnehmen. Der Rechtsmittelgrund der Aktenwidrigkeit soll jedoch nicht zu einer Waffe gegen die erstinstanzlichen Tatsachenfeststellungen entwickelt werden, dem kein Urteil mehr standhalten kann. Das würde der Beschränkung des Rechtsmittelverfahrens auf die Kontrolle von Rechtsfragen eindeutig widersprechen. Durch den eng umgrenzten Anwendungsbereich der Rüge der Aktenwidrigkeit wird also zum einen die praktische Handhabbarkeit des Rechtsmittelgrundes sichergestellt. Zum anderen wird die Aufgabenverteilung zwischen dem Gericht erster Instanz als Tatsachengericht und dem auf Rechtsfragen beschränkten Rechtsmittelgericht aufrecht erhalten.

Innerhalb dieses Rahmens war und ist die Einführung der Rüge der Aktenwidrigkeit durch den Gerichtshof sinnvoll und nützlich. Seitdem besteht für die Rechtsschutzsuchenden die Möglichkeit, zumindest bei offensichtlichen Verstößen der Tatsachenfeststellungen gegenüber den Prozeßakten eine Kontrolle durch das Rechtsmittelgericht herbeizuführen. Damit wird der Rechtsschutz durch das Rechtsmittelverfahren erhöht und dem ursprünglichen Zweck der Schaffung des Rechtsmittelverfahrens, eine gerechtere Fallentscheidung sicherzustellen, entsprochen.[408] Auch kann ein möglicher Widerspruch sofort durch den EuGH behoben werden. Denn an die Stelle der aktenwidrigen Feststellung muß der EuGH nur die durch den Akteninhalt gedeckte Feststellung setzen und kann dann - sofern die weiteren Voraussetzungen dafür vorliegen - in der Sache selbst entscheiden. Zugleich wird mit dem Rechtsmittelgrund der Aktenwidrigkeit ein wirkungsvoller Kontrollmechanismus gegenüber dem Gericht erster Instanz eingesetzt, da nunmehr die gewissenhafte Prüfung der Prozeßakten kontrolliert werden kann. Die Schaffung des Rechtsmittelgrundes der Aktenwidrigkeit wirkt also gleichfalls präventiv. Auch steht nicht zu befürchten, daß durch diese Kontrollmöglichkeit der Arbeitsaufwand des Gerichtshofs erheblich ansteigt. Denn zu einer Kontrolle der Tatsachenfeststellungen anhand der Prozeßakten kommt es nur dann, wenn die betreffenden Stellen in der Entscheidung des Gerichts und die betreffende Akten vom Rechtsmittelführer genau bezeichnet und die Gründe für die angebliche Aktenwidrigkeit genau angegeben werden. Der EuGH muß also nicht selbst einen Widerspruch in der erstinstanzlichen Entscheidung ausfindig machen.

Schließlich macht ein Vergleich zur Kontrolle der Verfälschung der Beweismittel deutlich, daß sich die Kontrollbefugnis des Rechtsmittelgerichts bei der Aktenwidrigkeit problemlos in das bisherige System zur Bestimmung der Kontrolldichte einfügt. In beiden Fällen besteht nämlich eine Beschränkung auf die Nachprüfung von „offensichtlichen“ und „eindeutigen“ Fehlern bei dem Vorgang der Tatsachenfeststellung.[409] Im Ergebnis läßt sich daher festhalten, daß es sich bei dem vom EuGH geschaffenen Rechtsmittelgrund der Aktenwidrigkeit um eine zweckmäßige und effektive Ergänzung der Kontrollbefugnis des Rechtsmittelgerichts handelt.

3. Ergebnis zur Kontrolle der Tatsachenfeststellungen

Das Problem, inwieweit auch tatsächliche Feststellungen im Rechtsmittelverfahren überprüft werden können, beruht in der praktischen Rechtsanwendung auf einem Interessenkonflikt.[410] Zum einen ist es das Ziel, inner-

---

[408] Siehe dazu Erster Teil, II., 1.: Verbesserung des Rechtsschutzes.

[409] Siehe dazu für die Beweisverfälschung Zweiter Teil, Dritter Abschnitt, II., 1., b., aa., (2), (a).: Offensichtliche Fehldeutung eines Beweismittels. Für die Aktenwidrigkeit Zweiter Teil, Dritter Abschnitt, II., 2., b., dd.: Offensichtliche Fehlerhaftigkeit.

[410] *Kuchinke*, Grenzen der Nachprüfbarkeit tatrichterlicher Würdigungen in der Revisionsinstanz, S. 168.

halb eines Instanzenzuges dem erstinstanzlichen Gericht eine eigenständige funktionelle Zuständigkeit zu verleihen, es also mit gewissen Ausschließlichkeitsrechten im Hinblick auf seine Funktion als Tatsachengericht auszustatten. Zugleich soll aber die Entscheidung des Tatsachengerichts zumindest dann einer Korrektur unterworfen sein, wenn aus Gründen der Opportunität oder der Gerechtigkeit das Urteilsergebnis mit seinen Tatsachenfeststellungen nicht vereinbar erscheint. Dieser Interessenkonflikt wird auch im europäischen Rechtsmittelverfahren deutlich. Während der Gerichtshof grundsätzlich gehalten ist, das Gericht erster Instanz als originäres Tatsachengericht keiner Kontrolle zu unterwerfen, soweit tatsächliche Feststellungen in Frage stehen, wird diese Grundregel an zumindest zwei Stellen durchbrochen. Sowohl die Möglichkeit der Kontrolle der Beweisverfälschung als auch die Kontrolle der Aktenwidrigkeit dienen dem Interesse, bei offensichtlichen Fehlentscheidungen auch im Tatsachenbereich eine Überprüfungsmöglichkeit zu eröffnen. Ihre Ausgestaltung verdeutlicht das Bestreben des Gerichtshofs, einen Ausgleich zwischen den dargestellten widerstreitenden Interessen herzustellen, also einerseits dem Gericht erster Instanz ausreichende originäre Befugnisse als Tatsachengericht zu belassen, andererseits aber dem Rechtsmittelgericht das Recht vorzubehalten, bei offensichtlichen Fehlern auch im Bereich der erstinstanzlichen Tatsachenfeststellungen eine Kontrolle vornehmen zu können. Demnach unterliegen die erstinstanzlichen Tatsachenfeststellungen immer dann einer Kontrolle durch den Gerichtshof, wenn ein offensichtlicher, schwerwiegender Beurteilungsfehler vorliegt.

III. Praxis des EuGH bei der Kontrolle der erstinstanzlichen Entscheidungen

Die vorangegangene Analyse hat gezeigt, daß der Gerichtshof als Rechtsmittelgericht sowohl die Auslegung von Rechtsnormen und die rechtliche Qualifizierung der Tatsachen als auch unter bestimmten Voraussetzungen die Tatsachenfeststellungen des Gerichts erster Instanz überprüfen kann. Im folgenden soll nun die Praxis des Gerichtshofs bei der Kontrolle einzelner Bereiche der erstinstanzlichen Entscheidung dargestellt werden. Insbesondere soll auf solche Maßnahmen oder Feststellungen des Gerichts näher eingegangen werden, die besonders häufig im Rechtsmittelverfahren von den Parteien gerügt werden oder deren Überprüfung sich als besonders problematisch herausgestellt hat.

1. Überprüfung der Entscheidungsbegründung des Gerichts

Der Begründung einer gerichtlichen Entscheidung kommt im Rechtsmittelverfahren eine überragende Bedeutung zu. Sie ist Ausgangspunkt und Grundlage der Kontrolle durch den Gerichtshof. Die Urteilsbegründung spiegelt wieder, womit sich der Richter im Laufe des Verfahrens beschäftigt hat.[411] Nur anhand der Begründung des Urteils ist es dem Rechtsmittelgericht möglich, die einzelnen Rechtsanwendungsschritte zu kontrollieren. und nachzuprüfen, ob dem Vordergericht ein Rechtsfehler unterlaufen ist. Zugleich wird durch die Urteilsbegründung auch die Überprüfung der erstinstanzlichen Entscheidung begrenzt. Zwar ist es durchaus möglich und sogar wahrscheinlich, daß sich die Richter weitergehende Gedanken gemacht haben als diejenigen, die in der Begründung wiedergegeben sind. Soweit diese Gedanken aber in der Entscheidung des Gerichts nicht als Begründung auftauchen, ist es unmöglich, sie zum Gegenstand einer Kontrolle im Rechtsmittelverfahren zu machen. Mögliche Gedanken, Ansichten und Argumente, die sich nicht in der Begründung wiederfinden, sind im Rechtsmittelverfahren nicht zu berücksichtigen. Vielmehr sind die fehlenden Ausführungen bei der Begründung der Entscheidung ein Indiz dafür, daß sich der Richter zu dem entsprechenden Punkt keine Gedanken gemacht hat. Der oftmals kritisierte apodiktische Begründungsstil[412] des EuGH ist wohl auch aus diesem Grund nicht im gleichen Maße vom Gericht erster Instanz übernommen worden. Denn eine allzu kurze Begründung der erstinstanzlichen Urteile hätte eine Kontrolle im Rechtsmittelverfahren erheblich erschwert oder sogar unmöglich gemacht.[413]

---

[411] Es ist zu beachten, daß auch gerichtliche Entscheidungen - neben Verwaltungshandeln und Gesetzgebungsakten - gegenüber den Verfahrensbeteiligten Eingriffscharakter haben. Zumindest für einen Beteiligten ergeben sich in der Regel unmittelbar belastende rechtliche Folgen (*Brüggemann*, Die richterliche Begründungspflicht, S. 118). Diesem Eingriffscharakter steht die Begründungspflicht gegenüber, um die hoheitliche Maßnahme messen und kontrollieren zu können. Zweck dieser Begründungspflicht ist es, die Gedankengänge der Richter aufzuzeigen und damit einer Kontrolle zugänglich zu machen. Die Begründung einer Entscheidung durch das Gericht dient also nicht nur dem Schutz der seiner Gerichtsbarkeit unterworfenen Personen, sondern hat auch dem Zweck, dem Gerichtshof eine Kontrolle der Entscheidung des Gerichts erster Instanz zu ermöglichen.

[412] *Oppermann*, Europarecht, S. 273, Rn. 724; *Gündisch*, Rechtsschutz in der Europäischen Gemeinschaft, S. 160 f.

[413] Vgl. *Kirschner/Klüpfel*, Das Gericht erster Instanz, S. 141, Rn. 128.

a. Begründungspflicht des Gerichts erster Instanz

Die Begründungspflicht des Gerichts erster Instanz ist in Art. 33 EG-Satzung und in Art. 81 VerfO EuG geregelt. Danach sind die Urteile des Gerichts mit Gründen zu versehen und müssen eine kurze Darstellung des Sachverhalts und der Entscheidungsgründe enthalten. Die Beschlüsse des Gerichts werden in den genannten Vorschriften nicht erwähnt. Für sie besteht keine allgemeine Begründungspflicht.[414] Jedenfalls unterliegen aber solche Beschlüsse des Gerichts einer Begründungspflicht, die mit einem Rechtsmittel angefochten werden können.[415] Andernfalls wäre nämlich eine - durch die Rechtsmittelfähigkeit der betreffenden Beschlüsse vorausgesetzte - Kontrolle durch den Gerichtshof nicht möglich. Dementsprechend unterliegen Beschlüsse über die Unzuständigkeit oder Unzulässigkeit der Klage, die Ablehnung als Streithelfer, Beschlüsse über die beiderseitige Klagerücknahme oder Beschlüsse im vorläufigen Rechtsschutz einer allgemeinen Begründungspflicht, deren Einhaltung im Rechtsmittelverfahren grundsätzlich nachgeprüft werden kann.[416]

Steht fest, daß für alle rechtsmittelfähigen Entscheidungen des Gerichts erster Instanz eine Begründungspflicht besteht, stellt sich die weitere Frage, inwieweit der Gerichtshof die Einhaltung dieser Pflicht im Rechtsmittelverfahren nachprüft. Dabei können die möglichen Angriffe gegen die Urteilsbegründung in zwei unterschiedliche Kategorien aufgeteilt werden. Die Angriffe können zum einen den Umfang, zum anderen den Inhalt der Begründung betreffen. Dementsprechend wird gerügt, die Begründung des Gerichts sei unzureichend (unter b.) oder widersprüchlich (unter c.).

b. Unzureichende Begründung durch das Gericht

Der Gerichtshof prüft innerhalb des Rechtsmittelverfahrens nach, ob die Begründung durch das Gericht erster Instanz ordnungsgemäß ist.[417] Die

---

414 *Everling*, Zur Begründung der Urteile des Gerichtshofs der Europäischen Gemeinschaften, EuR 1994, S. 132; *Hackspiel*, in: Groeben/Thiesing/Ehlermann, Art. 33 EG-Satzung, Rn. 4.

415 *Brüggemann*, Die richterliche Begründungspflicht, S. 172

416 Siehe dazu Zweiter Teil, Erster Abschnitt, I.: Die rechtsmittelfähigen Akte des Gerichts.

417 EuGH, *Baustahlgewebe/Kommission*, Rs. C-185/95, Slg. 1998, I-8514, Rn. 98; EuGH, *Kruidvat/Kommission*, Rs. C-70/97, Slg. 1998, I-7231, Rn. 52, 55; EuGH, *Hüls/Kommission*, Rs. C-199/92, Slg. 1999, I-4391, Rn. 180, 183; EuGH *Somaco/Kommission*, Rs. C-401/96, Slg. 1998, I-2621, Rn. 53; EuGH, *Vidranyi/Kommission*, Rs. C-283/90, Slg. 1991,I-4339, Rn. 29; EuGH, *Chaves Fonseca Ferrao/HABM*,

Frage nach der mangelhaften Begründung ist also eine Rechtsfrage. Den Rechtsmittelparteien steht es frei, einen solchen Fehler zu rügen.[418] Dabei ist es erforderlich, daß die Rüge die einzelnen Bestandteile der erstinstanzlichen Entscheidung genau bezeichnet. Der Angriff darf sich nicht pauschal gegen die Entscheidung des Gerichts wenden.[419] Der EuGH prüft dann nach, ob die Begründung durch das Gericht „genau"[420] oder „ausreichend"[421] ist, beziehungsweise ob das Gericht die Gründe, aus denen sich die Feststellungen des Gerichts ergeben, „hinreichend"[422] dargelegt hat.

Trotz zahlreicher Angriffe gegen die Entscheidungsbegründung durch das Gericht, hat der Gerichtshof erst ein Urteil wegen unzureichender Begründung aufgehoben. In der Rechtssache *Moritz/Kommission*[423] mußte das Gericht erster Instanz unter anderem der Frage nachgehen, ob ein Beurteilungsverfahren der Kommission ordnungsgemäß durchgeführt wurde. Die Kommission hatte sich bei einem Auswahlverfahren zur Neubesetzung einer Stelle gegen den Kläger entschieden. Das Gericht kam zu dem Ergebnis, die Kommission habe das Beurteilungsverfahren fehlerfrei durchgeführt und wies daher die Klage des unterlegenen Stellenbewerbers ab. Im Rechtsmittelverfahren stellte der EuGH zunächst fest, daß sich aus der Begründung des Gerichts ergebe, „daß sich zum Zeitpunkt des Erlasses der streitigen (Kommissions-) Entscheidung" die neusten Beurteilungen des Klägers „nicht bei den Unterlagen des Beratenden Ausschusses befanden". Daraufhin stellte der EuGH fest: „Unter diesen Umständen mußte das Ge-

Rs. C-248/97, Slg. 1997, I-4738, Rn. 16; EuGH, *Kommission/Brazzelli Lualdi u.a.*, Rs. C-136/92, Slg. 1994, I-2027, Rn. 42; GA Colomer, *New Holland Ford/Kommission*, Rs. C-89/95, Slg. 1998, I-3175, Rn. 21.

418 EuGH, *New Holland Ford/Kommission*, Rs. C-89/95, Slg. 1998, I-3175, Rn. 35; EuGH, *De Rijk/Kommission*, Rs. C-153/96, Slg. 1997, I-2926, Rn. 35; EuGH, *Pertrides/Kommission*, Rs. C-64/98, Slg. 1999, I-5208, Rn. 10; EuGH, *Kruidvat/Kommission*, Rs. C-70/97, Slg. 1998, I-7231, Rn. 52, 55; EuGH, *Kommission/Brazzelli Lualdi u.a.*, Rs. C-136/92, Slg. 1994, I-2027, Rn. 42.

419 Beispiel für zulässige Rügen: EuGH, *New Holland Ford/Kommission*, Rs. C-89/95, Slg. 1998, I-3209, Rn. 35; EuGH, *Hüls/Kommission*, Rs. C-199/92, Slg. 1999, I-4391, Rn. 180; EuGH, *Baustahlgewebe/Kommission*, Rs. C-185/95, Slg. 1998, I-8541, Rn. 96.

420 EuGH, *New Holland Ford/Kommission*, Rs. C-89/95, Slg. 1998, I-3214, Rn. 56.

421 EuGH, *Hüls/Kommission*, Rs. C-199/92, Slg. 1999, I-4392, Rn. 183; EuGH, *New Holland Ford/Kommission*, Rs. C-89/95, Slg. 1998, I-3212, Rn. 52; EuGH, *Pertrides/Kommission*, Rs. C-64/98, Slg. 1999, I-5208, Rn. 13.

422 EuGH, *Baustahlgewebe/Kommission*, Rs. C-185/95, Slg. 1998, I-8515, Rn. 100; EuGH, *New Holland Ford/Kommission*, Rs. C-89/95, Slg. 1998, I-3212, Rn. 49.

423 EuGH, *Moritz/Kommission*, Rs. C-68/91, Slg. 1992, I-6890, Rn. 25, 26.

richt ... die Gründe angeben", aus denen sich die Rechtmäßigkeit des fraglichen Beurteilungsverfahrens ergeben soll. Anschließend kontrolliert der EuGH die einzelnen Passagen des Urteils und kommt zu dem Ergebnis, daß das Urteil insoweit „keine Ausführungen" enthalte; das Gericht habe seine Feststellungen „nicht begründet".

In allen anderen Fällen, in denen eine unzureichende Begründung gerügt wurde, ließ es der EuGH ausreichen, wenn überhaupt Gründe für die Feststellungen des Gerichts angegeben wurden. Dabei kommt es zu keiner eingehenden Kontrolle der erstinstanzlichen Urteilspassagen. Der EuGH stellt oftmals nur fest, daß das Gericht auf bestimmte Probleme „hingewiesen"[424] habe oder eine „ausreichende"[425] Begründung vorliege. Bei der Kontrolle der erstinstanzlichen Urteilsbegründung kommt es folglich weniger auf den Umfang der Begründung als vielmehr auf das prinzipielle Vorhandensein einer Begründung an.

c. Widersprüchliche Begründung durch das Gericht

Die Frage, ob die Begründung durch das Gericht erster Instanz widersprüchlich ist, stuft der Gerichtshof ebenfalls als zulässige Rechtsfrage ein.[426] Dementsprechend wurde die Widersprüchlichkeit der Entscheidungsbegründung bereits mehrfach durch die Rechtsmittelparteien geltend gemacht.[427] Zu einer Aufhebung der erstinstanzlichen Entscheidung kam es jedoch erst in einem Fall. In der Rechtssache *Kommission/Anic Partecipazioni*[428] hatte das Gericht zum einen ausgeführt, daß die Klägerin an einem

---

[424] EuGH, *Baustahlgewebe/Kommission*, Rs. C-185/95, Slg. 1998, I-8515, Rn. 99.

[425] EuGH, *Hüls/Kommission*, Rs. C-199/92, Slg. 1999, I-4392, Rn. 183.

[426] EuGH, *Somaco/Komission*, Rs. C-401/96, Slg. 1998, I-2621, Rn. 53; EuGH, *Baustahlgewebe/Kommission*, Rs. C-185/95, Slg. 1998, I-8497, Rn. 25; EuGH, *Hüls/Kommission*, Rs. C-199/92, Slg. 1999, I-4362, Rn. 66; EuGH, *Kommission/Anic Partecipazioni*, Rs. C-49/92, Slg. 1999, I-4225, Rn. 202.

[427] EuGH,*Ufex u.a./Kommission*, Rs. C-119/97, Slg. 1999, I-1390, Rn. 60; EuGH, *Deutsche Bahn AG/Kommission*, Rs. C-436/97, Slg. 1999, I-2392, Rn. 12; EuGH, *Windpark Groothusen/Kommission*, Rs. C-48/96, Slg. 1998, I-2906, Rn. 22; EuGH, *Toller/Kommission*, Rs. C-149/98, Slg. 1998, I-7632, Rn. 29; EuGH, *New Holland Ford/Kommission*, Rs. C-89/95, Slg. 1998, I-3175, Rn. 34; EuGH, *Somaco/Kommission*, Rs. C-401/96, Slg. 1998, I-2587, Rn. 51; EuGH, *De Rijk/Kommission*, Rs. C-153/96, Slg. 1997, I-2926, Rn. 35; EuGH, *Tremblay u.a./Kommission*, Rs. C-91/95, Slg. 1996, I-5577, Rn. 32; EuGH, *Tetra Pak/Kommission*, Rs. C-333/94, Slg. 1996, I-6002, Rn. 7; EuGH, *Alexopoulou/Kommission*, Rs. C-155/98, Slg. 1999, I-4091, Rn. 19, 20; EuGH,*Ufex u.a./Kommission*, Rs. C-119/97, Slg. 1999, I-1390, Rn. 62, 63; EuGH, *De Rijk/Kommission*, Rs. C-153/96, Slg. 1997, I-2927, Rn. 37.

[428] EuGH, *Kommission/Anic Partecipazioni*, Rs. C-49/92, Slg. 1999, I-4225, Rn. 202.

umfassenden System von Preisabsprachen beteiligt gewesen sei. Andererseits hatte es die Verantwortung der Klägerin für dieses Preisabsprachesystem teilweise verneint, da nicht nachgewiesen worden sei, daß sie sich an diesen Verhaltensweisen beteiligt habe. Insoweit stellte der Gerichtshof fest, daß „das angefochtene Urteil in der Tat widersprüchlich" sei.

Hingegen reicht eine (hohe) Wahrscheinlichkeit für das Vorliegen eines Widerspruchs nach Ansicht des EuGH nicht aus. Stellt das Gericht zum Beispiel fest, daß die Klägerin den Wortlaut einer Entscheidung der Kommission nicht angefordert, andererseits aber um zusätzliche Informationen gebeten habe, sieht der EuGH darin noch keinen Widerspruch.[429] Ebensowenig nimmt der EuGH einen Widerspruch an, wenn das Gericht einerseits feststellt, daß sich die Klägerin an der Festlegung von Verkaufsmengen beteiligt habe, sie andererseits aber selbst keine Zahlenangaben über Verkaufsmengen gemacht habe.[430] Der EuGH nimmt einen Widerspruch also nur dann an, wenn die einzelnen Feststellungen des Gerichts sich explizit widersprechen. Ist es eine Frage der Auslegung der einzelnen Feststellungen des Gerichts, ob tatsächlich ein Widerspruch vorliegt, wird ein solcher vom EuGH verneint.

d. Auswirkungen auf den Rechtsmittelgrund der Aktenwidrigkeit

An dieser Stelle sind schließlich noch die Wechselwirkungen zwischen der Nachprüfung der Urteilsbegründung und dem Rechtsmittelgrund der Aktenwidrigkeit zu berücksichtigen. Denn um so höher die Anforderungen an die Urteilsbegründung - insbesondere an die Darstellung des Tatbestandes - sind, um so eher könnte die Rüge der Aktenwidrigkeit Erfolg haben. Da der EuGH aber keine allzu hohen Anforderungen an den Begründungsumfang stellt, wird dementsprechend auch der potentielle Anwendungsbereich der Rüge der Aktenwidrigkeit eingeschränkt. Die damit erfolgte Begrenzung dieses Rechtsmittelgrundes entspricht dem Ergebnis der vorangegangenen Analyse.[431]

---

[429] EuGH, *Windpark Groothusen/Kommission*, Rs. C-48/96, Slg. 1998, I-2906, Rn. 24.
[430] EuGH, *Hercules Chemicals/Kommission*, Rs. C-51/92, Slg. 1999, I-4278, Rn. 90-96.
[431] Siehe dazu Zweiter Teil, Dritter Abschnitt, II., 2., ee.: Bewertung des Rechtsmittelgrundes der Aktenwidrigkeit.

2. Die Nichtberücksichtigung von Parteivorbringen durch das Gericht

Der Gerichtshof prüft innerhalb des Rechtsmittelverfahrens auch nach, ob das Gericht erster Instanz ordnungsgemäß auf das Vorbringen der Parteien eingegangen ist.[432] Kommt er bei dieser Überprüfung zu dem Ergebnis, daß das Gericht darauf nicht oder nicht in ausreichendem Maße eingegangen ist, stuft er dies als Begründungsfehler ein.[433] Zwar stellt die Nichtberücksichtigung von Vorbringen nicht unmittelbar einen Begründungsfehler dar, sondern einen Verstoß gegen eine Verfahrensregel.[434] Die Einstufung als Begründungsfehler ergibt sich aber aus der Tatsache, daß allein die Begründung Aufschluß darüber geben kann, ob das Gericht das entsprechende Vorbringen berücksichtigt hat. Fehlt es an solchen Ausführungen, ist nicht nur die Verfahrensregel verletzt, sondern auch die Begründung unzureichend.

a. Klageantrag, Klagegründe, weitere Argumente

Der Gerichtshof prüft, ob das Gericht auf das Vorbringen der Parteien „in rechtlich hinreichender Weise" eingegangen ist.[435] Dafür ist es nicht erforderlich, daß das Gericht auf das „gesamte" Parteivorbringen eingeht.[436] Nur

---

432 EuGH, *Tetra Pak/Kommission*, Rs. C-333/94, Slg. 1996, I-6014, Rn. 49; EuGH, *Baustahlgewebe/Kommission*, Rs. C-185/95, Slg. 1998, I-8497, Rn. 119; EuGH, *Schröder u.a./Kommission*, Rs. C-221/97, Slg. 1998, I-8286, Rn. 22, 24; EuGH, *Publishers Asociation/Kommission*, Rs. C-360/92, Slg. 1995, I-69, Rn. 31; EuGH, *Turner/Kommission*, Rs. C-62/94, Slg. 1995, I-3185, Rn. 24; EuGH, *Vidranyi/ Kommission*, Rs. C-283/90, Slg. 1991, I-4368, Rn. 29; EuGH, *und WWF UK/ Kommission*, Rs. C-325/94, Slg. 1996, I-3740, Rn. 33; EuGH, *Kernkraftwerk Lippe-Ems/Kommission*, Rs. C-161/97, Slg. 1999, I-2170, Rn. 138; EuGH, *Atlanta/ Europäische Gemeinschaft*, Rs. C-104/97, Slg. 1999, I-7032, Rn. 58; EuGH, *De Compte/Parlament*, Rs. C-2/98, Slg. 1994, I-2171, Rn. 109, 118; EuGH, *Moritz/ Kommission*, Rs. C-68/91, Slg. 1992, I-6892, Rn. 37; GA Leger, *Kernkraftwerk Lippe-Ems/Kommission*, Rs. C-161/97, Slg. 1999, I-2093, Rn. 167, 168; GA Lenz, *Sfei u.a./ Kommission*, Rs. C-39/93, Slg. 1994, I-2695, Rn. 36; GA Cosmas, *Hoechst/ Kommission*, Rs. C-227/92, Slg. 1999, I-4459, Rn. 32.

433 EuGH, *Moritz/Kommission*, Rs. C-68/91, Slg. 1992, I-6892, Rn. 37, 39; EuGH, *Vidranyi/Kommission*, Rs. C-283/90, Slg. 1991, I-4368, Rn. 29; GA Léger, *Kernkraftwerk Lippe-Ems/Kommission*, Slg. 1999, I-2093, Rn. 168; GA Lenz, *Sfei u.a./Kommission*, Rs. C-39/93, Slg. 1994, I-2695, Rn. 36.

434 Verletzt ist die Regel, daß das Gericht auf das Parteivorbringen eingehen muß.

435 EuGH, *Tetra Pak/Kommission*, Rs. C-333/94, Slg. 1996, I-6014, Rn. 49; EuGH, *Ferriere Nord/Kommission*, Rs. C-89/95, Slg. 1997, I-4440, Rn. 31; EuGH, *An Taisce und WWF UK/Kommission*, Rs. C-325/94, Slg. 1996, I-3740, Rn. 33.

436 EuGH, *Schröder u.a./Kommission*, Rs. C-221/97, Slg. 1998, I-8286, Rn. 24.

solche Gründe und Argumente, die für die Entscheidung über die Klageanträge von Bedeutung sind, sind zu berücksichtigen. Vorbringen, welches den Ausgang des Verfahrens ohnehin nicht beeinflußt oder unsubstantiiert ist, ist vom Gericht nicht zu beachten.[437] Andererseits ist das Gericht dazu verpflichtet, die Erwägungen zu nennen, die es dazu veranlaßt haben, einen ausdrücklich erhobenen Vorwurf nicht zu berücksichtigen,[438] wobei die Zurückweisung von schlichten Tatsachenbehauptungen keiner besonderen Begründung bedarf.[439]

In der bisherigen Rechtsprechung des EuGH hatte die Rüge der mangelhaften Berücksichtigung des Parteivorbringens dreimal Erfolg.[440] Exemplarisch sei hier die Entscheidung in der Rechtssache *Atlanta/Europäische Gemeinschaft* dargestellt. Vor dem Gericht erster Instanz hatten die Kläger geltend gemacht, es läge ein Verstoß gegen Vorschriften über das Rechtsetzungsverfahren vor, unter anderem deswegen, weil der Rat die Rechtsetzungsbefugnisse unzulässigerweise auf die Kommission übertragen habe. Das Gericht erwähnt diesen Punkt in der Zusammenfassung des Parteivorbringens nicht. Es stellt lediglich fest, daß „im wesentlichen" die Verletzung des Initiativrechts der Kommission und die Verletzung der Anhörungsrechte des Parlaments gerügt wurden. Auf eine entsprechende Rüge hin überprüfte der EuGH die Begründung des erstinstanzlichen Urteils und kam zu dem Ergebnis, daß sich aus dieser Begründung nicht ergebe, daß das Gericht die Rüge der rechtswidrigen Delegation von Rechtsetzungsbefugnissen berücksichtigt habe (weder bei der Zusammenfassung des Parteivorbringens noch bei der rechtlichen Prüfung). Da „keinerlei" Anhaltspunkte dafür bestanden, daß sich das Gericht mit dem Vorbringen auseinandergesetzt hatte, hob der EuGH die Entscheidung des Gerichts auf.

Andererseits kommt eine Aufhebung der Entscheidung bereits dann nicht in Betracht, wenn das Gericht zwar nicht ausdrücklich auf das Parteivorbringen eingegangen ist, sich aber aus anderen Erwägungen in der Ent-

---

437 EuGH, *De Compte/Kommission*, Rs. C-2/98, Slg. 1994, I-2171, Rn. 108, 109; EuGH, *Baustahlgewebe/Kommission*, Rs. C-185/95, Slg. 1998, I-8497, Rn. 119; EuGH, *Schröder u.a./Kommission*, Rs. C-221/97, Slg. 1998, I-8286, Rn. 25.

438 EuGH, *Vidriany/Kommission*, Rs. C-283/90, Slg. 1991, I-4339, Rn. 29.

439 EuGH, *Turner/Kommission*, Rs. C-62/94, Slg. 1995, I-3185, Rn. 24; GA Lenz, *Sfei u.a./Kommission*, Rs. C-39/93, Slg. 1994, I-2695, Rn. 37.

440 EuGH, *Publishers Association/Kommission*, Rs. C-360/92, Slg. 1995, I-69, Rn. 31; EuGH, *Moritz/Kommission*, Rs. C-68/91, Slg. 1992, I-6892, Rn. 37, 39; EuGH, *Atlanta/Europäische Gemeinschaft*, Rs. C-104/97, Slg. 1999, I-7033, Rn. 62.

scheidung eine Antwort auf das entsprechende Vorbringen ergibt[441] oder wenn das Gericht auf andere Gesichtspunkte abgestellt hat, die mit der eigentlichen Rüge in Verbindung stehen.[442] Die Rüge der Nichtberücksichtigung des Parteivorbringens hat nur dann Erfolg, wenn überhaupt keine Anhaltspunkte in der Entscheidungsbegründung gegeben sind, die für eine Beachtung des Vorbringens sprechen. Sobald die Entscheidung des Gerichts Andeutungen enthält, weshalb es einem Vorbringen nicht gefolgt ist, liegt eine ausreichende Berücksichtigung vor.

b. Ablehnung von Beweisanträgen

Genauso wie bei dem Vorbringen von Klageanträgen und Klagegründen stellt sich bei Anträgen auf Beweiserhebungen die Frage, inwieweit der Gerichtshof die Berücksichtigung beziehungsweise Nichtberücksichtigung dieser Anträge kontrollieren kann. Rechtsmittelrelevant sind dabei solche Fälle, in denen eine von den Parteien beantragte Beweisaufnahme durch das Gericht abgelehnt wird.

Die Entscheidung über eine beantragte Beweisaufnahme steht im Ermessen des Gerichts.[443] Dementsprechend hat der EuGH festgestellt, daß das Gericht „grundsätzlich für die Entscheidung über die Erheblichkeit der ihm unterbreiteten Beweisangebote zuständig bleibt."[444] Bereits die Einschränkung auf die nur grundsätzliche alleinige Zuständigkeit läßt jedoch erahnen, daß der Gerichtshof in bestimmten Fällen eine Kontrollbefugnis für sich in Anspruch nimmt. So hat der EuGH festgestellt, daß innerhalb des Rechtsmittelverfahrens sehr wohl überprüft werden kann, ob das Gericht bei der Ablehnung eines Beweisantrags einem Rechtsirrtum unterlegen ist.[445] Er überprüft demzufolge, ob das Gericht erster Instanz eine Beweisaufnahme zu Recht wegen fehlender Sachdienlichkeit des Beweismittels abgelehnt hat.[446] Auch die Feststellung des Gerichts, daß ein Beweisan-

---

441 EuGH, *Deere/Kommission*, Rs. C-7/95, Slg. 1998, I-3154, Rn. 49.

442 EuGH, *Kernkraftwerk Lippe-Ems/Kommission*, Rs. C-161/97, Slg. 1999, I-2170, Rn. 138.

443 GA van Gerven, *Moritz/Kommission*, Rs. C-68/91, Slg. 1992, I-6870, Rn. 6.

444 EuGH, *Dimitriadis/Rechnungshof*, Rs. C-140/96, Slg. 1997, I-5649, Rn. 27.

445 EuGH, *Infrisa/Kommission*, Rs. C-437/98, Slg. 1999, I-7158, Rn. 40; EuGH, *Ici/Kommission*, Rs. C-200/92, Slg. 1999, I-4436, Rn. 59; EuGH, *Hoechst/ Kommission*, Rs. C-227/92, Slg. 1999, I-4480, Rn. 41.

446 EuGH, *Dimitriadis/Rechnungshof*, Rs. C-140/96, Slg. 1997, I-5649, Rn. 28; EuGH, *Baustahlgewebe/Kommission*, Rs. C-185/95, Slg. 1998, I-8507, Rn. 68; EuGH, *Ufex u.a./Kommission*, Rs. C-119/97, Slg. 1999, I-1402, Rn. 111. Wird ein Beweis von den

gebot der Parteien verspätet sei, kann im Rechtsmittelverfahren überprüft werden.[447]

3. Überprüfung der Auslegung von Willenserklärungen

Im Rechtsmittelverfahren wird von den Parteien oft geltend gemacht, das Gericht habe den Inhalt von eingereichten Verträgen, Schriftsätzen, Klageanträgen oder Kommissionsentscheidungen fehlerhaft festgestellt. Auch hier stellt sich die Frage, ob und inwieweit der Europäische Gerichtshof solche Rügen prüfen kann, inwieweit es sich also bei der Auslegung von Willenserklärungen um Rechtsfragen handelt.

a. Der Vorgang der Auslegung

Ziel der Auslegung ist es, den rechtserheblichen Inhalt einer Aussage, den sogenannten Erklärungswert, festzustellen.[448] Der dafür erforderliche Vorgang der Auslegung kann in zwei unterschiedliche Stadien eingeteilt werden.[449] Zunächst ist es erforderlich, die Tatsachen zu ermitteln, die bei der Auslegung zu berücksichtigen sind (der Wortlaut der Erklärung, der Wille

Parteien angeboten, prüft das Gericht zunächst, ob das Beweismittel im Verhältnis zum übrigen Akteninhalt etwas Neues erbringen würde, ob es also zur Ermittlung des Sachverhalts beitragen kann (EuGH, *Baustahlgewebe/Kommission*, Rs. C-185/95, Slg. 1998, I-8507, Rn. 70; EuGH, *Dimitriadis/Rechnungshof*, Rs. C-140/96, Slg. 1997, I-5649, Rn. 28; GA Ruiz-Jarabo,*Ufex u.a./Kommission*, Rs. C-119/97, Slg. 1999, I-1368, R. 103). Ist das nicht der Fall, wird das Beweisangebot durch das Gericht wegen fehlender Sachdienlichkeit zurückgewiesen (EuG, *Baustahlgewebe/ Kommission*, Rs. T-145/89, Slg. 1995, II-1029, Rn. 94).

[447] EuGH, *Baustahlgewebe/Kommission*, Rs. C-185/95, Slg.1998, I-8508, Rn. 75. Gemäß Artikel 48 § 1 VerfO EuG können die Parteien in der Erwiderung oder in der Gegenerwiderung noch Beweismittel benennen. Art. 48 § 1 VerfO EuG betrifft nur neue Beweismittel. Gegenbeweise oder Erweiterungen des ursprünglichen Beweisangebots im Anschluß an einen Beweis der Gegenpartei sind nicht erfaßt (EuGH, *Baustahlgewebe/Kommission*, Rs. C-185/95, Slg. 1998, I-8508, Rn. 72). Sie müssen jedoch die Verspätung begründen. Folge eines verspäteten Beweisangebots ist dessen Ablehnung (EuG, *Baustahlgewebe/ Kommission*, Rs. T-145/89, Slg. 1995, II-1029, Rn. 94).

[448] *Kuchinke*, Grenzen der Nachprüfbarkeit tatrichterlicher Würdigungen in der Revisionsinstanz, S. 146.

[449] *May*, Auslegung individueller Willenserklärungen durch das Revisionsgericht?, NJW 1983, S. 980; *ders.*, Die Auslegung rechtsgeschäftlicher Willenserklärungen im Revisions-verfahren, NJW 1959, S. 709; *Mangold*, Probleme der Auslegung des Individualvertrags, NJW 1962, S. 1600; *Grunsky*, in: Stein/Jonas, § 550, Rn. 33-35.

des Erklärenden und die weiteren Begleitumstände).[450] Insoweit handelt es sich um reine Tatsachenfeststellungen.[451] Anschließend werden die ermittelten Tatsachen in einem zweiten Schritt gewürdigt.[452] Ergebnis dieses Würdigungsvorgangs ist die Feststellung des Erklärungswerts der auszulegenden Willenserklärung. Mit dieser Feststellung ist gleichzeitig der Vorgang der Auslegung beendet. Die sich daran anschließende Frage, wie der Inhalt einer solchen Willenserklärung einzustufen ist (ob als verbotene Absprache, als Kündigungsschreiben etc.), ist nicht mehr Teil des Auslegungsvorgangs.

b. Die Rechtsprechung des EuGH

Der Gerichtshof stuft den Vorgang der Auslegung von Willenserklärungen nicht generell als Tatfrage oder als Rechtsfrage ein, sondern differenziert bei der Frage der Überprüfbarkeit danach, wer die auszulegende Willenserklärung abgegeben hat.

aa. Auslegung privatrechtlicher Willenserklärungen

Danach ist die Nachprüfung der vom Gericht erster Instanz vorgenommenen Auslegung privatrechtlicher Willenserklärungen, die für die materiellrechtliche Beurteilung des Rechtsstreits von Bedeutung sind (z.B. Verträge, Absprachen, Erklärungen), im Rechtsmittelverfahren nicht möglich.[453] Dementsprechend stuft der EuGH die Feststellungen des Gerichts über den Inhalt von Anschreiben[454] oder von Verträgen[455] als eine der Nachprüfung entzogene Tatsachenwürdigung ein. In der Rechtssache *Rat/Leite Mateus*[456] mußte das Gericht den Inhalt eines Bewerbungsschreibens ermitteln. Es

---

450 *Neufert*, Die Revisibilität der Auslegung individueller Vertragserklärungen, S. 29; *Gottwald*, Die Revisionsinstanz als Tatsacheninstanz, S. 234.

451 *Stumpf*, Zur Revisibilität der Auslegung von privaten Willenserkärungen, S. 968, in: FS Nipperdey; *Gottwald*, Die Revisionsinstanz als Tatsacheninstanz, S. 234; *Engisch*, Logische Studien, S. 106.

452 *May*, Die Auslegung rechtsgeschäftlicher Willenserklärungen im Revisionsverfahren, NJW 1959, S. 709.

453 EuGH, *NEU/Kommission*, Rs. C-357/95, Slg. 1997, I-1382, Rn. 55; EuGH, *Finsider/Kommission*, Rs. C-320/92, Slg. 1994, I-5723, Rn. 40; EuGH, *F/Kommission*, Rs. C-346/90, Slg. 1992, I-2710, Rn. 10; GA Lenz führt aus, daß „die Feststellung des Inhalts eines Dokuments eine Tatsachenfrage ist", *Sfei u.a./ Kommission*, Rs. C-39/93, Slg. 1994, I-2692, Rn. 29.

454 EuGH, *V/Parlament*, Rs. C-18/91, Slg. 1992, I-4013, Rn. 16.

455 EuGH, *Baustahlgewebe/Kommission*, Rs. C-185/95, Slg. 1998, I-8519, Rn. 118.

456 EuGH, *Rat/Leite Mateus*, Rs. C-218/97, Slg. 1997, I-6955, Rn. 30, 27.

legte den Begriff „escriturária" im Sinn einer Berufsbezeichnung „für Sekretariats- und/oder Maschineschreibtätigkeiten" aus. Diese Auslegung wurde von der Rechtsmittelführerin angegriffen. Sie rügte, daß die fragliche Bezeichnung nicht allein die Arbeit einer Sekretärin oder Büroassistentin umfasse sondern darüber hinaus gehe. Der EuGH stellte fest, daß das Gericht bei der Auslegung des Begriffs escriturária eine „semantische Prüfung" vorgenommen habe, die „nicht einer rechtlichen Qualifizierung gleichgesetzt werden kann, sondern als eine nicht der Nachprüfung durch den Gerichtshof unterliegende Tatsachenwürdigung anzusehen ist." Der Rechtsmittelgrund wurde daher als unzulässig zurückgewiesen.

bb. Auslegung der Maßnahmen der EG-Organe

Anders als bei Willenserklärungen Privater ist der Gerichtshof innerhalb des Rechtsmittelverfahrens befugt, Inhalt und Tragweite behördlicher Akte der EG-Organe voll nachzuprüfen. Dies hat der Gerichtshof ausdrücklich in der Rechtssache *Kommission/Lisrestal* festgestellt. Dort wurde gerügt, das Gericht erster Instanz habe ein Schreiben der Kommission nicht ordnungsgemäß berücksichtigt. Der EuGH hat daraufhin festgestellt, daß das Rechtsmittelgericht einen solchen Rechtsmittelgrund insoweit „prüfen kann, als mit ihm die Beurteilung des Inhalts und des Wortlautes" des Schreibens der Kommission beanstandet wird.[457] Auch in anderen Rechtssachen hat der Gerichtshof - ohne dies freilich ausdrücklich zu erwähnen - Inhalt und Tragweite von behördlichen Maßnahmen selbständig ausgelegt.[458]

cc. Bewertung

Auffallend ist, daß der Gerichtshof ein und denselben Vorgang - die Auslegung einer Willenserklärung - unterschiedlich einstuft, je nachdem, ob es sich um eine materiell-rechtliche Willenserklärung von Privatpersonen oder um eine Willenserklärung von Gemeinschaftsorganen handelt. Eine Begründung für diese ungleiche Behandlung gibt der Gerichtshof nicht. Das

---

457 EuGH, *Kommission/Lisrestal u.a.*, Rs. C-32/95, Slg. 1996, I-5399, Rn. 40.

458 EuGH, *Kommission/Anic Partecipazioni*, Rs. C-49/92, Slg. 1999, I-4225, Rn. 195, 204; EuGH, *Sfei u.a./Kommission*, Rs. C-39/93, Slg. 1994, I-2711, Rn. 29; EuGH, *Guerin Automobiles/Kommission*, Rs. C-282/95, Slg. 1997, I-1539, Rn. 21, 29; EuGH, *Pevasa und Inpesca/Kommission*, Rs. C-199 und 200/94, Slg. 1995, I-3718, Rn. 17; EuGH, *Aiuffass u. Akt/Kommission*, Rs. C-55/97, Slg. 1997, I-5395, Rn. 14, 17; EuGH, *Tremblay u.a./Kommission*, Rs. C-91/95, Slg. 1996, I-5575, Rn. 23, 24.

erweckt zunächst den Eindruck, als ob der Gerichtshof von seiner einheitlichen Linie bei der Abgrenzung von Tat- und Rechtsfragen Abstand nehmen und sie zugunsten einer nicht vorhersehbaren, systemwidrigen Abgrenzung aufgeben würde. Vor diesem Hintergrund stellt sich die Frage, wie sich die unterschiedliche Behandlung in das bisherige Abgrenzungssystem einfügen läßt.

Ausgangspunkt dabei ist die Einstufung der Auslegung privater Willenserklärungen als Tatsachenwürdigung. Diese Einstufung ist nach dem bisher feststehenden System der Kontrolldichte folgerichtig. Bei dem Auslegungsvorgang handelt es sich weder um eine rechtliche Qualifizierung von Tatsachen noch um eine Auslegung des Gemeinschaftsrechts. Eine rechtliche Qualifizierung liegt nicht vor, da der Auslegungsvorgang keine Kongruenzprüfung zwischen Tatbestandsmerkmalen und Tatsachen beinhaltet.[459] Zu einer rechtlichen Qualifizierung kommt es erst, wenn der Erklärungswert der Willenserklärung feststeht und dieser Inhalt anschließend unter eine bestimmte Rechtsnorm (zum Beispiel ob die Erklärung eine verbotene Absprachen oder eine Kündigung darstellt) subsumiert wird. Es wird auch keine Rechtsnorm des Gemeinschaftsrechts ausgelegt, da Gegenstand des Würdigungsvorgangs nur die zuvor festgestellten Tatsachen sind (Wortlaut, Wille).[460] Handelt es sich bei dem Auslegungsvorgang aber weder um eine rechtliche Qualifizierung von Tatsachen noch um eine Auslegung des Gemeinschaftsrechts, ist die Einordnung als Tatsachenwürdigung zwingend. Dieses Ergebnis wird auch durch einen Vergleich mit der grundsätzlich nicht überprüfbaren Beweiswürdigung untermauert. Sowohl bei der Beweiswürdigung als auch bei der Auslegung von Willenserklärungen werden aus bestimmten Tatsachenfeststellungen (den Beweismittelergebnissen oder den Auslegungsumständen) Schlußfolgerungen gezogen, die sich als neue - da zuvor nicht feststehende - Tatsachen darstellen. Der Unterschied zwischen den beiden Vorgängen liegt allein darin, daß sich die Auslegung auf eine Handlung bezieht, die einen Erklärungswert repräsentiert, während sich die Beweiswürdigung auf alle denkbaren Sachverhalte erstreckt.[461] Sind demnach beide Vorgänge weitgehend vergleichbar, spricht

---

[459] So auch *May*, Die Revision, S. 414, Rn. 271, der allerdings zu einem anderen Ergebnis kommt.

[460] *May*, Die Revision, S. 145, Rn. 272.

[461] *Kuchinke*, Grenzen der Nachprüfbarkeit tatrichterlicher Würdigungen in der Revisionsinstanz, S. 149.

dies auch für eine gleiche Behandlung durch das Rechtsmittelgericht, also für die Einstufung als eine der Nachprüfung entzogene Tatfrage.

Steht damit die systemgemäße Einordnung der Auslegung privatrechtlicher Willenserklärungen als Tatfrage fest, stellt sich nun die Frage, ob die Einstufung der Auslegung behördlicher Akte als Rechtsfrage im Widerspruch zu dem bisherigen Abgrenzungssystem steht. Aus Art. 225 EGV in Verbindung mit Art. 51 EG-Satzung ergibt sich, daß der Gerichtshof nur die fehlerhafte Anwendung des Gemeinschaftsrechts kontrollieren kann. Darunter fällt neben der Kontrolle der rechtlichen Qualifizierung der Tatsachen auch die Kontrolle der Auslegung des Gemeinschaftsrechts.[462] Zum Gemeinschaftsrecht gehören aber nicht nur Richtlinien und Verordnungen.[463] Auch Entscheidungen der EG-Behörden sind Rechtsakte im Sinne des Gemeinschaftsrechts. Gleiches gilt für atypische Handlungen, solange sie rechtliche Wirkung entfalten. Dabei ist die Inhaltsbestimmung solcher Entscheidungen nicht anders zu beurteilen als die Auslegung eines sonstigen Rechtsaktes (Verordnung, Richtlinie etc.) der Europäischen Gemeinschaft. In beiden Fällen wird die rechtliche Reichweite des Anwendungsbereichs des Gemeinschaftsrechts bestimmt. Die Überprüfung der Inhaltsbestimmung behördlicher Entscheidungen folgt also unmittelbar aus der Kompetenz des Rechtsmittelgerichts, die Auslegung des Gemeinschaftsrechts kontrollieren zu können. Demgemäß ist auch die Einordnung der Auslegung behördlicher Akte als im Rechtsmittelverfahren nachprüfbare Rechtsfrage folgerichtig. Im Ergebnis entspricht also sowohl die Einstufung der Auslegung privater Willenserklärungen als Tatfrage als auch die Einordnung der Auslegung behördlicher Akte als Rechtsfrage dem bisherigen System der Kontrolldichte im europäischen Rechtsmittelverfahren.

c. Sonderfall: Auslegung der erstinstanzlichen Klageanträge

Der Gerichtshof stuft auch die Auslegung der Klageanträge als eine der Nachprüfung zugängliche Rechtsfrage ein.[464] Wird im Rechtsmittelverfahren geltend gemacht, das Gericht habe Klagevorbringen verfälscht,[465] feh-

---

[462] Siehe Zweiter Teil, Dritter Abschnitt, I., 2., c.: Die Auslegung von Rechtsbegriffen.

[463] Siehe Zweiter Teil, Zweiter Abschnitt, I., 1.:Beschränkung auf das Gemeinschaftsrecht.

[464] EuGH, *Campo Erbo Industrial/Rat*, Rs. C-138/95, Slg. 11997, I-2051, Rn. 50; EuGH, *Parlament/Meskens*, Rs. C-412/92, Slg. 1994, I-3772, Rn. 11.

[465] EuGH, *Neu/Kommission*, Rs. C-357/95, Slg. 1997, I-1375, Rn. 31; EuGH, *Odigitria/ Rat und Kommission*, Rs. C-293/95, Slg. 1996, I-6143, Rn. 33.

lerhaft[466] oder sinnwidrig[467] ausgelegt, überprüft der Gerichtshof die Auslegung des Gerichts anhand eines Vergleiches der Klageschrift und der Wiedergabe im Urteil.[468] In der Regel legt er das erstinstanzliche Klagevorbringen dann selbständig aus.[469] Eine solche Kontrollbefugnis des Rechtsmittelgerichts läßt sich aus mehreren Gründen rechtfertigen:[470] Zum einen sind die Voraussetzungen der Zulässigkeit zu jedem Zeitpunkt des Verfahrens von Amts wegen zu berücksichtigen. Dementsprechend muß auch das Rechtsmittelgericht von Amts wegen nachprüfen können, ob das Gericht erster Instanz die Zulässigkeit der Klage zu Recht bejaht oder verneint hat. Dafür ist es erforderlich, daß das Rechtsmittelgericht den Inhalt der Klageschrift eigenständig feststellen kann. Zum anderen sind die rechtsgestaltenden Maßnahmen der Parteien - also insbesondere die Klageanträge - in jeder Instanz wirksam. Insoweit darf der höheren Instanz die Beurteilung des Vordergerichts nicht aufgedrängt werden, sondern das Rechtsmittelgericht muß den Inhalt dieser Maßnahmen selbst beurteilen können.

4. Überprüfung der Höhe einer Geldbuße bzw. eines Schadensersatzanspruchs

Auch bei der Festsetzung von Geldbußen oder Schadensersatzansprüchen durch das Gericht erster Instanz stellt sich innerhalb des Rechtsmittelverfahrens die Frage, ob und inwieweit diese Festsetzung von den Rechtsmittelparteien gerügt und vom Gerichtshof überprüft werden kann. Dabei bestehen bei der Prüfung der materiellen Voraussetzungen keine Besonderheiten. Der Gerichtshof kann die Auslegung der einzelnen Tatbestandsmerkmale und deren Subsumtion überprüfen.[471] Hingegen ist die Überprü-

---

466 EuGH, *Campo Erbo Industrial u.a./Rat*, Rs. C-138/95, Slg. 1997, I-2051, Rn. 51.

467 EuGH, *Parlament/Meskens*, Rs. C-412/92, Slg. 1994, I-3772, Rn. 11.

468 EuGH, *Odigitria/Rat und Kommission*, Rs. C-293/95, Slg. 1996, I-6143, Rn. 33.

469 EuGH, Neu*/Kommission*, Rs. C-357/95, Slg. 1997, I-1376, Rn. 36; EuGH, *Campo Erbo Industrial u.a./Rat*, Rs. C-138/95, Slg. 1997, I-2051, Rn. 51; EuGH, *Parlament/Meskens*, Rs. C-412/92, Slg. 1994, I-3772, Rn. 12; EuGH, *Klinke/ Kommission*, Rs. C-298/93, Slg. 1994, I-3030, Rn. 24.

470 *Kuchinke*, Grenzen der Nachprüfbarkeit tatrichterlicher Würdigungen in der Revisionsinstanz, S. 171; *Uffhausen*, Die Nachprüfung der Auslegung von Willenserklärungen in der Revisionsinstanz der allgemeinen Verwaltungsgerichtsbarkeit, S. 233; *Schmidt*, in: Eyermann, § 137, Rn. 25; *Schwinge*, Grundlagen des Revisionsrechts, S. 171.

471 Siehe dazu Zweiter Teil, Dritter Abschnitt, I., 2., b. und c.: Die rechtliche Qualifizierung von Tatsachen und die Auslegung von Rechtsbegriffen.

fung der Höhe einer Geldbuße oder eines Schadensersatzanspruchs nur eingeschränkt möglich.

a. Prüfungsbefugnis des Gerichts erster Instanz

Bei der gerichtlichen Überprüfung der von den EG-Behörden festgesetzten Geldbußen besteht - im Gegensatz zur Kontrolle anderer Ermessensentscheidungen - eine Besonderheit. Gemäß Art. 229 EGV kann bei Verordnungen, die aufgrund des EG-Vertrages erlassen werden, hinsichtlich der darin enthaltenen Zwangsmaßnahmen dem Gerichtshof eine Zuständigkeit zur unbeschränkten Ermessensnachprüfung übertragen werden (sogenannte pleine jurisdiction). Das beinhaltet die Möglichkeit des EuGH und des EuG, die Entscheidungen der EG-Organe abzuändern, sie durch neue Entscheidungen zu ersetzen und Verurteilungen zu Geldzahlungen auszusprechen.[472] Dementsprechend ist Gegenstand der Kontrolle im Rechtsmittelverfahren nicht die Frage, ob das Gericht die Ermessensausübung der Kommission ordnungsgemäß beurteilt hat, sondern ob das Gericht sein eigenes Ermessen bei der Festsetzung der Höhe der Geldbuße ordnungsgemäß ausgeübt hat. Das Gleiche gilt für die Kontrolle der Festsetzung eines Schadensersatzanspruchs durch das Gericht. Auch in diesem Fall muß das Rechtsmittelgericht der Frage nachgehen, ob das Gericht das ihm zustehende Ermessen ordnungsgemäß ausgeübt hat.[473]

b. Überprüfung einer Geldbuße

Bei einem Verstoß gegen Art. 81 und Art. 82 EGV besteht gemäß Art. 15 Absatz 2 Verordnung Nr. 17 die Möglichkeit eine Geldbuße zu verhängen. Die Kommission kann Geldbußen in Höhe von 100 bis einer Millionen

---

[472] *Cremer*, in: Calliess/Ruffert, Art. 229 EGV, Rn. 2; *Geiger*, EG-Vertrag, Art. 172 EGV, Rn. 4; *Kirschner*, Die Kontrolldichte bei der Überprüfung der Entscheidungen der Kommission, S. 4. Das Gericht erster Instanz ist bei einer solchen Überprüfung also nicht mehr an die vier Anfechtungsgründe des Art. 230 Absatz 2 EGV gebunden. Berücksichtigungsfähig sind unter anderem schuldmindernde Geständnisse, ein erneuter Rückfall, wirtschaftliche Prognosen und allgemeine Billigkeitsgesichtspunkte. Von dieser Ermächtigung wurde im Wettbewerbsrecht auf Grundlage des Art. 83 Absatz 2 a EGV (Verordnung Nr. 17 Art. 17; Art. 16 der Fusionskontrollverordnung) und für den Bereich des Verkehrsrechts gemäß Art. 71 Absatz 1 EGV und Art. 75 Absatz 3 EGV Gebrauch gemacht.

[473] In diesem Fall besteht eine originäre Befugnis den Schadensbetrag selbst festzulegen. Es kommt also nicht darauf an, daß dem Gericht eine solche Befugnis gesondert durch den EG-Vertrag übertragen werden muß.

Rechnungseinheiten oder darüber hinaus bis zu 10% des Jahresumsatzes festlegen.[474] Bei der Festsetzung der Geldbuße sind insbesondere die Schwere und die Dauer eines Verstoßes zu berücksichtigen.[475]

aa. Die Beurteilung der Schwere des Verstoßes

Die Schwere der Zuwiderhandlung ist anhand einer Vielzahl von Gesichtspunkten zu beurteilen, ohne daß es eine zwingende oder abschließende Liste von Kriterien gäbe.[476] Maßgebend sind unter anderem die besonderen Umstände der Rechtssache und ihr Kontext.[477] Es kommt also auf eine Beurteilung des Gesamtzusammenhangs an.[478] Innerhalb des Rechtsmittelverfahrens ist es dem Gerichtshof nicht möglich, diese Beurteilung des Gerichts zu kontrollieren. Die Würdigung der einzelnen Faktoren ist allein Sache des Gerichts erster Instanz.[479] Es handelt sich also um eine der Nachprüfung entzogene Tatfrage.

Jedoch kann das Rechtsmittelgericht überprüfen, inwieweit das Gericht rechtlich korrekt alle Faktoren berücksichtigt hat, die gemäß Art. 81 EGV in Verbindung mit Art. 15 Verordnung Nr. 17 für die Beurteilung der Schwere der Verhaltensweise von Bedeutung sind.[480] Darüber hinaus prüft der EuGH, ob das Gericht zu Recht auch andere Faktoren bei der Feststel-

---

[474] Es handelt sich um eine Ermessensentscheidung der Kommission (*Gyselen*, Die Bemessung von Geldbußen im EG-Kartellrecht, WuW 1993, S. 561), sodaß bei der Kontrolle im Rechtsmittelverfahren auch die noch später zu behandelnden Grundsätze der Nachprüfung von Ermessensentscheidungen anwendbar sind.

[475] EuGH, *SPO u.a./Kommission*, Rs. C-137/95, Slg. 1996, I-1627, Rn. 53; EuGH, *Ferriere Nord/Kommission*, Rs. C-89/95, Slg. 1997, I-4442, Rn. 38.

[476] EuGH, *IAZ/Kommission*, Slg. 1983, 3359, Rn. 52; EuGH, *SPO u.a./Kommission*, Rs. C-137/95, Slg. 1996, I-1611, Rn. 54; EuGH, *Ferriere Nord/Kommission*, Rs. C-89/95, Slg. 1997, I-4441, Rn. 33; GA Cosmas, *Kommission/Anic Partecipazioni*, Rs. C-49/92, Slg. 1999, I-4159, Rn. 104; GA Léger, *Baustahlgewebe/Kommission*, Rs. C-185/95, Slg. 1998, I-8480, Rn. 293.

[477] EuGH, *SPO u.a./Kommission*, Rs. C-137/95, Slg. 1996, I-1611, Rn. 54.

[478] GA Léger, *Ferriere Nord/Kommission*, Rs. C-89/95, Slg. 1997, I-4428, Rn. 56.

[479] EuGH, *Baustahlgewebe/Kommission*, Rs. C-185/95, Slg. 1998, I-8522, Rn. 128; GA Cosmas, *Kommission/Anic Partecipazioni*, Rs. C-49/92, Slg. 1999, I-4159, Rn. 105; GA Cosmas, *Hercules Chemicals/Kommission*, Rs. C-51/92, Slg. 1999, I-4247, Rn. 29.

[480] EuGH, *Ferriere Nord/Kommission*, Rs. C-89/95, Slg. 1997, I-4441, Rn. 31; EuGH, *Baustahlgewebe/Kommission*, Rs. C-185/95, Slg. 1998, I-8522, Rn. 128; EuGH, *Finsider /Kommission*, Rs. C-320/92, Slg. 1994, I-5725, Rn.44; GA, Léger, *Baustahlgewebe/Kommission*, Rs. C-185/95, Slg. 1998, I-8480, Rn. 294; GA Darmon, *Finsider/Kommmission*, Rs. C-320/92, Slg. 1994, I-5711, Rn. 71; GA Cosmas, *Hercules Chemicals/Kommission*, Rs. C-51/92, Slg. 1999, I-4247, Rn. 29.

lung der Schwere der Zuwiderhandlung mitberücksichtigt hat.[481] Schließlich kontrolliert der EuGH, ob das Gericht auf alle von der Rechtsmittelführerin vorgebrachten Argumente rechtlich hinreichend eingegangen ist.[482] Mit diesen drei Ausnahmen hat sich der Gerichtshof zumindest die Möglichkeit geschaffen, den Ablauf des Beurteilungsverfahrens einer (formellen) Kontrolle zu unterziehen, während die materielle Beurteilung einer Nachprüfung entzogen ist.

bb. Einhaltung der Obergrenze der Geldbuße

Stehen die Schwere und die Dauer eines Verstoßes fest, wird auf Grundlage dieser Wertung die Höhe der Geldbuße bemessen. Dabei darf die Geldbuße nicht höher als 10% des Gesamtumsatzes des letzten Geschäftsjahres sein.[483] Bei der Frage, ob das Gericht diese Begrenzung richtig angewendet hat, ist im Rechtsmittelverfahren zwischen zwei verschiedenen Angriffspunkten zu unterscheiden. Zum einen kann sich die Rechtsmittelpartei gegen die Feststellung des Jahresumsatzes wenden. Zum anderen kann gerügt werden, die festgesetzte Geldbuße überschreite die Obergrenze des Art. 15 Absatz 2 Verordnung Nr. 17. Die Feststellung des Jahresumsatzes ist einer Kontrolle im Rechtsmittelverfahren grundsätzlich entzogen.[484] Insoweit handelt es sich um eine Tatfrage. Eine Kontrolle kommt nur in Betracht, soweit ein Fall der Aktenwidrigkeit oder der Verfälschung von Beweismittel vorliegt. Hingegen ist die Frage, ob das Gericht bei der Bestimmung der Höhe der Geldbuße auch die Einhaltung der Obergrenze ordnungsgemäß berücksichtigt hat, eine im Rechtsmittelverfahren nachprüfbare Rechtsfrage.[485] Denn in einem solchen Fall muß das Gericht die tatsächliche Feststellung des Jahresumsatzes rechtlich qualifizieren.

cc. Unverhältnismäßig hohe Geldbuße

Des öfteren wird im Rechtsmittelverfahren gerügt, die vom Gericht erster Instanz festgestellte Höhe der Geldbuße sei „überzogen und ungerecht."[486]

---

[481] EuGH, *Baustahlgewebe/Kommission*, Rs. C-185/95, Slg. 1998, I-8525, Rn. 139; GA Léger, *Baustahlgewebe/Kommission*, Rs. C-185/95, Slg. 1998, I-8480, Rn. 294.

[482] EuGH, *Baustahlgewebe/Kommission*, Rs. C-185/95, Slg. 1998, I-8522, Rn. 128.

[483] *Grill*, in: Lenz, Art. 83, Rn. 43.

[484] GA Cosmas, *Kommission/Anic Partecipazioni*, Rs. C-49/92, Slg. 1994, I-4160, Rn. 110.

[485] GA Cosmas, *Kommission/Anic Partecipazioni*, Rs. C-49/92, Slg. 1994, I-4160, Rn. 110.

[486] EuGH, *Ferriere Nord/Kommission*, Rs. C-89/95, Slg. 1997, I-4440, Rn. 30.

Der EuGH wird im Rahmen des Rechtsmittels aufgefordert, aufgrund der im Rechtsmittelverfahren vorgetragenen Argumente die Höhe der Geldbuße nochmals zu überprüfen, ohne daß dabei ein bestimmter Rechtsfehler geltend gemacht wird.[487] Eine solche Rüge ist im Rechtsmittelverfahren unzulässig. Dem Gerichtshof ist es nicht erlaubt, die Beurteilung des Gerichts über die Höhe einer Geldbuße aus Gründen der Billigkeit durch seine eigene Beurteilung zu ersetzen.[488]

dd. Exkurs: Eingeschränkter Prüfungsumfang im Rechtsmittelverfahren

Ergebnis der vorstehenden Analyse ist es, daß der EuGH auch bei der Kontrolle von Bußgeldentscheidungen des EuG seine Kontrollbefugnis auf Rechtsfragen beschränkt und damit den Vorgaben des Art. 225 EGV entspricht. Diese Einschränkung des Prüfungsumfangs widerspricht auch nicht Art. 17 Verordnung Nr.17, nachdem der Gerichtshof bei Klagen gegen Entscheidungen der Kommission über Geldbußen oder Zwangsgelder die Befugnis zur unbeschränkten Nachprüfung hat. Art. 17 Verordnung Nr. 17 darf nicht dahingehend verstanden werden, daß auch der EuGH als Rechtsmittelgericht die Entscheidung des Gerichts erster Instanz (nochmals) unbeschränkt überprüfen kann.[489] Art. 17 Verordnung Nr.17 wendet sich nur an die Eingangsinstanz der europäischen Gerichtsbarkeit, unabhängig davon ob es sich um den EuGH als Einheitsgericht oder das EuG als erstinstanzliches Gericht handelt. Nur hinsichtlich der Klage besteht eine unbeschränkte Nachprüfungsbefugnis (Art. 17 Verordnung Nr. 17: „Bei Klagen gegen Entscheidungen...“), nicht jedoch hinsichtlich des Rechtsmittelverfahrens.

c. Überprüfung der Höhe eines Schadensersatzanspruches

Der Gerichtshof vergleicht die Festsetzung eines Schadenersatzanspruchs mit dem Vorgang der Beweiswürdigung. Daraus folgert er, daß allein das Gericht dazu befugt ist, im Rahmen des Klageantrages über Art und Um-

---

[487] EuGH, *Finsider/Kommmission*, Rs. C-320/92, Slg. 1994, I-5725, Rn. 44.

[488] EuGH, *Baustahlgewebe/Kommission*, Rs. C-185/95, Slg. 1998, I-8522, Rn. 129; EuGH, *Hercules Chemicals/Kommission*, Rs. C-51/92, Slg. 1999, I-4282, Rn. 109; EuGH, *Ferriere Nord/Kommission*, Rs. C-89/95, Slg. 1997, I-4440, Rn. 31; EuGH, *Finsider/Kommission*, Rs. C-320/92, Slg. 1994, I-5725, Rn. 46; EuGH, *BPB Industries und british Gypsum/Kommission*, Rs. C-310/93, Slg. 1995, I-910, Rn. 34.

[489] So aber *Dannecker*, in: Immenga/Mestmäcker, VO 17, S. 1863, Rn. 42;

fang des Schadensersatzes zu befinden.[490] Dementsprechend gehört die Entscheidung über die Höhe eines Schadens zum Bereich der einer Kontrolle entzogenen Tatfragen.[491] Allerdings kann das Rechtsmittelgericht nachprüfen, ob in dem Urteil die Kriterien genannt werden, anhand derer der festgesetzte Betrag bestimmt wurde.[492] So hat der Gerichtshof in der Rechtssache *Rat/De Nil und Impens* das Urteil des Gerichts aufgehoben, da sich dem Urteil nicht entnehmen ließ, „anhand welcher Kriterien" der Schadensersatzbetrag festgesetzt worden war.[493]

5. Überprüfung der Beurteilung von Maßnahmen der EG-Organe

Verfahren vor dem Gericht erfordern es immer, Maßnahmen der Gemeinschaftsorgane zu beurteilen. Das Gericht erster Instanz muß zum Beispiel feststellen, ob eine Maßnahme Rechtswirkung hat,[494] ob sie einen anderen unmittelbar und individuell betrifft[495] oder ob sie ausreichend begründet ist.[496] Der Gerichtshof hält eine Überprüfung dieser Feststellungen für zu-

---

490 EuGH, *Kommission/Brazzelli Lualdi u.a.*, Rs. C-136/92, Slg. 1994, I-2033, Rn. 66, 81; EuGH, *Lucaccioni/Kommission*, Rs. C-257/98, Slg. 1999, I-5286, Rn. 34; EuGH, *Rat/De Nil und Impens*, Rs. C-259/96, Slg. 1998, I-2945, Rn. 32.

491 GA Elmer, *Rat/De Nil und Impens*, Rs. C-259/96, Slg. 1998, I-2931, Rn. 44.

492 EuGH, *Rat/De Nil und Impens*, Rs. C-259/96, Slg. 1998, I-2945, Rn. 32; EuGH, *Lucaccioni/Kommission*, Rs. C-257/98, Slg. 1999, I-5286, Rn. 35.

493 EuGH, *Rat/De Nil und Impens*, Rs. C-259/96, Slg. 1998, I-2946, Rn. 33.

494 Diese Frage stellt sich im Zusammenhang mit der Prüfung der Zulässigkeit von Nichtigkeitsklagen gemäß Art. 230 EGV. Für die Frage, ob eine anfechtbare Entscheidung im Sinne des Art. 230 EGV vorliegt, ist nämlich nicht die Form der angefochtenen Handlung entscheidend, sondern allein ob der Entscheidung gegenüber dem Kläger Rechtswirkung beigemessen werden kann (EuGH, *IBM/Kommission*, Slg. 1981, S. 2639, 2651-2654, EuGH, *Italsolar/Kommission*, Slg. 1993, I-35, 40).

495 Soweit die angegriffene Entscheidung gegenüber dem Kläger ergangen ist, ergibt sich dessen Betroffenheit bereits aus seiner Adressatenstellung. Auf die Betroffenheit kommt es also nur dann an, wenn die angegriffene Entscheidung gegenüber einer anderen Person oder als Verordnung ergangen ist.

496 Zum Begründungsumfang der EG-Behörden: „Die nach Artikel 190 EG-Vertrag vorgeschriebene Begründung muß zwar die Überlegungen der Gemeinschaftsbehörde, die den angefochtenen Rechtsakt erlassen hat, so klar und eindeutig zum Ausdruck bringen, daß die Betroffenen ihr die Gründe für die getroffene Maßnahme entnehmen können und der Gerichtshof seine Kontrolle ausüben kann; sie braucht jedoch nicht sämtliche tatsächlich oder rechtlich erheblichen Gesichtspunkte zu enthalten. Die Frage, ob die Begründung einer Entscheidung diesen Erfordernissen genügt, ist nämlich nicht nur im Hinblick auf ihren Wortlaut zu beurteilen, sondern auch anhand ihres Kontextes sowie sämtlicher Rechtsvorschriften, die das betreffende Gebiet regeln." (EuGH, *Siemens/Kommission*, Rs. C-278/95, Slg. 1997,

lässig: Sowohl die Feststellung, daß eine Maßnahme der EG-Behörden Rechtswirkung erzeuge,[497] als auch die Feststellung, daß sie eine Person unmittelbar betreffe,[498] seien Rechtsfragen, die durch das Rechtsmittelgericht nachgeprüft werden könnten. Das gleiche gilt für die Feststellung des Gerichts, eine Maßnahme der Kommission sei ausreichend beziehungsweise unzureichend begründet.[499]

6. Überprüfung von Ermessensentscheidungen der EG-Behörden

Ist den Behörden der Europäischen Gemeinschaften bei einer Entscheidung Ermessen eingeräumt, besitzt das Gericht erster Instanz nur eine beschränkte Prüfungskompetenz.[500] Es kann die Entscheidung nur daraufhin überprüfen, ob ein offensichtlicher Irrtum oder Ermessensmißbrauch vorliegt oder ob die Kommission die Grenzen des Ermessensspielraums offensichtlich überschritten hat.[501] Entsprechend ist innerhalb des Rechtsmittel-

I-2535, Rn. 17; EuGH, *RTE und ITP/Kommission*, Rs. C-241 und 242/91, Slg. 1995, I-836, Rn. 99; EuGH, *Kommission/V*, Rs. C-188/96, Slg. 1997, I-6585, Rn. 26; vgl. auch *Müller-Ibold*, Die Begründungspflicht im europäischen Gemeinschftsrecht und im deutschen Recht, S. 31 ff.).

497 EuGH, *Rendo/Kommission*, Rs. C-19/93, Slg. 1995, I-3356, Rn. 26; EuGH, *Geotronics/Komission*, Rs. C-395/95, Slg. 1997, I-2297, Rn. 16; EuGH, *Sfei u.a./Kommission*, Rs. C-39/93, Slg. 1994, I-2710, Rn. 26; EuGH, *An Tasice und WWF UK/Kommission*, Rs. C-325/94, Slg. 1996, I-3740, Rn. 30.

498 EuGH, *Frankreich/Comafrica u.a.*, Rs. C-73/97, Slg. 1999, I-220, Rn. 41; EuGH, *Buralux u.a./Rat*, Rs. C-209/94, Slg. 1996, I-645, Rn. 22; EuGH, *Sveriges Betodlares und Henrikson/Kommission*, Rs. C-409/96, Slg. 1997, I-7545, Rn. 43; EuGH, *Glencore Grain/Kommission*, Rs. C-404/96, Slg. 1998, I-2457, Rn. 53; GA Mischo, *Frankreich/Comafrica u.a.*, Rs. C-73/97, Slg. 1999, I-189, Rn. 15

499 EuGH, *Tierce Ladbroke/Kommission*, Rs. C-353/95, Slg. 1997, I-7035, Rn. 27; EuGH, *Kommission/Daffix*, Rs. C-166/95, Slg. 1997, I-999, Rn. 24; EuGH, *Kommission/V*, Rs. C-188/96, Slg. 1997, I-6569, Rn. 12, 24; EuGH, Parament/ Gaspari, Rs. C-316/97, Slg. 1998, I-7618, Rn. 30; EuGH, *Parlament/Innamorati*, Rs. C-254/95, Slg. 1996, I-3452, Rn. 34; EuGH, *Siemens/Kommission*, Rs. C-278/95, Slg. 1997, I-2536, Rn. 18.

500 Eine Ermessensnorm erlaubt es dem Berechtigten zu bestimmen, ob und wie eine Rechtsfolge eintreten soll. Dabei ist es kennzeichnend für Ermessensentscheidungen, daß mehrere Entscheidungen als rechtmäßig angesehen werden können. Vgl. *May*, Die Revision, S.404, Rn. 243.

501 EuGH, *Antillean Rice Mills u.a./Kommission*, Rs. C-390/95, Slg. 1999, I-817, Rn. 49; EuGH, *Hochbaum/Kommission*, Rs. C-107/90, Slg. 1992, I-173, Rn. 8. Nach ständiger Rechtsprechung liegt ein Ermessensmißbrauch vor, wenn ein Gemeinschaftsorgan von seinen Kompetenzen ausschließlich oder zumindest überwiegend zu anderen als den angegebenen Zwecken oder mit dem Ziel Gebrauch macht, ein Verfahren zu umgehen, das der EG-Vertrag speziell vorsieht, um die

verfahrens die Kontrolldichte bei der Überprüfung der Entscheidungen des Gerichts festgelegt: Der Gerichtshof kann zum einen nachprüfen, ob sich das Gericht erster Instanz innerhalb der Grenzen seiner (eingeschränkten) Prüfungskompetenz bewegt hat, ob es also mehr als nur einen offensichtlichen Ermessensmißbrauch bzw. eine offensichtliche Überschreitung des Ermessensspielraums geprüft hat (zum Beispiel, ob das Gericht die Beurteilung der Kommission durch die eigene ersetzt hat).[502] Zum anderen prüft der Gerichtshof nach, ob die Feststellungen des Gerichts in der Sache richtig sind. Er überprüft also, ob wirklich ein vom Gericht angenommener Ermessensmißbrauch der Kommission vorliegt beziehungsweise, ob das Gericht einen Ermessensfehler zu Recht verneint hat.[503]

---

konkrete Sachlage zu bewältigen (EuGH, *Windpark Groothusen/Kommission*, Rs. C-48/96, Slg. 1998, I-2912, Rn. 52.). Speziell für das europäisches Wirtschaftsrecht gilt folgendes: Nach der Rechtsprechung des Gerichtshofes hat sich die richterliche Kontrolle der Würdigung komplexer wirtschaftlicher Sachverhalte in Entscheidungen der Kommission zu Wettbewerbsfragen grundsätzlich auf die Prüfung zu beschränken, ob keine offensichtlich fehlerhafte Würdigung des Sachverhaltes und kein Ermessensmißbrauch vorliegen (EuGH, *Remia u.a./Kommission*, Slg. 1985, I-2545, Rn. 34). Für das europäische Beamtenrecht gilt: Die Anstellungsbehörde verfügt bei der Abwägung der Verdienste und der Beurteilung der Bewerber über ein weites Ermessen (EuGH, *Parlament/Frederiksen*, Rs. C-35/92, Slg. 1993, I-1028, Rn. 13.). Bei Streitigkeiten über Einstellungsfragen kann das Gericht auch prüfen, ob sich die Anstellungsbehörde bei ihrer Ermessensausübung in den Grenzen bewegt hat, die sie sich durch die Stellenausschreibung gesetzt hat (EuGH, *Hochbaum/Kommission*, Rs. C-107/90, Slg. 1992, I-173, Rn. 8, 9.). Überblick bei *Rausch*, Die Kontrolle von Tatsachenfeststellungen und -würdigungen durch den Gerichtshof der Europäischen Gemeinschaften, S. 153 ff.

502 EuGH, *Parlament/Frederiksen*, Rs. C-35/92, Slg. 1993, I-1029, Rn. 17; EuGH, *Hochbaum/Kommission*, Rs. C-107/90, Slg. 1992, I-173, Rn. 8; EuGH, *Deere/Kommission*, Rs. C-7/95, Slg. 1998, I-3111, Rn. 32.

503 EuGH, *Turner/Kommission*, Rs. C-62/94, Slg. 1995, I-3186, Rn. 27; EuGH, *Hochbaum/Kommission*, Rs. C-107/90, Slg. 1992, I-1734, Rn. 14-16; EuGH, *TWD/Kommission*, Rs. C-89/95, Slg. 1997, I-2575, Rn. 28. In der Rechtssache*Ufex u.a./Kommission*, Rs. C-119/97 hat der Gerichtshof die Entscheidung des Gerichts erster Instanz aufgehoben, da das Gericht die Grenzen des Ermessens der Kommission nicht richtig erkannt habe und daher zu Unrecht von einer fehlerfreien Ermessensausübung ausgegangen sei (EuGH,*Ufex u.a./Kommission*, Rs. C-119/97, Slg. 1999, I-1398, Rn. 90, 92, 97).

IV. Ergebnis zur Kontrolldichte

Faßt man die vorgenommene Untersuchung hinsichtlich der Frage nach der Kontrolldichte im Rechtsmittelverfahren zusammen, so ist zunächst zu konstatieren, daß sich die Rechtsprechung des Gerichtshofs nicht eindeutig einer der zu Beginn des Abschnitts dargestellten Theorien zur Frage der Abgrenzung zwischen Rechts- und Tatfrage zuordnen läßt. Das Kontrolldichtekonzept des EuGH ist weder allein am Zweck des Rechtsmittelverfahrens noch an der logischen Struktur der zugrunde liegenden Begriffe oder an der Leistungsfähigkeit des Rechtsmittelgerichts orientiert. Vielmehr stellt sich die vom EuGH vorgenommene Grenzziehung zwischen den rechtsmittelfähigen und dem nichtrechtsmittelfähigen Bereichen der zu überprüfenden Entscheidung als eine Verbindung zwischen einem methodischen Grundkonzept und einer typischen Fallrechtsprechung dar. Der Grenzziehung des EuGH liegt das Bestreben zugrunde, zwischen einerseits dem Interesse der Parteien an einer umfangreichen Kontrolle (und damit an der Gewährleistung einer richtigen Fallentscheidung)[504] und andererseits dem Interesse an einem effektiven Rechtsschutz (und damit an einer nicht zu großen Belastung des Rechtsmittelgerichts)[505] und der Gewährleistung der vom EG-Vertrag geforderten Zuständigkeitsverteilung (das EuG als Tatsachengericht, der EuGH als Rechtsinstanz)[506] einen sinnvollen Ausgleich herzustellen. Diesem Ziel nähert sich der EuGH auf der Grundlage einer methodischen Einteilung der Rechtsanwendungsschritte (Tatsachenfeststellung, Tatsachenwürdigung, Auslegung, rechtliche Qualifizierung). Innerhalb dieser Einteilung überprüft der Gerichtshof sowohl die Auslegung von Rechtsnormen des Gemeinschaftsrechts als auch die rechtliche Qualifizierung der zuvor festgestellten Tatsachen. Eine Kontrolle der sachlichen Richtigkeit der Tatsachenfeststellungen und der Tatsachenwürdigungen findet hingegen nicht statt. Darauf aufbauend entwickelt der EuGH bezüglich einzelner Bereiche der zu kontrollierenden erstinstanzlichen Entscheidung spezielle Prüfungskriterien. Sind diese erfüllt, ist eine Kontrolle in der Rechtsmittelinstanz zulässig. Dazu sind in erster Linie die beiden Möglichkeiten zu zählen, eine mittelbare Überprüfung der Tatsachenfeststellungen zu erreichen (Kontrolle des Beweisverfahrens, Kontrolle der Ak-

504 Siehe dazu Erster Teil, II., 1.: Verbesserung des Rechtsschutzes.

505 Siehe dazu Erster Teil, III., 3.: Die EG als Rechtsgemeinschaft.

506 Siehe dazu Zweiter Teil, Dritter Abschnitt, II., 3.: Ergebis zur Kontrolle der Tatsachenfeststellungen.

tenwidrigkeit). Aber auch im übrigen unterliegen einzelne Bereiche der erstinstanzlichen Entscheidung einer gesonderten Kontrolle (Umfang der Begründung, Berücksichtigung von Parteivorbringen, Auslegung von Willenserklärungen etc.). Hinsichtlich dieser vom Gerichtshof für zulässig erklärten Rechtsmittelgründe läßt sich jedoch feststellen, daß der EuGH eher darauf bedacht ist, die Einhaltung gewisser Form- beziehungsweise Verfahrensvorschriften nachzuprüfen und weniger eine Kontrolle des Ergebnisses vornimmt.[507]

Die sich so ergebende Kontrolldichte innerhalb des Rechtsmittelverfahrens gewährleistet eine umfassende und effektive Überprüfung der erstinstanzlichen Entscheidung. Insbesondere durch die Möglichkeit des Gerichtshofs, bei schwerwiegenden und offensichtlichen Beurteilungsfehlern auch hinsichtlich der erstinstanzlichen Tatsachenfeststellung eine Nachprüfung vornehmen zu können, ist eine weitreichende Kontrolle gewährleistet, ohne das es andererseits zu erheblichen Verfahrensverzögerungen durch diese Kontrollmöglichkeit kommt. Im Ergebnis stellt sich die Beschränkung auf Rechtsfragen und die daraus resultierende Handhabung durch den Gerichtshof als eine Beschränkung des Rechtsmittelverfahrens auf das Wesentliche dar.[508]

Abschließend sei noch darauf hingewiesen, daß die genauere Bestimmung der Kontrolldichte (abgesehen von der Beschränkung auf Rechtsfragen) allein durch die Rechtsprechung des Gerichtshofs vorgenommen wurde und wird. Es handelt sich also um ein Geflecht von Richterrecht, welches nicht ohne weiteres von den Rechtsschutzsuchenden durchdrungen werden kann. Der damit verbundenen Flexibilität des EuGH bei der Ausformung des Rechtsmittelverfahrens steht die Unsicherheit des Rechtsanwenders bezüglich der genauen Reichweite der Kontrolldichte gegenüber. In den einzelnen Rechtsmittelentscheidungen wird deutlich, daß den Rechtsschutzsuchenden der Umfang der ihnen im Rechtsmittelverfahren zur Verfügung stehenden Mittel oftmals nicht bekannt ist. Diese Unsicher-

---

[507] Diese Entwicklung zeigt sich ebenfalls bei der Frage der Kontrolle behördlicher Akte durch den Gerichtshof. Auch hier wird den Gemeinschaftsbehörden ein weites Ermessen bei Entscheidungen in der Sache zugestanden. Dies wird aber durch strengere Anforderungen im Verfahren kompensiert (*Everling*, Stand und Zukunftsperspektiven der Europäischen Gerichtsbarkeit, S. 42, in: FS Deringer; *Due*; Verfahrensrechte der Unternehmen im Wettbewerbsverfahren vor der EG-Kommission, EuR 1988, S. 33.)

[508] *Pirrung*, Die Stellung des Gerichts erster Instanz im Rechtsschutzsystem der EG, S. 23.

heit drückt sich nicht zuletzt in der hohen Zahl von offensichtlich erfolglosen Rechtsmitteln aus (33% aller eingelegten Rechtsmittel). Aus der Sicht der Rechtsschutzsuchenden wäre daher eine Klarstellung des Prüfungsumfangs durch den europäischen Gesetzgeber wünschenswert. Beispielsweise sollten die Rechtsmittelgründe der Aktenwidrigkeit oder der Verfälschung von Beweismitteln in die Verfahrensordnung des EuGH aufgenommen werden. Damit wäre zugleich sichergestellt, daß der jetzt erreichte Rechtsschutzstandard nicht ohne weiteres, das heißt allein durch die Rechtsprechung des Gerichtshofs, abgeändert oder sogar zurückgeschraubt werden könnte. Der Forderung nach einer solchen Kodifizierung kann auch nicht entgegengehalten werden, daß dadurch die bisher bestehende Flexibilität des Gerichtshofs bei der Handhabung des Rechtsmittelverfahrens nachteilig eingeschränkt werden würde. Zum einen wird durch die Erwähnung der hier beispielhaft aufgezählten Rechtsmittelgründe dem EuGH nicht die Befugnis genommen, deren Ausgestaltung im einzelnen festzulegen. Der Gerichtshof wäre in erster Linie nur hinsichtlich des Bestehens der Rechtsmittelgründe gebunden. Zum anderen ist die ohnehin nur geringfügig tangierte Flexibilität des Gerichtshofs bei der Ausgestaltung des Rechtsmittelverfahrens nicht höher einzustufen als das Recht der Rechtsmittelparteien, über die ihnen im Rechtsmittelverfahren zur Verfügung stehenden Möglichkeiten und Handhaben Kenntnis zu erhalten.

Dritter Teil: Vorschläge zur Reform des europäischen Rechtsmittelverfahrens

Ausgangspunkt der nun folgenden Überlegungen für eine Reform des europäischen Rechtsmittelverfahrens ist die nach wie vor steigende Arbeitsbelastung der Gemeinschaftsgerichtsbarkeit. Die ursprünglich zu verzeichnende Entlastung durch die Errichtung des Gerichts erster Instanz war nur von kurzer Dauer.[509] Das Gericht konnte die sich bereits damals abzeichnende Überbelastung lediglich verzögern, nicht jedoch aufhalten. Die Zahl der Streitsachen vor den Gemeinschaftsgerichten ist auch weiterhin beständig gestiegen, die Verfahrensdauer nach wie vor zu lang, die unerledigten Verfahren nehmen kontinuierlich zu.[510] Das europäische Gerichtssystem steht (wie bereits vor zehn Jahren) am Rande seiner Leistungsfähigkeit. Es droht die Gefahr von Verfahrensverzögerungen, „die ein mit einem akzeptablen Rechtsschutzniveau in der Union unvereinbares Maß erreichen würden."[511] Damit ist eines der wesentlichen Qualitätsmerkmale des europäischen Gerichtssystems, die Rechtzeitigkeit des Rechtsschutzes, nachhaltig beeinträchtigt.[512] Zudem führt die Überbelastung des Gerichtshofs zu der Gefahr, daß er seine Aufgaben als letztinstanzliches Gericht nicht mehr in ausreichendem Maße wahrnehmen kann.[513] Durch die hier zu verzeichnende Entwicklung wird zum einen die Funktion des EuGH, die Einheit-

509 *Rabe*, Zur Reform des Gerichtssystems der Europäischen Gemeinschaften, EuR 2000, S. 811; *Allkemper*, Möglichkeiten einer institutionellen Reform des Europäischen Gerichtshofes, ZRP 1994, S. 302; *Jung*, Das Gericht erster Instanz der Europäischen Gemeinschaften, EuR 1992, S. 249; *Everling*, Stand und Zukunftsperspektiven der Europäischen Gerichtsbarkeit, S. 48, in: FS Deringer; *ders.*, Justiz in Europa von morgen, DRiZ 1993, S. 7.

510 *Reflexionsgruppe*, Zukunft des Gerichtssystems der EG, S. 5.

511 *Gerichtshof*, Die Zukunft des Gerichtssystems der Europäischen Union, EuZW 1999, S. 751.

512 *Danwitz*, Die Garantie effektiven Rechtsschutzes im Recht der Europäischen Gemeinschaft, NJW 1993, S. 1113; *Schmidt-Aßmann*, Empfiehlt es sich, Rechtschutz und Gerichtsbarkeit in der EG weiterzuentwickeln?, JZ 1994, S. 834, 837. Die Rechtzeitigkeit des Rechtsschutzes stellt auch innerhalb des europäischen Recht ein wesentliches Anliegen dar. Ausdrücklich niedergelgt ist ein Anspruch auf rechtzeitigen Rechtsschutz in Art. 6 EMRK, der auch für die Anwendung des Gemeinschaftsrechts beachtlich ist.

513 *Gerichtshof*, Die Zukunft des Gerichtssystems der Europäischen Union, EuZW 1999, S. 751.

lichkeit des Gemeinschaftsrechts und dessen Fortentwicklung zu sichern, in Frage gestellt. Zum anderen führt die beschriebene Beeinträchtigung dazu, daß der EuGH seine Aufgabe als kontrollierende dritte Gewalt nicht in dem erforderlichen Umfang ausüben kann. Damit wird letztlich sogar das Bestehen der Gemeinschaft als Rechtsgemeinschaft in Gefahr gebracht.[514]

Die Ursachen für die Überbelastung der Gemeinschaftsgerichtsbarkeit sind mannigfaltig. Sie liegen zum einen in den immer größer werdenden Rechtsprechungsaufgaben des Gerichtshofs.[515] So sind mit dem Inkrafttreten des Vertrages von Amsterdam weitere umfangreiche Kompetenzen auf den EuGH übertragen worden. Dazu gehören zum Beispiel die Bereiche Visa, Asyl und Einwanderung.[516] Zum anderen ist die zunehmende Europäisierung des Rechts ein ausschlaggebender Faktor für die steigende Belastung des Gerichtshofs.[517] In den letzten Jahren sind ganze Regelungskomplexe durch Richtlinien geschaffen worden, wie etwa Gesellschafts-, Umwelt-, Bank-, Versicherungs-, Steuer-, Lebensmittel- und technisches Sicherheitsrecht.[518] Eine darüber hinausgehende neuerliche Belastung des Gerichtssystems der Gemeinschaften ist im Zuge der bevorstehenden Erweiterungen der Europäischen Union zu erwarten.[519] Sollte sich die Zahl der

---

514 *Kommission*, Reform des Gerichtssystems der Gemeinschaft, KOM (2000) 109. Vgl. dazu bereits Erster Teil, III., 3.: Die EG als Rechtsgemeinschaft.

515 *Everling*, Die Stellung der Judikative im Verfassungssystem der Europäischen Gemeinschaft, ZSR 1993, S. 348; *Lenz*, Reform des Europäischen Gerichtshofs im Blick auf die Erweiterung der Europäischen Union, Rn. 4; *Gerichtshof*, Reflexionspapier, EuZW 1999, S. 750.

516 Gemäß Titel VI des EG-Vertrages gehört dazu auch der Bereich der justiziellen Zusammenarbeit in Zivilsachen mit grenzüberschreitenden Bezügen sowie nach Maßgabe des Titels VI des EU-Vertrages die polizeiliche und justizielle Zusammenarbeit in Strafsachen. Siehe dazu *Wirtz*, in: Der Amsterdamer Vertrag (Hrsg. Bergmann/Lenz), S. 312-315; *Niedermühlbichler*, Verfahren vor dem EuG und EuGH, S. 173-180; *Classen*, Die Jurisdiktion des Gerichtshofs der Europäischen Gemeinschaften nach Amsterdam, EuR Beiheft 1/1999, S. 73-90; *Witte*, ebd., S. 91-97.

517 *Lipp*, Entwicklung und Zukunft der europäischen Gerichtsbarkeit, JZ 1997, S. 327; *Everling*, Die Stellung der Judikative im Verfassungssystem der Europäischen Gemeinschaft, ZSR 1993, S. 348.

518 Zur Europäisierung exemplarisch: *Müller-Graff*, Europäisches Privatrecht; *Klauer*, Die Europäisierung des Privatrechts; *Taupitz*, Europäische Privatrechtsvereinheitlichung heute und morgen; *Langner*, Das Kaufrecht auf dem Prüfstand der Warenverkehrsfreiheit des EG-Vertrages, RabelsZ 65(2001), S. 222 ff.

519 *Sack*, Einige einfache Gedanken zur Reform des Gerichtshofes der Europäischen Gemeinschaften im Hinblick auf neue Erweiterungen der Europäischen Union, EuR 1999, S. 571; *Gerichtshof*, Reflexionspapier, EuZW 1999, S. 750; *Lenz*, Reform des Europäischen Gerichtshofs im Blick auf die Erweiterung der Europäischen Union,

Mitgliedstaaten in absehbarer Zeit vermehren oder sogar verdoppeln, würde damit auch die Zahl der Streitsachen mittel- bis langfristig in einem vergleichbaren Ausmaß zunehmen.[520] In dieser Entwicklung liegt die wesentliche Herausforderung für das Gerichtssystem der Europäischen Gemeinschaften.

Dieser Befund macht es seit langem erforderlich, über einen weiteren Ausbau und eine Umgestaltung des europäischen Rechtsschutzsystems nachzudenken.[521] Anknüpfungspunkte für solche Überlegungen sind jedoch in aller Regel lediglich die europäische Gerichtsstruktur oder die Zuständigkeitsverteilung innerhalb des Rechtsschutzsystems. Das Rechtsmittelverfahren als eigenständiger Rechtsbehelf und damit eigenständiger Belastungs- und Entlastungsfaktor wird nur selten berücksichtigt. Dabei wird oft übersehen, daß das Rechtsmittelverfahren sowohl Ursache als auch Leidtragender der dargestellten Entwicklung ist. So sind einerseits die ständig zunehmenden Rechtsmittelverfahren ein ausschlaggebender Grund für die Überbelastung des Gerichtshofs.[522] Andererseits ist die ständig zunehmende Belastung des Gerichtshofs die Hauptursache für die länger werdende Verfahrensdauer bei den Rechtsmittelverfahren.[523] Eine Entlastung des

Rn. 4; *Pirrung*, Die Stellung des Gerichts erster Instanz im Rechtsschutzsystem der EG, S. 23. Zur Osterweiterung allgemein: *Bergmann*, Die Osterweiterung der Europäischen Union, ZRP 2001, S. 18 ff.; *Schübel*, Die EU-Erweiterung - eine Bestandsaufnahme mit Hinblick auf die Vorbeitrittsstrategie der EU, EuZW 2000, S. 641.

520 *Reflexionsgruppe*, Die Zukunft des Gerichtssystems der EG, S. 6; *Streinz/Leible*, Die Zukunft des Gerichtssystems der Europäischen Gemeinschaft, EWS 2001, S. 2.

521 „Nur zehn Jahre nach der Einsetzung des Gerichts erster Instanz ist festzustellen, daß die heutigen Strukturen nicht mehr zeitgemäß sind und eine großangelegte Reform unumgäglich ist, wenn die Gemeinschaft als Rechtsgemeinschaft nicht in Gefahr gebracht werden soll." KOM (2000) 109; vgl. dazu auch: *Jacque/Weier*, On the road to European Union - A new Judicial Architecture, CMLRev. 1990, S. 185 ff.; *Koopmans*, The Future of the Court of the European Communities, YEL 1991, S. 15 ff.; *Bzdera*, L'enfeu politique de la reforme institutionelle de la court de justice de la communauté européenne, RMC 1992, S. 241; *Kapteyn*, The Court of Justice of the European Communities after the Year 2000, S. 135, in: FS Schermers; *Allkemper*, Möglichkeiten einer institutionellen Reform des Europäischen Gerichtshofes, ZRP 1994, S. 301 ff.; *van Gerven*, The Role and the Structure of the European Judiciary now and in the Future, ELRev. 1996, S. 211 ff.; *Scorey*, A new Model for the Community's Judicial Architecture in the new Union, ELRev. 1996, S. 224 ff.; *Arnull*, Underpinning the Communities Judicial Architecture, ELRev. 1997, S. 1 ff.

522 Siehe dazu Erster Teil, V.: Bedeutung des Rechtsmittelverfahrens in der Praxis.

523 *Dausese*, Gutachten für den DJT, S. 87.

Gerichtshofs im Hinblick auf die zu entscheidenden Rechtsmittelverfahren könnte also sowohl einen Beitrag zum Abbau der insgesamt bestehenden Überbelastung des Gerichtshofs als auch zur Verkürzung der Dauer des Rechtsmittelverfahrens darstellen.

Für eine solche Entlastung bestehen mehrere Anknüpfungspunkte: Eine Reform könnte zunächst bei der Gestaltung des Rechtsmittelverfahrens ansetzen (dazu unter I.: Beschleunigung des Rechtsmittelverfahrens); weiterhin wäre es möglich, den Prüfungsumfang des Rechtsmittelgerichts einzuschränken, um so eine Entlastung des Gerichtshofs zu erzielen (dazu unter II.: Beschränkung des Prüfungsumfangs); auch könnte die Zahl der Rechtsmittelverfahren dadurch gesenkt werden, daß man den Rahmen der rechtsmittelfähigen Akte einschränkt (dazu unter III.: Begrenzung der rechtsmittelfähigen Akte); desgleichen könnte eine Entlastung durch die Einführung eines Filterverfahrens erreicht werden (dazu unter IV.: Zulassungsbeschränkung für das Rechtsmittelverfahren). Unabhängig von den Problemen einer Entlastung des Gerichtshofs stellt sich schließlich die Frage, ob nicht die Zulassung eines „Rechtsmittels im Interesse des Rechts" sinnvoll wäre, um auch weiterhin die Aufrechterhaltung der Einheitlichkeit des Gemeinschaftsrechts zu gewährleisten (dazu unter V.: Rechtsmittel im Interesse des Rechts).

Der nun folgenden Darstellung der einzelnen Reformmöglichkeiten ist noch voranzustellen, daß, auch wenn die vorliegenden Vorschläge dem Ziel der Entlastung des Gerichtshofs dienen sollen, dies nicht das alleinige Reformanliegen sein kann. Eine Entlastung des Gerichtshofs um jeden Preis ist keinesfalls sinnvoll. Ein solches Reformvorhaben muß vielmehr eingebunden bleiben in ein umfassendes Zielgefüge, in dem auch die Aspekte der inhaltlichen Qualität gerichtlicher Kontrolle, die Transparenz des Gerichtssystems, die Rechtzeitigkeit des Rechtsschutzes und die Wahrung der Einheitlichkeit des Gemeinschaftsrechts Raum haben.[524] Bei den folgenden Überlegungen ist dieser Interessenkonflikt stets zu berücksichtigen.

[524] *Gerichtshof*, Die Zukunft des Gerichtssystems der Europäischen Union, S. 753; *Schmidt-Aßmann*, Empfiehlt es sich, Rechtsschutz und Gerichtsbarkeit in der EG weiterzuentwickeln?, JZ 1994, S. 838; *Reflexionsgruppe*, Die Zukunft des Gerichtssystems der EG, S. 6.

I. Beschleunigung des Rechtsmittelverfahrens

Die Verfahrensdauer bei Rechtsmittelverfahren ist im Laufe der letzten zehn Jahre stetig gestiegen, von anfänglich 15,4 Monate im Jahr 1991 auf 20,3 Monate im Jahr 1998.[525] Die Ursachen dafür liegen in erster Linie in der insgesamt gestiegenen Arbeitsbelastung des Gerichtshofs.[526] Gleichwohl stellt sich die Frage, ob nicht aufgrund einer Straffung des Verfahrensablaufs eine Reduzierung der Verfahrensdauer bei den Rechtsmittelverfahren zu erreichen ist.

1. Bereits bestehende Beschleunigungsmechanismen

Dem Gerichtshof steht gemäß Art. 119 VerfO EuGH bereits ein effektives Instrument zur Verfahrensbeschleunigung von Rechtsmittelentscheidungen zu Gebote. Art. 119 VerfO EuGH erlaubt es dem Gerichtshof, offensichtlich unzulässige oder unbegründete Rechtsmittel jederzeit auf Bericht des Berichterstatters nach Anhörung des Generalanwalts ganz oder teilweise durch Beschluß zurückzuweisen. Zu einer solchen Zurückweisung kommt es insbesondere dann, wenn das Rechtsmittel nur ungenaue Angaben zu den Rechtsmittelgründen enthält oder Tatsachenfragen aufwirft. Der Beschluß des EuGH ist dann mit Gründen zu versehen. Die Zurückweisung kann in jedem Verfahrensstadium erfolgen. Von dieser Möglichkeit hat der Gerichtshof bereits in zahlreichen Rechtsmittelverfahren Gebrauch gemacht. Von den bisherigen Rechtsmittelentscheidungen (224 Entscheidungen) wurden fast ein Drittel (76 Entscheidungen) in dem verkürzten Verfahren gemäß Art. 119 VerfO EuGH getroffen.

Zusätzlich erfolgt eine wesentliche Beschleunigung des Rechtsmittelverfahrens durch die Pflicht der Parteien, die Rechtsmittelgründe genau zu bezeichnen und zu beschreiben.[527] Die Rechtsmittelparteien unterliegen insoweit einem erhöhten Substantiierungserfordernis. Der Gerichtshof muß nur innerhalb der so gestellten Anträge die erstinstanzliche Entscheidung überprüfen. Eine darüber hinaus gehende Kontrolle findet nicht statt;[528] der Gerichtshof muß also nicht selbst nach Fehlern in der angefochtenen Entscheidung suchen. Zudem wird durch die strikte Begrenzung

---

[525] Siehe dazu Erster Teil, V.: Bedeutung des Rechtsmittelverfahrens in der Praxis.

[526] *Dauses*, Gutachten für den DJT, S. 87.

[527] Siehe dazu Erster Teil, IV., 3.: Der Ablauf des Rechtsmittelverfahrens.

[528] Siehe dazu Zweiter Teil, 1. Abschnitt, III.: Die Verfügungsbefugnis der Rechtsmittelparteien.

des Streitgegenstandes in der Rechtsmittelinstanz der Prüfungsumfang - und damit die Arbeitsbelastung des EuGH - erheblich eingeschränkt.[529]

Neben diesen bereits bestehenden Möglichkeiten des Gerichtshofs, das Rechtsmittelverfahren abzukürzen beziehungsweise den Prüfungsumfang einzuschränken, gibt es jedoch noch weitere mögliche Ansatzpunkte für eine Straffung des Rechtsmittelverfahrens. Hier kommt insbesondere eine Einschränkung des schriftlichen Verfahrens, eine Begrenzung der mündlichen Verhandlung und einer Reduzierung des Übersetzungsaufwands in Betracht.

2. Das schriftliche Verfahren

Das schriftliche Verfahren beginnt mit der Einreichung der Rechtsmittelschrift und endet mit dem nicht öffentlichen Vorbericht des Berichterstatters, auf dessen Grundlage der EuGH über die weitere Gestaltung des Verfahrens entscheidet.[530] Zweck des schriftlichen Verfahrens ist es, den Rechtsstreit einzugrenzen und den Richtern sowie dem Generalanwalt sämtliche Anträge und Argumente der Parteien darzulegen, damit diese in der Lage sind, über den Rechtsstreit zu entscheiden.[531] Zu diesem Zweck ist es den Parteien möglich, einen Rechtsmittelantrag (Art. 113 VerfO EuGH) und eine Rechtsmittelbeantwortung (Art. 115 VerfO EuGH) beim Gerichtshof einzureichen. Nur ausnahmsweise ist eine weitere Schriftsatzrunde - in Form von Erwiderung und Gegenerwiderung - zulässig.[532]

---

529 Siehe dazu Zweiter Teil, 1. Abschnitt, II.: Begrenzung auf den erstinstanzlichen Prozeßstoff.

530 Nachdem die Rechtsmittelschrift eingereicht wurde, erfolgt die Registrierung und Zuteilung der Rechtssachennummer. Danach wird die Rechtssache einer Kammer des EuGH zugewiesen und es werden der Berichterstatter und der Generalanwalt bestimmt. Anschließend wird die Rechtsmittelschrift dem Rechtsmittelgegener und gegebenenfalls sonstigen Beteiligten zugestellt. Sodann erfolgt eine Mitteilung über das Rechtsmittel im Amtsblatt der EG (Teil C). Vgl. dazu *Schwarze*, in: EU-Kommentar, Art. 245 EGV, Rn. 9 ff.; *Hakenberg/Stix-Hackel*, Handbuch zum Verfahren vor dem EuGH, S. 142-152.

531 *Niedermühlbichler*, Verfahren vor dem EuG und EuGH, S. 128, Rn. 361.

532 Art. 117 VerfO EuGH.

a. Rechtsmittelantrag und Rechtsmittelbeantwortung

Rechtsmittelschrift und Rechtsmittelbeantwortung müssen innerhalb von zwei Monaten eingelegt werden.[533] Eine Verkürzung dieser Fristen ist in Anbetracht der hohen Komplexität, Schwierigkeit und Bedeutung zahlreicher Rechtsmittelverfahren nicht gerechtfertigt.[534] Ansonsten wäre es den betroffenen Parteien nicht mehr möglich, sich in angemessener Weise auf das Rechtsmittelverfahren vorzubereiten. Insoweit steht der Reduzierung der Verfahrensfristen der Anspruch auf rechtliches Gehör entgegen.[535] Danach müssen die Parteien Gelegenheit erhalten, zu den aufgeworfenen Rechtsfragen Stellung zu nehmen.[536] Diese Möglichkeit haben sie aber nur dann, wenn sie genügend Zeit für die Durchsicht der anzufechtenden Entscheidung und für die Ausarbeitung der Rechtsmittelschrift erhalten. Darüber hinaus ist eine Verkürzung der Verfahrensfristen auch aus prozeßtaktischen Gründen nicht empfehlenswert. Eine noch kürzere Rechtsmittelfrist könnte die Parteien nämlich dazu veranlassen, vorsorglich, ohne nähere Prüfung der Erfolgsaussichten, ein Rechtsmittel einzulegen, nur um damit der drohenden Präklusion zu entgehen. Folge wäre, daß sich die Belastung des Gerichtshofs eher vergrößern als verringern würde.

b. Erwiderung und Gegenerwiderung

Bei der Frage nach der Zulässigkeit von Erwiderung und Gegenerwiderung unterscheidet die Verfahrensordnung zwischen zwei Fallkonstellationen.[537]

---

533 In Art. 49 EG-Satzung wird die Frist für die Rechtsmittelschrift festgelegt. Art. 115 VerfO EuGH regelt die Frist für die Rechtsmittelbeantwortung. Eine Verlängerung der Frist für die Rechtsmittelbeantwortung ist nicht möglich. Sowohl für die Rechtsmittelschrift als auch für die Rechtsmittelbeantwortung gelten jedoch die in Anlage II zur Verfahrensordnung des EuGH geregelten Entfernungsfristen (Art. 81 § 2 VerfO EuGH). Die Verfahrensfrist verlängert sich automatisch um die Entfernungsfrist. Vgl. *Niedermühlbichler*, Verfahren vor dem EuG und EuGH, Rn. 320, 473.

534 *Dauses*, Gutachten für den DJT, S. 150.

535 Zum Anspruch auf rechtliches Gehör: *Grzybek*, Prozessuale Grundrechte im Europäischen Gemeinschaftsrecht, S. 89-197; *Kingreen*, in: Calliess/Ruffert, Art. 6 EUV, Rn. 167 ff.

536 EuGH, *Transocean Marine Paint/Kommission*, Slg. 1977, I-1971, Rn. 15; EuGH, *Niederlande u.a./Kommission*, Slg. 1992, I-639, Rn. 46.

537 Von der Frage, ob eine Erwiderung bzw. Gegenerwiderung überhaupt möglich ist, ist die Frage nach dem zulässigen Inhalt der Erwiderung bzw. der Gegenerwiderung zu unterscheiden. Hier ist insbesondere zu berücksichtigen, daß auch in der Rechtsmittelinstanz Vorbringen als verspätet zurückgewiesen werden kann (Art. 42 § 2 iVm § 118 VerfO EuGH).

Beantragt der Rechtsmittelgegner mit seiner Rechtsmittelbeantwortung die Aufhebung der Entscheidung unter einem Gesichtspunkt, welcher in der Rechtsmittelschrift des Rechtsmittelführers nicht geltend gemacht wird, so kann der Rechtsmittelführer gemäß Art. 117 § 2 VerfO EuGH binnen zwei Monaten nach Zustellung der Rechtsmittelbeantwortung eine auf diesen Gesichtspunkt beschränkte Erwiderung einreichen. Mit dieser Regelung wird sichergestellt, daß der Rechtsmittelführer die Möglichkeit erhält, auf neu aufgeworfene Rechtsfragen einzugehen. Insoweit dient die Regelung der Gewährleistung des Anspruchs auf rechtliches Gehör, so daß eine Einschränkung oder Aufhebung dieser Erwiderungsmöglichkeit von vornherein ausscheidet.

In allen übrigen Fällen ist eine Erwiderung und eine Gegenerwiderung im Rechtsmittelverfahren nur unter sehr engen Voraussetzungen möglich. Die Parteien müssen gemäß Art. 117 § 1 VerfO EuGH einen entsprechenden Antrag binnen einer Woche nach Zustellung der Rechtsmittelbeantwortung oder der Erwiderung beim Präsidenten des Gerichtshofs stellen. Die Erwiderung beziehungsweise die Gegenerwiderung muß erforderlich sein, um es der betroffenen Partei zu ermöglichen, ihren Standpunkt zu Gehör zu bringen, oder um die Entscheidung über das Rechtsmittel vorzubereiten. Darunter fallen zum Beispiel Erwiderungen, in denen bereits vom Rechtsmittelführer vorgebrachte Argumente genauer dargestellt werden oder Stellungnahmen, mit denen näher auf das Vorbringen des Rechtsmittelgegeners eingegangen wird. Der Antrag bedarf der ausdrücklichen Genehmigung durch den Präsidenten des Gerichtshofs. Die in dieser Form gewährleistete Ergänzungsmöglichkeit der Rechtsmittelparteien kann ebenfalls nicht weiter eingeschränkt werden. Ansonsten wären die Parteien überhaupt nicht mehr in der Lage, ihrem ursprünglichen Schriftsatz etwas hinzuzufügen. Ein Ausweichen auf die mündliche Verhandlung ist nicht stets möglich, da der EuGH in bestimmten Fällen auch ohne mündliche Verhandlung entscheiden kann.[538] Selbst wenn das Vorbringen in der mündlichen Verhandlung noch nachträglich geltend gemacht werden kann, bedeutet dies eher eine Verfahrensverzögerung und eine zusätzliche Arbeitsbelastung für den EuGH.

[538] Siehe dazu die Möglichkeit, gemäß Art. 119 VerfO EuGH das Rechtsmittel „jederzeit" zurückweisen zu können. Darüber hinaus besteht gemäß Art. 120 VerfO EuGH die Möglichkeit, ohne mündliche Verhandlung zu entscheiden (dazu unter Dritter Teil, I., 3.: Das mündliche Verfahren).

Als verfahrensbeschleunigende Maßnahme kommt insoweit lediglich in Betracht, den Rechtsmittelparteien hinsichtlich ihres Antrags auf Erwiderung beziehungsweise Gegenerwiderung eine Begründungspflicht aufzuerlegen. Die Rechtsmittelparteien müßten detailliert darlegen, aus welchen Gründen eine weitere Schriftsatzrunde erforderlich ist und auf welche Punkte sie sich beziehen soll.[539] Damit könnte der Prüfungsaufwand des Gerichtshofs in dieser Frage zumindest teilweise reduziert werden.

3. Das mündliche Verfahren

Gemäß Art. 52 EG-Satzung besteht das Rechtsmittelverfahren aus einem schriftlichen und einem mündlichen Verfahren. Die mündliche Verhandlung ist als Ergänzung des schriftlichen Verfahrens gedacht. Sie dient insbesondere dazu, die schwierigsten Punkte des Rechtsstreits zu erfassen und mit den Parteien zu erörtern.[540] Allerdings kommt der mündlichen Verhandlung im Rechtsmittelverfahren keine so weitreichende Bedeutung wie im erstinstanzlichen Verfahren zu.[541] Denn im Gegensatz zur mündlichen Verhandlung vor dem Eingangsgericht wird in der Rechtsmittelinstanz nicht mehr über Tatsachenfragen verhandelt. Den Parteien muß also nicht mehr Gelegenheit gegeben werden, neue tatsächliche Argumente vorzutragen. Die Beantwortung der im Rechtsmittelverfahren aufgeworfenen Rechtsfragen kann in aller Regel nach Aktenlage vorgenommen werden.[542] Es gilt der Grundsatz „iura novit curia." Vor diesem Hintergrund ist eine mündliche Verhandlung in der Rechtsmittelinstanz grundsätzlich entbehrlich. Aber auch unter dem Gesichtspunkt des rechtlichen Gehörs ist eine mündliche Verhandlung nicht unbedingt notwendig, soweit den Parteien im schriftlichen Verfahren ausreichend Gelegenheit zur Stellungnahme gegeben wurde.[543]

Diesem Umstand trägt die Verfahrensordnung des Gerichtshofs Rechnung, indem im Rechtsmittelverfahren gemäß Art. 120 VerfO EuGH der Gerichtshof die Möglichkeit hat, auf eine mündliche Verhandlung zu verzichten.[544] Allerdings wurde die ursprüngliche Regelung des Art. 120 VerfO

---

539 *Reflexionsgruppe*, Die Zukunft des Gerichtssystems der EG, S. 12.
540 *Niedermühlbichler*, Verfahren vor dem EuG und EuGH, S. 142, Rn. 411.
541 *Jung*, in: Groeben/Thiesing/Ehlermann, Art. 168a EGV, Rn. 191.
542 *Dauses*, Gutachten für den DJT, S. 153.
543 *Kingreen*, in: Calliess/Ruffert, Art. 6 EUV, Rn. 168.
544 Diese Möglichkeit besteht nunmehr in allen Verfahren vor dem Gerichtshof, Art. 44 a, 104 § 4 und 120 VerfO EuGH.

EuGH durch einen Beschluß des Rates vom 13. April 2000 modifiziert.[545] Zwar stellt auch die neue Fassung des Art. 120 VerfO EuGH die Frage der mündlichen Verhandlung weitgehend in das Ermessen des Gerichts. Während jedoch in der ursprünglichen Fassung die Gründe für die Durchführung einer mündlichen Verhandlung genau genannt worden sind (die Parteien hatten im schriftlichen Verfahren nicht ausreichend Gelegenheit, ihren Standpunkt zu Gehör zu bringen)[546] wird in der Neufassung lediglich von den „Gründen" gesprochen, welche die Parteien angeben müssen, um einen entsprechenden Antrag zu begründen.[547] Die Neufassung erweitert also die Möglichkeit der Parteien, eine mündliche Verhandlung im Rechtsmittelverfahren zu verlangen. Ob durch diese Änderung des Art. 120 VerfO EuGH eine Beschleunigung des Verfahrens erzielt werden kann, ist daher zu bezweifeln.

Indes könnte eine weitere Beschleunigung des Verfahrensablaufs durch eine weitergehende Modifizierung des Art. 120 VerfO EuGH erreicht werden. Der Verzicht auf die mündliche Verhandlung könnte für das Rechtsmittelverfahren zum Regelfall gemacht werden. Der EuGH müßte nicht mehr gesondert beschließen, auf eine mündliche Verhandlung zu verzichten, sondern es wäre umgekehrt ein Beschluß erforderlich, um überhaupt eine mündliche Verhandlung durchführen zu können. In einem solchen Fall wäre es den Parteien auch weiterhin möglich, einen Antrag auf eine mündliche Verhandlung zu stellen.[548] Der Antrag müßte jedoch zum einen

[545] ABl. EG Nr. L 122/43. Ausgangspunkt dieser Verfahrensreform war das Reflexionspapier des Gerichtshofs (EuZW 1999, S.750 ff.). Nach dem Beschluß des Rates hat der Gerichtshof die Änderung am 15.05.2000 angenommen. Die Änderungen wurden am 24.05.2000 im Amtsblatt veröffentlicht und sind am 01.07.2000 in Kraft getreten. Anhand der Schnelligkeit, mit dem dieses Gesetzgebungsverfahren abgeschlossen wurde, wird zugeich das Problembewußtsein der Mitgliedstaaten deutlich, eine Entlastung des Gerichtshofs herbeizuführen. Vgl. *Schima*, Jüngste Änderungen der Verfahrensordnung des EuGH, ecolex 2000, S. 535.

[546] Die alte Fassung des Art. 120 VerfO EuGH bestimmt, daß der Gerichtshof beschließen kann, „über das Rechtsmittel ohne mündliche Verhandlung zu entscheiden, es sei denn, eine Partei widerspricht mit der Begründung, daß sie im schriftlichen Verfahren nicht ausreichend Gelegenheit hatte, ihren Standpunkt zu Gehör zu bringen."

[547] Die neue Fassung des Art. 120 VerfO EuGH bestimmt, daß der Gerichtshof beschließen kann, „über das Rechtsmittel ohne mündliche Verhandlung zu entscheiden, es sei denn, eine Partei stellt einen Antrag, in dem die Gründe aufgeführt sind, aus denen sie gehrt werden möchte."

[548] Vgl. dazu die Vorschläge des *Gerichtshofs*, Die Zukunft des Gerichtssystems der Europäischen Union, EuZW 1999, S. 752.

die Bereiche genau darlegen, zu denen mündlich verhandelt werden soll, und zum anderen eine umfassende Begründung für dieses Verlangen enthalten. Der Gerichtshof könnte dann nach eigenem Ermessen über den Antrag der Parteien entscheiden.[549] Eine solche Modifizierung des Art. 120 VerfO EuGH hätte einerseits zur Folge, daß nicht völlig auf das Recht der mündlichen Verhandlung verzichtet würde.[550] Denn zu einer mündlichen Verhandlung würde es jedenfalls immer dann kommen, wenn bedeutsame oder schwierige Rechtsfragen zu erörtern wären.[551] Andererseits würde die Modifizierung zu einer erheblichen Entlastung des Gerichtshofs führen. Zum einen könnte die Mehrzahl der Rechtsmittelverfahren von vornherein ohne mündliche Verhandlung durchgeführt werden. Zum anderen würde in den übrigen Fällen von der stattfindenden mündlichen Verhandlung bewußter Gebrauch gemacht. Durch die Begründungspflicht der Anträge wäre eine konzentriertere und auf die Problembereiche reduzierte Verhandlung möglich, so daß sich im Ergebnis der Wert der mündlichen Verhandlung steigern würde. Auf diese Weise wäre eine effektivere Gestaltung des Rechtsmittelverfahrens möglich.

4. Übersetzungsaufwand

Verzögerungen innerhalb des europäischen Gerichtssystems sind nicht zuletzt darin begründet, daß der Gerichtshof in sämtlichen elf Verfahrenssprachen arbeiten muß und daher auf Übersetzungen angewiesen ist.[552] Der Übersetzungsaufwand nimmt ungefähr ein Drittel der Verfahrensdauer ein.[553] So ist es zunächst erforderlich, sämtliche von den Parteien einge-

549 *Dauses*, Gutachten für den DJT, S. 152.

550 Der europäische Grundsatz des fairen Verfahrens umfaßt zwar auch die Mündlichkeit des Gerichtsverfahrens. Dieser Grundsatz gilt jedoch uneingeschränkt nur für das Verfahren erster Instanz. Vgl. *Pache*, Der Grundsatz des fairen gerichtlichen Verfahrens auf europäischer Ebene, EuGRZ 2000, S. 604.

551 *Everling*, Stand und Zukunftsperspektive der Europäischen Gerichtsbarkeit, S. 44, in: FS Deringer; *Dauses*, Gutachten für den DJT, S. 152.

552 Art. 29 VerfO EuGH und Art. 290 EGV.

553 *Reflexionsgruppe*, Die Zukunft des Gerichtssystems der EG, S. 13; *Everling* spricht von einer „außerordentlichen" Verzögerung, Stand und Zukunftsperspektiven der Europäischen Gerichtsbarkeit, S. 45, in: FS Deringer; *Pirrung*, Die Stellung des Gerichts erster Instanz im Rechtsschutzsystem der EG, S. 23. In Anbetracht der künftigen Erweiterung der Europäischen Gemeinschaft wird sich dieses Problem noch wesentlich verschärfen. Denn jedes Wachsen der Gemeinschaft läßt den Übersetzungsaufwand überproportional ansteigen. Vgl. *Martiny*, Babylon in Brüssel?, ZeuP 1998, S. 237.

brachten Schriftsätze in die Arbeitssprache des Gerichtshofs (Französisch) zu übersetzen. Nach Abschluß des Verfahrens müssen dann alle in der Arbeitssprache abgefaßten Beschlüsse und Urteile wieder rückübersetzt werden, wobei alle zu veröffentlichenden Urteile und Beschlüsse nun nicht mehr allein in die ausgewählte Verfahrenssprache des Klägers, sondern in sämtliche Verfahrenssprachen der EG übersetzt werden müssen.[554]

Für das Rechtsmittelverfahren bestimmt Art. 110 VerfO EuGH, daß diejenige Sprache Verfahrenssprache ist, in der die mit dem Rechtsmittel angefochtene Entscheidung des Gerichts erster Instanz erging. Damit wird sichergestellt, daß die von dem Kläger ursprünglich ausgewählte Verfahrenssprache auch weiterhin maßgeblich ist.[555] Eine Modifizierung dieser Sprachenregelung (zum Beispiel, daß die Rechtsmittelschriften nur noch in französisch abgefaßt werden können) ist nicht möglich und nicht wünschenswert. Sie hätte nämlich zur Folge, daß der Zugang zur europäischen Gerichtsbarkeit aufgrund der Nationalität - und der damit verbundenen Muttersprache - eingeschränkt wäre. Eine solche Beschränkung würde jedoch eindeutig dem europäischen Rechtsschutzgedanken widersprechen, nach dem alle Unionsbürger gleichberechtigten Zugang zur Gemeinschaftsgerichtsbarkeit haben müssen.[556] Allerdings ist eine Einschränkung der Übersetzungstätigkeit möglich, nachdem der Gerichtshof die Rechtsmittelentscheidung getroffen hat. Zwar sollten auch weiterhin alle Rechtsmittelentscheidungen übersetzt werden, mit denen die erstinstanzliche Entscheidung aufgehoben wird. Denn in diesen Fällen enthält das Urteil des Gerichtshofs eine Korrektur der Rechtsprechungspraxis des EuG und dient damit der Sicherung der Einheitlichkeit des Gemeinschaftsrechts. Anders verhält es sich jedoch in solchen Fällen, in denen das Rechtsmittel erfolglos ist. Soweit nämlich das Rechtsmittel vom Gerichtshof zurückgewiesen worden ist, wird die Rechtsprechung des Gerichts erster Instanz bestätigt. Da das erstinstanzliche Urteil aber bereits übersetzt ist, ist eine vollständige Übersetzung der Rechtsmittelentscheidung in alle Amtssprachen der Europäischen Union nicht mehr nötig. Das gilt insbesondere für offensichtlich unzulässige oder unbegründete Rechtsmittel (einschließlich der entsprechenden Anträge der Generalanwälte). In solchen Fällen wäre es lediglich angezeigt, eine kurze Mitteilung über die Zurückweisung des Rechtsmittels

---

554 Vgl. dazu *Koenig/Sander*, Einführung in das EG-Prozeßrecht, S. 45, Rn. 88, 89.

555 Vor dem Gericht hat der Kläger gemäß Art. 35 ff. VerfO EuG die Möglichkeit, die Verfahrenssprache auszuwählen.

556 *Dauses*, Gutachten für den DJT, S. 154.

in der amtlichen Entscheidungssammlung zu veröffentlichen. Auf diese Weise könnte zumindest im Hinblick auf die spätere Veröffentlichung eine Entlastung bei der Übersetzungstätigkeit erfolgen.

5. Ergebnis

Es läßt sich feststellen, daß im europäischen Rechtsmittelverfahren eine straffe Prozeßführung bereits üblich ist. Eine wesentliche Beschleunigung des Verfahrens ist unter den bisher diskutierten Ansatzpunkten nicht möglich. Die hier vorgeschlagenen Modifizierungen sind lediglich dazu geeignet, kleinere Verzögerungen während des Verfahrens (im Hinblick auf eine weitere Schriftsatzrunde und die mündliche Verhandlung) beziehungsweise den Arbeitsaufwand nach Abschluß des Rechtsmittelverfahrens (Übersetzungen) zu verringern.

II. Beschränkung der Kontrolldichte des Rechtsmittelgerichts

Eine Entlastung des Rechtsmittelgerichts könnte durch eine Einschränkung der Kontrolldichte im Rechtsmittelverfahren erreicht werden. Eine solche Beschränkung hätte zur Folge, daß sich die Prüfungsintensität - und damit zugleich der Prüfungsaufwand - innerhalb des Rechtsmittelverfahrens reduzierte.[557] Denn je weniger Bereiche der erstinstanzlichen Entscheidung einer Kontrolle zugänglich sind, um so geringer ist auch die damit verbundene Belastung des Rechtsmittelgerichts bei der Überprüfung der angefochtenen Entscheidung. Jedoch ist die bereits bestehende Beschränkung der Kontrolldichte auf Rechtsfragen im Grundsatz nicht weiter einschränkbar. Es ist lediglich möglich, die Kontrolldichte punktuell noch weiter zu begrenzen. So könnte der Prüfungsbefugnis des Gerichtshofs beispielsweise die Beweiswürdigung,[558] die Nachprüfung von Tatsachenfeststellungen anhand der Akten[559] oder die Auslegung von Kommissionsentscheidungen[560] gänzlich entzogen werden. Folge wäre, daß Rechtsmittelgründe mit diesem In-

---

[557] Es liegt auf der Hand, daß die Nachprüfung der Rechts- und der Sachfragen mehr Zeit in Anspruch nimmt als die bloße Überprüfung der Rechtsfragen.

[558] Siehe dazu Zweiter Teil, Abschnitt 3, II.: Kontrolle der erstinstanzlichen Tatsachenfeststellung.

[559] Siehe dazu Zweiter Teil, Abschnitt 3, II.: Kontrolle der erstinstanzlichen Tatsachenfeststellung.

[560] Siehe dazu Zweiter Teil, Abschnitt 3, III.: Praxis des EuGH bei der Kontrolle der erstinstanzlichen Entscheidungen.

halt ohne nähere Überprüfung durch den Gerichtshof als unzulässig zurückgewiesen werden könnten.[561]

Jedoch stehen die durch eine solche Einschränkung erzielten Entlastungswirkungen in keinem Verhältnis zu den sich daraus ergebenden Folgen für die Rechtsschutzsuchenden. Denn Konsequenz einer solchen Beschränkung wäre einerseits, daß offensichtliche, grobe Fehler in den entsprechenden Bereichen einer Nachprüfung in der Rechtsmittelinstanz entzogen wären. Die betroffene Partei hätte keine Möglichkeit mehr, gegen eine Verfälschung von Beweismitteln oder gegen Tatsachenfeststellungen vorzugehen, die dem eindeutigen Akteninhalt widersprechen. Andererseits wäre die aus einer solchen Beschränkung resultierende Entlastungswirkung nur sehr gering, da die Überprüfung der oben genannten Rechtsmittelgründe keinen hohen Arbeitsaufwand des Rechtsmittelgerichts erfordert. Der Gerichtshof nimmt eine Überprüfung nur dann vor, wenn die betreffende Stelle genau angegeben wurde, die Rechtsmittelgründe genau bezeichnet sind und eine offensichtliche Fehlbeurteilung vorliegt.[562] Der EuGH muß also weder die fragliche Stelle in der erstinstanzlichen Entscheidung selbst ermitteln noch eine besonders eingehende Überprüfung vornehmen. Im Ergebnis steht dem Vorschlag nach Einschränkung der Kontrolldichte und dem damit verbundenen geringen Entlastungseffekt des EuGH das höher zu bewertende Interesse der Rechtsmittelparteien an einem umfassenden Rechtsschutz und an einer gerechten Fallentscheidung entgegen.

Nicht zuletzt spricht gegen eine solche von Gesetzes wegen verordnete, punktuelle Beschränkung der Kontrolldichte, daß damit nachträglich in das vom Gerichtshof entwickelte System der Grenzziehung zwischen Tat- und Rechtsfragen eingegriffen würde. Das der Grenzziehung zugrundeliegende methodische System, mit dem der Gerichtshof gerade versucht hat, einen ausgewogenen Interessenausgleich zwischen dem Verlangen der Parteien nach einer umfassenden Kontrolle und der Belastung des EuGH vor-

561 Auf diese Weise verfährt der Gerichtshof jedenfalls dann, wenn nach seiner Ansicht in unzulässiger Weise Tatsachenfragen gerügt werden. Vgl. EuGH, *Turner/Kommission*, Rs. C-62/94, Slg. 1991, I-1423; EuGH, *Sebastian/Parlament*, Rs. C-294/91, Slg. 1992, I-4997.

562 Siehe dazu Erster Teil, IV., 3.: Ablauf des Rechtsmittelverfahrens. Vgl. auch *Wägenbaur*, Die Prüfungskompetenz des EuGH im Rechtsmittelverfahren, EuZW 1995, S. 201.

zunehmen, würde zerstört.[563] Die Entwicklung und Ausgestaltung des Rechtsmittelverfahrens hinsichtlich der Frage nach der Abgrenzung der Rechts- von den Tatfragen sollte jedoch allein dem EuGH überlassen bleiben; dieser sollte hierzu eine praktikable, schlüssige Methode entwickeln.[564]

III. Begrenzung der rechtsmittelfähigen Akte

Neben der Reform des Verfahrensablaufs und der Einschränkung des Prüfungsumfangs stellt sich die Frage, ob die Begrenzung der rechtsmittelfähigen Akte zu einer spürbaren Entlastung des Rechtsmittelverfahrens führen kann.[565] Zumindest auf den ersten Blick erscheint dies denkbar. Denn durch eine Einschränkung der mit einem Rechtsmittel überhaupt angreifbaren Entscheidungen ist in der Regel auch eine Reduzierung der eingelegten Rechtsmittel verbunden. Kriterium für eine solche Begrenzung könnte sowohl die Form der Entscheidung des Gerichts (nur noch Urteile des Gerichts) als auch der Inhalt der erstinstanzlichen Entscheidung (nur noch Endentscheidungen) sein.

1. Begrenzung auf Urteile des Gerichts

Die Beschränkung der rechtsmittelfähigen Akte auf erstinstanzliche Urteile hätte zur Folge, daß sämtliche Beschlüsse des Gerichts erster Instanz einer Kontrolle im Rechtsmittelverfahren entzogen wären. Eine solche Begrenzung würde zu einer erheblichen Entlastung des Gerichtshofs führen, da sich in der bisherigen Rechtsmittelpraxis fast die Hälfte aller eingelegten Rechtsmittel gegen erstinstanzliche Beschlüsse gerichtet hat.[566] Der mit einer solchen Einschränkung gewonnenen Entlastung des EuGH stehen jedoch umfangreiche Einschnitte in den Rechtsschutzumfang gegenüber. Konsequenz der Begrenzung auf die Kontrolle der erstinstanzlichen Urteile wäre nämlich, daß Beschlüsse des Gerichts jeglicher Kontrolle entzogen

[563] Zu diesem Interessengegensatz siehe bereits Erster Teil, III., 3.: Die EG als Rechtsgemeinschaft.

[564] *Gerichtshof*, Vorschlag zum Entwurf der EG-Satzung, S. 260 ff., in: Fortentwicklung des Rechtsschutzes.

[565] Zu den rechtsmittelfähigen Akten siehe Zweiter Teil, Erster Abschnitt, I.: Die rechtsmittelfähigen Akte des Gerichts.

[566] Zumeist werden Beschlüsse des Gerichts im einstweiligen Rechtsschutz (Art. 107 VerfO EuG) und Beschlüsse wegen offensichtlicher Unzuständigkeit oder Unzulässigkeit (Art. 111 VerfO EuG) im Rechtsmittelverfahren angefochten.

wären, da ein spezieller Rechtsbehelf gegen Beschlüsse im europäischen Rechtsschutzsystem nicht besteht. Die Rechtsschutzsuchenden wären schutzlos gegenüber Fehlentscheidungen des Gerichts, die in Beschlußform ergehen.[567]

Eine solche Einschränkung des Rechtsschutzniveaus ist sachlich nicht zu rechtfertigen: Auch bei Beschlüssen des Gerichts ist Rechtsschutz notwendig und geboten. Zum einen können auch fehlerhafte Beschlüsse des Gerichts einschneidende Folgen für die am Rechtsstreit beteiligten Personen haben. Die so entstehende Belastung unterscheidet sich in keiner Weise von der Belastung durch ein Fehlurteil. Zum anderen können Beschlüsse des Gerichts in gleichem Maße wie erstinstanzliche Urteile die einheitliche Anwendung des Gemeinschaftsrechts betreffen. Schließlich würde eine derartige Beschränkung der rechtsmittelfähigen Akte zu einer nicht vertretbaren Beschneidung des bereits erreichten Rechtsschutzstandards auf europäischer Ebene führen. Diese negative Konsequenz hinsichtlich des Umfangs des Rechtsschutzes und der Sicherung der Einheitlichkeit des Rechts werden von den zu erzielenden Entlastungseffekt für den Gerichtshof nicht aufgewogen. Im Ergebnis ist eine Begrenzung der rechtsmittelfähigen Akte allein auf erstinstanzliche Urteile im Grundsatz abzulehnen.

Eine Ausnahme könnte jedoch für solche Rechtsmittelverfahren gelten, in denen einstweilige Verfügungen des Gerichts erster Instanz vom Gerichtshofs überprüft werden.[568] Eine Begrenzung der rechtsmittelfähigen Akte in diesem Sinn ist aus mehreren Gründen angezeigt. Zunächst würde eine solche Einschränkung zu einer Konzentration auf den Rechtszug der Hauptsache führen und hätte damit bereits eine erhebliche Entlastung des Rechtsmittelgerichts zur Folge. Gleichzeitig würde dem Rechtsschutzsuchenden nicht generell die Möglichkeit des vorläufigen Rechtsschutzes genommen; die Einlegung vor dem Gericht erster Instanz ist von einer solchen Begrenzung unbenommen. In der Hauptsache würde dem Betroffenen auch weiterhin ein zweigliedriger Instanzenzug zur Verfügung stehen. Zudem sind die zuvor geäußerten Bedenken gegen einen generellen Ausschluß der Anfechtbarkeit von Beschlüssen des Gerichts in der vorlie-

[567] In Beschlußform ergehen solche Entscheidungen des Gerichts erster Instanz, die ohne mündliche Verhandlung getroffen werden.

[568] Damit wären alle Entscheidungen des Gerichts erster Instanz, die gemäß Art. 242 und 243 EGV ergehen, nicht mehr im Wege des Rechtsmittelverfahrens überprüfbar. Insoweit könnte Art. 50 Absatz 2 EG-Satzung, der die Rechtsmittelfähigkeit solcher Entscheidungen anordnet, ersatzlos gestrichen werden. Siehe dazu Zweiter Teil, I., 2., c.: Rechtsmittelgegenstand im Sinne des Art. 50 EG-Satzung.

genden Konstellation nicht einschlägig. Denn zum einen ist in diesen Fällen die Einheit des materiellen Gemeinschaftsrechts nicht gefährdet, da eine endgültige Entscheidung über die Rechtslage ohnehin dem Hauptsachenverfahren vorbehalten ist. Zum anderen sind die Konsequenzen einer Fehlentscheidung im vorläufigen Rechtsschutz nicht so einschneidend wie die einer letztverbindlichen Fehlentscheidung in der Hauptsache. Die Belastung mit einer Fehlentscheidung besteht hier allein darin, daß die Durchführung der erstinstanzlich angefochtenen Maßnahme nicht ausgesetzt wird beziehungsweise daß keine einstweilige Anordnung ergeht. Mit dieser Belastung muß der Rechtsschutzsuchende aber ohnehin rechnen, da die sofortige Vollstreckbarkeit der Gerichtsentscheidungen den Regelfall im europäischen Rechtsschutzsystem darstellt und die Aussetzung der Vollstreckbarkeit die seltene Ausnahme von diesem Grundsatz ist.[569] Zudem besteht die Belastung durch eine mögliche Fehlentscheidung im vorläufigen Rechtsschutzverfahren nur bis zur Entscheidung im Hauptsachenverfahren. Faßt man diese Argumente zusammen, erscheint eine Beschränkung der rechtsmittelfähigen Akte in dem hier vorgeschlagenen Sinne zumindest nicht ausgeschlossen.

2. Beschränkung auf Endentscheidungen

Ob mit einer Beschränkung der rechtsmittelfähigen Akte auf Endentscheidungen eine wirksame Entlastung des Gerichtshofs erreicht werden kann, erscheint hingegen fraglich. Eine solche Beschränkung hätte ausschließlich zur Folge, daß ein Rechtsmittel nicht mehr während des laufenden erstinstanzlichen Verfahrens (gegen Zwischenurteile, Entscheidungen über die Unzuständigkeit oder Unzulässigkeit oder Teilurteile) erhoben werden könnte. Damit wären aber die betreffenden Entscheidungen keineswegs einer Kontrolle durch das Rechtsmittelgericht entzogen. Es bestünde auch weiterhin die Möglichkeit, das dem Zwischenurteil beziehungsweise dem Teilurteil folgende Endurteil anzufechten, um so eine Kontrolle auch der Zwischenentscheidung herbeizuführen. Der mögliche Prüfungsgegenstand in der Rechtsmittelinstanz würde sich im Ergebnis nicht reduzieren. Lediglich der Zeitpunkt der Rechtsmitteleinlegung würde sich verlagern. Inso-

[569] Das wird anhand der geringen Erfolgsquote der Verfahren im vorläufigen Rechtsschutz deutlich. Bis Ende 1994 waren nur 10% der Verfahren erfolgreich, *Kaessner*, Der einstweilige Rechtsschutz im Europarecht, S. 276. Insofern ist die Erfolglosigkeit im vorläufigen Rechtsschutzverfahren ohnehin der Regelfall.

fern kann durch die Begrenzung der rechtsmittelfähigen Akte auf Endentscheidungen keine wirksamen Entlastung des Gerichtshofs herbeigeführt werden. Im Gegenteil ist zu beachten, daß die Möglichkeit der Parteien, gegen Entscheidungen über einen Teil des Streitgegenstandes oder die Unzulässigkeit von Klagen isoliert vorgehen zu können, gerade im Sinne der Prozeßökonomie besteht.[570] Damit soll - vor allem bei komplexen Rechtssachen - gewährleistet werden, daß Entscheidungen über umstrittene Teilaspekte der Hauptsache (Fragen der Zulässigkeit, Entscheidungen über den Grund eines Anspruchs) zunächst im Rechtsmittelverfahren abschließend entschieden werden, bevor das Verfahren vor dem Gericht fortgesetzt wird.[571] Eine Einschränkung der rechtsmittelfähigen Akte in diesem Sinne würde also eher der Prozeßökonomie widersprechen als ihr zu dienen.

IV. Einführung eines Filterverfahrens

Schließlich besteht die Möglichkeit, durch die Einführung eines Filterverfahrens den derzeit unbeschränkten Zugang zum Gerichtshof einzudämmen und auf diesem Wege die Entscheidungslast des Gerichtshofs zu reduzieren. Die Einführung eines Filterverfahrens hätte nämlich zur Folge, daß die Einlegung eines Rechtsmittels nur noch in besonderen Fällen zulässig wäre.

1. Die Zulassungskriterien

Die Auslesefunktion eines solchen Filterverfahrens hängt entscheidend von den ausgewählten Zulassungskriterien ab. Je höher die Anforderungen an die Zulassung des Rechtsmittels sind, um so mehr Rechtsmittel werden an dieser Hürde scheitern. Demzufolge ist eine restriktive Handhabung der Zulassungskriterien notwendige Bedingung für eine spürbare Entlastung des EuGH. Gleichzeitig ist aber zu beachten, daß durch strenge Zulassungskriterien auch die Reichweite des möglichen Rechtsschutzes stark beeinträchtigt wird. Bei der Auswahl der Zulassungskriterien besteht also ein Interessengegensatz zwischen der Entlastung des EuGH einerseits und der Gewährleistung eines umfassenden Rechtsschutzes andererseits.[572]

---

570 Siehe dazu Zweiter Teil, Erster Abschnitt, I., 2.: Sonstige rechtsmittelfähigen Akte.

571 *Jung*, in: Groeben/Thiesing/Ehlermann, Art. 168a EGV, Rn. 155, 156.

572 Zu diesem Interessengegensatz siehe bereits Erster Teil, III., 3.: Die EG als Rechtsgemeinschaft.

Um diesen Interessengegensatz zu einem sinnvollen Ausgleich zu bringen, kommen als Zulassungskriterien im europäischen Rechtsmittelverfahren vor allem die grundsätzliche Bedeutung der Rechtssache für die Einheitlichkeit des Gemeinschaftsrechts und die Bedeutung für den Schutz individueller Rechte in Betracht.[573] Durch die Berücksichtigung dieser Kriterien erhält der Gerichtshof die zweckmäßige Möglichkeit, alle unbedeutenden Verfahren abzuweisen und sich den wesentlichen Fragen des Gemeinschaftsrechts zu widmen. Gleichzeitig wird der Rechtsschutzumfang nicht wesentlich beschnitten, da auch weiterhin ein Großteil der Verfahren unter die genannten Zulassungskriterien fällt. Zudem wird mit diesen beiden Kriterien der ursprüngliche Zweck des Rechtsmittelverfahrens - den Rechtsschutz des Einzelnen zu verbessern und die Einheitlichkeit des Gemeinschaftsrechts zu sichern[574]- berücksichtigt und gefördert.

Weitere Zulassungskriterien kommen hingegen nicht in Betracht. Gegen die Einführung einer bestimmten Wertgrenze als Zulassungskriterium, unter der ein Rechtsmittel immer unzulässig ist, spricht, daß damit ein willkürliches Abgrenzungskriterium geschaffen würde. Denn aus welchem Grund erst ab einem bestimmten Streitwert das Rechtsmittel zugelassen werden sollte, unterhalb dieses Betrages aber nicht, ist sachlich nicht zu rechtfertigen. Diese Differenzierung steht auch in keinem Zusammenhang zu den zuvor erwähnten Zwecken des Rechtsmittelverfahrens. Zudem kann die Höhe einer Geldbuße oder eines geltend gemachten Schadensersatzanspruchs ebenfalls bei der Frage berücksichtigt werden, ob die betroffene Partei nachhaltig in ihren Rechten verletzt wurde und daher eine Zulassung aufgrund der Bedeutung der Rechtssache für die individuellen Rechte des Betroffenen in Betracht kommt.

Auch die Frage nach den Erfolgsaussichten des Rechtsmittelverfahrens ist kein geeignetes Zulassungskriterium. Damit wäre es zwar möglich, bei von vornherein offensichtlich erfolglosen Rechtsmittel diese erst gar nicht zur Entscheidung anzunehmen. Das würde jedoch bereits eine intensivere Erörterung der Rechtslage mit sich bringen, die im Zweifel nur von dem Gerichtshof selbst vorgenommen werden kann. Ein wirkliche Entlastung wäre in diesen Fällen also nicht möglich, da der EuGH auch im „normalen" Verfahren eine solche Prüfung vornimmt. Zudem sollten auch of-

---

573 *Everling*, Die Zukunft der europäischen Gerichtsbarkeit in einer erweiterten Europäischen Union, EuR 1997, S. 416; *Reflexionsgruppe*, Die Zukunft des Gerichtssystems der EG, S. 10; *Dauses*, Gutachten für den DJT, S. 90.

574 Siehe dazu Erster Teil, II.: Zweck des Rechtsmittelverfahrens.

fensichtlich erfolglose Rechtsmittel zumindest mit einer kurzen Begründung durch den Gerichtshof - und nicht allein durch einen formlosen Beschluß - abgewiesen werden. Andernfalls würde die Nachvollziehbarkeit solcher Entscheidungen und damit auch die Akzeptanz der Entscheidungen leiden.

2. Das Zulassungsverfahren

Ein Filterverfahren kann unterschiedliche Gestalt annehmen. Im wesentlichen kommen zwei Verfahren in Betracht. Bei dem sogenannten Zulassungsverfahren entscheidet zunächst eine Vorinstanz über die Zulassung des Rechtsmittels. Bei einer ablehnenden Entscheidung kommt eine Überprüfung durch den Gerichtshof in Betracht. Als Vorinstanz in diesem Sinne kommen sowohl das Gericht erster Instanz als der Generalanwalt am Gerichtshof in Betracht. Denkbar wäre zudem ein sogenanntes Annahmeverfahren, bei dem allein der Gerichtshof über die Zulassung des Rechtsmittels befindet, ohne daß eine andere Instanz an der Entscheidungsfindung beteiligt ist.[575]

a. Zulassungsinstanz

Zur Beantwortung der Frage nach dem geeigneten Zulassungsverfahren sind zunächst die Besonderheiten des Rechtsmittelverfahrens zu berücksichtigen. So überprüft der Gerichtshof die erstinstanzliche Entscheidung nur insoweit, als einzelne Teile der Entscheidung von den Parteien ausdrücklich gerügt werden.[576] Die Entscheidung darüber, ob mit dem Rechtsmittel Fragen von grundsätzlicher Bedeutung (für die Rechtseinheit oder die Parteien selbst) aufgeworfen werden, kann daher sinnvoll erst nach Stellung der Rechtsmittelanträge beantwortet werden. Damit scheidet eine abstrakte Zulassung durch das Gericht erster Instanz von vornherein aus, da zum Zeitpunkt der Urteilsverkündung durch das EuG - in Ermangelung der Rechtsmittelanträge - über diese Frage nicht entschieden werden kann. Nicht zweckmäßig erscheint ferner ein reines Annahmeverfahren, in dem allein der EuGH über die Zulassung des Rechtsmittels entscheidet. Insoweit

[575] *Reflexionsgruppe*, Die Zukunft des Gerichtssystems der EG, S. 10; *Kommission*, Reform des Gerichtssystems der Gemeinschaft, KOM (2000) 109, S. 6; *Dauses*, Gutachten für den DJT, S. 91.

[576] Siehe dazu Zweiter Teil, 1. Abschnitt, III.: Die Verfügungsbefugnis der Rechtsmittelparteien.

wäre der erhoffte Entlastungseffekt erheblich geschmälert, da der Gerichtshof - zwar in einem begrenzteren Umfang - wieder über jedes eingelegte Rechtsmittel zu entscheiden hätte.

Übrig bleibt die Konstruktion, bei der die Generalanwaltschaft des Gerichtshofs[577] über die Zulassung des Rechtsmittels entscheidet. Dafür spricht, daß der Generalanwalt ohne weiteres abwarten kann, bis die Rechtsmittelschrift beim Gerichtshof eingeht, um dann anhand der entsprechenden Anträge die Zulassungsfrage zu beurteilen. Ferner teilt der Generalanwalt als Mitglied des Gerichtshofs dessen hervorgehobene Stellung.[578] Eine ähnlich unparteiische Instanz ist nicht ersichtlich.[579] Die Übertragung der Funktion einer Zulassungsinstanz auf den Generalanwalt entspricht auch der bisherigen Funktion der Generalanwaltschaft, in völliger Unparteilichkeit und Unabhängigkeit Schlußanträge zur Unterstützung des Gerichtshofs zu erstellen.[580]

b. Beschwerdeverfahren zum EuGH

Steht damit die Zulassungsinstanz fest, stellt sich noch die Frage, wie im Fall einer ablehnenden Entscheidung durch den Generalanwalt zu verfahren ist. Dabei kommen zwei Lösungsmöglichkeiten in Betracht. Einerseits wäre es denkbar, daß eine ablehnende Entscheidung des Generalanwalts im Wege einer Zulassungsbeschwerde vom EuGH nochmals überprüft werden könnte.[581] In einem solchen Fälle hätte erst die Zulassungsentscheidung des Gerichtshofs letztverbindlichen Charakter. Andererseits wäre es vorstellbar, daß durch eine ablehnende Entscheidung der Zulassungsinstanz das Rechtsmittelverfahren endgültig beendet wird. Damit wäre eine weitergehende Beschwerde ausgeschlossen. Die Entscheidung des Generalanwalts

---

577 So der Vorschlag von *Lenz*, Reform des Europäischen Gerichtshofs im Blick auf die Erweiterung der Europäischen Union, FCE 4/2000, Rn. 58.

578 *Lenz*, Reform des Europäischen Gerichtshofs im Blick auf die Erweiterung der Europäischen Union, FCE 4/2000, Rn. 58.

579 *Lenz*, Reform des Europäischen Gerichtshofs im Blick auf die Erweiterung der Europäischen Union, FCE 4/2000, Rn. 58.

580 Vgl. Art. 222 Absatz 2 EGV: „Der Generalanwalt hat in völliger Unparteilichkeit und Unabhängigkeit begründete Schlußanträge zu den dem Gerichtshof unterbreiteten Rechtssachen öffentlich zu stellen, um den Gerichtshof bei der Erfüllung seiner in Artikel 220 bestimmten Aufgaben zu unterstützen."

581 Eine solche Überprüfung der Zulassungsentscheidung des Generalanwalts könnte im summarischen Verfahren stattfinden. Der Antrag auf Beschwerde gegen die Zulassungsentscheidung dürfte nur innerhalb einer knapp bemessenen Frist eingelegt werden.

wäre für die Rechtsmittelparteien bindend. Gegen die zuletzt genannte Möglichkeit spricht, daß nur der EuGH letztverbindlich darüber entscheiden kann, ob das Gericht erster Instanz einen Rechtsfehler begangen hat, der von grundlegender Bedeutung für die Einheit des Gemeinschaftsrechts ist. Das folgt unmittelbar aus der Aufgabenzuweisung des Art. 220 EGV, wonach der Gerichtshof die Wahrung des Rechts sichert. Hätte der Generalanwalt das Entscheidungsmonopol über die Zulassung der Rechtsmittel, könnte der EuGH diese Aufgabe - die Einheit des Gemeinschaftsrechts zu sichern - nur in dem Rahmen wahrnehmen, den der Generalanwalt durch seine Zulassungsentscheidung vorgibt. Der Generalanwalt würde insoweit die Funktion des EuGH wesentlich einschränken, da der Gerichtshof keinen Einfluß mehr darauf hätte, welche Rechtsfragen wegen einer grundsätzlichen Bedeutung von ihm entschieden werden müßten. Zudem würde im Fall der Letztverbindlichkeit der Entscheidung des Generalanwalts die Frage der Gewährleistung des Rechtsschutz nicht mehr von einer europäischen Gerichtsinstanz beantwortet. Die Festlegung des Rechtsschutzes würde allein dem Generalanwalt obliegen, also einer nicht gerichtlichen Instanz. Einer solchen Zuständigkeitsübertragung auf den Generalanwalt und die damit einhergehende Einschränkung der Funktion des EuGH widerspricht die eindeutigen Aufgabenzuweisung des Art. 220 EGV. Im Ergebnis muß es daher möglich sein, eine ablehnende Zulassungsentscheidung des Generalanwalts nochmals vom EuGH überprüfen zu lassen.

3. Das Für und Wider eines Filterverfahrens

Unabhängig von dem Problem der konkreten Ausgestaltung eines Filterverfahrens stellt sich die Frage, ob die Einführung eines vorgeschalteten Filterverfahrens überhaupt sinnvoll und zweckmäßig ist, um eine Reduzierung der Entscheidungslast des Gerichtshofs herbeizuführen.[582]

[582] Vorab ist festzustellen, daß innerhalb der europäischen Gemeinschaft kein Recht besteht, daß den Rechtsschutzsuchenden einen unbeschränkten Zugang zum Rechtsmittelgericht gewährt. Vgl. *Strivens*, in: European Courts Practice and Precedents, Rn. 35-03; *Everling*, Die Zukuft der europäischen Gerichtsbarkeit in einer erweiterten Union, EuR 1997, S. 416; instruktiv insoweit auch BVerfGE 11, 232 (233); BVerfGE 89, 381 (390).

a. Entlastung

Für die Einführung eines Filterverfahrens spricht in erster Linie die daraus resultierende Entlastung des EuGH.[583] Alle Verfahren, welche die festgesetzten Zulassungskriterien nicht erfüllen, wären von vornherein unzulässig und bedürften daher keiner eingehenden Nachprüfung durch den Gerichtshof. Allerdings ist zu berücksichtigen, daß der EuGH in diesen Fällen über alle ablehnenden Zulassungsentscheidungen der Vorinstanz im Wege der Zulassungsbeschwerde befinden müßte, soweit ein entsprechender Antrag gestellt würde. Ob diese neuerliche Belastung mit den Zulassungsbeschwerden die Entlastung bei den Rechtsmitteln neutralisiert, ist zwar zu bezweifeln. Jedenfalls aber ist der Entlastungseffekt durch die Möglichkeit eines Beschwerdeverfahrens gemindert.[584] Dabei darf auch nicht übersehen werden, daß eine wirksame Entlastung des Gerichtshofs nicht notwendigerweise von der quantitativen Einschränkung der Rechtsmittelverfahren abhängt, sondern vielmehr von dem Schwierigkeitsgrad der betreffenden Rechtsfragen und dem Umfang des eingelegten Rechtsmittels. Zumindest der Schwierigkeitsgrad der Rechtsmittelfragen würde sich aber bei den nun noch zugelassenen Rechtsmittelverfahren (grundlegende Bedeutung der Rechtssache) erhöhen. Andererseits würden durch das Filterverfahren vor allem nur solche Rechtsmittel ausgesondert werden, die durch den EuGH bereits in einem verkürzten Verfahren entschieden werden.[585] Das Filterverfahren führt also in erster Linie zu einer Entlastung von solchen Rechtsmittelverfahren, die ohnehin keinen großen Prüfungsaufwand mit sich bringen,[586] so daß im Ergebnis der mit der Einführung eines Filterverfahrens erhoffte Entlastungseffekt zumindest teilweise nicht erreicht würde.

---

[583] *Dauses*, Gutachten für den DJT, S. 89 f.; *Jung*, in: Groeben/Thiesing/Ehlermann, Art, 168a EGV, Rn. 148; *Everling*, Die Zukuft der europäischen Gerichtsbarkeit in einer erweiterten Union, EuR 1997, S. 416; *Oppermann*, Die dritte Gewalt in der EU, DVBl. 1994, S. 907; *Schmidt-Aßmann*, Empfiehlt es sich, Rechtsschutz und Gerichtsbarkeit in der EG weiterzuentwickeln?, JZ 1994, S. 838; *Kommission*, Reform des Gerichtssystems, KOM (2000) 109, S. 6; *Reflexionsgruppe*, Die Zukunft des Gerichtssystems der EG, S. 10.

[584] *Lenz*, Reform des Europäischen Gerichtshofs im Blick auf die Erweiterung der Europäischen Union, FCE 4/2000, Rn. 54.

[585] So käme insbesondere den gemäß Art. 119 VerfO verkürzten Verfahren wegen offensichtlicher Erfolglosigkeit keine grundsätzliche Bedeutung im Sinne des Filterverfahrens zu.

[586] *Prütting*, Die Zulassung der Revision, S. 73.

b. Rechtssicherheit

Gegen die Einführung eines Filterverfahrens spricht, daß damit bei den Rechtsschutzsuchenden erhebliche Unsicherheit über die Reichweite der ihnen zur Verfügung stehenden Rechtschutzmöglichkeiten besteht. Der Zulassungskonstruktion fehlt es insoweit an Rechtsmittelklarheit.[587] In welchen Fällen eine Rechtsfrage von „grundsätzlicher Bedeutung" vorliegt, ist für die Rechtsmittelparteien nur schwer oder gar nicht abzuschätzen.[588] Letztlich ist es immer eine Frage des Einzelfalls, ob eine solche grundsätzliche Bedeutung vorliegt. Damit würde es aber an der für den Rechtsschutzsuchenden notwendigen Transparenz und Verständlichkeit des Gerichtssystems fehlen.[589] Darunter würde vor allem die Voraussehbarkeit des Rechtsschutzes leiden. Eine Entwertung des Rechtsmittelverfahren wäre die Folge. Denn durch die mangelnde Berechenbarkeit wird die Bereitschaft der Parteien gefördert, ein Rechtsmittel allein auf Verdacht einzulegen, in der Hoffnung, es könnte eine Frage von grundsätzlicher Bedeutung vorliegen. Damit würde die Gefahr bestehen, daß das Rechtsmittelverfahren - zumindest hinsichtlich der Frage der Zulässigkeit - aus der Sicht der Rechtsmittelparteien zu einem „reinen Glücksspiel" verkommt.

c. Verminderung des Rechtsschutzes

Folge der Einführung eines Filterverfahrens ist, daß nicht mehr über jedes von den Rechtsmittelparteien eingelegte Rechtsmittel durch den Gerichtshof entschieden wird. Zwar wäre es auch weiterhin möglich, gegen alle rechtsmittelfähigen Akte ein Rechtsmittel einzulegen. Zu einer Entscheidung des Gerichtshofs käme es aber nur noch bei einer grundsätzlichen Bedeutung der gerügten Rechtsfrage. Dabei kann nicht genau abgeschätzt werden, in welchem Umfang der Rechtsschutz durch das Filterverfahren tatsächlich verringert würde. Denn dafür wäre allein die Handhabung der Zulassungskriterien durch den Gerichtshof maßgeblich.[590] Jedoch wird es zu einer merklichen Entlastung nur dann kommen, wenn die Zulassungs-

---

587 *Prütting*, Die Zulassung der Revision, S. 77.

588 *Lenz*, Reform des Europäischen Gerichtshofs im Blick auf die Erweiterung der Europäischen Union, FCE 4/2000, Rn. 54.

589 *Gerichtshof*, Die Zukunft des Gerichtssystems, EuZW 1999, S. 753.

590 vgl. die Kritik zur Unbestimmtheit und Nichtvorhersehbarkeit einer solchen Zulassungskonstruktion, Dritter Teil, IV., 1., b.: Rechtssicherheit.

kriterien restriktiv ausgelegt werden.[591] Dementsprechend wäre aber auch der Rechtsschutz erheblich eingeschränkt. Eine solche Entwicklung ist aus mehreren Gründen bedenklich.[592]

Zunächst ist festzuhalten, daß die nachträgliche Einführung eines Filterverfahrens - unabhängig von einer restriktiven oder extensiven Auslegung - zu einer Verminderung des momentan bestehenden Rechtsschutzniveaus im europäischen Gerichtssystem führt.[593] Das durch die Schaffung des Rechtsmittelverfahrens gewonnene Mehr an Rechtsschutz würde teilweise wieder rückgängig gemacht. Angesichts der fortschreitenden Vergemeinschaftung weiterer Sachgebiete und der Zunahme der Zahl der unmittelbar geltenden Rechtsakte der EG - insgesamt also einer intensivierenden Einwirkung des Gemeinschaftsrechts auf die Rechtsstellung des Unionsbürgers - ist es aber eher geboten, den individuellen Rechtsschutz zu verbessern.[594] Keinesfalls sollte der einmal erreichte Standard des Rechtsschutzes in der Gemeinschaft gemindert werden.[595] Die Akzeptanz des europäischen Gerichtssystems würde Schaden nehmen, sollte sich herausstellen, daß der auf Gemeinschaftsebene erreichte Rechtsschutzstandard zugunsten einer Entlastung des Gerichtshofs verkürzt würde.[596]

---

[591] Damit wären vor allem Verfahrensfehler des Gerichts oder Subsumtionsfehler einer Kontrolle grundsätzlich entzogen, da sie stets nur Fragen des Einzelfalls betreffen und damit keine grundsätzliche Bedeutung besitzen. Vgl. dazu *Prütting*, Die Zulassung der Revision, S. 77; *Baur*, Die dritte Instanz im künftigen Zivilprozeß, ZZP 71, S. 166 ff.; *Bettermann*, Die Revision wegen wesentlicher Verfahrensmängel, NJW 1954, S. 1305; *Möhring*, Der Gesetzentwurf zur Änderung des Rechtes der Revision, JZ 1972, S. 269.

[592] Vgl. dazu *Everling*, Stand und Zukunftsperspektive in der Europäischen Gemeinschaft, S. 45, in: FS Deringer, der eine Einschränkung des Rechtsschutzes als einen unangemessenen Weg bezeichnet.

[593] *Everling*, Justiz im Europa von morgen, DRiZ 1993, S. 12; vgl. auch *Esser*, Not und Gefahr des Revisionsrechts, JZ 1962, S. 514.

[594] *Oppermann*, Europarecht, S. 270, Rn. 717; *Wegener*, in: Calliess/Ruffert, Art. 220 EGV, Rn. 6; *Wägenbaur*, Erhaltung der Funktionsfähigkeit des Gerichtshofs der EG, S. 679, in: FS Baur; *Allkemper*, Möglichkeiten einer institutionellen Reform des Europäischen Gerichtshofes, ZRP 1994, S. 302. Die Schließung von Rechtsschutzslücken wird vor allem vom EuGH vorangetrieben. Aber auch Maßnahmen der Mitgliedstaaten bzw. des Rates haben zu einer Erweiterung des Rechtsschutzes, insbesondere durch die Errichtung des Gerichts erster Instanz und die Schaffung des Rechtsmittelverfahrens, geführt.

[595] *Everling*, Justiz im Europ von morgen, DRiZ 1993, S. 12; *Schwarze*, Stellung und Funktion des Europäischen Gerichtshofes im Verfassungsgefüge der Europäischen Gemeinschaft, S. 13, 20, 21.

[596] In Bezug auf das Vorabentscheidungsverfahren, *Allkemper*, Möglichkeiten einer institutionellen Reform, ZRP 1994, S. 302; *Schwarze*, Fortentwicklung des

d. Ergebnis

Aus den oben genannten Gründen scheidet die Einführung eines Filterverfahrens in der bestehenden Gerichtsstruktur der Europäischen Gemeinschaft als Mittel zur Bewältigung der existierenden Entscheidungslast aus.[597] Im europäischen Rechtsschutzsystem, das vor allem im Bereich des Rechtsmittelverfahrens noch nicht das Niveau der mitgliedstaatlichen Rechtsmittelverfahren erreicht hat, ist eine solche Einschränkung nicht sinnvoll, da die daraus resultierende Entlastungswirkung außer Verhältnis zu den negativen Folgen für die Voraussehbarkeit und die Reichweite des europäischen Rechtsschutzes steht.[598] Grundsätzlich sollte der Rechtsschutz in der Europäischen Gemeinschaft erweitert und nicht eingeschränkt werden.[599] Die Belastung des Gerichtshofs sollte vielmehr mit einem weiteren Ausbau der Gemeinschaftsgerichtsbarkeit behoben werden.[600]

Rechtsschutzes, S. 21; vgl. auch *Schneider*, Zwei Jahre Gesetz zur Entlastung des BGH, NJW 1972, S. 91; Schlüter, AnwBl. 1963, S. 231; *Prütting*, Die Zulassung der Revision, S. 78.

597 So im Ergebnis auch der *Gerichtshof*, Die Zukunft des Gerichtssystems der Europäischen Union, EuZW 1999, S. 752; *Lenz*, Reform des Europäischen Gerichtshofs, FCE, Rn. 43. Anderer Ansicht ist die *Kommission*, Reform des Gerichtssystems der Gemeinschaft, KOM (2000) 109, S. 6.

598 In diese Richtung kann auch der Gerichtshof verstanden werden. In dem Reflexionspapier führt er aus, daß die Einführung eines Filtermechanismuses „nicht unbedingt vor der nächsten Erweiterung durchgeführt werden" sollte (S. 31 des Reflexionspapiers).

599 Anders könnte die Situation zu beurteilen sein, wenn in der europäischen Gerichtsbarkeit bereits ein dreigliedriger Instanzenzug existierte. Das ist aber bisher nicht der Fall. Zwar bestehen im Bereich des Markenrechts „quasi" drei Instanzen. Dort kann die Entscheidung des Markenamts zunächst durch eine unabhängige Beschwerdekammer (sog. quasi-gerichtlicher Rechtsbehelf, vgl. *Pirrung*, Die Stellung des Gerichts erster Instanz im Rechtsschutzsystem der EG, S. 20.) und danach sowohl vom Gericht erster Instanz und, sofern ein Rechtsmittel eingelegt wurde, auch vom EuGH überprüft werden (vgl. *Streinz/Leible*, Die Zukunft des Gerichtssystems der Europäischen Gemeinschaft, EWS 2001, S. 1; *Lipp*, Entwicklung und Zukunft der europäischen Gerichtsbarkeit, JZ 1997, S. 328; *Jung*, Gemeinschaftsmarke und Rechtsschutz, S. 625, in: FS Everling). Bei der verwaltungsinternen Überprüfung der Entscheidung des Markenamtes handelt es sich jedoch nicht um eine unabhängige Überprüfung durch ein Rechtsprechungsorgan. Es liegt keine gerichtliche Kontrolle vor, so daß auch in dieser Fallkonstruktion nur ein zweigliedriger Instanzenzug gegeben ist. Eine Einschränkung dieses Instanzenweges stößt daher auf die eben bereits beschriebenen Bedenken.

600 Siehe dazu Vierter Teil: Die veränderte Gerichtsstruktur der Europäischen Gemeinschaft nach dem Vertrag von Nizza.

4. Sonderfall: Kostenregelung

Ähnlich einem Filterverfahren könnte eine modifizierte Kostenregelung eine gewisse Steuerungswirkung für die Frage haben, ob ein Rechtsmittel überhaupt eingelegt werden sollte. So wäre es denkbar, mit Hilfe von gesteigerten Kostenpflichten die Parteien dazu zu bewegen, vor der Geltendmachung eines Rechtsmittels dessen Erfolgsaussichten sorgfältig und gewissenhaft zu prüfen, da andernfalls ein erhöhtes Kostenrisiko entstünde. Auf diesem Weg könnte die sehr hohe Zahl der eingelegten Rechtsmittel eingedämmt werden, die wegen offensichtlicher Erfolglosigkeit vom EuGH zurückgewiesen werden.

a. Das derzeitige Kostenrisiko im Rechtsmittelverfahren

Das europäische Prozeßrecht unterscheidet zwischen zwei Kostenarten. Das Verfahren vor dem Gerichtshof ist gemäß Art. 72 VerfO EuGH grundsätzlich kostenfrei (sogenannten Gerichtskosten). Im Gegensatz dazu sind die sogenannten erstattungsfähigen Kosten von den Parteien selbst zu tragen. Darunter fallen im Rechtsmittelverfahren allein die Kosten für die Aufwendungen der Parteien.[601] Sofern ein entsprechender Antrag gemäß Art. 69 § 2 VerfO EuGH gestellt ist, wird die unterlegene Partei zur Tragung dieser Kosten verurteilt. Ansonsten werden die Kosten unter den Parteien aufgeteilt. Diese Kostenregelung lädt die Parteien geradezu ein, ihr Glück in der Rechtsmittelinstanz zu suchen. Denn sie haben lediglich die eigenen Aufwendungen und im schlimmsten Fall die Aufwendungen der Gegenseite zu tragen. Ein weitergehendes Prozeßkostenrisiko besteht nicht. Bei einer Abwägung zwischen dem Kostenrisiko und der Möglichkeit, im Rechtsmittelverfahren doch noch zu obsiegen, ziehen dementsprechend die meisten Rechtsmittelführer die zweite Alternative vor.[602] Vor diesem Hintergrund könnte die Einführung einer gesonderten Kostenregelung für das Rechtsmittelverfahren die Parteien dazu anhalten, die Frage der Rechtsmitteleinlegung mit mehr Bedacht und Umsicht zu treffen.

---

601 Zu den erstattungsfähigen Kosten gehören ansonsten noch die Leistungen für Zeugen und Sachverständige. Da das Rechtsmittelverfahren aber auf Rechtsfragen beschränkt ist, findet eine Vernehmung von Zeugen oder Sachverständigen nicht mehr statt. Entsprechende Kosten können daher nicht entstehen.

602 Das macht die bereits genannte Statistik deutlich, siehe Erster Teil, V.: Von allen eingelgten Rechtsmitteln sind knapp 33 % offensichtlich erfolglos.

b. Modifizierte Kostenverteilung

Ausgangspunkt für eine Modifizierung der Kostenregelung in dem oben genannten Sinn ist Art. 72 a VerfO EuGH. Dort heißt es: „Der Gerichtshof kann nach Anhörung des Generalanwalts Kosten, die vermeidbar gewesen wären, der Partei auferlegen, die sie veranlaßt hat." Zwar bezieht sich diese Regelung nur auf die Gerichtskosten (sie wurde bisher auch noch nie vom EuGH angewandt),[603] gleichwohl macht sie deutlich, daß auch das europäische Prozeßkostenrecht das Prinzip kennt, nach dem derjenige, der vermeidbare Kosten verursacht, sie auch zu tragen hat. Darauf aufbauend wäre es möglich, eine der Mißbrauchsgebühr vor dem Bundesverfassungsgericht vergleichbare Regelung für das europäische Rechtsmittelverfahren einzuführen.[604] Gemäß § 34 BVerfGG ist es dem Bundesverfassungsgericht nämlich möglich, dem Antragsteller eine erhöhte Gebühr aufzuerlegen, wenn die Einlegung des Verfassungsbeschwerde „einen Mißbrauch" darstellt. Entsprechend könnte es dem Gerichtshof in Zukunft erlaubt sein, die „vermeidbaren Kosten" im Sinne des Art. 72 a VerfO EuGH den Rechtsmittelparteien aufzuerlegen. Vermeidbare Kosten in diesem Sinn sollte der Gerichtshof immer dann erheben, wenn der Rechtsmittelführer (beziehungsweise sein Anwalt) offensichtlich unsorgfältige oder aussichtslose Anträge gestellt hat. Das wäre zum Beispiel bei offensichtlich erfolglosen Rechtsmittelrügen der Fall.[605]

c. Bewertung

Mit der Erhebung einer Mißbrauchsgebühr werden zwei Ziele verfolgt: Einerseits wird im Nachhinein die Einlegung von mißbräuchlichen Anträgen sanktioniert. Die unnötige Inanspruchnahme des EuGH kann auf diese Weise wenigstens teilweise wieder ausgeglichen werden. Andererseits soll damit für die Zukunft verhindern werden, daß der Gerichtshof durch überflüssige und offensichtlich erfolglose Verfahren von seiner eigentlichen Aufgabe ferngehalten wird. Diesem Ziel liegt die Hoffnung zu Grunde, daß

---

603 *Wägenbaur*, Das Kostenfestsetzungsverfahren vor den Gemeinschaftsgerichten, EuZW 1997, S. 197.

604 Vgl. dazu *Pestalozza*, Verfassungsprozeßrecht, § 2, Rn. 58; *Geiger*, Kommentar zum BVerfGG, § 34 BVerfGG, Rn. 3; *Lechner/Zuck*, BVerfGG, § 34 BVerfGG, Rn. 3 f.

605 Sollte eine Mißbrauchsgebühr auch für diesen Fall erhoben werden, entspricht die Regelung allerdings eher der sogenannten Nichtannahmegebühr gemäß § 34 Absatz 2 BVerfGG. Danach kann das Bundesverfassungsgericht dem Beschwerdeführer bei unzulässigen oder offensichtlich unbegründeten Anträgen eine Gebühr auferlegen.

die Parteien im Hinblick auf die mögliche finanzielle Belastung die Rechtsmitteleinlegung genau bedenken und nicht einfach vorsorglich und ohne nähere Prüfung vornehmen.[606] Die Parteien sollen die Rechtsmittelrügen mit mehr Bedacht auswählen.[607] Damit würde zugleich die Arbeit des Gerichtshof erleichtert. Sollte die Mißbrauchsgebühr bei den Parteien Wirkung zeigen, wäre der EuGH in Zukunft von solchen Rechtsmitteln verschont, bei denen von vornherein klar ist, daß sie keine Aussicht auf Erfolg haben. Zum anderen würde eine gewissenhaftere Prüfung der Erfolgsaussichten durch die Rechtsmittelführer auch die später gestellten Rechtsmittelanträge beeinflussen. Diese wären in größerem Maße auf die erheblichen Rechtsfragen beschränkt. Auch damit würde die Effektivität des Rechtsmittelverfahrens gestärkt werden. Im Ergebnis stellt die Einführung einer Mißbrauchsgebühr also ein sinnvolles Instrument dar, um die sorgfältige und gründliche Einlegung von Rechtsmitteln zu gewährleisten.

V. Rechtsmittel im Interesse des Rechts

Unabhängig von dem Bestreben nach einer wirksamen Entlastung des Gerichtshofs stellt sich schließlich die Frage, ob das Rechtsmittelverfahren um die Möglichkeit der Einlegung eines „Rechtsmittels im Interesse des Rechts" erweitert werden sollte.[608]

1. Das Wesen einer solchen Kontrollmöglichkeit

Ziel eines solchen Rechtsmittels ist es, die abträgliche Präzedenzwirkung einer unrichtigen Gerichtsentscheidung zu verhindern, ohne das dadurch

---

606 Gerade aus diesem Grund besteht bei Endurteilen eine zweimonatige Rechtsmittelfrist. Sie soll es den Parteien ermöglichen, die Erfolgsaussichten des Rechtsmittels sorgfältig und gewissenhaft zu prüfen.

607 Vgl. dazu *Zuck*, Die Mißbrauchsgebühr im Verfassungsverfahren, NJW 1986, S. 2094.

608 Vorschläge in diese Richtung: *Lenz*, Reform des Europäischen Gerichtshofs, FCE 4/2000, Rn. 45; *Gericht erster Instanz*, Arbeitspapier, S. 164, in: *Jung*, Das Gericht erster Instanz der EG. Dagegen: *Lipp*, Entwicklung und Zukunft der europäischen Gerichtsbarkeit, JZ 1997, S. 331; *Dauses*, Gutachten für den DJT, S. 91. Das Rechtsmittel im Interesse des Rechts ist bisher in Art. 4 des Auslegungsprotokolls zum EuGVÜ (vgl. *Kropholler*, Europäisches Zivilprozeßrecht, S. 31 ff.; *Arnold*, Protokoll über Auslegung des EuGVÜ, NJW 1972, S. 980) und in Art. 3 des ersten Protokolls betreffend die Auslegung des Römischen Schuldvertragsübereinkommens niedergelegt.

die Rechtskraft der Entscheidung für die Vergangenheit beseitigt wird.[609] Das Fehlurteil wird also nur für die Zukunft aufgehoben. Damit soll ein „Weiterwuchern" des Urteilsfehlers in der Rechtsprechung verhindert werden.[610] Für die am Rechtsstreit beteiligten Personen hat ein solches Rechtsmittel also nur theoretische Bedeutung, da die Urteilswirkungen für sie bestehen bleiben. Im Vordergrund steht nicht das Individualinteresse der Rechtsschutzsuchenden, sondern das Allgemeininteresse an der Kohärenz und Unverbrüchlichkeit des Gemeinschaftsrechts.[611] Damit steht zugleich fest, daß die unmittelbar von der Entscheidung betroffenen Parteien kein Recht zur Einlegung eines Rechtsmittels im Interesse des Rechts haben, da der Rechtsbehelf gerade nicht dazu dient, ihre Interessen und Rechte durchzusetzen.

Bedeutung erlangt ein solches Rechtsmittel in zwei Fällen: Einmal kann der Kläger es versäumt haben, rechtzeitig gegen die erstinstanzliche Entscheidung Rechtsmittel einzulegen. Da nach Ablauf der Rechtsmittelfrist die Einlegung eines Rechtsmittels endgültig ausgeschlossen ist, ist damit zugleich die Möglichkeit verloren gegangen, die in der Rechtssache aufgeworfenen Fragen einer letztverbindlichen Klärung durch den EuGH zuzuführen.[612] Darüber hinaus kann das Rechtsmittel im Interesse des Rechts auch in solchen Fällen relevant werden, in denen der Kläger zwar ein Rechtsmittel eingelegt hat, mit diesem aber nicht die in der Entscheidung aufgeworfenen grundlegenden - womöglich falsch beurteilten – Rechtsfragen rügt. Denn diese Problembereiche werden nicht automatisch vom Gerichtshof nachgeprüft; eine Kontrolle findet schließlich nur im Rahmen der gestellten Rechtsmittelanträge statt.[613]

---

609 *Pirrung*, Die Stellung des Gerichts erster Instanz im Rechtsschutzsystem der EG, S. 28.

610 *Schwinge*, Grundlagen des Revisionsrechts, S. 209.

611 *Lenz*, Reform des Europäischen Gerichtshofs im Blick auf die Erweiterung der Europäischen Union, FCE 4/2000, Rn. 38. Siehe dazu Erster Teil, II.: Der Zweck des europäischen Rechtsmittelverfahrens.

612 Möglich ist dann lediglich ein Wiederaufnahmeantrag gemäß Art. 41 EG-Satzung. Dabei erfolgt jedoch keine Überprüfung der Rechtsfragen. Es ist lediglich möglich, neue Tatsachen in den Prozeß einzubringen. Zudem erfolgt die Wiederaufnahme vor dem Gericht erster Instanz.

613 Siehe dazu Zweiter Teil, 1. Abschnitt, III.: Die Verfügungsbefugnis der Parteien.

2. Bewertung

Gegen die Einführung eines Rechtsmittels im Interesses des Rechts wird zunächst eingewandt, daß die Feststellung einer Fehlentscheidung - ohne daß diese auch für die Vergangenheit aufgehoben wird - bei der unterlegenen Partei Unfrieden stifte.[614] Den beteiligten Parteien sei es in einem solchen Fall nur schwer vermittelbar, aus welchen Gründen der Gerichtshof die erstinstanzliche Entscheidung als fehlerhaft aufhebt, sie aber weiterhin an die Urteilsfolgen gebunden sind. Das Rechtsmittel im Interesse des Rechts sei aber auch deshalb abzulehnen, da es sein eigentliches Ziel - ein Weiterwuchern des Urteilsfehlers zu verhindern - nur in einem sehr begrenzten Rahmen erfüllen könne. Da das Gemeinschaftsrecht keine Bindungswirkung von Präjudizien kenne, habe eine Entscheidung des Gerichtshofs in einem solchen Verfahren lediglich die Wirkung einer Empfehlung oder eines Gutachtens. Eine Fortschreibung des Urteilsfehlers werde also nicht unbedingt und absolut verboten. Durch Entscheidungen des Gerichtshofs über Rechtsmittel im Interesse des Rechts werde daher dessen Autorität eher geschmälert.[615] Schließlich wird gegen das Rechtsmittel im Interesse des Rechts eingewandt, es widerspreche dem bestehenden Rechtsmittelzug vom Gericht zum Gerichtshof und der damit verbundenen Funktionsteilung im europäischen Rechtsschutzsystem.[616]

Diese Argumentation läßt sich auf mehreren Ebenen entkräften: Zunächst kann die Einschätzung nicht geteilt werden, daß das Rechtsmittel im Interesse des Rechts sein eigens gestecktes Ziel - ein Weiterwuchern des Urteilsfehlers zu vermeiden - mangels Präjudizienwirkung der Entscheidung des EuGH nicht erreichen könne. Richtig ist, daß die Rechtsprechung des Gerichtshofs, dem kontinentaleuropäischen Prinzip der richterlichen Freiheit folgend, grundsätzlich keine verbindlichen Präjudizien (stare decisis) schafft.[617] Daß bedeutet aber lediglich, daß der Gerichtshof nicht schlechthin an die eigenen Vorentscheidungen gebunden ist, beziehungsweise die mitgliedstaatlichen Gerichte nicht unabänderlich an jede einzelne Entscheidung des Gerichtshofs gebunden sind. Das eine solche enge Bindungswirkung nicht besteht, ergibt sich für die Europäische Gemeinschaft zwangsläufig aus dem dynamischen Charakter des Gemeinschaftsrechts.[618] Sowohl

---

[614] *Schwinge*, Grundlagen des Revisoinsrecht, S. 210.
[615] *Dauses*, Gutachten für den DJT, S. 19.
[616] *Lipp*, Entwicklung und Zukunft der europäischen Gerichtsbarkeit, JZ 1997, S. 331.
[617] *Krück*, in: Groeben/Thiesing/Ehlermann, Art. 177 EGV, Rn. 92.
[618] *Beutler/Bieber/Pipkorn/Streil*, Die Europäische Union, S. 260.

dem Gerichtshof[619] als auch den mitgliedstaatlichen Gerichten[620] muß es möglich sein, Rechtsfragen in einem neuen Verfahren anders zu beurteilen. Dessen ungeachtet besteht bei einer Entscheidung des EuGH über ein Rechtsmittel im Interesse des Rechts sowohl eine gewisse „rechtliche" als auch eine „tatsächliche" Bindungswirkung. Die rechtliche Bindung ergibt sich aus dem Grundsatz der Gemeinschaftstreue gemäß Art. 10 EGV. Danach müssen alle Mitgliedstaaten die einheitliche Wirksamkeit des Gemeinschaftsrechts sicherstellen.[621] Bezogen auf die nationalen Gerichte ergibt sich daraus die Pflicht, höchstrichterliche Entscheidungen des EuGH stets zu beachten und nicht ohne Weiteres von ihnen abzuweichen; sie müssen das Gemeinschaftsrecht so anwenden, daß dessen Einheit und Wirksamkeit gewährleistet ist.[622] Die tatsächliche Bindungswirkung einer Entscheidung des EuGH über ein Rechtsmittel im Interesse des Rechts ist mit der Wirkung höchstrichterlicher Urteile im nationalen Recht (mit Ausnahme des Common Law) vergleichbar.[623] Sie ergibt sich zunächst aus der besonderen Bedeutung, die den Urteilen des EuGH kraft seines Ranges und Ansehens zukommen.[624] Die unteren Gerichte - damit sind sowohl die Gerichte der Mitgliedstaaten als auch das Gericht erster Instanz gemeint - halten sich an die von dem obersten europäischen Gericht aufgestellten Grundsätze, da sie andernfalls mit der Aufhebung ihrer Urteile rechnen müssen. Zudem sind sich die Gerichte der besonderen Aufgabe des EuGH bewußt, die dieser als Wahrer der Rechtseinheit und Motor der Integration erfüllt. Diese Funktion wird besonders durch das Rechtsmittel im Interesse des Rechts erfüllt. Denn es handelt sich um ein rein objektives Verfahren, daß allein dem Zweck dient, die Einheitlichkeit des Gemeinschaftsrechts sicherzustellen und die Fortbildung des Rechts durch den EuGH zu gewährleisten. Das Verfahren wird – unter Ausschluß der ursprünglichen Parteien - allein zum Nutzen der europäischen Rechtsordnung durchgeführt.[625] Dementsprechend kommt der Entscheidung des EuGH bei einem Rechtsmittel im In-

---

619 Vgl. *Dauses*, Das Vorabentscheidungsverfahren nach Art. 177 EWG-Vertrag, S. 105.

620 Vgl. *Streinz*, Europarecht, S. 201, Rn. 566.

621 *Hatje*, in: EU-Kommentar, Art. 10, Rn. 16.

622 *Kahl*, in: Calliess/Ruffert, Art. 10, Rn. 31.

623 *Everling*, Das Vorabentscheidungsverfahren vor dem Gerichtshof der EG, S. 66; *Dauses*, Das Vorabentscheidungsverfahren nach Art. 177 EWG-Vertrag, S. 105. Zur Präjudizienwirkung im englischen Recht siehe *Zweigert/Kötz*, Einführung in die Rechtsvergleichung, S. 253 ff; *Blaurock* (Hrsg.), Die Bedeutung von Präjudizien im deutschen und französischen Recht, 1985.

624 *Beutler/Bieber/Pipkorn/Streil*, Die Europäische Union, S. 259.

625 Vgl. *Bleckmann*, Europarecht, S. 343, Rn. 997.

teresse des Rechts eine besondere Leitbildfunktion zu. Faßt man die soeben dargestellte rechtliche und tatsächliche Bindungswirkung zusammen, wird zwar deutlich, daß der Entscheidung des EuGH keine verbindliche erga omnes Wirkung zukommt. Gleichwohl kann nicht die Rede davon sein, daß eine solche Entscheidung lediglich eine nicht ernst zu nehmende Empfehlung darstellt. Vielmehr kommt einer solchen Entscheidung aufgrund der ausschließlichen Funktion für die Sicherung der Rechtseinheit eine besondere Leitbildfunktion und damit auch eine besondere Bindungsfunktion zu.

Ebenso geht das Argument, die Entscheidung über ein Rechtsmittel im Interesse des Rechts habe unerträgliche Folgen für die am Rechtsstreit beteiligten Personen, an der Sache vorbei. Denn zu einer solchen Situation kommt es nur dann, wenn die betroffene Partei entweder gar kein Rechtsmittel oder nur ein unzureichendes Rechtsmittel eingelegt hat. Dann kann aber davon ausgegangen werden, daß sich die Partei mit den nicht gerügten Urteilsfolgen einverstanden erklärt oder zumindest abgefunden hat. Eine spätere Berufung auf die für die Partei möglicherweise positiven Folgen einer Rechtsmittelentscheidung würde sich demzufolge als eine rechtsmißbräuchliche Geltendmachung darstellen. Den Parteien oblag es ja selbst, ein Rechtsmittel gegen die erstinstanzliche Entscheidung einzulegen. Die Folgen ihrer eigenen Unzulänglichkeit (das Versäumnis der Rechtsmitteleinlegung beziehungsweise der unzureichende Vortrag im Rechtsmittelverfahren) können keine unerträgliche Benachteiligung darstellen.

Schließlich ist auch das Argument abzulehnen, wonach durch ein Rechtsmittel im Interesse des Rechts in die Funktionsteilung zwischen dem Gericht erster Instanz und dem Gerichtshof eingegriffen werde. Es ist ja gerade Sinn und Zweck des Rechtsmittelverfahrens, bei einem zweigliedrigen Instanzenzug die einheitliche Anwendung des Rechts zu sichern. Allein diesem Ziel dient das Rechtsmittel im Interesse des Rechts. Eine Beeinträchtigung der Funktionsteilung zwischen Gericht und Gerichtshof ist darin nicht zu erblicken. Vielmehr spricht der Aspekt der Wahrung der Einheitlichkeit des Gemeinschaftsrechts entscheidend für die Einführung eines Rechtsmittels im Interesse des Rechts. Denn gemäß Art. 220 EGV ist es die wesentliche Aufgabe des Gerichtshofs, die einheitliche Anwendung des Gemeinschaftsrechts zu sichern.[626] Das ist jedoch nur möglich, wenn

[626] *Gerichtshof*, Bericht über bestimmte Aspekte der Anwendung des Vertrages über die Europäische Union, EuGRZ 1995, S. 318; *Kadelbach*, Einheit der Rechtsordnung als Verfassungsprinzip der Europäischen Union?, EuR Beiheft 2/1998, S. 51 ff.;

das oberste Gericht in die Lage versetzt wird, zu allen Rechtsfragen Stellung zu nehmen, die vor dem Gemeinschaftsgericht verhandelt werden.[627] Diese Möglichkeit muß der EuGH auch dann besitzen, wenn die Parteien es versäumt haben ein Rechtsmittel einzulegen oder mit dem Rechtsmittel nicht die maßgeblichen Probleme gerügt werden. Das gilt insbesondere für solche Fälle, in denen es sich um Rechtsfragen handelt, welche die Grundlagen des Gemeinschaftsrechts und insbesondere seine Verfassungsordnung betreffen.[628] Demzufolge stellt sich das Rechtsmittel im Interesse des Rechts als ein sinnvolles Instrument zur Sicherung der Kohärenz des Gemeinschaftsrechts dar.

3. Nähere Ausgestaltung

Handelt es sich bei dem Rechtsmittel im Interesse des Rechts um eine sinnvolle Ergänzung des bereits bestehenden Rechtsmittelsystems, stellt sich die weitere Frage, wer für die Einlegung des Rechtsmittels im Interesse des Rechts verantwortlich sein soll. Der Gerichtshof selbst scheidet als Vorprüfungsinstanz von vornherein aus. Denn allein die Vorabprüfung der Frage, ob die Entscheidung des Gerichts erster Instanz die Kohärenz des Gemeinschaftsrechts berührt, würde zu einer erheblichen Neubelastung führen. Sinnvoller erscheint es, einer neutralen Instanz die Vorprüfung zu überlassen, über dessen Votum der EuGH dann entscheidet. Dementsprechend kommen als Vorprüfungsinstanz die Kommission und die Generalanwaltschaft beim Gerichtshof in Betracht. Für die Kommission als Zulassungsinstanz könnte ihre Funktion als „Hüterin der Verträge" sprechen. Danach ist es die Aufgabe der Kommission - neben der Rechtsetzung und der Verwaltung - im Wege einer quasi-justitiellen Kontrolle auch die Legalität der Gemeinschaftsordnung zu überprüfen.[629] Gegen die Kommission als Zulas-

---

Bleckmann, Die Grundrechte im Europäischen Gemeinschaftsrecht, S. 262 f.; *Hatje*, Europäische Rechtseinheit durch einheitliche Rechtsdurchsetzung, EuR Beiheft 1/1998, S. 7 ff.; *Dauses*, Das Vorabentscheidungsverfahren, S. 44.

[627] *Gerichtshof*, Die Zukunft des Gerichtssystems der Europäischen Union, EuZW 1999, S. 753; *Lenz*, Reform des Europäischen Gerichtshofs im Blick auf die Erweiterung der Europäischen Union, FCE 4/2000, Rn. 38; *Dauses*, Gutachten für den DJT, S. 89.

[628] *Everling*, Die Zukuft der europäischen Gerichtsbarkeit in einer erweiterten Union, EuR 1997, S. 416.

[629] *Oppermann*, Europarecht, S. 142, Rn. 352. Vgl. Gemäß Art. 211 EGV erfüllt die Kommission unter anderem folgende Aufgabe: „ -für die Anwendung dieses

sungsinstanz spricht jedoch ihre umfängliche Verwaltungstätigkeit. Die Kommission ist oftmals selbst Partei vor dem Gericht erster Instanz; sie müßte also über die Zulassung in eigener Sache entscheiden.[630] Insoweit vertritt sie ein institutionelles Interesse und ist damit als unparteiische Prüfungsinstanz nicht geeignet. Übrig bleibt die Generalanwaltschaft beim Gerichtshof. Diese ist als unparteiische Instanz und im Hinblick auf die bisherigen Aufgaben beim Gerichtshof - der Stellung unabhängiger Schlußberichte - für eine solche Aufgabe sehr gut geeignet und gerüstet.[631] Über eine endgültige Überprüfung würde dann der Gerichtshof selbst entscheiden, nachdem ein entsprechender Antrag vom Generalanwalt gestellt wurde.[632] Wird kein Antrag vom Generalanwalt gestellt, kommt es zu keiner Kontrolle.[633]

4. Ergebnis

Mit der Möglichkeit, ein Rechtsmittel im Interesse des Rechts einlegen zu können, wird der Gerichtshof in die Lage versetzt, eine vollständige Kontrolle der erstinstanzlichen Rechtsprechung vorzunehmen. Damit wird dem Prinzip der Einheitlichkeit des Rechts in wirksamer und effektiver Weise Rechnung getragen.

VI. Zusammenfassung der Reformvorschläge

Maßnahmen zur Beschleunigung des Rechtsmittelverfahrens beziehungsweise zur Entlastung des EuGH bei der Überprüfung der Rechtsmittel sind

Vertrages sowie der von den Organen aufgrund dieses Vertrages getroffenen Bestimmungen Sorge zu tragen."

[630] *Pirrung*, Die Stellung des Gerichts erster Instanz im Rechtsschtuzsystem der EG, S. 33. In über 90% der ergangenen Rechtsmittelentscheidungen ist die Kommission Partei.

[631] *Rabe*, Zur Reform des Gerichtssystems der Europäischen Gemeinschaften, EuR 2000, S. 816; *Pirrung*, Die Stellung des Gerichts erster Instanz im Rechtsschutzsystem der EG, S. 33. Vgl. dazu ebenfalls Dritten Teil, IV., 2.: Das Zulassungsverfahren.

[632] *Lenz*, Reform des Europäischen Gerichtshofs im Blick auf die Erweiterung der Europäischen Union, FCE 4/2000, Rn. 60. Vgl. dazu Dritten Teil, IV., 2.: Das Zulassungsverfahren.

[633] Das Antragsrecht des Generalanwalts entspricht der vergleichbaren Regelung beim Vertragsverletzungsverfahren gemäß Art. 226 EGV. Dort entscheidet die Kommission nach eigenem Ermessen, ob sie eine Vertragsverletzung eines Mitgliedstaates anklagt.

nur in begrenztem Umfang möglich. Das wohl effektivste Instrument zur Entlastung des EuGH, die Einführung eines Filterverfahrens, scheidet in der aktuell bestehenden Gerichtsstruktur aus. Eine Einschränkung der rechtsmittelfähigen Akte ist ebenfalls nur in einem sehr eng umgrenzten Bereich zweckmäßig. Übrig bleiben vereinzelte Maßnahmen (Begrenzung einer weiteren Schriftsatzrunde, Einschränkung der mündlichen Verhandlung, Reduzierung des Übersetzungsaufwands, Einführung einer Mißbrauchsgebühr), die in ihrer Gesamtheit gleichwohl eine nicht unbeachtliche Entlastung des Gerichtshofs zur Folge haben können.

Vierter Teil: Das europäische Rechtsmittelverfahren nach dem Vertrag von Nizza

Vom 7. bis zum 11. Dezember 2000 trafen sich die Regierungen der Mitgliedstaaten der Europäischen Union zu einer Regierungskonferenz in Nizza.[634] Ziel der Konferenz war es, durch eine Änderung der Gemeinschaftsverträge die Europäische Union im Hinblick auf die zukünftige Erweiterung handlungsfähiger zu machen. Infolgedessen war Schwerpunkt der Regierungskonferenz vor allem die Frage nach einer Neuregelung der Mehrheitsentscheidungen,[635] die Veränderung der Zusammensetzung der Kommission[636] und die Neugewichtung der Stimmenverhältnisse im Rat.[637] Neben diesen - vor allem in der Öffentlichkeit - diskutierten Problembereichen galt es aber auch, das Gerichtssystem der Europäischen Gemeinschaft zu reformieren und auf die zukünftige Erweiterung vorzubereiten.[638] Dem-

---

634 Der Vertrag von Nizza wurde am 26. Februar 2001 von den Außenministern der Mitgliedstaaten der Europäischen Union unterzeichnet (ABl EG Nr. C 80, S. 1 v. 10.03.2001). *Fischer*, Der Vertrag von Nizza, 2001; *Theato*, Der Europäische Rat von Nizza, EuZW 2001, S. 129 ff.; *Borchmann*, Der Vertrag von Nizza, EuZW 2001, S. 170 ff.; *Hatje*, Die institutionelle Reform der Europäischen Union - der Vertrag von Nizza auf dem Prüfstand, EuR 2001, S. 143 ff.; *Wiedmann*, Der Vertrag von Nizza - Genesis einer Reform, EuR 2001, S. 185 ff.; *Epiney/Freiermuth Abt/Mosters*, Der Vertrag von Nizza, DVBl. 2001, S. 941 ff; *Prodi*, In Nizza darf es keine "Überbleibsel" geben, F.A.Z. vom 7.12.2000; *Bünder*, Ein politischer Kompromiß mit vielen Ungereimtheiten, F.A.Z. vom 12.12.2000; *Brok*, Der Vertrag von Nizza: Wird die EU handlungsfähiger? F.A.Z. vom 13.01.2001; *Haussmann*, Nizza ist so nicht ratifizierungsfähig, F.A.Z. vom 31.01.2001; *Fontaine*, Die Lehre von Nizza: Europa muß von Grund auf neu gestaltet werden, F.A.Z. vom 21.02.2001; *Hort*, Prodis Nein zu Nizza bietet keinen Ausweg, F.A.Z. vom 23.06.2001; *Prodi*, Laßt uns mit Nizza weitermachen, F.A.Z. vom 25.06.2001.

635 Insgesamt standen rund 70 Bestimmungen zur Disposition, die künftig nicht mehr einstimmig sondern mit qualifizierter Mehrheit hätten entschieden werden können. Es würden jedoch lediglich 35 Regelungen in das Mehrheitsverfahren überführt.

636 Eine endgültige Entscheidung über die Zusammensetzung der Kommission wurde nicht getroffen. Es wurde lediglich beschlossen, daß die größeren EU-Länder ab dem Jahr 2005 auf ihren zweiten Kommissarposten verzichten.

637 Je nach Größe haben die Mitgliedstaaten zwischen 4 und 29 Stimmen im Rat. Für einen Mehrheitsbeschluß des Rates ist es erforderlich, daß sich die zahlenmäßige Mehrheit der Mitgliedstaaten dafür ausspricht, die gleichzeitig die qualifizierte Mehrheit der EU-Bevölkerung repräsentiert.

638 *Rabe*, Zur Reform des Gerichtssystems der Europäischen Gemeinschaft, EuR 2000, S. 812.

entsprechend stand in Nizza auch die europäische Gerichtsbarkeit auf dem Prüfstand.

Mit Blick auf das europäische Rechtsschutzsystems kommt es zu zwei wesentlichen Neuerungen durch den Vertrag von Nizza. Zum einen wird durch Art. 225 a Nizza-Vertrag[639] die Einrichtung sogenannter gerichtlicher Kammern ermöglicht und damit die Gerichtsstruktur der Europäischen Gemeinschaft zu einem dreigliedrigen Instanzenzug erweitert. In diesem Zusammenhang stellt sich die Frage, ob und auf welche Art und Weise die zukünftigen drei Gerichtsinstanzen mit dem Rechtsmittelverfahren verbunden werden (unter I.: Neue Gerichtsstruktur in der Europäischen Gemeinschaft). Zum anderen wird gemäß Art. 225 Nizza-Vertrag die Zuständigkeit des Gerichts erster Instanz erheblich ausgedehnt und damit der Anwendungsbereich des Rechtsmittelverfahrens erweitert und zum Teil auf eine neue Grundlage gestellt (unter II.: Erweiterte Zuständigkeit des Gerichts erster Instanz).

I. Neue Gerichtsstruktur der Europäischen Gemeinschaft

Gemäß Art. 225 a Absatz 1 Nizza-Vertrag kann der Rat mit einstimmigem Beschluß gerichtliche Kammern bilden und dem Gericht erster Instanz beiordnen.[640] Diese Kammern sollen für Entscheidungen im ersten Rechtszug über bestimmte Gruppen von Klagen zuständig sein, die sich auf besondere Sachgebiete beziehen. Als mögliche Sachgebiete kommen sowohl dienstrechtliche und markenrechtliche Streitigkeiten als auch Rechtssachen im Zusammenhang mit der justiziellen Zusammenarbeit in Zivilsachen oder Streitsachen im Bereich des Wettbewerbsrechts in Betracht.[641] Es handelt

---

[639] Damit ist die Neuregelung des derzeitigen Art. 225 EGV gemeint. Die für die Untersuchung relevanten Änderungen des EG-Vertrages durch den Vertrag von Nizza sind im Anhang I abgedruckt.

[640] Art. 220 Absatz 2 Nizza-Vertrag erwähnt ausdrücklich, daß die gerichtlichen Kammern dem Gericht erster Instanz „beigeordnet" werden. Diese Formulierung entspricht der derzeitigen Fassung des Art. 225 Absatz 1 EGV im Hinblick auf das Verhältnis von Gericht und Gerichtshof. In der Neufassung des Art. 225 ist diese Formulierung nicht wieder aufgenommen. Ob sich damit das organisatorische Verhältnis zwischen Gericht und Grichtshof verändert hat, bleibt abzuwarten. So hebt *Sack* hervor, daß das Gericht erster Instanz durch den Vertrag von Nizza zu einen „autonomen Rechtsprechungsorgan" geworden sei (Zur künftigen europäischen Gerichtsbarkeit nach Nizza, EuZW 2001, S. 79).

[641] *Rabe*, Zur Reform des Gerichtssystems der Europäischen Gemeinschaften, EuR 2000, S. 814; *Reflexionsgruppe*, Die Zukunft des Gerichtssystems der EG, S. 10.

sich also um Rechtssachen, die einerseits die Gemeinschaftsgerichte besonders belasten und andererseits gewisse Spezialkenntnisse erfordern.[642]

Sollte der Rat von der Befugnis in Art. 225 a Absatz 1 Nizza-Vertrag Gebrauch machen, stellt sich die Frage, auf welche Art und Weise die dann bestehenden drei Instanzen miteinander verbunden sind. Dabei ist zu unterscheiden zwischen der Kontrolle der Entscheidungen der gerichtlichen Kammern durch das Gericht erster Instanz (dazu unter 1.: Rechtsmittel von der Kammer zum Gericht) und der sich anschließenden Überprüfung der Rechtsmittelentscheidung des Gerichts durch den Gerichtshof (dazu unter 2.: Überprüfung der Rechtsmittelentscheidung durch den Gerichtshof).

1. Rechtsmittel von der Kammer zum Gericht

Gemäß Art. 225 Absatz 2 und Art. 225 a Absatz 3 Nizza-Vertrag besteht die Möglichkeit, gegen Entscheidungen der gerichtlichen Kammern ein Rechtsmittel beim Gericht erster Instanz einzulegen. In Art. 225 Absatz 2 Nizza-Vertrag heißt es: „Das Gericht erster Instanz ist für Entscheidungen über Rechtsmittel zuständig, die gegen die Entscheidungen der gerichtlichen Kammern eingelegt werden." In Art. 225 a Absatz 3 Nizza-Vertrag wird diese Regelung näher konkretisiert. Es wird festgelegt, daß „ein auf Rechtsfragen beschränktes Rechtsmittel oder, wenn der Beschluß über die Bildung der Kammer dies vorsieht, ein auch Sachfragen betreffendes Rechtsmittel eingelegt werden kann."

a. Notwendigkeit der Schaffung eines Rechtsmittelverfahrens

Die Notwendigkeit der Schaffung eines Rechtsmittelverfahrens ergibt sich aus zwei Gründen. Zum einen folgt sie zwingend aus dem bisher bestehenden Rechtsschutzsystem. Denn ohne die Schaffung der gerichtlichen Kammern würden die entsprechenden Rechtssachen auch weiterhin in die Zuständigkeit des Gerichts erster Instanz fallen und infolgedessen die Möglichkeit der Rechtsmitteleinlegung bestehen. Werden diese Rechtsstreitigkeiten nun durch den Vertrag von Nizza auf die Kammern übertragen, darf

642 *Hatje*, Die Institutionelle Reform der Europäischen Union, EuR 2001, S. 167. Die Entwicklung von Fachgerichten stellt dabei keinen ungewöhnlichen Entwicklungsprozeß in der Europäischen Gemeinschaft dar. Sie ist vielmehr die zwangsläufige Folge einer immer weiter fortschreitenden Ausdifferenzierung des Gemeinschaftsrechts. Vgl. *Streinz/Leible*, Die Zukunft des Gerichtssystems der Europäischen Gemeinschaft - Reflexionen über Reflexionspapiere, EWS 2001, S. 5.

den Parteien die zuvor bestehende Möglichkeit der Rechtsmitteleinlegung nicht genommen werden. Ansonsten hätte die Errichtung der gerichtlichen Kammern eine Verkürzung des Rechtsschutzes zur Folge. Zum anderen ergibt sich die Schaffung des Rechtsmittelverfahrens aus dem Grundsatz der Repräsentanz aller Rechtsordnungen im Gemeinschaftsrecht. Danach bedarf die Auslegung und Fortbildung des Gemeinschaftsrechts des ständigen Rückgriffs auf alle nationalen Rechtsordnungen, deren Grundsätze die Gemeinschaft tragen.[643] Durch die Schaffung spezialisierter Kammern besteht allerdings die Gefahr, daß der bestimmende Einfluß einzelner Rechtsordnungen auf die betreffenden Verfahrensgruppen zunimmt.[644] Wären diese Entscheidungen letztverbindlich, wären bei der Auslegung und Fortbildung des Gemeinschaftsrechts nicht mehr alle Vertreter der Rechtsordnungen der Mitgliedstaaten beteiligt, sondern nur die begrenzte Anzahl der Richter in den spezialisierten Kammern (in der Regel wohl ein einzelner Berufsrichter).[645] Eine solche - letztinstanzliche - Entscheidung widerspricht dem Gedanken der Repräsentation der Rechtsordnungen innerhalb der Gemeinschaftsgerichtsbarkeit. Ihr würde ein Teil der mitgliedstaatlichen Rechtstraditionen und Wertvorstellungen - und damit zugleich die grundsätzlich legitimierende Wirkung der Gemeinschaftsgerichtsbarkeit - fehlen.[646] Folglich muß zumindest die Möglichkeit bestehen, daß die Entscheidung der Kammer nochmals durch das Gericht erster Instanz kontrolliert wird, um so eine erhöhte Legitimation der Entscheidung zu ermöglichen. Zwar wird durch die Möglichkeit der Rechtsmitteleinlegung nicht verbind-

---

643 *Everling*, Der Gerichtshof als Entscheidungsinstanz, S. 137, in: Der Gerichtshof als Verfassungsgericht und Rechtsschutzinstanz. Die Repräsentanz der Mitgliedstaaten und deren Rechtsordnung durch einen nationalen Richter stellt ein notwendiges Bindeglied zwischen der Rechtsordnung dieses Staates und der Gemeinschaftsrechtsordnung dar und ist damit unerlässlich für die Akzeptanz des Gemeinschaftsrechts. Es handelt sich um einen Eckpfeiler des Erfolgs der Gemeinschaftsgerichtsbarkeit. Ziel ist die „Vergemeinschaftung" der Reichtümer der verschiedenen Rechtstraditionen aller Mitgliedstaaten. Vgl. *Gericht erster Instanz*, Arbeitspapier, S. 159, in: *Jung*, Das Gericht erster Instanz der EG.

644 *Everling*, Stand und Zukunftsperspektive in der Europäischen Gerichtsbarkeit, S. 45, in: FS Deringer.

645 So schlägt zum Beispiel die *Reflexionsgruppe* vor, daß die gerichtliche Kammer für dienstrechtliche Streitigkeiten nur aus einem Richter und einem Mitglied eines Gemeinschaftsorgans und einem Mitglied aus der Personalvertretung bestehen soll (Die Zukunft des Gerichtssystems der EG, S. 10). Dieser Richter hätte dann im Bereich der dienstrechtlichen Streitigkeiten erheblichen Einfluß auf die Fortentwicklung des Gemeinschaftsrechts.

646 *Rösler*, Zur Zukunft des Gerichtssystems der EU, ZRP 2000, S. 55.

lich sichergestellt, daß alle Rechtsordnungen an der Entscheidungsfindung beteiligt sind (das Gericht entscheidet nur ausnahmsweise im Plenum, Art. 11 § 1 VerfO EuG). Aber selbst wenn das Gericht in einer Kammer mit drei oder fünf Richtern entscheidet, wird damit eine breitere Streuung zwischen den einzelnen Rechtsordnungen ermöglicht und dem Gedanken der Repräsentation Rechnung getragen. Schließlich würde die damit gewährleistete Repräsentation maßgeblich zur Akzeptanz der Rechtsprechung der Gemeinschaftsgerichte beitragen.[647]

b. Gestaltung des Rechtsmittelverfahrens

Gegenüber dem bisherigen Rechtsmittelverfahren erfolgt hinsichtlich der rechtsmittelfähigen Akte, der Festlegung des Streitgegenstandes und dem rechtsmittelfähigen Recht keine Veränderung.[648] Auffallend ist jedoch, daß die Kontrolldichte im Rechtsmittelverfahren nicht mehr zwingend durch den Vertrag vorgegeben wird. Art. 225 a Absatz 3 Nizza-Vertrag sieht vor, daß der Beschluß zur Errichtung der Kammer darüber entscheidet, ob das Rechtsmittel zum Gericht auf Rechtsfragen beschränkt ist oder auch Sachfragen umfaßt. Damit ist eine erhebliche Erweiterung der bisherigen Kontrolldichte im Rechtsmittelverfahren möglich.[649] Jedoch gilt im Zweifel - also wenn der Errichtungsbeschluß zu diesem Punkt keine Feststellungen trifft - die Beschränkung auf Rechtsfragen. Das folgt unmittelbar aus der Formulierung in Art. 225 a Absatz 3 Nizza-Vertrag, wonach das Rechtsmittel grundsätzlich auf Rechtsfragen beschränkt ist, es sei denn, der Beschluß sieht auch die Kontrolle der Sachfragen vor. Diese Zweifelsregelung ergibt sich aber auch aus Art. 225 a Absatz 6 Nizza-Vertrag,

---

647 *Streinz/Leible*, Die Zukunft des Gerichtssystems der Europäischen Gemeinschaft - Reflexionen über Reflexionspapiere, EWS 2001, S. 5; *Sack*, Einige einfache Gedanken zur Reform des Gerichtshofes der Europäischen Gemeinschaften, EuR 1999, S. 572. Siehe dazu auch Erster Teil, III., 3., b.: Die Akzeptanz des europäischen Rechtsschutzes.

648 Eine Veränderung im Sinn einer Einschränkung der Rechtsschutzmöglichkeiten (Begrenzung der rechtsmittelfähigen Akte etc.) wäre auch nicht möglich. Das folgt aus dem eben dargestellten Gedanken, daß ansonsten die Errichtung der gerichtlichen Kammern zu einer Verschlechterung des bereits bestehenden Rechtsschutzumfangs führen würde.

649 Sollte das Rechtsmittelverfahren gemäß dem Errichtungsbeschluß auch Sachfragen umfassen, würde es eher einer Berufung ähneln. Damit verbunden wäre eine erhebliche Erweiterung des Rechtsschutzes durch das Rechtsmittelverfahren. Jegliche Feststellungen der Kammern würden einer Kontrolle unterliegen. Zugleich würde damit der Arbeitsaufwand erheblich steigen.

wonach die Vorschriften der Satzung des Gerichtshofs (also auch Art. 51 EG-Satzung, der die Beschränkung auf Rechtsfragen vorsieht) Anwendung finden, soweit der Errichtungsbeschluß nichts anderes vorsieht.

Für eine Beschränkung des Rechtsmittelverfahrens auf die Kontrolle der Rechtsfragen spricht die damit verbundene Entlastung des Gerichts. Im Gegensatz dazu würde eine Kontrolle auch der Sachfragen eine komplette Neuüberprüfung der Entscheidung der Kammern nach sich ziehen und damit den Arbeitsaufwand des Gerichts erster Instanz beträchtlich steigern. Zudem gewährleistet die alleinige Kontrolle der Rechtsfragen bereits einen weitreichenden Rechtsschutz, so daß auch aus diesem Grund eine zusätzliche Überprüfung der Sachfragen nicht unbedingt notwendig ist.[650] Letztlich ist die Frage der Ausgestaltung der Kontrolldichte jedoch davon abhängig, welche Rechtssachen auf die gerichtlichen Kammern übertragen werden. Es besteht nämlich durchaus die Möglichkeit, die Kontrolldichte für jede zu errichtende Kammer gesondert zu bestimmen. Das erscheint auch sinnvoll, da damit auf die jeweiligen Besonderheiten der auf die Kammern übertragenen Rechtsgebiete eingegangen werden kann.

2. Überprüfung der Rechtsmittelentscheidung durch den Gerichtshof

Mit der Entscheidung durch eine gerichtliche Kammer und der anschließenden Rechtsmittelentscheidung des Gerichts erster Instanz ist der Instanzenzug innerhalb des europäischen Gerichtssystems jedoch noch nicht beendet. Gemäß Art. 225 Absatz 2 Nizza-Vertrag kann der Gerichtshof in Ausnahmefällen eine Überprüfung der Rechtsmittelentscheidung des Gerichts vornehmen. In diesem Zusammenhang spricht Art. 225 Absatz 2 Nizza-Vertrag jedoch nicht mehr von einem Rechtsmittel zum Gerichtshof. Dort heißt es lediglich, daß die Entscheidungen des Gerichts vom Gerichtshof „überprüft" werden könne. In der Erklärung zu der Schlußakte der Konferenz wird die Kontrollmöglichkeit das „Verfahren der Überprüfung" genannt. Bereits aus dieser unterschiedlichen Bezeichnung wird deutlich, daß die nun in Frage stehende Kontrollmöglichkeit des Gerichtshofs in ihrer Art und ihrem Umfang von dem bisherigen Rechtsmittelverfahren abweicht. Dementsprechend wird im folgenden, in Abgrenzung zu dem bisher besprochenen Rechtsmittelverfahren, von dem Überprüfungsverfahren zum Gerichtshof gesprochen.

---

[650] Siehe dazu Zweiter Teil, 3. Abschnitt, IV.: Ergebnis zur Kontrolldichte.

a. Filterverfahren

Gemäß Art. 225 Absatz 2 Nizza-Vertrag ist eine Überprüfung der Rechtsmittelentscheidung des Gerichts nur möglich, „wenn die ernste Gefahr besteht, daß die Einheit und Kohärenz des Gemeinschaftsrechts berührt wird." Damit ist - im Gegensatz zum Rechtsmittelverfahren - ein unbeschränkter Zugang zum Überprüfungsverfahrens nicht möglich. Mit dieser Regelung werden zwei Ziele verfolgt. Zum einen soll der EuGH von unwesentlichen, die Einheit des Gemeinschaftsrechts nicht tangierenden Verfahren befreit werden. Insoweit spiegelt die Regelung die Bemühungen zur Entlastung des Gerichtshofs wieder. Zum anderen wird damit die Forderung erfüllt, bei einem dreigliedrigen Instanzenzug nur eine eingeschränkte Kontrolle in der dritten Instanz durchzuführen.[651]

Die zuvor geltend gemachten Bedenken gegen die Einführung eines Filterverfahrens sind an dieser Stelle unbegründet.[652] Auch wenn die Zulassungskriterien weitgehend unbestimmt sind und damit die Voraussehbarkeit des Rechtsschutzes in diesem Punkt beeinträchtigt ist, wird mit der Schaffung des Überprüfungsverfahrens der bereits bestehende Rechtsschutzumfang nicht eingeschränkt. Denn bis zu diesem Punkt kam es bereits zu einer doppelten gerichtlichen Kontrolle. Das Überprüfungsverfahren stellt also eine Erweiterung des bisher bestehenden zweigliedrigen Rechtsschutzes dar. Seine Ausgestaltung kann daher nicht mit dem Argument kritisiert werden, das bereits bestehende Rechtsschutzniveau würde geschmälert.

b. Der Zweck des Überprüfungsverfahrens

Die Regelung über das Filterverfahren läßt auch Rückschlüsse auf den Zweck des Überprüfungsverfahren zu. So wird deutlich, daß für die Frage der Zulassung eines Überprüfungsverfahrens allein der Aspekt der Sicherung der Einheitlichkeit des Rechts maßgeblich ist.[653] Die Tatsache, daß eine Partei durch eine Fehlentscheidung schwer belastet ist, reicht nicht

---

[651] *Gerichtshof*, Die Zukunft des Gerichtssystems, EuZW 1999, S. 752; *Lenz*, Reform des Europäischen Gerichtshofs im Blick auf die Erweiterung der Europäischen Union, FCE 4/2000; *Pirrung*, Die Stellung des Gerichts erster Instanz im Rechtsschutzsystem der EG, S. 27. Dieser Forderung liegt der Gedanke zugrunde, daß eine weitere, dritte Kontrolle nur in Ausnahmefällen notwendig ist, da die Rechtmäßigkeit der Behördenhandlung in diesem Stadium bereits zweimal überprüft wurde. Siehe dazu bereits Dritter Teil, IV., 3., d.: Ergebnis.

[652] Siehe dazu Dritter Teil, IV., 3.: Das Für und Wider eines Filterverfahrens.

[653] Insoweit ist die Zweckbestimmung des Überprüfungsverfahrens von der Zweckbestimmung des Rechtsmittelverfahrens zu unterscheiden.

mehr aus, um eine Kontrolle durch den EuGH herbeizuführen.[654] Im Gegensatz zum Rechtsmittelverfahren verschiebt sich damit der Sinn des Überprüfungsverfahrens einseitig in Richtung der Wahrung der Rechtseinheit.[655] Im Vordergrund steht also das Interesse der Allgemeinheit. Das Individualinteresse an einer gerechten Entscheidung wird nicht mehr berücksichtigt.

c. Wirkung der Überprüfungsentscheidung

Besonders bedeutsam ist die Frage nach der Wirkung der Entscheidung im Überprüfungsverfahren, da hier zwei Gestaltungsmöglichkeiten in Betracht kommen. Einerseits wäre es möglich, daß die Überprüfungsentscheidung des Gerichtshofs die gleichen Wirkungen zeitigt wie die Rechtsmittelentscheidung des EuG. Das hätte zur Folge, daß im Falle eines erfolgreichen Überprüfungsverfahrens die dem Verfahren zugrundeliegende Entscheidung aufgehoben würde.[656] Andererseits wäre es denkbar, daß die Entscheidung des Gerichtshofs lediglich Wirkung für die Zukunft hat, die Rechtskraft der Entscheidung für die Vergangenheit also nicht beseitigt wird. Insoweit wäre die Entscheidung mit der Prüfung eines Rechtsmittels im Interesse des Rechts vergleichbar.[657] Für die letzte Alternative spricht die damit verbundene Reduzierung der Verfahrensdauer für die unmittelbar am Rechtsstreit beteiligten Personen.[658] Wird nämlich durch die Entscheidung des EuGH die Rechtskraft der Rechtsmittelentscheidung nicht beeinträchtigt, ist bereits die Entscheidung des Gerichts für die Beteiligten letztverbindlich. Die Parteien müßten also nicht mehr auf die Entscheidung des Gerichtshofs warten.

aa. Festlegung durch den Vertrag von Nizza

Die Frage nach der Wirkung der Überprüfungsentscheidung des Gerichts-

---

[654] Anders insoweit der hier unterbreitete Vorschlag zur Einführung eines Filterverfahrens hinsichtlich des Rechtsmittels zum Gerichtshof. Siehe dazu Dritter Teil, IV., 2.: Die Zulassungskriterien.

[655] Siehe dazu Erster Teil, II.: Der Zweck des europäischen Rechtsmittelverfahrens.

[656] Siehe dazu Erster Teil, IV., 4., a.: Die Begründetheit des Rechtsmittels.

[657] Siehe dazu Dritter Teil, V., 1.: Das Wesen einer solchen Kontrollmöglichkeit.

[658] Im Ergbenis so auch die *Reflexionsgruppe*, Die Zukunft des Gerichtssystems der EG, S. 10 (bezüglich der Bildung von Beschwerdekammern im Dienstrecht und im Markenrecht); ebenso *Lenz*, Reform des Europäischen Gerichtshofs im Blick auf die Erweiterung der Europäischen Union, FCE 2000/4, Rn. 45.

hofs ist weder in Art. 225 Absatz 2 noch in Art. 225 a Absatz 3 Nizza-Vertrag geregelt. In der Erklärung für die Schlußakte der Konferenz wird lediglich festgestellt, daß die Wirkung der Entscheidung des Gerichtshofs auf die Streitigkeit zwischen den Parteien noch näher bestimmt werden soll.[659] Ein Indiz für eine Beschränkung der Urteilswirkung könnte sich aber aus der in Nizza beschlossenen Neuregelung des Art. 62 EG-Satzung ergeben. Dort wird der erste Generalanwalt im Falle des Art. 225 Absatz 2 Nizza-Vertrag ermächtigt, dem Gerichtshof die Überprüfung der Rechtsmittelentscheidung vorzuschlagen. Versteht man die Regelung dahingehend, daß allein der Generalanwalt zur Einlegung eines Überprüfungsverfahrens berechtigt sein soll, läßt sich daraus folgern, daß das Überprüfungsverfahren gerade nicht im Interesse der Parteien möglich ist. Dementsprechend könnten auch die Urteilswirkungen für diese nicht gelten. Zwingend ist dieser Schluß jedoch nicht. Zwar ermächtigt Art. 62 EG-Satzung den Generalanwalt, eine Überprüfung einzuleiten; daraus ergibt sich aber nicht notwendigerweise, daß einer anderen Partei nicht das gleiche Recht zusteht. Art. 62 EG-Satzung enthält keinerlei Anhaltspunkte dafür, daß es sich um eine abschließende Regelung handelt. Vielmehr spricht die Erklärung in der Schlußakte der Konferenz für eine nicht abschließende Regelung in Art. 62 EG-Satzung. Dort wird ausdrücklich darauf hingewiesen, daß die Wirkung der Entscheidung des Gerichtshofs noch näher bestimmt werden soll. Eine abschließende Regelung ist also im Zeitpunkt der Regierungskonferenz nicht getroffen worden, also auch nicht durch Art. 62 EG-Satzung Nizza-Vertrag. Gleichwohl kann der Regelung des Art. 62 EG-Satzung eine gewisse Indizwirkung nicht abgesprochen werden.

bb. Bewertung

Auch wenn es an einer eindeutigen Regelung hinsichtlich der Wirkung einer Entscheidung des Gerichtshofs im Überprüfungsverfahren fehlt, sprechen die vorgetragenen Argumente für eine Beschränkung der Überprüfungsentscheidung. Insbesondere der Zweck des Überprüfungsverfahrens, die einheitliche Anwendung des Rechts zu gewährleisten, erfordert eine solche Einschränkung. Daran wird nämlich deutlich, daß die Überprüfung

[659] Die Festlegung der Wirkung der Entscheidung bleibt also einer näheren Klärung in der Satzung des Gerichtshofs oder der Verfahrensordnung des Gerichtshofs vorbehalten. Möglich wäre es auch, die Festlegung der Urteilswirkungen dem Gerichtshof selbst zu überlassen.

der Rechtsmittelentscheidung abgekoppelt vom Parteiinteresse erfolgt.[660] Ist aber bereits das Interesse der Parteien bei der Zulassung und Durchführung des Überprüfungsverfahrens unbeachtlich, muß dies erst recht für die dann folgende Entscheidung gelten. Daneben sprechen die zu erwartende Verkürzung der Verfahrenszeit für die Beteiligten und die bereits erfolgte doppelte gerichtliche Kontrolle eindeutig für eine Beschränkung der Urteilswirkungen auf die Zukunft.[661]

d. Antragsbefugnis des Kontrollverfahrens

Schließlich stellt sich noch die Frage, wer zur Einlegung eines solchen Kontrollverfahrens berechtigt sein soll. Art. 62 EG-Satzung Nizza-Vertrag stellt fest, daß der erste Generalanwalt zur Einleitung des Prüfungsverfahrens ermächtigt ist. Darüber hinaus besteht keine Notwendigkeit für eine weitere Antragsinstanz. Da die Rechtsmittelparteien von dem Ausgang des Überprüfungsverfahrens keinerlei Vorteile haben, bedürfen sie keiner eigenen Antragsbefugnis. Das Gericht erster Instanz beziehungsweise die Kommission scheiden ebenfalls als Berechtigte aus. Das Gericht wird in den seltensten Fällen seine eigene Entscheidung als unrichtig bezeichnen und damit eine Überprüfung durch den EuGH einleiten. Die Kommission ist in der Regel selbst Verfahrensbeteiligter und scheidet damit von vornherein als unparteiisches Prüfungsorgan aus.[662]

3. Ergebnis

Mit der Möglichkeit, dem Gericht erster Instanz gerichtliche Kammern beizuordnen, wird das europäische Gerichtssystem zu einem dreigliedrigen Instanzenzug ausgebaut. Dabei besteht eine große Ähnlichkeit zwischen dem neu geschaffenen Rechtsmittelverfahren zum Gericht erster Instanz und dem bereits bestehenden Rechtsmittelverfahren zum Gerichtshof. Von diesem Verfahren unterscheidet sich das neu geschaffene Überprüfungsverfahren grundlegend. Aufgrund seiner Ausgestaltung (Filterverfahren, eingeschränkte Urteilswirkung, Antragsbefugnis des Generalanwalts) handelt es sich im Ergebnis um ein Rechtsmittel im Interesse des Rechts. Vor dem

---

[660] Siehe dazu Vierter Teil, I., 2., b.: Der Zweck des Überprüfungsverfahrens.

[661] Siehe dazu die Argumentation beim Rechtsmittel im Interesse des Rechts, Dritter Teil, V., 2.: Bewertung.

[662] Siehe dazu Dritter Teil, V., 3.: Nähere Ausgestaltung des Rechtsmittels im Interesse des Rechts.

Hintergrund des bisher bestehenden Rechtsmittelsystems, auch unter Berücksichtigung der Aspekte der Entlastung der Gemeinschaftsgerichtsbarkeit und des Umfangs des Rechtsschutzes, ist die insoweit vorgenommene Veränderung des Gerichtssystems zu begrüßen. Der Rechtsschutz für den Einzelnen wird durch die Neuorganisation in keiner Weise eingeschränkt. In manchen Bereichen wird er sogar verbessert, sofern die Kontrolle im Rechtsmittelverfahren zwischen Kammer und Gericht auch auf Sachfragen erweitert wird. Zugleich kommt es zu einer erheblichen Entlastung des Gerichtshofs, da dieser nur in besonderen Fällen zu einer Entscheidung im Überprüfungsverfahren berufen ist. Insoweit kann sich der EuGH wieder verstärkt seiner Hauptaufgabe - der Sicherung der Einheitlichkeit des Rechts - widmen.

II. Erweiterte Zuständigkeit des Gerichts erster Instanz

Neben der Schaffung der gerichtlichen Kammern ermöglicht Art. 225 Nizza-Vertrag auch eine Erweiterung des Zuständigkeitsbereichs des Gerichts erster Instanz. Dabei ist zwischen der bereits bestehenden Zuständigkeit im Bereich der Direktklagen (dazu unter 1.) und der neu geschaffenen Zuständigkeit für Vorabentscheidungsverfahren (dazu unter 2.) zu unterscheiden.

1. Änderungen bei der Zuständigkeit für Direktklagen

Gemäß Art. 225 Absatz 1 Nizza-Vertrag ist das Gericht im ersten Rechtszug für Nichtigkeitsklagen, für Untätigkeitsklagen, für Schadensersatzklagen, für Beamtenklagen und für Klagen aufgrund von Schiedsklauseln zuständig. Von der Zuständigkeit ausgenommen sind zum einen solche Rechtssachen, die einer gerichtlichen Kammer übertragen werden.[663] Zum anderen sind diejenigen Rechtssachen der Zuständigkeit des Gerichts entzogen, die laut Satzung des Gerichtshofs dem EuGH vorbehalten sind. Damit wird auf Art. 51 EG-Satzung Nizza-Vertrag Bezug genommen, welcher bestimmt, daß der Gerichtshof auch weiterhin für Klagen der Mitgliedstaaten, der Gemeinschaftsorgane und der Europäischen Zentralbank zuständig ist. Der oftmals unterbreitete Vorschlag, die Zuständigkeit des Gerichts auch auf Klagen der Gemeinschaftsorgane zu erstrecken, wurde demzufolge

[663] Siehe dazu Dritter Teil, VI., 1., a.: Rechtsmittel von der Kammer zum Gericht.

von der Regierungskonferenz nicht gebilligt.[664] Insoweit enthält die Neuregelung des Art. 225 Absatz 1 Nizza-Vertrag keine Veränderungen gegenüber der ursprünglichen Fassung.[665] Da hinsichtlich der Direktklagen auch sonst keine zusätzlichen Einschränkungen (z.B. Filterverfahren etc.) eingeführt werden, richtet sich die nähere Ausgestaltung des Rechtsmittelverfahrens auch weiterhin nach den hier bereits erörterten Grundsätzen.[666]

2. Neue Zuständigkeit für Vorabentscheidungsverfahren

Neben der Neuregelung der Zuständigkeit im Bereich der Direktklagen eröffnet Art. 225 Absatz 3 Nizza-Vertrag die Möglichkeit, dem Gericht erster Instanz die Zuständigkeit für Vorabentscheidungen gemäß Art. 234 EGV zu übertragen.[667] Damit entfällt die vorherige Beschränkung des Art. 225 Absatz 1 EGV, der eine Zuständigkeit des Gerichts für Vorabentscheidungsverfahren prinzipiell ausschloß. Gemäß Art. 225 Absatz 3 Nizza-Vertrag ist eine Übertragung nur in „besonderen" Bereichen möglich. Dafür kommen vor allem das Dienstrecht, das Markenrecht und das Wettbewerbsrecht in Betracht.[668] Denn in diesen Bereichen besitzt das Gericht be-

---

664 *Reflexionsgruppe*, Zukunft des Gerichtssystems der EG, S. 9; *Lenz*, Reform des Europäischen Gerichtshofs im Blick auf die Erweiterung der Europäischen Union, FCE 4/2000, Rn. 41; *Streinz/Leible*, Zukunft des Gerichtssystems der EG, EWS 2001, S. 11. Nach Ansicht der Reflexionsgruppe sollte der EuGH im Bereich der Direktklagen nur noch für solche Rechtsstreitigkeiten zuständig sein, die besonders dringlich sind und von großer Bedeutung, so daß ein zweistufiges Rechtsschutzverfahren zu lange dauern würde. Gedacht ist an Verfahren, bei denen ein rasches Urteil erforderlich ist, um eine schwerwiegende Beeinträchtigung für das ordnungsgemäße Funktionieren der Gemeinschaftsorgane zu verhindern.

665 Schließlich bestimmt Art. 225 Absatz 1 Satz 2 Nizza-Vertrag, daß das Gericht erster Instanz auch für andere Kategorien von Klagen zuständig sein könne, soweit dies in der Satzung vorgesehen ist.

666 Es ist allerdings auch weiterhin möglich, solche Beschränkungen durch eine Änderung der Satzung des Gerichtshofs einzuführen. Zu solchen Reformmöglichkeiten siehe Dritter Teil, I., II. und III.

667 Das entspricht den Vorschlägen der *Reflexionsgruppe*, Zukunft des Gerichtssystems der EG, S. 8; *Lenz*, Reform des Europäischen Gerichtshofs im Blick auf die Erweiterung der Europäischen Union, FCE 4/2000, Rn. 40. Gegen eine solche Übertragung von Vorabentscheidungsverfahren auf das Gericht erster Instanz spricht sich *Lipp* aus. Er ist der Ansicht, daß dadurch in die bestehende und allseits akzeptierte Funktionsteilung zwischen EuG und EuGH eingegriffen würde (Entwicklung und Zukunft der europäischen Gerichtsbarkeit, JZ 1997, S. 331).

668 *Lenz*, Reform des Europäischen Gerichtshofs im Blick auf die Erweiterung der Europäischen Union, FCE 2000/4, Rn. 40; *Reflexionsgruppe*, Zukunft des

reits einen umfassenden Überblick über die auftretenden Rechtsfragen und ist daher am besten geeignet, diese Fragen zu beantworten.[669] Sollte es danach zu einer Übertragung von Zuständigkeiten auf das Gericht erster Instanz kommen, sieht Art. 225 Absatz 3 Nizza-Vertrag die Möglichkeit des Gerichts vor, Vorabentscheidungsverfahren an den Gerichtshof zu verweisen, soweit die betreffende Rechtssache eine Grundsatzentscheidung erfordert, welche die Einheit und Kohärenz des Gemeinschaftsrechts berührt.[670] Damit soll gewährleistet werden, daß solche Verfahren, die in dem übertragenen Sonderbereich von grundlegender Bedeutung sind, unmittelbar durch den EuGH entschieden werden.

a. Überprüfungsverfahren durch den Gerichtshof

Gemäß Art. 225 Absatz 3 Nizza-Vertrag besteht die Möglichkeit des Gerichtshofs, Vorabentscheidungen des Gerichts erster Instanz nachzuprüfen. Jedoch wird auch in diesem Zusammenhang - ähnlich der Kontrolle der Rechtsmittelentscheidung des Gerichts durch den Gerichtshof - nicht von einem Rechtsmittelverfahren gesprochen.[671] Gemäß Art. 225 Absatz 3 Nizza-Vertrag kann der Gerichtshof die Entscheidungen „überprüfen". Die Schlußakte der Konferenz spricht auch hier von einem „Verfahren der Überprüfung". Demgemäß wird im folgenden von dem Überprüfungsverfahren durch den Gerichtshof gesprochen.

b. Exkurs: Funktion und Bedeutung des Vorabentscheidungsverfahrens

Bevor nachstehend näher auf die Ausgestaltung des Überprüfungsverfahrens eingegangen wird, sei zunächst das Wesen des Vorabentscheidungsverfahrens kurz dargestellt. Denn nur unter Berücksichtigung der Funktion und des Stellenwertes dieses Verfahrens ist eine richtige Einordnung und Gewichtung des neu geschaffenen Überprüfungsverfahrens möglich und sinnvoll.[672] Andernfalls besteht die Gefahr, das hier in Frage stehende Ü-

Gerichtssystems der EG, S. 10; *Rabe*, Zur Reform des Gerichtssystems der Europäischen Gemeinschaften, EuR 2000, S. 815.

669 *Lenz*, Reform des Europäischen Gerichtshofs im Blick auf die Erweiterung der Europäischen Union, FCE 2000/4, Rn. 40.

670 Vgl. dazu *Gerichtshof*, Die Zukunft des Gerichtssystems der Europäischen Union, EuZW 1999, S. 755.

671 Siehe dazu Dritter Teil, VI., 1., b.: Überprüfung durch den Gerichtshof.

672 Das Vorabentscheidungsverfahren stellt das Kernstück des europäischen Rechtsschutzsystems dar. Vgl. *Reflexionsgruppe*, Zukunft des Gerichtssystems der

berprüfungsverfahren voreilig mit dem Überprüfungsverfahren bei Rechtsmittelentscheidungen des EuG zu vergleichen.[673]

Ziel des Vorabentscheidungsverfahrens ist es, einen direkten Dialog zwischen den nationalen Gerichten und dem Gerichtshof zu ermöglichen.[674] Das ist erforderlich, da zur Wahrung des Gemeinschaftsrechts nicht nur die Gemeinschaftsgerichtsbarkeit, sondern auch die Gerichte der Mitgliedstaaten berufen sind.[675] Diese können bei Unklarheiten über die Auslegung des Gemeinschaftsrechts den Gerichtshof anrufen. Der Gerichtshof entscheidet daraufhin über die ihm vorgelegte Auslegungsfrage. Damit sichert das Vorabentscheidungsverfahren die einheitliche Anwendung des Gemeinschaftsrechts in der Europäischen Union.[676] Ohne diese Möglichkeit würde die Gefahr bestehen, daß die nationalen Gerichte - angesichts der unterschiedlichen Rechtsmethodiken und Rechtssysteme - zu abweichenden und sich widersprechenden Auslegungen des Gemeinschaftsrechts gelangen würden.[677] In einem solchen Fall wäre der Bestand der Gemeinschaftsrechtsordnung gefährdet. Das reibungslose Funktionieren des Vorabentscheidungsverfahrens ist also eine wesentliche Voraussetzung der Europäischen Rechtsgemeinschaft. Das ist bei der Ausgestaltung und Beurteilung des Überprüfungsverfahrens stets zu berücksichtigen.

c. Filterverfahren

Gemäß Art. 225 Absatz 3 Nizza-Vertrag ist eine Überprüfung durch den Gerichtshof nur möglich, soweit die ernste Gefahr besteht, daß durch die

EG, S. 6; *Gerichtshof*, Die Zukunft des Gerichtssystems der Europäischen Union, EuZW 1999, S. 750.

673 Wie bereits festgestellt, handelt es sich bei dem Überprüfungsverfahren von Rechtsmittelentscheidungen des Gerichts erster Instanz um ein Rechtsmittel im Interesse des Rechts.

674 *Rabe*, Zur Reform des Gerichtssystems der Europäischen Gemeinschaften, EuR 2000, S. 815.

675 *Dauses*, Das Vorabentscheidungsverfahren, S. 42

676 *Gerichtshof*, Bericht über bestimmte Aspekte der Anwendung des Vertrages über die Europäische Union, EuGRZ 1995, S. 318. Schließlich hat das Vorabentscheidungsverfahren erhebliche Bedeutung für den Individualrechtsschutz in der Europäischen Gemeinschaft. Es ermöglicht den Parteien in einem mitgliedstaatlichen Verfahren, vor dem nationalen Gericht die Ungültigkeit des für ihr Verfahren entscheidungserheblichen Gemeinschaftsaktes geltend zu machen. Vgl. *Wegener*, in: Calliess/Ruffert, Art. 234 EGV, Rn. 1; *Schwarze*, in: EU-Kommentar, Art. 234, Rn. 4.

677 *Borchardt*, in: Lenz, Art. 234 EGV, Rn. 3.

Entscheidung des Gerichts die Einheit oder Kohärenz des Gemeinschaftsrechts berührt wird.[678] Insoweit handelt es sich bei dem Überprüfungsverfahren um eine nachträgliche Zweitkontrolle. Denn bereits zuvor hatte das Gericht erster Instanz die Möglichkeit, bei einer grundlegenden Entscheidung eine Verweisung an den Gerichtshof vorzunehmen, Art. 225 Absatz 3 Nizza-Vertrag. Hat das Gericht diese Möglichkeit zu Beginn des Verfahrens nicht wahrgenommen, besteht nun im Nachhinein erneut die Möglichkeit, eine Entscheidung des EuGH zu erreichen. Dabei ist zu beachten, daß durch das Filterverfahren die Anzahl der potentiellen Überprüfungsverfahren erheblich eingeschränkt wird. In Betracht kommen nämlich nur solche Rechtssachen, in denen das Gericht erster Instanz eine grundsätzliche Bedeutung zunächst verneint hat (und deswegen keine Verweisung an den EuGH erfolgte), sich aber im Nachhinein eine solche grundsätzliche Bedeutung herausstellt.[679] Zweifelsohne werden solche Fälle eine seltene Ausnahme bilden.

d. Antragsbefugnis

Problematisch ist die Frage nach der Antragsbefugnis im Überprüfungsverfahren, da es sich bei dem zugrunde liegenden Vorabentscheidungsverfahren nicht um ein kontradiktorisches Verfahren handelt.[680] Es gibt also keine unterlegene Partei, die ein unmittelbares Interesse an der Durchführung einer Überprüfung haben könnte. Vor diesem Hintergrund ist bei der Frage nach der Antragsbefugnis zwischen drei Stadien zu unterscheiden.

Zunächst sollte es allen am Ausgangsrechtsstreit beteiligten Parteien, dem vorlegenden Gericht, den Gemeinschaftsorganen und den Mitgliedstaaten möglich sein, eine Überprüfung durch den Gerichtshof anzuregen. Eine solche Anregung hätte zwar nur unverbindlichen Charakter. Sie würde allerdings sicherstellen, daß sämtliche von einer Entscheidung unmittelbar oder mittelbar Betroffenen ein Mitspracherecht erhalten würden. Damit wäre jedenfalls die Kommunikation zwischen dem nationalen Gericht

---

678 Vgl. dazu bereits das Filtersystem bei der Überprüfung der Rechtsmittelentscheidung des EuG, Dritter Teil, VI., 1., b., aa.

679 Die grundsätzliche Bedeutung der Rechtssache muß sich also erst in einem späten Verfahrensstadium (ansonsten ist eine Verweisung geboten) oder aus dem Inhalt des Urteils ergeben.

680 Die *Reflexionsgruppe* verneint aus diesem Grund die Möglichkeit gegen Vorabentscheidungen des EuG ein Rechtsmittel einlegen zu können (Zukunft des Gerichtssystems der EG, S. 8).

beziehungsweise den betroffenen Parteien und dem Gerichtshof aufrechterhalten. Es würde auch weiterhin eine dem ursprünglichen Vorabentscheidungsverfahren vergleichbare Interaktion bestehen.[681]

Die eigentliche Antragsbefugnis sollte jedoch einer unabhängigen Stelle übertragen werden. Gemäß Art. 62 EG-Satzung Nizza-Vertrag ist das der erste Generalanwalt am Gerichtshof. Der Generalanwalt ist für eine solche Aufgabe besonders geeignet. Zum einen handelt es sich um eine völlig unabhängige und unparteiische Instanz. Zum anderen ist er durch seine bisherige Funktion - Schlußanträge zur Unterstützung des Gerichtshofs zu erstellen - für diese Aufgabe bestens gerüstet.[682] Ferner ist damit sichergestellt, daß die Anträge mit großer Sorgfalt geprüft und nur in Verfahren mit besonderer Bedeutung eingelegt werden. Die Beschränkung der Antragsbefugnis hat also auch eine Steigerung der Effektivität des Überprüfungsverfahrens zur Folge. Der so bestehenden Antragsbefugnis des ersten Generalanwalts steht gemäß Art. 62 EG-Satzung Nizza-Vertrag eine Annahmebefugnis des Gerichtshofs gegenüber. Der Antrag des Generalanwalts ist also nicht verbindlich. Allein der Gerichtshof entscheidet endgültig über die Überprüfung der Entscheidung des Gerichts erster Instanz.[683]

e. Verfahrensdauer

Ein weiteres Problem ergibt sich aus der durch das Überprüfungsverfahren resultierenden Steigerung der Verfahrensdauer. Dem Verfahren vor den nationalen Gerichten muß bereits die Dauer des Vorlageverfahrens zum Gericht erster Instanz hinzugerechnet werden (im Durchschnitt dauerte ein Vorlageverfahren zum EuGH im Jahr 1998 21,4 Monate[684]). Schon insoweit ist die Lage als kritisch zu beurteilen.[685] Bei einer erneuten Überprüfung dieser Entscheidung durch den Gerichtshof erhöht sich die Verfahrensdauer nochmals, so daß im Ergebnis allein das Verfahren vor den europäischen Gerichten durchschnittlich weit über zwei Jahren dauern würde. Folge wäre eine erhebliche Verfahrensverzögerung, die die nationalen Gerichte in Zukunft davon abhalten könnte, dem Gericht erster In-

---

681 Siehe dazu Vierter Teil, II., 2., b.: Funktion und Bedeutung des Vorabentscheidungsverfahrens.

682 Siehe dazu bereits Dritter Teil, IV., 2.: Das Zulassungsverfahren.

683 *Hatje*, Die institutionelle Reform der Europäischen Union, EuR 2001, S. 166.

684 Siehe dazu Erster Teil, V.: Die Bedeutung des Rechtsmittelverfahrens in der Praxis.

685 *Reflexionsgruppe*, Zukunft des Gerichtssystems der EG, S. 5. Ziel sollte es sein, die Vorlagefragen binnen Jahresfrist zu entscheiden.

stanz Fragen zur Vorabentscheidung vorzulegen.[686] Die Kommunikation zwischen der Gemeinschaftsgerichtsbarkeit und den nationalen Gerichten wäre gefährdet. Auch für die am Ausgangsrechtsstreit beteiligten Parteien würde durch eine nochmalige Überprüfung durch den EuGH eine unzumutbare Verzögerung eintreten.[687]

Dieses Problem wurde auch bei den Verhandlungen der Regierungskonferenz in Nizza gesehen. Bezüglich des Überprüfungsverfahrens durch den EuGH wird in der Erklärung für die Schlußakte vorgeschlagen, daß der Gerichtshof „im Eilverfahren" entscheiden müßte. Damit wird auf zwei bereits bestehende Regelungen in der Verfahrensordnung des Gerichtshofs Bezug genommen. Zum einen verweist die Erklärung der Schlußakte auf Art. 104 a VerfO EuGH, wonach der Gerichtshof ein Vorabentscheidungsersuchen einem „beschleunigten Verfahren" unterwerfen kann. Art. 104 a VerfO EuGH sieht vor, daß in diesem Fall unter Abweichung von Bestimmungen der Verfahrensordnung entschieden werden kann (sofortiger Termin zur mündlichen Verhandlung, Reduktion von Schriftsätze auf das Wesentliche). Zum anderen wird auf die Regelung des Art. 36 EG-Satzung (i.V.m. Art. 52 EG-Satzung) Bezug genommen, wonach das Rechtsmittelverfahren bei bestimmten Entscheidungen des Gerichts erster Instanz in einem „abgekürzten Verfahren" stattfindet.[688] Damit wird eine Entscheidung durch den Gerichtshof im summarischen Verfahren gefordert, wie sie bereits jetzt bei Rechtsmittelverfahren gegen Entscheidungen im einstweiligen Rechtsschutz vorkommt (Antrag durch Schriftsatz, Entbehrlichkeit der mündliche Verhandlung). Bei einem solchen Verfahren darf auch nicht Art. 55 § 2 VerfO EuGH übersehen werden, der es dem Gerichtshof ermöglicht, besondere Rechtssachen mit Vorrang zu entscheiden. Würden diese Regelungen bei dem Überprüfungsverfahren in vollem Umfang zur Geltung kommen, wäre bereits dadurch eine gewisseVerkür-

[686] *Gerichtshof*, Bericht über bestimmte Aspekte der Anwendung des Vertrages über die Europäische Union, EuGRZ 1995, S. 318, Rn. 13.

[687] In diesem Zusammenhang stellt sich die Frage, ob eine solche solcher Anstieg der Verfahrensdauer noch mit dem Grundsatz des fairen gerichtlichen Verfahrens zu vereinbaren ist. Generell kann als angemessene Frist für eine gerichtliche Entscheidung kein bestimmter Zeitraum vorgegeben werden. Maßgebend sind stets die Umstände des Einzelfalls, zum Beispiel der Umfang und die Schwierigkeit des Rechtsstreits oder das Verhalten der Verfahrensbeteiligten (*Pache*, Faires Verfahren auf europäischer Ebene, EuGRZ 2000, S. 605). Der EuGH hat eine Verletzung dieses Rechts bei einer Verfahrensdauer von fünf Jahren und sechs Monaten festgestellt (EuGH, *Baustahlgewebe/ Kommission*, Rs. C-185/95, Slg. 1998, I-8417).

[688] Das abgekürzte Verfahren wird in Art. 83 - 90 VerfO EuGH geregelt.

zung der Verfahrenszeit möglich.[689] Berücksichtigt man nun noch, daß der EuGH ohnehin durch die Übertragung der Vorabentscheidungsverfahren auf das EuG entlastet wird – eine Entscheidung in den noch verbleibenden Verfahren also schneller stattfinden kann – ist die Angst vor einer übermäßigen Verfahrensverzögerung wohl unbegründet. Festzuhalten ist, daß auf diesem Weg eine Verzögerung der Vorlageentscheidungen nicht gänzlich verhindert werden kann (das wäre nur möglich, wenn man auf ein Überprüfungsverfahren völlig verzichtet). Jedoch ist die verbleibende (geringe) Verzögerung im Hinblick auf die sich durch die Übertragung von Vorabentscheidungsverfahren ergebende Entlastung des EuGH als akzeptabel zu bezeichnen.[690] Denn andernfalls würde keine Möglichkeit bestehen, die vom EuG getroffenen Vorabentscheidungen im Lichte der einheitlichen Anwendung des Gemeinschaftsrechts einer letztinstanzlichen Kontrolle zu unterwerfen.

f. Wirkung der Entscheidung des Gerichtshofs

Schließlich stellt sich die Frage, welche Wirkung die Überprüfungsentscheidung durch den Gerichtshof hat.[691] Sollte die Entscheidung des Gerichtshofs nur für die Zukunft gelten, müßte das nationale Gericht nicht mehr auf dessen Entscheidung warten (da sie ja keine Auswirkung für das Ausgangsverfahren hätte). Insoweit würde sich die Frage der zusätzlichen Verfahrenszeit gar nicht stellen. Eine nur begrenzte Urteilswirkung ist jedoch aus mehreren Gründen abzulehnen:

Zunächst würde damit die besondere Bedeutung des Vorabentscheidungsverfahrens - und damit auch die des Überprüfungsverfahrens - für die Sicherung der Einheit des Gemeinschaftsrechts übersehen. Die Verbindung zwischen dem nationalen Gericht und der Gemeinschaftsgerichtsbarkeit würde geradezu künstlich unterbrochen, sollte es nur auf die Entscheidung des Gerichts erster Instanz und nicht auf die noch folgende Entscheidung des EuGH ankommen. Der Weg zum EuGH wäre für die nationalen Ge-

[689] Dabei ist zu beachten, daß nur hinsichtlich einzelner Formalien eine Reduzierung der Verfahrenszeit möglich ist. Hinsichtlich der eigentlichen Prüfung der Rechtsfragen durch den EuGH ist eine Reduzierung nicht möglich, da es sich um Fragen von prinzipieller Bedeutung handelt, die in einer summarischen Rechtskontrolle nicht ausreichend behandelt werden können.

[690] *Hatje*, Die institutionelle Reform der Europäischen Union, EuR 2001, S. 167.

[691] Vgl. dazu die Diskussion im Dritten Teil, VI., 1., b., cc.: Wirkung der Überprüfungs-entscheidung.

richte verschlossen. Die Funktion des Vorabentscheidungsverfahrens, eine Kooperation zwischen den Gerichten herzustellen, wäre nur noch zur Hälfte erfüllt. Es würde sich um ein Vorabentscheidungsverfahren zweiter Klasse handeln.

Ein weiteres Argument gegen die Letztverbindlichkeit der Vorabentscheidung des Gerichts erster Instanz ergibt sich aus dem Gedanke des Art. 53 EG-Satzung. Danach kommt einem Rechtsmittel ausnahmsweise aufschiebende Wirkung zu, wenn in der Entscheidung des Gerichts eine Verordnung für nichtig erklärt wird.[692] In einem solchen Fall soll erst eine endgültige Klärung durch den EuGH abgewartet werden.[693] Aus dieser Regelung läßt sich der Gedanke entnehmen, daß für solche Entscheidungen - die nicht nur die am Verfahren unmittelbar beteiligten Personen betreffen - stets eine letztinstanzliche Klärung notwendig ist, bevor die Entscheidung Urteilswirkung entfalten kann. Diese Situation ist dem Vorabentscheidungsverfahren vergleichbar. Eine Vorabentscheidung ist zwar nur für das vorlegende Gericht verbindlich (und alle anderen Gerichte die in der selben Sache zu entscheiden haben).[694] Gleichwohl kann eine solche Entscheidung faktisch auch in andere Verfahren Wirkung entfalten. Das gilt zunächst für solche Fälle, in denen eine Gemeinschaftsregelung für unwirksam erklärt wird.[695] Aber auch in allen sonstigen Entscheidungen besteht zumindest eine gewisse rechtliche und tatsächliche Bindungswirkung der Vorabentscheidung, so daß nicht allein die unmittelbar am Ausgangsverfahren beteiligten Personen davon betroffen sind.[696] Dementsprechend hätte eine Fehlentscheidung des Gerichts erster Instanz und eine anschließende Aufhebung durch den Gerichtshof erhebliche Auswirkung auf die Rechtssicherheit innerhalb der Europäischen Gemeinschaft. Dem Gedanken des Art. 53 EG-Satzung folgend, sollten solche Entscheidungen daher erst dann verbindlich sein, wenn sie letztinstanzlich geklärt sind.

---

692 Siehe dazu Erster Teil, IV., 2.: Wirkung der Rechtsmitteleinlegung.

693 Andernfalls könnte das Urteil des EuG eine Verordnung für nichtig erklären und ein späteres, dem Rechtsmittel stattgebendes Urteil müßte die Gültigkeit der angefochtenen Norm rückwirkend wieder herstellen. Vgl. *Jung*, in: Groeben/Thiesing/Ehlermann, Art. 168 a EGV, Rn. 194.

694 *Krück*, in: Groeben/Thiesing/Ehlermann, Art. 177, Rn. 88.

695 In einem solchen Fall kommt es nämlich zu einer Aufhebung der umstrittenen Norm mit Wirkung erga omnes.

696 *Beutler/Bieber/Pipkorn/Streil*, Die Europäische Union, S. 259; *Hatje*, in: EU-Kommentar, Art. 10 EGV, Rn. 16 ff; *Kahl*, in: Calliess/Ruffert, Art. 10, Rn. 19 ff. Siehe dazu auch Dritter Teil, V., 2. Bewertung des Rechtsmittels im Interesse des Rechts.

Das ergibt sich schließlich auch aus folgender Überlegung: Wäre bereits die Vorabentscheidung des EuG letztverbindlich, wären Fälle denkbar, in denen das nationale Gericht eine fehlerhafte Entscheidung des EuG anwendet, der Gerichtshof (noch während des nationalen Verfahrens) diese Entscheidung aber aufhebt. In einer solchen Situation wäre der Zweck des Vorabentscheidungsverfahrens - die Einheit des Gemeinschaftsrechts zu sichern - in das Gegenteil verkehrt. Während das vorlegende Gericht eine (bereits letztinstanzlich durch den EuGH festgestellte) Falschentscheidung des EuG als Grundlage für seine eigene Entscheidung anwenden müßte, würde sich zur gleichen Zeit ein anderes mitgliedstaatliches Gericht in einer vergleichbaren Rechtssache auf die Entscheidung des EuGH stützen. Folge eines solchen Verfahrens wäre nicht die Rechtsvereinheitlichung, sondern eine Rechtszersplitterung. Diese Konstellation ist unter allen Umständen zu vermeiden, so daß die Überprüfungsentscheidung des Gerichtshof auch Wirkung für die Vergangenheit haben muß.

3. Ergebnis

Aufgrund der Änderungen der Zuständigkeit des Gerichts im Bereich der Direktklagen ergeben sich für das bisherige Rechtsmittelverfahren keinerlei Veränderungen. Das neu geschaffene Überprüfungsverfahren unterscheidet sich dagegen in einigen Punkten von dem bereits bestehenden Rechtsmittelverfahren. Zum Teil nimmt es dessen Ausgestaltung an (insbesondere hinsichtlich der Urteilswirkung), zum Teil ähnelt es einem Rechtsmittel im Interesse des Rechts. Letztlich stellt die Möglichkeit, Entscheidungen des Gerichts im Vorabentscheidungsverfahren überprüfen zu können, ein sinnvolles Instrument zur Aufrechterhaltung der Einheitlichkeit des Gemeinschaftsrechts dar.

III. Zusammenfassung

Nach den hier vorgestellten Änderungen des Gerichtssystems und den daraus resultierenden Folgen für das Rechtsmittelverfahren ergibt sich folgendes Bild der zukünftigen europäischen Gerichtsstruktur:

	Gerichtliche Kammern	*Gericht erster Instanz*	*Gerichtshof*
Dreistufig	Eingangsinstanz: Insbesondere bei dienstrechtlichen und markenrechtlichen Streitigkeiten	Rechtsmittelgericht: - Kein Filterverfahren - Wahlweise nur Rechtsfragen oder auch Sachfragen	Rechtsmittel im Interesse des Rechts: - Filterverfahren - Nur Rechtsfragen - Wirkung nur für die Zukunft - Antragsbefugnis: Generalanwalt
Zweistufig		Eingangsinstanz: a. für Direktklagen (Nichtigkeits-, Untätigkeits-, Schadensersatz- und Beamtenklagen) b. für Vorabentscheidungs-verfahren	zu a. als Rechtsmittelgericht keine Besonderheiten zu b. als Überprüfungsverfahren - Filterverfahren - Wirkung auch für die Vergangenheit - Antragsbefugnis: Generalanwalt
Einheitsgericht			Einheitsgericht: - Vorabentscheidungsverfahren - Vertragsverletzungsverfahren - Alle sonstigen Verfahren[697]

Es bleibt festzuhalten, daß durch den Vertrag von Nizza die Bedeutung des Rechtsmittelverfahrens innerhalb der Europäischen Gemeinschaft weiter gewachsen ist. Es handelt sich um den maßgeblichen Rechtsbehelf um Entscheidungen der gerichtlichen Kammern und Entscheidungen des Gerichts erster Instanz im Direktklageverfahren nachprüfen zu können. Das eigentliche Rechtsmittelverfahren wird durch ein Rechtsmittelverfahren im Interesse des Rechts (bezüglich der Rechtsmittelentscheidungen des EuG) und ein Überprüfungsverfahren (bezüglich der Vorabentscheidungen des EuG) ergänzt. Das so geschaffene System von Rechtsmittel- und Über-

[697] Dazu gehören unter anderem die Verfahren gemäß Art. 88 Absatz 2, 237, 298 EGV.

prüfungsverfahren ermöglicht jeweils den Übergang in die nächsthöhere Instanz der europäischen Gerichtsbarkeit. Zugleich wird damit die Aufrechterhaltung der Einheitlichkeit des Gemeinschaftsrechts sichergestellt. Der Gerichtshof wird daher auch in Zukunft in besonderer Weise für die Wahrung der Kohärenz des Gemeinschaftsrechts verantwortlich sein.

Ob mit dieser Umgestaltung des Gerichtssystems auch eine merkliche Entlastung des EuGH einhergeht, bleibt abzuwarten. Dafür sprechen jedoch mehrere Gesichtspunkte: Zum einen erfolgt eine unmittelbare Entlastung des Gerichtshofs durch die Übertragung von Vorabentscheidungsverfahren auf das Gericht erster Instanz. Zum anderen wird durch die Errichtung der gerichtlichen Kammern dem EuG ein Teil seiner Rechtsprechungsaufgaben abgenommen und damit die Anzahl der rechtsmittelfähigen Akte des Gerichts gesenkt. Auf diese Weise reduziert sich auch die Zahl der Rechtsmittelverfahren zum Gerichtshof. Letztlich hängt jedoch in beiden Fällen das Ausmaß der Entlastung davon ab, in welchem Umfang Zuständigkeiten auf die gerichtlichen Kammern beziehungsweise auf das Gericht erster Instanz übertragen werden. Der damit möglich gewordenen Entlastung des Gerichtshofs steht auch nicht die zugleich entstehende Belastung - durch die neu hinzugekommenen Rechtsbehelfe (Rechtsmittel im Interesse des Rechts und Überprüfungsverfahren) - entgegen. Denn in beiden Fällen ist eine Kontrolle durch den Gerichtshof nur unter sehr engen Voraussetzungen zulässig (Filterverfahren). Antragsbefugt ist allein der Generalanwalt. Mit einer vermehrten Geltendmachung - und dementsprechend einer erhöhten Belastung des EuGH - ist nicht zu rechnen. Daran wird schließlich deutlich, daß auch nach der Änderung des europäischen Gerichtssystems der Hauptschwerpunkt bei dem „eigentlichen" Rechtsmittelverfahrens liegen wird.

Schlußbetrachtung

Ausgangspunkt der vorliegenden Untersuchung war die Frage nach dem Umfang der Nachprüfung einer erstinstanzlichen Entscheidung durch den Gerichtshof als Rechtsmittelgericht. Mit dieser Analyse sollte es zum einen ermöglicht werden, Feststellungen über die Wirksamkeit und Leistungsfähigkeit des neu geschaffenen europäischen Rechtsmittelverfahrens zu treffen Zum anderen sollte anhand dieser Analyse mögliche Reformvorschläge geprüft und entwickelt werden. Schließlich galt es, die in Nizza getroffenen Änderungen im Hinblick auf das Rechtsmittelverfahren darzustellen und mit den zuvor gefundenen Ergebnissen zu vergleichen

I. Die Leistungsfähigkeit und Effektivität des Rechtsmittelverfahrens

Die vorliegende Untersuchung hat ergeben, daß die von der Gesetzgebung vorgegebenen und durch die Rechtsprechung weiterentwickelten Begrenzungen der Prüfungsbefugnis des Rechtsmittelgerichts eine sachgerechte und wirksame Kontrolle in der Rechtsmittelinstanz gewährleisten. Es handelt sich dabei um eine Beschränkung des Rechtsmittelverfahrens auf das Wesentliche. Der Kontrollumfang in der Rechtsmittelinstanz wird durch drei Faktoren bestimmt.

1. Der Streitgegenstand im Rechtsmittelverfahren

Eine erste Festlegung des Prüfungsumfangs erfolgt durch die Eingrenzung der überhaupt mit einem Rechtsmittel anfechtbaren Akte des Gerichts erster Instanz. Der auf diese Weise bestimmte Prüfungsumfang wird durch das Gebot, daß die Einlegung des Rechtsmittels den erstinstanzlichen Prüfungsgegenstand nicht verändern dürfe, nochmals eingegrenzt. Letztlich obliegt es allein den Parteien des Ausgangsrechtsstreits, innerhalb dieses Rahmens die vom Gerichtshof zu überprüfenden Bereiche der angefochtenen Entscheidung festzulegen.

2. Der Prüfungsmaßstab im Rechtsmittelverfahren

Eine weitere Restriktion des Prüfungsumfangs erfolgt durch die Beschränkung der Nachprüfungsbefugnis auf die Kontrolle des Gemeinschaftsrechts. Ein Verstoß gegen nationales Recht beziehungsweise gegen Maßnahmen der Gemeinschaft, die nicht dem Gemeinschaftsrecht zugehörig sind, kann vom Rechtsmittelgericht nicht überprüft werden.

3. Die Kontrolldichte im Rechtsmittelverfahren

Schließlich erfolgt durch die Beschränkung des Rechtsmittels auf die Kontrolle von Rechtsfragen eine maßgebliche Einschränkung des Prüfungsumfangs. Damit sind grundsätzlich alle tatsächlichen Feststellungen des Gerichts erster Instanz einer Kontrolle entzogen. Es ist jedoch eine Tendenz des Gerichtshofs festzustellen, auch tatsächliche Feststellungen einer Kontrolle zu unterwerfen, wenn ein schwerwiegender und offensichtlicher Beurteilungsfehler vorliegt. Dies gilt insbesondere für den Bereich der Verfälschung von Beweismitteln und der Kontrolle von erstinstanzlichen Tatsachenfeststellungen anhand der Prozeßakten.

Im Ergebnis erlaubt das europäische Rechtsmittelverfahren eine nochmalige, umfassende Überprüfung der erstinstanzlichen Entscheidung. Die Parteien des Ausgangsrechtsstreits erhalten die Möglichkeit, jede sie beschwerende Rechtsfeststellung und darüber hinaus in Teilbereichen auch tatsächliche Feststellungen anzugreifen und überprüfen zu lassen. Insoweit handelt es sich bei dem europäischen Rechtsmittelverfahren um einen effektiven und leistungsstarken Rechtsbehelf, der sowohl den Mitgliedstaaten und den Gemeinschaftsorganen als auch den Unionsbürgern zugute kommt. Damit stellt das Rechtsmittelverfahren einen weiteren, wichtigen Schritt zum Ausbau der Europäischen Gemeinschaft zu einer gefestigten, nachhaltigen Rechtsgemeinschaft dar.

II. Reform des europäischen Rechtsmittelverfahrens

Die hier diskutierten Vorschläge zur Reform des Rechtsmittelverfahrens haben gezeigt, daß eine andauernde Entlastung des Gerichtshofs - und damit auch des Rechtsmittelverfahrens - nur durch eine Veränderung der

Gemeinschaftsgerichtsstruktur insgesamt möglich ist. Das Rechtsmittelverfahren selbst zeichnet sich bereits durch eine äußerst straffe Prozeßführung aus. Die Vorschläge zur Begrenzung der rechtsmittelfähigen Akte, zur Beschränkung der Kontrolldichte oder zur Einführung eines Filterverfahrens sind entweder wegen zu einschneidender Folgen für den Rechtsschutzumfang abzulehnen oder haben lediglich geringe Entlastungswirkungen. Hingegen scheint eine Erweiterung des Rechtsmittelsystems um die Möglichkeit der Einlegung eines Rechtsmittels im Interesse des Rechts geboten. Damit könnte in effektiver und wirksamer Weise die Wahrung der Einheitlichkeit des Gemeinschaftsrechts durch den Gerichtshof kontrolliert werden.

III. Das Rechtsmittelverfahren nach Nizza

Ein Blick auf die Entwicklung der europäischen Gerichtsstruktur hat ergeben, daß das Rechtsmittelverfahren innerhalb des europäischen Rechtsschutzsystems auch in Zukunft erheblich an Bedeutung gewinnen wird. Nach dem Vertrag von Nizza wird es nicht mehr allein Bindeglied zwischen dem Gericht erster Instanz und dem Gerichtshof sein, sondern auch die maßgebliche Verbindung zwischen den neu zu errichtenden gerichtlichen Kammern und dem Gericht erster Instanz bilden. Neben der Erweiterung des Anwendungsbereichs sind allerdings keine weitreichenden Neuerungen bei der Ausgestaltung des Rechtsmittelverfahrens zu verzeichnen.

Daneben wird durch den Vertrag von Nizza ein sogenanntes Überprüfungsverfahren und ein Rechtsmittelverfahren im Interesse des Rechts neu eingeführt. Ziel dieser Verfahren ist es, auch bei Bestehen eines dreigliedrigen Instanzenzuges beziehungsweise bei der Übertragung von Vorabentscheidungsverfahren auf das Gericht erster Instanz, eine letztverbindliche Klärung der für die Einheit des Gemeinschaftsrechts maßgeblichen Rechtsfragen durch den Gerichtshof zu ermöglichen. Insoweit stellten diese Rechtsbehelfe eine sinnvolle Ergänzung des bisher bestehenden Rechtsmittelsystems dar.

Anhang: Die Neuregelungen des EGV und der EG-Satzung nach Nizza

Artikel 220 EGV

Der Gerichtshof und das Gericht erster Instanz sichern im Rahmen ihrer jeweiligen Zuständigkeiten die Wahrung des Rechts bei der Auslegung und Anwendung dieses Vertrages.

Außerdem können dem Gericht erster Instanz nach Maßgabe des Artikels 225 a gerichtliche Kammern beigeordnet werden, die in einigen besonderen Bereichen in diesem Vertrag vorgesehene gerichtliche Zuständigkeiten ausüben.

Artikel 225 EGV

(1) Das Gericht erster Instanz ist für Entscheidungen im ersten Rechtszug über die in den Artikeln 230, 232, 235, 236 und 238 genannten Klagen zuständig, mit Ausnahme derjenigen Klagen, die einer gerichtlichen Kammer übertragen werden, und der Klagen, die gemäß der Satzung dem Gerichtshof vorbehalten sind. In der Satzung kann vorgesehen werden, dass das Gericht erster Instanz für andere Kategorien von Klagen zuständig ist.

Gegen die Entscheidungen des Gerichts erster Instanz aufgrund dieses Absatzes kann nach Maßgabe der Bedingungen und innerhalb der Grenzen, die in der Satzung festgelegt sind, beim Gerichtshof ein auf Rechtsfragen beschränktes Rechtsmittel eingelegt werden.

(2) Das Gericht erster Instanz ist für Entscheidungen über Rechtsmittel zuständig, die gegen die Entscheidungen der gerichtlichen Kammern eingelegt werden, die in Anwendung des Artikels 225 a gebildet werden.

Die Entscheidungen des Gerichts erster Instanz aufgrund dieses Absatzes können nach Maßgabe der Bedingungen und innerhalb der Grenzen, die in der Satzung festgelegt sind, in Ausnahmefällen vom Gerichtshof überprüft werden, wenn die ernste Gefahr besteht, dass die Einheit oder Kohärenz des Gemeinschaftsrechts berührt wird.

(3) Das Gericht erster Instanz ist in besonderen in der Satzung festgelegten Bereichen für Vorabentscheidungen nach Artikel 234 zuständig.

Wenn das Gericht erster Instanz der Auffassung ist, dass eine Rechtssache eine Grundsatzentscheidung erfordert, die die Einheit oder die Kohärenz des Gemeinschaftsrechts berühren könnte, kann es die Rechtssache an den Gerichtshof verweisen, damit dieser entscheidet.

Die Entscheidungen des Gerichts erster Instanz über Anträge auf Vorabentscheidung können nach Maßgabe der Bedingungen und innerhalb der Grenzen, die in der Satzung festgelegt sind, in Ausnahmefällen vom Gerichtshof überprüft werden, wenn die ernste Gefahr besteht, dass die Einheit oder die Kohärenz des Gemeinschaftsrechts berührt wird.

Artikel 225 a EGV

Der Rat kann mit einstimmigen Beschluss auf Vorschlag der Kommission und nach Anhörung des Europäischen Parlaments und des Gerichtshofs oder auf Antrag des Gerichtshofs und nach Anhörung des Europäischen Parlaments und der Kommission gerichtliche Kammern bilden, die für Entscheidungen im ersten Rechtszug über bestimmte Gruppen von Klagen zuständig sind, die in besonderen Sachgebieten erhoben werden.

In dem Beschluss über die Bildung der gerichtlichen Kammern werden die Regeln für die Zusammensetzung dieser Kammern und der ihr übertragenen Zuständigkeitsbereich festgelegt.

Gegen die Entscheidungen dieser gerichtlichen Kammern kann vor dem Gericht erster Instanz ein auf Rechtsfragen beschränktes Rechtsmittel oder, wenn der Beschluss über die Bildung der Kammer dies vorsieht, ein auch Sachfragen betreffendes Rechtsmittel eingelegt werden.

Zu Mitgliedern der gerichtlichen Kammern sind Personen auszuwählen, die jede Gewähr für Unabhängigkeit bieten und über die Befähigung zur Ausübung richterlicher Tätigkeiten verfügen. Sie werden einstimmig vom Rat ernannt.

Die gerichtlichen Kammern erlassen ihre Verfahrensordnung im Einvernehmen mit dem Gerichtshof. Diese Verfahrensordnung bedarf der Genehmigung des Rates, der darüber mit qualifizierter Mehrheit entscheidet.

Wenn der Beschluss über die Bildung der gerichtlichen Kammern nichts anderes vorsieht, finden die den Gerichtshof betreffenden Bestimmungen dieses Vertrages und die Bestimmungen der Satzung des Gerichtshofs auf die gerichtlichen Kammern Anwendung.

Artikel 51 EG-Satzung

Abweichend von der in Artikel 225 Absatz 1 des EG-Vertrags und Artikel 140 a Absatz 1 des EAG-Vertrags vorgesehenen Regelung ist für Klagen der Mitgliedstaaten, der Gemeinschaftsorgane und der Europäischen Zentralbank der Gerichtshof zuständig.

Artikel 62 EG-Satzung

Wenn in Fällen nach Artikel 225 Absätze 2 und 3 des EG-Vertrags und Artikel 140 a Absätze 2 und 3 des EAG-Vertrags der Erste Generalanwalt der Auffassung ist, dass die ernste Gefahr einer Beeinträchtigung der Einheit oder der Kohärenz des Gemeinschaftsrechts besteht, so kann er dem Gerichtshof vorschlagen, die Entscheidung des Gerichts zu überprüfen.

Der Vorschlag muß innerhalb eines Monats nach Verkündung der Entscheidung des Gerichts erfolgen. Der Gerichtshof entscheidet innerhalb eines Monats nach Vorlage des Vorschlags durch den Ersten Generalanwalt, ob die Entscheidung zu überprüfen ist oder nicht.

Anhang: Die Rechtsmittelentscheidungen des EuGH

Band	Rechts-sache	Datum	AktenZ	Fund-stelle	Be./Urt.	Erfolg-reich	Erst-instanz-liche . Ent-schei-dung.
12	Wirtschafts- und Sozialausschuß / E	16.12.99	C-150/98	Slg. 1999, I-8877	Urteil	Nein	Urteil des EuG, Slg. ÖD 1998, I-A-67, II-159
12	DSR-Senator Lines / Kommission	14.12.99	C-364/99	Slg. 1999, I-8733	Beschluß	Nein	Beschluß des EuG, T-191/98, noch nicht veröf.
12	HFB u.a. / Kommission	14.12.99	C-335/99	Slg. 1999, I-8705	Beschluß	Nein	Beschluß des EuG, T-9/99, noch nicht veröf.
12	CPL Imperial 2 und Unifrigo / Kommission	09.11.99	C-299/98	Slg. 1999, I-8683	Beschluß	nein, offen-sichtl. Erfolglos	Urteil des EuG, Slg. 1998, II-2231
11	Pfizer Animal Health / Rat	18.11.99	C-329/99	Slg. 1999, I-8343	Beschluß	Nein	Beschluß des EuG, Slg. 1999, II-1961
11	Pescados Congelados Jogamar / Kommission	18.11.99	C-249/99	Slg. 1999, I-8333	Beschluß	Nein	Beschluß des EuG, Slg. 1999, II-1407
11	Progoulis / Kommission	18.11.99	C-431/98	Slg. 1999, I-8319	Beschluß	Nein	Beschluß des EuG, Slg. ÖD 1998, I-A-521, II-1569
11	Tzoanos / Kommission	18.11.99	C-191/98	Slg. 1999, I-8223	Urteil	Nein	Urteil des EuG, Slg. ÖD 1998, II-343
11	Pharos / Kommission	18.11.99	C-151/98	Slg. 1999, I-8157	Urteil	Nein	Urteil des EuG, Slg. 1998, II-285
11	Branco / Kommission	12.11.99	C-453/98	Slg. 1999, I-8037	Beschluß	Nein	Urteil des EuG, Slg. 1998, II-3567
10	N / Kommission	19.10.99	C-21/99	Slg. 1999, I-7163	Beschluß	Nein	Beschluß des EuG, Slg. ÖD 1998, I-A-621, II-1879
10	Infrisa / Kommission	14.10.99	C-437/98	Slg. 1999, I-7145	Beschluß	Nein	Beschluß des EuG, Slg. 1998, II-3301

7	7	7	7	7	7	8	8	8	10	10	10	10	10
Hoechst / Kommission	Shell / Kommission	Montecatini / Kommission	Chemie Linz / Kommission	DSM / Kommission	Dubois / Rat und Kommission	Pertrides / Kommission	Lucaccioni / Kommission	Kommission / AssiDomän Kraft Products u.a.	Kommission / ADT Projeckt	Apostolidis u.a. / Kommission	IPK / Kommission	Le Canne / Kommission	Atlanta / Europäische Gemeinschaft
08.07.99	08.07.99	08.07.99	08.07.99	08.07.99	08.07.99	09.09.99	09.09.99	14.09.99	04.10.99	05.10.99	05.10.99	05.10.99	14.10.99
C-227/92	C-234/92	C-235/92	C-245/92	C-5/93	C-95/98	C-64/98	C-257/98	C-310/97	C-349/99	C-327/97	C-433/97	C-10/98	C-104/97
Slg. 1999, I-4443	Slg. 1999, I-4501	Slg. 1999, I-4539	Slg. 1999, I-4643	Slg. 1999, I-4695	Slg. 1999, I-4835	Slg. 1999, I-5187	Slg. 1999, I-5251	Slg. 1999, I-5363	Slg. 1999, I-6467	Slg. 1999, I-6709	Slg. 1999, I-6795	Slg. 1999, I-6831	Slg. 1999, I-6983
Urteil	Urteil	Urteil	Urteil	Beschluß	Beschluß	Urteil	Urteil	Urteil	Beschluß	Urteil	Urteil	Urteil	Urteil
Nein	Nein	Nein	Nein	Nein	Nein	Nein	Nein	ja, eigene Entscheidung	Nein	Nein	ja, zurückverwiesen	ja, eigene Entscheidung	ja, eigene Entscheidung
Urteil des EuG, Slg. 1992, II-629	Urteil des EuG, Slg. 1992, II-757	Urteil des EuG, Slg. 1992, II-1155	Urteil des EuG, Slg. 1999, II-1275	Beschluß des EuG, Slg. 1992, II-2399	Beschluß des EuG, Slg. 1998, II-125	Urteil des EuG, Slg. 1997, II-2427	Urteil des EuG, Slg. ÖD, 1998, I-A-203, II-627	Urteil des EuG, Slg. 1997, II-1185	Beschluß des Gerichts (noch nicht veröffentlicht)	Urteil des EuG, Slg. ÖD 1997, I-A-207, II-607	Urteil des EuG, Slg. 1997, II-1665	Urteil des EuG, Slg. 1997, II-2055	Urteil des EuG, Slg. 1996, II-1707

3	3	3	3	3	3	4	4	4	7	7	7	7	7
Ufex (vormals SFEI) u.a. / Kommission	Guérin auotomobiles / Kommission	Guérin automobiles / Kommission	Carbajo Ferrero / Parlament	De Compte / Parlament	Willeme / Kommission	Kernkraftwerk Lippe-Ems GmbH / Kommission	Deutsche Bahn AG / Kommission	Campoli / Kommission	Alexopoulou / Kommission	Kommission / Anic Partecipazioni SpA	Hercules Chemicals / Kommission	Hüls / Kommission	ICI / Kommision
04.03.99	05.03.99	05.03.99	18.03.99	18.03.99	25.03.99	22.04.99	27.04.99	30.04.99	01.07.99	08.07.99	08.07.99	08.07.99	08.07.99
C-119/97	C-153/98	C-154/98	C-304/97	C-2/98	C-65/99	C-161/97	C-436/97	C-7/99	C-155/98	C-49/92	C-51/92	C-199/92	C-200/92
Slg. 1999,I-1341	Slg. 1999, I-1441	Slg. 1999, I-1451	Slg. 1999, I-1749	Slg. 1999, I-1787	Slg. 1999, I-1857	Slg. 1999, I-2057	Slg. 1999, I-2387	Slg. 1999, I-2679	Slg. 1999, I-4069	Slg. 1999, I-4125	Slg. 1999, I-4235	Slg. 1999, I-4287	Slg. 1999, I-4399
Urteil	Beschluß	Beschluß	Urteil	Urteil	Beschluß	Urteil	Beschluß	Beschluß	Urteil	Urteil	Urteil	Urteil	Urteil
ja, zurückverwiesen	nein, offen-sichtl. Erfolglos	nein, offen-sichtl. Erfolglos	ja, eigene Entscheidung	Nein	Nein	Nein	nein, offen-sichtl. Erfolglos	Nein	Nein	ja, eigene Entscheidung	Nein	Nein	Nein
Urteil des EuG, Slg. 1997, II-1(SFEI)	Beschluß des EuG, Slg. 1998, II-253	Beschluß des EuG, Slg. 1998, II-261	Urteil des EuG, Slg. ÖD 1997, I-A-141, II-429	Urteil des EuG, Slg. ÖD 1997, I-A-305	Beschluß des EuG, Slg. ÖD 1999, II-57	Urteil des EuG, Slg. 1997, II-161	Urteil des EuG, Slg. 1997, II-1689	Beschluß des EuG Slg. ÖD 1997, II-1731	Beschluß des EuG, Slg. ÖD 1998, I-A-51, II-117	Urteil des EuG, Slg. 1991, II-1623	Urteil des EuG, Slg. 1991, II-1711	Urteil des EuG, Slg. 1992, II-499	Urteil des EuG, Slg. 1992, II-1021

7	7	10 A	10 A	11	11	11	11	12	12	12	1	2	3
N / Kommiss ion	Sateba / Kommiss ion	Langnese Iglo / Kommiss ion	Kuchlenz -Winter / Kommiss ion	Kuridvat / Kommiss ion	Parlamen t / Enrique Gutiérre z de Quijano yLlorens	Parlamen t / Gaspari	Toller / Kommiss ion	Schröder u.a. / Kommiss ion	Baustahl gewebe / Kommiss ion	Emesa Sugar / Rat	Frankrei ch / Comafric a u.a.	Antillean Rice Mills u.a. / Kommiss ion	Echauz Brigaldi u.a. / Kommis sion
16.07.98	17.07.98	01.10.98	08.10.98	17.11.98	19.11.98	19.11.98	19.11.98	10.12.98	17.12.98	17.12.98	21.01.99	11.02.99	03.04.99
C-252/97	C-422/97	C-279/95	C-228/97	C-70/97	C-252/96	C-316/97	C-149/98	C-221/97	C-185/95	C-363/98	C-73/97	C-390/95	C-315/97
Slg. 1998, I-4871	Slg. 1998, I-4913	Slg. 1998, I-5609	Slg. 1998, I-6047	Slg. 1998, I-7183	Slg. 1998, I-7421	Slg. 1998, I-7597	Slg. 1998, I-7623	Slg. 1998, I-8255	Slg. 1998, I-8417	Slg. 1998, I-8787	Slg. 1999, I-185	Slg. 1999, I-769	Slg. 1999, I-1287
Beschluß	Beschluß	Urteil	Beschluß	Urteil	Urteil	Urteil	Beschluß	Urteil	Urteil	Beschluß	Urteil	Urteil	Beschluß
nein, offen-sichtl. Erfolglos	nein, offen-sichtl. Erfolglos	Nein	nein, offen-sichtl. Erfolglos	Nein	Nein	ja, zurückve rwiesen	Nein	Nein	ja, z.T. eig. Ent., z.T. aufgeh.	ja, zurückve rwiesen	ja, eigene Entschei dung	Nein	nein, offen-sichtl. Erfolglos
Urteil des EuG, Slg. ÖD 1997, II-289	Beschluß des EuG, Slg. 1997, II-1523	Urteil des EuG, Slg. 1995, II-1533	Urteil des EuG, Slg. 1997, II-637	Urteil des EuG, Slg. 1996, II-1931	Urteil des EuG, Slg. ÖD 1996, II-689	Urteil des EuG, Slg. ÖD 1997, II-595	Urteil des EuG, Slg. ÖD 1998, II-179	Urteil des EuG, Slg. 1994, II-501	Urteil des EuG, Slg. 1995, II-987	Beschluß des EuG, Slg. 1998, II-3055	Urteil des EuG, Slg. 1996, II-1741	Urteil des EuG, Slg. 1995, II-2305	Urteil des EuG, Slg. ÖD 1997, II-509

5	5	5	5	5	5	5	5	5	5	6	6	6	7
Dreyfus / Kommiss ion	Compani e Cntinent al (France) / Kommiss ion	Glencore Grain / Kommiss ion	Glencore Grain / Kommiss ion	Somaco / Kommiss ion	Windpar k Groothu sen / Kommiss ion	Rat / De Nil und Impens	Deere / Kommiss ion	New Holland Ford / Kommiss ion	Kommiss ion / Lozano Palacios	H / Kommiss ion	Fichtner / Kommiss ion	Niederlä ndischen Antillen / Rat	Smanor u.a. / Kommis sion
05.05.98	05.05.98	05.05.98	05.05.98	07.05.98	14.05.98	14.05.98	28.05.98	28.05.98	28.05.98	11.06.98	25.06.98	25.06.98	09.07.98
C-386/96	C-391/96	C-403/96	C-404/96	C-401/96	C-48/96	C-259/96	C-7/95	C-8/95	C-62/97	C-291/97	C-312/97	C-159/98	C-317/97
Slg. 1998, I-2309	Slg. 1998, I-2377	Slg. 1998, I-2405	Slg. 1998, I-2435	Slg. 1998,I-2587	Slg. 1998, I-2873	Slg. 1998, I-2915	Slg. 1998, I-3111	Slg. 1993, I-3175	Slg. 1998, I-3273	Slg. 1998, I-3577	Slg. 1998, I-4135	Slg. 1998, I-4147	Slg. 1998, I-4269
Urteil	Urteil	Urteil	Urteil	Urteil	Urteil	Urteil	Urteil	Urteil	Urteil	Urteil	Beschluß	Beschluß	Beschluß
ja, zurückve rwiesen	ja, zurückve rwiesen	ja, zurückve rwiesen	ja, zurückve r-wiesen	Nein	Nein	ja, z. T. eig. Ent. z. T. zurückv.	Nein	Nein	Nein	Nein	nein, offen-sichtl. Erfolglos	Nein	nein, offen-sichtl. Erfolglos
Urteil des EuG, Slg. 1996, II-1101	Urteil des EuG, Slg. 1996, II-1157	Urteil des EuG, Slg. 1996, II-1131	Urteil des EuG, Slg. 1996, II-1181	Urteil des EuG, Slg. 1996, II-961	Urteil des EuG, Slg. 1995,II-3007	Urteil des EuG, Slg. ÖD 1996, II-959	Urteil des EuG, Slg. 1994, II-957	Urteil des EuG, Slg. 1994, II-905	Urteil des EuG, Slg. ÖD 1996, II-1535	Urteil des EuG, Slg. ÖD 1997, II-403	Beschluß des EuG, Slg. ÖD 1997, II-563	Beschluß des EuG, Slg. 1998, I-455	Beschluß des EuG, Slg. 1997, II-1081

10	11	11	12	12	12	1	1	2	2	3	4	4	4
Dimitriadis / Rechungshof	Kommission und Frankreich / Ladbroke Racing	Kommission / V	Rat / Leite Mateus	Tiercé Ladbroke SA / Kommission	Sveriges Betodlares und Henrikson / Kommission	Obst / Kommission	Intertronic / Kommission	Abello u.a. / Kommission	Kommission / NTN und Koyo Seiko	FFSA u.a. / Kommission	Greenpeace Council / Kommission	Kommission / Sytraval und Brink`s France	Camar / Kommission und Rat
16.10.97	11.11.97	20.11.97	05.12.97	09.12.97	18.12.97	15.01.98	15.01.98	05.02.98	10.02.98	25.03.98	02.04.98	02.04.98	15.04.98
C-140/96	C-359/95 C-379/95	C-188/96	C-218/97	C-353/95	C-409/96	C-403/95	C-196/97	C-30/96	C-245/95	C-174/97	C-321/95	C-367/95	C-43/98
Slg. 1997, I-5635	Slg. 1997, I-6265	Slg. 1997, I-6561	Slg. 1997, I-6945	Slg. 1997, I-7007	Slg. 1997, I-7531	Slg. 1998, I-27	Slg. 1998, I-199	Slg. 1998, I-377	Slg. 1998, I-401	Slg. 1998, I-1303	Slg. 1998, I-1651	Slg. 1998, I-1719	Slg. 1998, I-1815
Beschluß	Urteil	Urteil	Beschluß	Urteil	Beschluß	Beschluß	Beschluß	Beschluß	Urteil	Beschluß	Urteil	Urteil	Beschluß
nein, offen-sichtl. Erfolglos	ja, zurückverwiesen	ja, zurückverwiesen	nein, offen-sichtl. Erfolglos	Nein	Nein	nein, offen-sichtl. Erfolglos	nein, offen-sichtl. Erfolglos	nein, offen-sichtl. Erfolglos	Nein	nein, offen-sichtl. Erfolglos	Nein	Nein	Nein
Urteil des EuG, Slg. ÖD 1996, I-A-51, II-151	Urteil des EuG, Slg. 1995, II-2565	Urteil des EuG, Slg. ÖD 1996, I-A-153, II-461	Urteil des EuG, Slg. ÖD 1997, II-259	Urteil des EuG, Slg. 1995, II-2537	Beschluß des EuG, Slg. 1996, II-1283	Urteil des EuG, Slg. ÖD 1995, II-737	Beschluß des EuG, Slg. 1997, II-141	Urteil des EuG, Slg. ÖD 1995, II-815	Urteil des EuG, Slg. 1995, II-1381	Urteil des EuG, Slg. 1997, II-229	Beschluß des EuG, Slg. 1995, II-2205	Urteil des EuG, Slg. 1995, II-2651	Beschluß des EuG, Slg. 1997, II-2357

3	4	4	4	4	5	5	5	6	7	8/9	8/9	8/9	10
Guérin automobiles / Kommission	De Compte / Parlament	Campo Erbo Industrial / Rat	Geotronics SA / Kommission	Moccia Irme SpA / Kommission	Siemens SA / Kommission	TWD / Kommission	De Rijk / Kommission	National Power und PowerGen	Ferriere Nord / Kommission	Chaves Fonseca Ferrao / Harmonisierungsamt	Blackspur DIY u.a. / Rat und Kommission	Koelman / Kommission	Aiuffass u. Akt / Kommission
18.03.97	17.04.97	17.04.97	22.04.97	30.04.97	15.05.97	15.05.97	29.05.97	17.06.97	17.07.97	10.09.97	16.09.97	16.09.97	06.10.97
C-282/95	C-90/95	C-138/95	C-395/95	C-89/97	C-278/95	C-355/95	C-153/96	C-151/97 C-157/97	C-219/95	C-248/97	C-362/95	C-59/96	C-55/97
Slg. 1997, I-1503	Slg. 1997, I-1999	Slg. 1997, I-2027	Slg. 1997, I-2271	Slg. 1997, I-2327	Slg. 1997, I-2507	Slg. 1997, I-2549	Slg. 1997, I-2901	Slg. 1997, I-3491	Slg. 1997, I-4411	Slg. 1997, I-4729	Slg. 1997, I-4775	Slg. 1997, I-4809	Slg. 1997, I-5383
Urteil	Urteil	Urteil	Urteil	Beschluß	Urteil	Urteil	Urteil	Beschluß	Urteil	Beschluß	Urteil	Beschluß	Beschluß
Nein	Ja	Nein	ja, z.T. eig. Ent., z.T. zurückv.	Slg. 1997, I-441	Nein	Nein	Nein	Nein	Nein	Nein	Nein	Nein	nein, offen-sichtl. Erfolglos
Urteil des EuG, Slg. 1995, II-1753	Urteil des EuG, Slg. ÖD 1995, II-1	Urteil des EuG, Slg. 1995, II-421	Urteil des EuG, Slg. 1995, II-2795	Beschluß des EuG, Slg. 1996, II-2261	Urteil des EuG, Slg. 1995, II-1675	Urteil des EuG, Slg. 1995, II-2265	Urteil des EuG, Slg. ÖD 1996, II-365	Beschluß des EuG, Slg. 1997, II-469	Urteil des EuG, Slg. 1995, II-917	Beschluß des EuG, Slg. 1997, II-1049	Urteil des EuG, Slg. 1995, II-2627	Urteil des EuG, Slg. 1996, II-1	Urteil des EuG, Slg. 1996, II-2169

12	12	12	12	1	1	1	2	2	2	3	3	3	3
Lopes / Gerichts hof	Lopes / Gerichth of	Associazi one agricolto ri u.a. / Kommiss ion u.a.	Progoulis / Kommiss ion	Kommiss ion / Socute	Williams / Rechnun gshof	Antoniss en / Rat	Unifruit Hellas / Kommiss ion	Bundesv. Bilanzbu chhalter / Kommiss ion	Kommiss ion / Daffix	Galtieri / Parlamen t	Bernardi / Parlamen t	Kommiss ion / UIC	Neu / Kommis sion
05.12.96	05.12.96	12.12.96	12.12.96	09.01.97	21.01.97	29.01.97	05.02.97	20.02.97	20.02.97	06.03.97	06.03.97	11.03.97	11.03.97
C-174/96	C-175/96	C-142/95	C-49/96	C-143/95	C-156/96	C-393/96	C-51/95	C-107/95	C-166/95	C-150/96	C-303/96	C-264/95	C-357/95
Slg. 1996, I-6401	Slg. 1996, I-6409	Slg. 1996, I-6669	Slg. 1996, I-6803	Slg. 1997, I-1	Slg. 1997, I-239	Slg. 1997, I-441	Slg. 1997, I-727	Slg. 1997, I-947	Slg. 1997, I-983	Slg. 1997, I-1229	Slg. 1997, I-1239	Slg. 1997, I-1287	Slg. 1997, I-1329
Beschluß	Beschluß	Urteil	Beschluß	Urteil	Beschluß	Beschluß	Beschluß	Urteil	Urteil	Beschluß	Beschluß	Urteil	Urteil
Nein	Nein	Nein	nein, offen-sichtl. Erfolglos	Nein	nein, offen-sichtl. Erfolglos	ja, zurück-verwiese n	Nein	Nein	ja, zurück-verwiese n	nein, offen-sichtl. Erfolglos	nein, offen-sichtl. Erfolglos	Nein	Nein
Urteil des EuG, Slg. ÖD 1996, II-185	Urteil des EuG, Slg. ÖD 1996, II-239	Beschluß des EuG, Slg. 1995, II-455	Beschluß des EuG, Slg. ÖD 1995, II-907	Urteil des EuG, Slg. 1995, II-503	Urteil des EuG, Slg. ÖD 1996, II-329	Beschluß des EuG, Slg. 1996, II-1641	Urteil des EuG, Slg. 1994, II-1201	Beschluß des EuG, Slg. 1995, II-101	Urteil des EuG, Slg. ÖD 1995, II-233	Urteil des EuG, Slg. ÖD 1996, II-129	Urteil des EuG, Slg. 1996, II-769	Urteil des EuG, Slg. 1995, I-1503	Urteil des EuG, Slg. 1995, I-259

7	7	7	7	8/9	10	10	10	10	11	11	11	11	11
Palament / Innamorati	An Taisce und WWF UK / Kommission	Coussios / Kommission	Goldstein / Kommission	San Marco Impex / Kommission	SCK und FNK / Kommission	Kommission / Lisrestal u.a.	Viho / Kommission	Trembla y u.a. / Kommission	Ojha / Kommission	Tetra Pak / Kommission	Lenz / Kommission	Odigitria / Kommission und Rat	Ryan-Sheridan / Stiftung
04.07.96	11.07.96	11.07.96	11.07.96	17.09.96	14.10.96	24.10.96	24.10.96	24.10.96	12.11.96	14.11.96	28.11.96	28.11.96	28.11.96
C-254/95	C-325/94	C-397/95	C-148/96	C-19/95	C-268/96	C-32/95	C-73/95	C-91/95	C-294/95	C-333/94	C-277/95	C-293/95	C-119/96
Slg. 1996, I-3423	Slg. 1996, I-3727	Slg. 1996, I-3873	Slg. 1996, I-3883	Slg. 1996, I-4435	Slg. 1996, I-4971	Slg. 1996, I-5373	Slg. 1996, I-5457	Slg. 1996, I-5547	Slg. 1996, I-5863	Slg. 1996, I-5951	Slg. 1996, I-6109	Slg. 1996, I-6129	Slg. 1996, I-6151
Urteil	Beschluß	Beschluß	Beschluß	Beschluß	Beschluß	Urteil	Urteil	Urteil	Urteil	Uretil	Beschluß	Beschluß	Beschluß
ja, eigene Entscheidung	nein, offen-sichtl. Erfolglos	nein, offen-sichtl. Erfolglos	Nein	nein, offen-sichtl. Erfolglos	Nein	Nein	Nein	Nein	ja, eigene Entscheidung.	Nein	nein, offen-sichtl. Erfolglos	nein, offen-sichtl. Erfolglos	nein, offen-sichtl. Erfolglos
Urteil des EuG, Slg. ÖD 1995, II-393	Urteil des EuG, Slg. 1994, II-733	Beschluß des EuG, Slg. ÖD 1995, II-723	Bes. des EuG, n. veröffentl./ T-235/95; v. 27.2.96	Urteil des EuG, Slg. 1994, II-1061	Beschluß des EuG, Slg. 1996, II-407	Urteil des EuG, Slg. 1994, II-1177	Urteil des EuG, Slg. 1995, II-17	Urteil des EuG, Slg. 1995, II-185	Urteil des EuG, Slg. ÖD 1995, II-497	Urteil des EuG, Slg. 1994, II-755	Beschluß des EuG, nicht veröffentlicht	Urteil des EuG, Slg. 1995, II-2025	Urteil des EuG, Slg. ÖD 1996, II-77

9/10	9/10	11	11	12	½	½	½	½	½	3	3	3	4/5
Rendo u.a. / Kommission	Pevasa und Inpesca / Kommission	Nutral / Kommission	Ascorane / Rat	Hogan / Gerichtshof	Zunis Holding SA u.a. / Kommission	D / Kommission	Kommission / NTN Corporation	Kommission / NTN Corporation	Buralux SA u.a. / Rat	Del Plato / Kommission	SPO u.a. / Kommission	Kik / Rat und Kommission	CNPAAP / Rat
19.10.95	26.10.95	23.11.95	23.11.95	14.12.95	11.01.96	11.01.96	14.02.96	14.02.96	15.02.96	14.03.96	25.03.96	28.03.96	24.04.96
C-19/93	C-199/94 C-200/94	C-476/93	C-10/95	C-173/95	C-480/93	C-89/95	C-245/95	C-245/95	C-209/94	C-31/95	C-137/95	C-270/95	C-87/95
Slg. 1995, I-3319	Slg. 1995, I-3709	Slg. 1995, I-4125	Slg. 1995, I-4149	Slg. 1995, I-4905	Slg. 1996, I-1	Slg. 1996, I-53	Slg. 1996, I-553	Slg. 1996, I-559	Slg. 1996, I-615	Slg. 1996, I-1443	Slg. 1996, I-1611	Slg. 1996, I-1987	Slg. 1996, I-2003
Urteil	Beschluß	Urteil	Beschluß	Beschluß	Urteil	Beschluß	Beschluß	Beschluß	Urteil	Beschluß	Beschluß	Beschluß	Beschluß
ja, zurückverwiesen	Nein	Nein	nein, offen-sichtl. Erfolglos	nein, offen-sichtl. Erfolglos	Nein	nein, offen-sichtl. Erfolglos	Nein	ja, z.T. eig. Ent., z.T. zurückgew.	Nein	nein, offen-sichtl. Erfolglos	Nein	nein, offen-sichtl. Erfolglos	nein, offen-sichtl. Erfolglos
Urteil des EuG, Slg. 1992, II-2417	Beschuß des EuG, Slg. 1994, II-229	Beschluß des EuG, Slg. 1993, II-1023	Beschluß des EuG, Slg. 1994, II-871	Urteil des EuG, Slg. 1995, II-703	Slg. 1993, II-1169	Urteil des EuG, Slg. ÖD 1995, II-43	Antrag auf Zulassung als Streithelfer	Antrag auf Zulassung als Streithelfer	Beschluß des EuG, nicht in der amtl.Sammlung	Beschluß des EuG, Slg. ÖD 1994, II-961	Urteil des EuG, Slg. 1995, II-289	Beschluß des EuG, Slg. 1995, II-1717	Beschluß des EuG, Slg. 1995, II-1

12	½	½	½	¾	¾	¾	6	6	7	8	8	9/10	9/10
Finisider / Kommission	Roujansky / Rat	Bonnamy / Rat	Publishers Association / Kommission	Transacciones Maritimas SA / Kommission	RTE und ITP / Kommission	BPB Industries und British Gypsum / Kommission	Coussios / Kommission	Branco / Rechnungshof	Kommission / Atlantic Container Line AB u.a.	Kommission / Noonan	Parlament / Vienne	Henrichs / Kommission	Turner / Kommission
15.12.94	13.01.95	13.01.95	17.01.95	07.03.95	06.04.95	06.04.95	01.06.95	28.06.95	19.07.95	11.08.95	11.08.95	14.09.95	17.10.95
C-320/92	C-253/94	C-264/94	C-360/92	C-12/95	C-241/91 C-242/91	C-310/93	C-119/94	C-258/94	C-149/95	C-448/93	C-43/94	C-396/93	C-62/94
Slg. 1994, I-5697	Slg. 1995, I-7	Slg. 1995, I-15	Slg. 1995, I-23	Slg. 1995, I-467	Slg. 1995, I-743	Slg. 1995, I-865	Slg. 1995, I-1439	Slg. 1995, I-1609	Slg. 1995, I-2165	Slg. 1995, I-2321	Slg. 1995, I-2441	Slg. 1995, I-2611	Slg. 1995, I-3177
Urteil	Beschluß	Beschluß	Urteil	Beschluß	Urteil	Urteil	Urteil	Beschluß	Beschluß	Urteil	Urteil	Urteil	Beschluß
Nein	nein, offen-sichtl. Erfolglos	nein, offen-sichtl. Erfolglos	ja, eigene Entscheidung	Nein	Nein	Nein	Nein	nein, offen-sichtl. Erfolglos	Nein	Nein	Nein	Nein	nein, offen-sichtl. Erfolglos
Urteil des EuG, Slg. 1992, II-1789	Beschluß des EuG, Slg. 1994, II-585	Beschluß des EuG, T-179/94, v. 14.07.1994	Urteil des EuG, Slg. 1992, II-1995	Be. T-231/94, Urt. T-232/94, T-234/94	Urteil des EuG, Slg. 1991, II-485; Slg. 1991, II-575	Urteil des EuG, Slg. 1993, II-389	Urteil des EuG, Slg. ÖD 1994, II-171	Beschluß des EuG, Slg. ÖD 1994, II-641	Beschluß des EuG, Slg. 1995, II-595	Urteil des EuG, Slg. 1993, II-911	Urteil des EuG, Slg. 1993, II-1327	Urteil des EuG, Slg. 1993, II-611	Beschluß des EuG, Slg. 1993, II-1465

5	6	6	6	6	6	6	8	8	9	9	10	10	12
SEP / Kommission	Kommission / Brazzelli Lualdi u.a.	De Compte / Parlament	Kommission / BASF u.a.	SFEI u.a. / Kommission	Peugeot / Kommission	Klinke / Gerichtshof	Parlament / Meskens	Rasmussen / Kommission	Magdalena Fernandez / Kommission	X / Kommission	X / Kommission	Scaramuzza / Komission	Bayer / Kommission
19.05.94	01.06.94	02.06.94	15.06.94	16.06.94	16.06.94	29.06.94	09.08.94	09.08.94	15.09.94	26.09.94	05.10.94	20.10.94	15.12.94
C-36/92	C-136/92	C-326/91	C-137/92	C-39/93	C-322/93	C-298/93	C-412/92	C-398/93	C-452/93	C-26/94	C-404/92	C-76/93	C-195/91
Slg. 1994, I-1911	Slg. 1994, I-1981	Slg. 1994, I-2091	Slg. 1994, I-2555	Slg. 1994, I-2681	Slg. 1994, I-2727	Slg. 1994, I-3009	Slg. 1994, I-3757	Slg. 1994, I-4043	Slg. 1994, I-4295	Slg. 1994, I-4379	Slg. 1994, I-4737	Slg. 1994, I-5173	Slg. 1994, I-5619
Urteil	Urteil	Urteil	Urteil	Urteil	Urteil	Urteil	Urteil	Urteil	Urteil	Beschluß	Urteil	Urteil	Urteil
Nein	Nein	Nein	ja, eigene Entscheidung	ja, zurückverwiesen	Nein	ja, eigene Entscheidung	Nein	Nein	Nein	nein, offen-sichtl. Erfolglos	ja, eigene Entscheidung	Nein	Nein
Urteil des EuG, Slg. 1991, II-1497	Urteil des EuG, Slg. 1992, II-293	Urteil des EuG, Slg. 1991, II-781	Urteil des EuG, Slg. 1992, II-315	Beschluß des EuG, Slg. 1992, II-2479	Urteil des EuG, Slg. 1993, II-493	Urteil des EuG, Slg. 1993, II-375	Urteil des EuG, Slg. 1992, II-2335	Urteil des EuG, Slg. 1993, II-765	Urteil des EuG, Slg. 1993, II-971	Urteil des EuG, Slg. 1993, II-1235	Urteil des EuG, Slg. 1992, II-2195	Urteil des EuG, Slg. 1992, II-2557	Urteil des EuG, Slg. 1991, II-219

3	4	5	7	11	11	12	12	12	1	3	3	4	5
Parlament / Frederiksen	Kupka-Floridi / WSA	Kommission / Stahlwerk Peine-Salzgitter	Kommission / Albani u.a.	Scaramuzza / Kommission	Scaramuzza / Kommission	Parlament / Vogler	Pincherle / Kommission	Eppe / Kommission	Boessen / WSA	Hilti / Kommission	De Hoe / Kommission	Campogrande / Kommission	Schulz / Kommission
18.03.93	26.04.93	18.05.93	06.07.93	15.11.93	15.11.93	09.12.93	22.12.93	22.12.93	24.01.94	02.03.94	07.03.94	21.04.94	05.05.94
C-35/92	C-244/92	C-220/91	C-242/90	C-76/93	C-76/93	C-115/92	C-244/91	C-354/92	C-275/93	C-53/92	C-338/93	C-22/93	C-97/94
Slg. 1993, I-991	Slg. 1993, I-2041	Slg. 1993, I-2393	Slg. 1993, I-3839	Slg. 1993, I-5715	Slg. 1993, I-5721	Slg. 1993, I-6549	Slg. 1993, I-6965	Slg. 1993, I-7027	Slg. 1994, I-159	Slg. 1994, I-667	Slg. 1994, I-819	Slg. 1994, I-1375	Slg. 1994, I-1701
Urteil	Beschluß	Urteil	Urteil	Beschluß	Beschluß	Urteil	Urteil	Urteil	Beschluß	Urteil	Beschluß	Urteil	Beschluß
Nein	nein, offensichtl. Erfolglos	Nein	ja, z.T. aufgeh., z.T. zurückverw.	Nein	Nein	Nein	Nein	Nein	nein, offensichtl. Erfolglos	Nein	nein, offensichtl. Erfolglos	Nein	nein
Urteil des EuG, Slg. 1991, II-1403	Urteil des EuG, Slg. 1992, II-1615	Urteil des EuG, Slg. 1991, II-279	Urteil des EuG, Slg. 1990, II-395	Antrag auf Zulassung als Streithelfer	Antrag auf Zulassung als Streithelfer	Urteil des EuG, Slg. 1992, II-121	Urteil des EuG, Slg. 1991, II-635	Urteil des EuG, Slg. 1992, II-2061	Urteil des EuG, Slg. 1993, II-235	Urteil des EuG, Slg. 1991, II-1439	Beschluß des EuG, Slg. 1993, II-523	Urteil des EuG, Slg. 1992, II-2459	Beschluß des EuG, T-5/94, v. .März 1994

9	9	1	2	3	4	4	5	6	6	8	10	10	2
Costacurta / Kommission	Schwedler / Parlament	Hochbaum / Kommission	Parlament / Hanning	Burban / Parlament	Pitrone / Kommission	F. / Kommission	Rat / Brems	Lestelle / Kommission	V. / Parlament	Sebastiani / Parlament	Moat / Kommission	Moritz / Kommission	Moat / Kommission
21.11.91	28.11.91	17.01.92	20.02.92	31.03.92	02.04.92	08.04.92	07.05.92	09.06.92	19.06.92	30.09.92	03.12.92	17.12.92	01.02.93
C-145/90	C-132/90	C-107/90	C-345/90	C-255/90	C-378/90	C-346/90	C-70/91	C-30/91	C-18/91	C-294/91	C-32/92	C-68/91	C-318/92
Slg. 1991, I-5449	Slg. 1991, I-5745	Slg. 1992, I-157	Slg. 1992, I-949	Slg. 1992, I-2253	Slg. 1992, I-2375	Slg. 1992, I-2691	Slg. 1992, I-2973	Slg. 1992, I-3755	Slg. 1992, I-3997	Slg. 1992, I-4997	Slg. 1992, I-6379	Slg. 1992, I-6849	Slg. 1993, I-481
Urteil	Urteil	Urteil	Urteil	Urteil	Urteil	Urteil	Urteil	Urteil	Urteil	Beschluß	Beschluß	Urteil	Beschluß
nein	nein	nein	ja, eigene Entscheidung	nein	nein	nein	nein	nein	ja, z.T. aufgeh., z.T. zurückgew.	nein, offen-sichtl. erfolglos	nein, offen-sichtl. erfolglos	ja, zurückverwiesen	nein, offen-sichtl. Erfolglos
Urteil des EuG, Slg. 1990, II-93	Urteil des EuG, Slg. 1990, II-79	Urteil des EuG, Slg. 1990, II-43	Urteil des EuG, Slg. 1990, II-463	Urteil des EuG, Slg. 1990, II-245	Urteil des EuG, Slg. 1990, II-577	Urteil des EuG, Slg. 1990, II-517	Urteil des EuG, Slg. 1990, II-899	Urteil des EuG, Slg. 1990, II-689	Urteil des EuG, Slg. 1990, II-659	Urteil des EuG, Slg. 1991, II-715	Beschluß des EuG, Slg. 1991, II-1387	Urteil des EuG, Slg. 1990, II-769	Beschluß des EuG, Slg. 1992, II-1771

2	3	5	8	8	9
Bocos Viciano / Kommiss ion	Turner / Kommiss ion	SEP / Kommiss ion	Vidranyi / Kommiss ion	Kommiss ion / Gill	Parlame nt / Virgili-Schettini
27.02.91	20.03.91	03.05.91	01.10.91	04.10.91	05.11.91
C-126/90	C-115/90	C-372/90, C-22/91	C-283/90	C-185/90	C-348/90
Slg. 1991, I-781	Slg. 1991, I-1423	Slg. 1991, I-2043	Slg. 1991, I-4339	Slg. 1991, I-4779	Slg. 1991, I-5211
Beschluß	Beschluß	Beschluß	Urteil	Urteil	Urteil
Nein	nein, offen-sichtl. Erfolglos	Rücknah me des Rechtsmi ttels	nein	ja, zurückve rwiesen	nein
Urteil des EuG, Slg. 1990, II-57	Urteil des EuG, Slg. 1990, II-55	Beschluß des EuG, Slg. 1990, II-649	Urteil des EuG, Slg. 1990, II-445	Urteil des EuG, Slg. 1990, II-173	Urteil des EuG, Slg. 1990, II-535

Anhang: Literaturverzeichnis

André, Achim : Beweisführung und Beweislast vor dem Europäischen Gerichtshof, Köln, Berlin, Bonn, München 1966.

Alber, Siegbert / Widmaier, Ulrich : Die EU-Charta der Grundrechte und ihre Auswirkungen auf die Rechtsprechung, EuGRZ 2000, S. 497 - 510.

Allkemper, Ludwig : Möglichkeiten einer institutionellen Reform des Europäischen Gerichtshofes, ZRP 1994, S. 301 - 306.

Anweiler, Jochen : Die Auslegungsmethoden des Gerichtshofs der Europäischen Gemeinschaften, Frankfurt am Main 1997.

Arndt, Hans-Wolfgang : Europarecht, 3. Auflage, Heidelberg 1998.

Arnold, Hans : Protokoll über die Auslegung des EWG-Gerichtsstands- und Vollstreckungsübereinkommens durch den Gerichtshof in Luxemburg, NJW 1972, S. 977 - 961.

Arnull, Anthony : Underpinning the Communities Judicial Architecture, ELRev. 1997, S. 1 - 2.

Baldus, Manfred : Die Einheit der Rechtsordnung, Berlin 1995.

Baumhof, Angelika : Die Beweislast im Verfahren vor dem Europäischen Gerichtshof, 1. Auflage, Baden-Baden 1996.

Baur, Fritz : Die dritte Instanz im künftigen Zivilprozeß, ZZP 71 (1958), S. 161 - 187.

Bebr, Gerhard : Prozeßmaxime, S. 78 - 94, in: Zehn Jahre Rechtsprechung des Gerichtshof der Europäischen Gemeinschaften (KSE Bd. 1), Köln, Berlin, Bonn, München 1965.

Benda, Ernst : Zur gesellschaftlichen Akzeptanz verwaltungs- und verfassungsgerichtlicher Entscheidungen, DÖV 1983, S. 305 - 310.

Bergmann, Jan : Die Osterweiterung der Europäischen Union, ZRP 2001, S. 18 - 23.

Bergmann Jan / Lenz, Christoffer (Hrsg.) : Der Amsterdamer Vertrag, Köln 1998.

Bernhardt, Rudolf : Zur Auslegung des Europäischen Gemeinschaftsrechts, S. 17 - 24, in: Festschrift für Hans Kutscher, Baden-Baden 1981.

- : Quellen des Gemeinschaftsrechts - Die "Verfassung" der Gemeinschaft, S. 77 - 90, in: Dreißig Jahre Gemeinschaftsrecht, Kommission der Europäischen Gemeinschaften (Hrsg.), Luxemburg 1981.

Bernhardt, Wilfried : Verfassungsprinzipien - Verfassungsgerichtsfunktionen - Verfassungsprozeßrecht im EWG-Vertrag, Berlin 1987.

Bettermann, Karl August : Die Revision wegen wesentlicher Verfahrensmängel insbesondere nach dem BVerwGG, NJW 1954, S. 1305 - 1310.

Beutler, Bengt / Bieber, Roland / Pipkorn, Jörn / Streil, Jochen : Die Europäische Union, 4. Auflage, Baden-Baden 1993.

Blaurock, Ulrich (Hrsg.) : Die Bedeutung von Präjudizien im deutschen und französischen Recht, Frankfurt am Main 1985.

Bleckmann, Albert : Europarecht, 6. Auflage, Köln, Berlin, Bonn, München 1997.

- : Die Rechtsquellen des Europäischen Gemeinschaftsrechts, NVwZ 1993, S. 824 - 828.

- : Zu den Auslegungsmethoden des Europäischen Gerichtshofs, NJW 1992, S. 1177 - 1182.

- : Die Grundrechte im Europäischen Gemeinschaftsrecht, EuGRZ 1981, S. 257 - 274.

Blomeyer, Arwed : Zivilprozeßrecht, Berlin 1985.

Bölhoff, Corinna : Das Rechtsmittelverfahren vor dem Gerichtshof der Europäischen Gemeinschaften, Baden-Baden 2001.

Bormann, Michael : Der Vertrag von Nizza, EuZW 2001, S. 170 - 173.

Bothe, Michael : „Soft Law" in den Europäischen Gemeinschaften?, S. 761 - 775, in: Festschrift für Hans-Jürgen Schlochauer, Berlin, New York 1981.

Bötticher, Eduard : Die Gleichheit vor dem Richter, Hamburg 1954.

Brandt, Kerstin : Der Europäische Gerichtshof (EuGH) und das Europäische Gericht erster Instanz (EuG) - Aufbau, Funktionen und Befugnisse, JuS 1994, S. 300 - 305.

Brok, Elmar : Der Vertrag von Nizza: Wird die EU handlungsfähiger? F.A.Z. vom 13.01.2001.

Brown, Neville : The first five Years of the Court of first Instance and Appeals to the Court of Justice: Assessment and Statistics, CMLR 1995, S. 743 - 761.

Brown, Neville / Jacobs, Francis G. : The Court of Justice of the European Communities, 3. Auflage, London 1989.

Brüggemann, Jürgen : Die richterliche Begründungspflicht, Berlin 1971.

Bülow, Erich : Überlegungen für eine Weiterentwicklung des Rechts der Gemeinschaftsgerichtsbarkeit, EuR 1980, S. 307 - 328.

Bünder, Helmut : Ein politischer Kompromiß mit vielen Ungereimtheiten, F.A.Z. vom 12.12.2000.

Brüssow, Rainer / Krekeler, Wilhelm / Mehle, Volkmar : Strafverteidigung in der Praxis, Bonn 1998.

Bzdera, André : L'enjeu politique de la réforme institutionnelle de la court de justice de la communauté européenne, RMC 1992, S. 241 - 249.

Calliess, Christian von / Ruffert, Matthias (Hrsg.) : Kommentar des Vertrages über die Europäische Union und des Vertrages zur Gründung der Europäischen Gemeinschaft, Neuwied, Krieftel, Luchterhand 1999, (zitiert: „*Bearbeiter*", in: Calliess/Ruffert).

Chapus, René : Die Tatsachenkontrolle durch den französischen Conseil d' Etat als Kassationsgericht, S. 89 - 116, in: Tatsachenfeststellungen in der Revisionsinstanz, Frankfurt am Main 1982.

Classen, Claus Dieter : Die Jurisdiktion des Gerichtshofs der Europäischen Gemeinschaften nach Amsterdam, EuR Beiheft 1/1999, S. 73 - 90.

Dänzer-Vanotti, W. : Unzulässige Rechtsfortbildung des Europäischen Gerichtshofs, RIW 1992, S. 733 - 742.

Danwitz, Thomas von : Die Garantie effektiven Rechtsschutzes im Recht der Europäischen Gemeinschaft, NJW 1993, S. 1108 - 1115.

Dauses, Manfred A. / Henkel, Brigitta : Streithilfe durch natürliche oder juristische Personen in Verfahren vor dem EuGH und EuG, EuZW 2000, S. 581 - 585.

Dauses, Manfred A. : Empfiehlt es sich, das System des Rechtsschutzes und der Gerichtsbarkeit in der Europäischen Gemeinschaft, insbesondere die Aufgaben der Gemeinschaftsgerichte und der nationalen Gerichte, weiterzuentwickeln?, Gutachten für den 60. Deutschen Juristentag, 1994, D1-D179, (zitiert: *Dauses*, Gutachten für den DJT).

\- : Das Vorabentscheidungsverfahren nach Artikel 177 EG-Vertrag, 2. Auflage, München 1995.

Deringer, Arved : Das Gericht I. Instanz der Europäischen Gemeinschaften, RIW 1989, S. 122 - 123.

\- : Statement zu einer Verfahrensreform beim Europäischen Gerichtshof, S. 211 - 220, in: Fortentwicklung des Rechtsschutzes in der Europäischen Gemeinschaft, Jürgen Schwarze (Hrsg.), Baden-Baden 1987.

Dohns, Alexander zu : Das Strafprozeßrecht, 3. Auflage, 1929.

Due, Ole : Verfahrensrechte der Unternehmen im Wettbewerbsverfahren vor der EG-Kommission, EuR 1988, S. 33 - 45.

Duske, Klaus : Die Aufgaben der Revision, Marburg 1960.

Ehle, Dietrich : Klage- und Prozeßrecht des EWG-Vertrages, Herne und Berlin 1966.

Engisch, Karl : Logische Studien zur Gesetzesanwendung, 3. Auflage, Heidelberg 1963.

Epiney, Astrid / Freiermuth Abt, Marianne / Mosters, Robert : Der Vertrag von Nizza, DVBl. 2001, S. 941 – 952.

Esser, Josef : Grundsatz und Norm in der richterlichen Fortbildung des Privatrechts, 3. Auflage, Tübingen 1974.

- : Not und Gefahr des Revisionsrechts, JZ 1962, S. 513 - 517.

Everling, Ulrich : Die Stellung der Judikative im Verfassungssystem der Europäischen Gemeinschaft, ZSR 1993, S. 337 - 348.

- : Die Zukunft der europäischen Gerichtsbarkeit in einer erweiterten Europäischen Union, EuR 1997, S. 398 - 418.

- : Zur Begründung der Urteile des Gerichtshofs der Europäischen Gemeinschaften, EuR 1994, S. 127 - 143.

- : Abschied vom Gerichtshof der Europäischen Gemeinschaften, EuR 1988, S. 343 - 345.

- : Die Gerichtsbarkeit in der erweiterten Europäischen Union, S. 199 - 222, in: Verfassungsrecht und Verfassungsgerichtsbarkeit im Zeichen Europas, Jürgen Schwarze (Hrsg.), Baden-Baden 1998.

- : Die Errichtung eines Gerichts erster Instanz der Europäischen Gemeinschaft, S. 39 - 58, in: Fortentwicklung des Rechtsschutzes in der Europäischen Gemeinschaft, Jürgen Schwarze (Hrsg.), Baden-Baden 1987.

- : Zur richterlichen Kontrolle der Tatsachenfeststellungen und der Beweiswürdigung durch die Kommission in Wettbewerbssachen, WuW 1989, S. 877 - 893.

- : Zur rechtlichen Wirkung von Beschlüssen, Entschließungen, Erklärungen und Vereinbarungen des Rates oder der Mitgliedstaaten der Europäischen Gemeinschaft, S. 133 - 156, in: Gedächtnisschrift für Leontin-Jean Constantinesco, Köln, Berlin, Bonn, München 1983.

- : Zur Funktion des Gerichtshofs der Europäischen Gemeinschaften als Verwaltungsgericht, S. 293 - 311, in: Festschrift für Konrad Redeker, München 1993.

- : Justiz im Europa von Morgen, DRiZ 1993, S. 5 - 15.

- : Stand und Zukunftsperspektiven der Europäischen Gerichtsbarkeit, S. 40 - 58, in Festschrift für Arved Deringer, Baden-Baden 1993.

- : Der Gerichtshof als Entscheidungsinstanz, in: Der Gerichtshof als Verfassungsgericht und Rechtsschutzinstanz, Jürgen Schwarze (Hrsg.), Baden-Baden 1984.

- : Das Vorabentscheidungsverfahren vor dem Gerichtshof der Europäischen Gemeinschaften, Baden-Baden 1986.

Eyermann, Erich : Verwaltungsgerichtsordnung: Kommentar, 10. Auflage, München 1998, (zitiert: „Bearbeiter" in Eyermann).

Fasching, Hans W. : Lehrbuch des österreichischen Zivilprozeßrechts, Wien 1990.

Fasselt-Rommé, Ursula : Parteiherrschaft im Verfahren vor dem EuGH und dem Europäischen Gerichtshof für Menschenrechte, 1. Auflage, Baden-Baden, 1993.

Felix, Dagmar : Einheit der Rechtsordnung, Tübingen 1998.

Fezer, Gerhard : Möglichkeiten einer Reform der Revision in Strafsachen, Tübingen 1975.

Fischer, Klemens H. : Der Vertrag von Nizza, Text und Kommentar, Baden-Baden 2001.

Fontaine, Nicole : Die Lehre von Nizza: Europa muß von Grund auf neu gestaltet werden, F.A.Z. vom 21.02.2001.

Frisch, Wolfgang : Revisionsrechtliche Probleme der Strafzumessung, Köln, Berlin, Bonn, München 1971.

Geiger, Rudolf : EG-Vertrag: Kommentar zu dem Vertrag zur Gründung der Europäischen Gemeinschaften, 2. Auflage, München 1995.

Geiger, Willi : Gesetz über das Bundesverfassungsgericht,1952.

Geisseler, Günter : Empfiehlt es sich, Bestimmungen über den Rechtsschutz zu ändern?, S. 599 - 605, in: Zehn Jahre Rechtsprechung des Gerichtshofs der Europäischen Gemeinschaften, Köln, Berlin, Bonn, München 1965.

Gericht erster Instanz der Europäischen Gemeinschaften : Überlegungen zur Entwicklung der Gemeinschaftsgerichtsbarkeit (Arbeitspapier), S. 157 - 171, in: Jung, Das Gericht erster Instanz der EG, 1. Auflage, Baden-Baden 1991.

Gerichtshof der Europäischen Gemeinschaften : Vorschlag zum Entwurf der EG-Satzung, S. 228 - 284, in: Fortentwicklung des Rechtsschutzes in der Europäischen Gemeinschaft, Jürgen Schwarze (Hrsg.), Baden-Baden 1987.

- : Die Zukunft des Gerichtssystems der Europäischen Union, EuZW 1999, S. 750 - 756.

- : Bericht über bestimmte Aspekte der Anwendung des Vertrages über die Europäische Union, EuGRZ 1995, S. 316 - 320.

Gerven, Walter van : The Role and the Structure of the European Judiciary now and in the Future, ELRev. 1996, S. 211 - 223.

Gilles, Peter : Ziviljustiz und Rechtsmittelproblematik: Vorstudie zur Analyse und Reform der Rechtsmittel in der Zivilgerichtsbarkeit, Köln 1992.

Glaesner, Hans-Joachim / Wegen, Gerhard / Metzlaff, Karsten : Die anwaltliche Praxis im Gemeinschaftsrecht: eine Einführung in die Anwaltstätigkeit, Stuttgart, Berlin 1995.

Glaesner, Hans-Joachim : Die einheitliche Europäische Akte, EuR 1986, S. 119 - 152.

Goose, Peter-Ernst : Neuere Entwicklungen im Verfahrensrecht des Gerichtshofs, EuR 1975, S. 230 - 243.

Gottwald, Peter : Die Revisionsinstanz als Tatsacheninstanz, Berlin 1975.

Gounalakis, Kathrin : Die Flucht vor Präklusion bei verspätetem Vorbringen im Zivilprozeß, Köln, Berlin 1995.

Grabitz, Eberhard / Hilf, Meinhard : Das Recht der Europäischen Union, Maastrichter-Fassung, (zitiert: „*Bearbeiter*“, in: Grabitz/Hilf).

Grave, Helmut / Mühle, Hans-Jochen : Denkgesetze und Erfahrungssätze als Prüfungsmaßstab im Revisionsverfahren, MDR 1975, S. 274 - 279.

Groeben, Hans van der / Thiesing, Hans von / Ehlermann, Claus Dieter (Hrsg.) : Kommentar zum EU-/EG-Vertrag, 5. Auflage, Baden-Baden, (zitiert: „*Bearbeiter*“, in: Groeben/Thiesing/Ehlermann).

Grunsky, Wolfgang : Taktik im Zivilprozeß, 2. Auflage, Köln 1996.

Grzybek, Patrick : Prozessuale Grundrechte im Europäischen Gemeinschaftsrecht, Baden-Baden 1993.

Gündisch, Jürgen : Rechtsschutz in der Europäischen Gemeinschaft: ein Leitfaden für die Praxis, Boorberg 1994.

Günther, Werner : Die Präklusion neuer Angriffs-, Verteidigungs- und Beweismittel im Verfahren vor dem Gerichtshof der Europäischen Gemeinschaften, Köln, Berlin, Bonn, München 1970.

Gyselen, Luc : Die Bemessung von Geldbußen im EG-Kartellrecht, WuW 1993, S. 561 -573.

Hakenberg, Waltraud : Vorschläge zur Reform des Europäischen Gerichtssystems, ZeuP 2000, S. 860 - 872.

Hakenberg, Waltraud / Stix-Hackl, Christine : Handbuch zum Verfahren vor dem Europäischen Gerichtshof, 2. Auflage, Wien 2000.

Hallstein, Walter : Die Europäische Gemeinschaft, 5. Aufl., Düsseldorf, Wien 1979.

\- : Europäische Reden, Stuttgart 1979.

Hanack, Ernst-Walter : Der Ausgleich divergierender Entscheidungen in der oberen Gerichtsbarkeit, Hamburg, Berlin 1962.

Hartung, Fritz : Die Rechtsmittel nach dem Vorentwurf einer neuen Strafverfahrensordnung, ZStW 57 (1938), S. 89 - 106.

Hatje, Armin : Der Rechtsschutz der Stellenbewerber im Europäischen Beamtenrecht, 1. Auflage, Baden-Baden 1988.

- : Europäische Rechtseinheit durch einheitliche Rechtsdurchsetzung, EuR Beiheft 1/1998, S. 7 - 27.

- : Die institutionelle Reform der Europäischen Union – der Vertrag von Nizza auf dem Prüfstand -, EuR 2001, S. 143 – 184.

Haueisen : Die freie Beweiswürdigung im sozialgerichtlichen Verfahren und ihre Grenzen, NJW 1959, S. 1348 - 1355.

Haussmann, Helmut : Nizza ist so nicht ratifizierungsfähig, F.A.Z. vom 31.01.2001.

Henke, Horst-Eberhard : Rechtsfrage oder Tatfrage - eine Frage ohne Antwort?, ZZP 81 (1968), S. 196 - 251 und S. 321 - 379.

- : Die Tatfrage, Berlin 1966.

Herdegen, Gerhard : Grundfragen der Beweiswürdigung, in: Beweisantragsrecht, Beweiswürdigung, strafprozessuale Revision, Baden-Baden 1995.

Herrmann, Hans Joachim : Die Entwicklung des Rechtsschutzes in der europäischen Gerichtsbarkeit, RabelsZ 45 (1981), S. 413 - 426.

Hirsch, Günter : Der Europäische Gerichtshof - eine Ansicht von innen -, MDR 1999, S. 1 - 5.

- : Dezentralisierung des Gerichtssystems der Europäischen Union?, ZRP 2000, S. 57 - 60.

Hohnel, Andreas : Die Abgrenzung der Tatfrage und Rechtsfrage in der Rechtsprechung der Strafsenate des Bundesgerichtshofs, Achen 1999.

Hort, Peter : Prodis Nein zu Nizza bietet keinen Ausweg, F.A.Z. vom 23.06.2001.

Huber, Peter M. (Hrsg.) : Das Ziel der europäischen Integration, 1996 Berlin.

Huff, Martin W. : Nachdenken über das Gerichtssystem beim Europäischen Gerichtshof und beim Europäischen Gericht erster Instanz, EuZW 2000, S. 97.

Iglesias, Gil Carlos Rodriguez : Der Gerichtshof der Europäischen Gemeinschaften als Verfassungsgericht, in: Zentrum für europäisches Wirtschaftsrecht, Vorträge und Berichte Nr.15, Universität Bonn 1992.

Immenga, Ulrich / Mestmäcker, Ernst-Joachim : EG-Wettbewerbsrecht, Kommentar, Band II, München 1997, (zitiert: „*Bearbeiter*", in: Immenga/Mestmäcker).

Ipsen, Hans-Peter : Die Verfassungsrolle des Europäischen Gerichtshofs für die Integration, S. 29 - 68, in: Der Europäische Gerichtshof als Verfassungsgericht und Rechtsschutzinstanz, Jürgen Schwarze (Hrsg.), Baden-Baden 1983.

Jachtenfuchs, Markus / Kohler-Koch, Beate (Hrsg.) : Europäische Integration, 1996 Opladen.

Jacque, Jean-Paul / Weiler, Joseph H.H. : On the road to European Union - A new Judicial Architecture: An agenda for the Intergovernmental Conference, CMLRev. 1990, S. 185 - 207.

Jung, Hans : Gemeinschaftsmarke und Rechtsschutz, S. 611 - 628, in: Festschrift für Ulrich Everling, Baden-Baden 1995.

\- : Das Gericht erster Instanz der Europäischen Gemeinschaften, EuR 1992, S. 246 - 264.

\- : Änderungen der Verfahrensordnung des Gerichtshofs der Europäischen Gemeinschaften, EuR 1980, S. 372 - 389.

Kadelbach, Stefan : Einheit der Rechtsordnung als Verfassungsprinzip der Europäischen Union?, EuR Beiheft 2/1998, S. 51 - 66.

Kapteyn, Paul Joan George : The Court of Justice of the European Communities after the Year 2000, S. 135 – 152, in: Festschrift für Henry G. Schermers, Institutional Dynamics of European Integration, Dordrecht, Boston, London 1994.

Kaessner, Ralph : Der einstweilige Rechtsschutz im Europarecht, München 1996.

Kaufmann, Arthur : Analogie und "Natur der Sache" - Zugleich ein Beitrag zur Lehre vom Typus, 2. Auflage 1982.

Kirschner, Heinrich : Die Kontrolldichte bei der Überprüfung der Entscheidungen der Kommission durch das Gericht erster Instanz der Europäischen Gemeinschaften, Zentrum für Europäisches Wirtschaftsrecht, 1996.

Kirschner, Heinrich / Klüpfel, Katrin : Das Gericht erster Instanz der Europäischen Gemeinschaften, 2. Auflage, Köln, Berlin, Bonn, München ,1998.

Klauer, Iren : Die Europäisierung des Privatrechts, 1. Auflage, Baden-Baden 1998.

Klinke, Ulrich : Der Gerichtshof der Europäischen Gemeinschaften - Aufgabe und Arbeitsweise, 1. Auflage, Baden-Baden 1989.

Klug, Ulrich : Die Verletzung von Denkgesetzen als Revisionsgrund, S. 363 - 384, in: Festschrift für Phillipp Möhring, München, Berlin 1965.

- : Juristische Logik, 4. Auflage Berlin 1982.

Kniffka: Das Ansehen der Justiz in der Öffentlichkeit, ZfRS 1981, S. 228 - 236.

König, Bernhard : Konformität, Aktenwidrigkeit und offenbare Gesetzwidrigkeit im zivilgerichtlichen Verfahren, Wien, New York 1975.

Koenig, Christian / Sander, Claude : Einführung in das EG-Prozeßrecht, Tübingen 1997.

König, Jürgen : Die Tatsachenermittlung im Verfahren vor dem Gerichtshof der Europäischen Gemeinschaften, 1972.

Koch, Hans-Joachim / Rüßmann, Helmut : Juristische Begründungslehre, München 1992.

Kommission der Europäischen Gemeinschaft : Reform des Gerichtssystems der Gemeinschaft. Ergänzender Beitrag der Kommission zur Regierungskonferenz über die institutionellen Reformen, KOM (2000) 109.

Koopmans, T. : The Future of the Court of the European Communities, YEL 1991, S. 15 - 21.

Köpernik, Gerhard : Die Ausweitung der Rechtsetzungsbefugnisse der Europäischen Gemeinschaften durch den Europäischen Gerichtshof, München 1974.

Kopp, Ferdinand O. : Verwaltungsgerichtsordnung, 10. Auflage, München 1994.

Kropholler, Jan : Europäisches Zivilprozeßrecht, 5. Auflage, 1996 Heidelberg.

Kuchinke, Kurt : Grenzen der Nachprüfbarkeit tatrichterlicher Würdigungen in der Revisionsinstanz. Ein Beitrag zum Problem von Rechts- und Tatfrage, Bielefeld 1964.

Kuhlen, Lothar : Die Unterscheidung von Rechts- und Tatfrage und ihre Bedeutsamkeit für das Strafprozeßrecht, S. 99 - 136 in: Cupido legum, Burgmann/Vögen/Schminck (Hrsg.) 1985.

Kutscher, Hans : Über den Gerichtshof der Europäischen Gemeinschaften, EuR 1981, S. 392 - 413.

Langner, Olaf : Das Kaufrecht auf dem Prüfstand der Warenverkehrsfreiheit des EG-Vertrages, RabelsZ 65(2001), S. 222 - 244.

Larenz, Karl : Methodenlehre der Rechtswissenschaft, 2. Auflage, Berlin, Heidelberg, New York 1969.

Lasoke, K.P.E. : The European Court of Justice. Practice and Prucedure, 2. Auflage, London 1993.

Lechner, Hans / Zuck, Rüdiger : Bundesverfassungsgerichtsgesetz, 4. Auflage, München 1996.

Lenaerts, Koen : Das Gericht erster Instanz der Europäischen Gemeinschaften, EuR 1990, S. 228 - 248.

Lenz, Carl Otto : EG-Vertrag Kommentar, 2. Auflage, Köln 1999, (zitiert: „*Bearbeiter*", in: Lenz).

- : Reform des Europäischen Gerichtshofs im Blick auf die Erweiterung der Europäischen Union, FCE 4/2000 (www.rewi.hu-berlin.de/WHI).

Lipp, Volker : Entwicklung und Zukunft der europäischen Gerichtsbarkeit, JZ 1997, S. 327 - 332.

Louis, Jean-Victor / Vandersanden, Georges / Waelbroeck, Denis / Waelbroeck, Michel: Commentaire Megret, Bd. 10: La Cour de Justice, Brüssel 1993.

Magiera, Siegfried : Die Durchsetzung des Gemeinschaftsrechts im europäischen Integrationsprozeß, DÖV 1998, S. 173 - 183.

Mangold, Wolfgang : Probleme der Auslegung des Individualvertrags, NJW 1962, S. 1597 - 1601.

Mannheim, Hermann : Beiträge zur Lehre von der Revision wegen materiellrechtlicher Verstösse im Strafverfahren, Berlin 1925.

Martiny, Dieter : Babylon in Brüssel?, ZeuP 1998, S. 227 - 252.

May, Arthur : Die Auslegung rechtsgeschäftlicher Willenserklärungen im Revisionsverfahren, NJW 1959, S. 708 - 709.

- : Auslegung individueller Willenserklärungen durch das Revisionsgericht?, NJW 1983, S. 980 - 981.

- : Die Revision in den zivil- und verwaltungsgerichtlichen Verfahren, 2. Auflage, Köln, Berlin, Bonn, München 1997.

Meseke, Klaus-Heiner : Die Aktenwidrigkeit als Revisionsgrund in Strafsachen, Göttingen 1973.

Mitsopoulos, Georg : Die Unterscheidung zwischen Tat- und Rechtsfrage, ZZP 81 (1968), S. 251 - 270.

Möhring, Phillipp : Der Gesetzentwurf zur Änderung des Rechtes der Revision in Zivilsachen und in Verfahren vor Gerichten der Verwaltungs- und Finanzgerichtsbarkeit, JZ 1972, S. 268 -270.

Möller, Detlev : Die Klageänderung im Verfahren vor dem Gerichtshof der Europäischen Gemeinschaften, Bonn 1976.

Müller-Graff, Peter-Christian : Privatrecht und europäisches Gemeinschaftsrecht, 2. Auflage, Baden-Baden 1991.

Müller-Huschke, Wolfgang : Verbesserung des Individualrechtsschutzes durch das neue Europäische Gericht Erster Instanz (EuGEI)., EuGRZ 1989, S. 213 - 218.

Middeke, Andreas / Szczekalla, Peter : Änderungen im europäischen Rechtsschutzsystem, JZ 1993, S. 284 - 292.

Müller-Ibold, Till : Die Begründungspflicht im europäischen Gemeinschaftsrecht und im deutschen Recht, Frankfurt am Main, Bern, New York, Paris 1990.

Neufert, Gerald : Die Revisibilität der Auslegung individueller Vertragserklärungen, Frankfurt am Main 1988.

Neumann, Ulfried : Die Abgrenzung von Rechtsfrage und Tatfrage und das Problem des revisionsgerichtlichen Augenscheinsbeweises, GA 1988, S. 387 - 402.

Nentwich, Michael : Institutionelle und verfahrensrechtliche Neuerungen im Vertrag über die Europäische Union, EuZW 1992, S. 235 - 243.

Neye, Hans-Werner : Das neue europäische Gericht erster Instanz, DB 1988, S. 2393 - 2395.

\- : Der Ausbau der europäischen Gerichtsbarkeit aufgrund der Einheitlichen Europäischen Akte, DVBl. 1986, S. 1258 - 1302.

Nicolaysen, Gert : Der Gerichtshof. Funktion und Bewährung der Judikative, EuR 1972, S. 375 - 390.

Niedermühlbichler, Hannes : Verfahren vor dem EuG und EuGH. Gerichtsorganisation, Zuständigkeit, Verfahrensarten, Wien 1998.

Niemeyer, Hans-Jörg : Erweiterte Zuständigkeiten für das Gericht erster Instanz der Europäischen Gemeinschaften, EuZW 1993, S. 529 - 531.

Oppermann, Thomas / Hiermaier, Werner : Zur Einführung: Das Rechtsschutzsystem des EWG-Vertrages, JuS 1980, S. 782 – 790.

Oppermann, Thomas : Die Dritte Gewalt in der Europäischen Union, DVBl. 1994, S. 901 - 908.

- : Europarecht, 2. Auflage, München 1999.

Pache, Eckard : Der Grundsatz des fairen gerichtlichen Verfahrens auf europäischer Ebene, EuGRZ 2000, S. 601 - 606.

Pescatore, Pierre : Die Einheitliche Europäische Akte - Eine ernste Gefahr für den Gemeinsamen Markt, EuR 1986, S. 153 - 169.

Pestalozza, Christian : Verfassungsprozeßrecht, 3. Auflage, München 1991.

Peters, Karl : Tat-, Rechts- und Ermessensfragen in der Revisionsinstanz, ZStW 57 (1938), S. 53 - 85.

- : Strafprozeß, 4. Auflage, Heidelberg 1985.

Pirrung, Jörg : Die Stellung des Gerichts erster Instanz im Rechtsschutzsystem der EG, in: Zentrum für europäisches Wirtschaftsrecht. Vorträge und Berichte, Nr. 111 vom 29.11.1999.

Plender, Richard (Editor) : European Courts Practice and Precedents, London 1997, (zitiert: „Bearbeiter" in European Courts Practice and Precedents).

Pohle, Rudolf : Revision und neues Strafrecht, Leipzig 1930.

Prodi, Romano : In Nizza darf es keine "Überbleibsel" geben, F.A.Z. vom 7.12.2000.

- : Laßt uns mit Nizza weitermachen, F.A.Z. vom 25.06.2001.

Prütting, Hanns :Die Zulassung der Revision, Köln, Berlin, Bonn, München 1977.

Rabe, Hans-Jürgen : Das Gericht erster Instanz der Europäischen Gemeinschaften, NJW 1989, S. 3041 - 3047.

- : Zur Reform des Gerichtssystems der Europäischen Gemeinschaften, EuR 2000, S. 811 - 818.

- : Neuerungen im Europäischen Gerichtsverfahrensrecht, EuZW 1991, S. 596 - 598.

Radbruch, Gustav : Rechtsidee und Rechtsstoff, in: Kantfestschrift des Archivs für Rechtsphilosophie 1924.

Rausch, Rolf : Die Kontrolle von Tatsachenfeststellungen und -würdigungen durch den Gerichtshof der Europäischen Gemeinschaften, Berlin 1994.

Rechberger, Walter H. (Hrsg.) : Kommentar zur ZPO, Wien 1994 (zitiert: *„Bearbeiter“*, in: Zivilprozeßordnung, Hrsg. Rechberger).

Redeker, Konrad / von Oertzen, Hans-Joachim : Verwaltungsgerichtsordnung: Kommentar, 11. Auflage, Stuttgart, Berlin, Köln 1994.

Refelxionsgruppe : Zukunft des Gerichtssystems der EG. Abschlußbericht der Reflexionsgruppe (als Sonderbeilage zu NJW und EuZW erschienen).

Remien, Oliver : Illusion und Realität eines europäischen Privatrechts, JZ 1992, S. 277 - 284.

Rengeling, Hans Werner / Middeke, Andreas / Gellermann, Ch. Jakobs : Rechtsschutz in der Europäischen Union. Durchsetzung des Gemeinschaftsrechts vor europäischen und deutschen Gerichten, München 1994.

Rickert, Heinrich : Grenzen der naturwissenschaftlichen Begriffsbildung, 5. Auflage, Tübingen 1929.

Röhl, Klaus F. : Allgemeine Rechtslehre, Köln, Berlin, Bonn, München 1995.

Rösler, Hannes : Zur Zukunft des Gerichtssystems der EU, ZRP 2000, S. 52 - 57.

Roxin, Claus : Strafverfahrensrecht, 17.Auflage, München 1982.

Rüßmann, Helmut : Zur Abgrenzung von Rechts- und Tatfrage, S. 250 - 278, in: Juristische Methodenlehre und analytische Philosophie, Hans-Joachim Koch (Hrsg.), Kronberg 1976.

Sack, Jörn : Einige einfache Gedanken zur Reform des Gerichtshofes der Europäischen Gemeinschaften im Hinblick auf neue Erweiterungen der Europäischen Union, EuR 1999, S. 571 - 576.

\- : Zur künftigen europäischen Gerichtsbarkeit nach Nizza, EuZW 2001, S. 77 - 80.

Sander, Gerald G. : Der Europäische Gerichtshof als Förderer und Hüter der Integration: eine Darstellung anhand seiner Einwirkungsmöglichkeiten auf die einzelnen Dimensionen des Einigungsprozesses, Berlin 1998.

Sarstedt, Werner / Hamm, Rainer : Die Revision in Strafsachen, 5. Auflage, Berlin 1983.

Schermers, Henry G. : Judical Protection in the European Communities, Deventer 1992.

Scheuerle, Wilhelm A. : Beiträge zum Problem der Trennung von Tat- und Rechtsfrage, AcP 157 (1958/1959), S. 1 - 85.

Schiller, Stephan : Die Klageänderung in der Revisionsinstanz in Zivilsachen, München 1997.

Schima, Bernhard : Jüngste Änderungen der Verfahrensordnung des EuGH, ecolex 2000, S. 535 - 538.

Schlüter, Heinrich : Streitwertrevision oder Grundsatzrevision?, AnwBl. 1963, S. 223 –231.

Schmidt-Aßmann, Eberhard : Empfiehlt es sich, das System des Rechtsschutzes und der Gerichtsbarkeit in der Europäischen Gemeinschaft weiterzuentwickeln?, JZ 1994, S. 832 - 840.

Schneider, Egon : Logik für Juristen, 4. Auflage, München 1995.

Schneider, Herbert : Zwei Jahre Gesetz zur Entlastung des Bundesgerichtshofs, NJW 1972, S. 89 - 91.

Schoppe, Günter : Revision und Kassation, Berlin 1935.

Schübel, Dirk : Die EU-Erweiterung - eine Bestandsaufnahme mit Hinblick auf die Vorbereitungsstrategie der EU, EuZW 2000, S. 641.

Schünemann, Bernd : Zum Verhältnis von Norm und Sachverhalt bei der Rechtsanwendung, von Ober- und Untersatz im Justizsyllogismus und von Rechts- und Tatfrage im Prozeßrecht, S. 299 - 320, in: Festschrift für Arthur Kaufmann 1993.

Schuler : Tatfrage und Rechtsfrage im zivilen Revisionsverfahren, NJW 1961, S. 4 - 7.

Schwarze, Jürgen : Grundzüge und neuere Entwicklung des Rechtsschutzes im Recht der Europäischen Gemeinschaft, NJW 1992, S. 1065 - 1072.

- : Fortentwicklung des Rechtsschutzes in der Europäischen Gemeinschaft, Baden-Baden 1987.

- : EU-Kommentar, 1. Auflage, Baden-Baden 2000, (zitiert: „*Bearbeiter*", in: EU-Kommentar).

- : Der Europäische Gerichtshof als Verfassungsgericht und Rechtsschutzinstanz, Baden-Baden 1983.

- : Verfassungsrecht und Verfassungsgerichtsbarkeit im Zeichen Europas, Baden-Baden 1998.

- : Das Recht als Integrationsinstrument, S. 637 - 650, in: Du droit international au droit de l'intégration, F. Capotorti, C.-D. Ehlermann, J. Frowein (Hrsg.), Baden-Baden 1987.

Schweitzer, Michael / Hummer, Waldemar : Europarecht, 5. Auflage, Neuwied, Kriftel, Berlin 1996, (zitiert: „*Schweitzer/Hummer*", Europarecht).

Schwinge, Erich : Grundlagen des Revisionsrechts, 1935 Bonn.

Scorey, David W. J. : A new Model for the Communities judicial architecture in the new Union, ELRev. 1996, S. 224 - 231.

Seidel, Martin : Zur Reform der Europäischen Gerichtshofes aufgrund der Einheitlichen Europäischen Akte, S. 203 - 209, in: Fortentwicklung des Rechtsschutzes in der Europäischen Gemeinschaft, Jürgen Schwarze (Hrsg.), Baden-Baden 1987.

Selke, Siegfried : Die Revisibilität der Denkgesetze, Marburg 1961.

Smit, Hans / Herzog, Peter : The Law of the European Community, 1996.

Sommerland, Klaus / Schrey, Joachim : Die Ermittlung ausländischen Rechts im Zivilprozeß und die Folgen der Nichtermittlung, NJW 1991, S. 1377 - 1383.

Stein, Friedrich / Jonas, Martin : Kommentar zur Zivilprozeßordnung, 21. Auflage, Band 5/I, Tübingen 1994, (zitiert: „Bearbeiter" in Stein/Jonas).

Stern, Klaus : Verfassungsgerichtsbarkeit zwischen Recht und Politik, Opladen 1980.

Stohanzl, Rudolf : Jurisdiktionsnorm und Zivilprozeßordnung, Wien 1990.

Streil, Jochen : Das Vorabentscheidungsverfahren als Bindeglied zwischen europäischer und nationaler Rechtsprechung, S. 69 - 94, in: Der Europäische Gerichtshof als Verfassungsgericht und Rechtsschutzinstanz, Jürgen Schwarze (Hrsg.), Baden-Baden 1983.

Streinz, Rudolf / Leible, Stefan : Die Zukunft des Gerichtssystems der Europäischen Gemeinschaften - Reflexionen über Reflexionspapiere, EWS 2001, S. 1 - 12.

Streinz, Rudolf : Europarecht, 4. Auflage, Heidelberg 1999.

Stumpf, Hermann : Zur Revisibilität der Auslegung von privaten Willenserklärungen, S. 957 - 973, in: Festschrift für Hans Carl Nipperdey, München, Berlin 1965.

Taupitz, Jochen : Europäische Privatrechtsvereinheitlichung heute und morgen, Tübingen 1993.

Theato, Diemut R. : Der Europäische Rat von Nizza, EuZW 2001, S. 129.

Thiele, Willi : Der Gerichtshof der Europäischen Gemeinschaften und das Europäische Gericht Erster Instanz, DVP 1990, S. 319 - 323.

Uffhausen, Horst : Die Nachprüfung der Auslegung von Willenserklärungen in der Revisionsinstanz der allgemeinen Verwaltungsgerichtsbarkeit, DÖV 1964, S. 231 - 237.

Ukrow, Jörg : Richterliche Rechtsfortbildung durch den EuGH, 1. Auflage, Baden-Baden 1995.

Ule, Carl Hermann : Empfiehlt es sich, die Bestimmungen des europäischen Gemeinschaftsrechts über den Rechtsschutz zu ändern und zu ergänzen?, Gutachten für den 46. Deutschen Juristentag, München 1966 (zitiert: „*Ule*, Gutachten für den DJT")

Vogel, Hans-Jochen : Die Revision in Zivilsachen, NJW 1975, S. 1297 - 1303.

Voß, R. : Referat zum 60. Deutschen Juristentag, Band 2, S. N 25 - 40.

Wägenbaur, Bertrand : Die Prüfungskompetenz des EuGH im Rechtsmittelverfahren, EuZW 1995, S. 199 - 203.

- : Das Kostenfestsetzungsverfahren vor den Gemeinschaftsgerichten. Wer klagt gewinnt?, EuZW 1997, S. 197 - 205.

Wägenbaur, Rolf : Zur Erhaltung der Funktionsfähigkeit des Gerichtshofs der Europäischen Gemeinschaften, S. 667 - 689, in: Festschrift für Fritz Baur, Tübingen 1981.

Walter, Gerhard : Freie Beweiswürdigung, Tübingen 1979.

Warda, Günther : Dogmatische Grundlagen des richterlichen Ermessens im Strafrecht, Köln, Berlin, Bonn, München 1962.

Wehli, Albert : Beiträge zur Analyse der Urteilsfindung, S. 405 - 448, in: Festschrift für Adolf Wach, Leipzig 1913.

Weinberger, Ota : Rechtslogik, Berlin 1989.

Wiedmann, Stefan : Der Vertrag von Nizza – Genesis einer Reform, EuR 2001, S. 185 – 215.

Witte, Bruno de : Die Jurisdiktion des Gerichtshofs der Europäischen Gemeinschaften nach Amsterdam, EuR Beiheft 1/1999, S. 91 - 97.

Wolf-Niedermaier, Anita : Der Europäische Gerichtshof zwischen Recht und Politik, 1. Auflage, Baden-Baden 1997.

Zillmer, W. : Lückenhafte Beweiswürdigung, NJW 1961, S. 720 - 721.

Zippelius, Reinhold : Juristische Methodenlehre, 6. Auflage München 1994.

Zuck, Rüdiger : Die Mißbrauchsgebühr im Verfassungsverfahren, NJW 1986, S. 2093 - 2097.

Zuleeg, Manfred : Die europäische Gemeinschaft als Rechtsgemeinschaft, NJW 1994, S. 545 - 549.

- : Die Rolle der rechtsprechenden Gewalt in der europäischen Integration, JZ 1994, S. 1 - 8.

Zweigert, Konrad : Empfiehlt es sich, Bestimmungen über den Rechtsschutz zu ändern?, S. 579 - 598, in: Zehn Jahre Rechtsprechung des Gerichtshof der Europäischen Gemeinschaften (KSE Bd. 1), Köln, Berlin, Bonn, München 1965.

Zweigert, Konrad / Kötz, Hein : Einführung in die Rechtsvergleichung, 3. Auflage, Tübingen 1996.

FSC
www.fsc.org
MIX
Papier | Fördert gute Waldnutzung
FSC® C083411

Kolibri 360 GmbH
Ferdinand-Jühlke-Straße 7
99095 Erfurt, Deutschland
produktsicherheit@kolibri360.de

Druck:
CPI Druckdienstleistungen GmbH
im Auftrag der
Kolibri 360 GmbH
Ferdinand-Jühlke-Str. 7
99095 Erfurt